Sitzverlegung im Binnenmarkt und ihre Besteuerung

Europäische Hochschulschriften
Publications Universitaires Européennes
European University Studies

Reihe II
Rechtswissenschaft

Série II Series II
Droit
Law

Bd./Vol. 3161

PETER LANG
Frankfurt am Main · Berlin · Bern · Bruxelles · New York · Oxford · Wien

Holger Dietrich

Sitzverlegung im Binnenmarkt und ihre Besteuerung

PETER LANG
Europäischer Verlag der Wissenschaften

Die Deutsche Bibliothek - CIP-Einheitsaufnahme

Dietrich, Holger:

Sitzverlegung im Binnenmarkt und ihre Besteuerung / Holger Dietrich. - Frankfurt am Main ; Berlin ; Bern ; Bruxelles ; New York ; Oxford ; Wien : Lang, 2001
(Europäische Hochschulschriften : Reihe 2, Rechtswissenschaft ; Bd. 3161)
Zugl.: Konstanz, Univ., Diss., 2001
ISBN 3-631-38044-5

D 352
ISSN 0531-7312
ISBN 3-631-38044-5

www.peterlang.de

Meinen Eltern

Vorwort

Diese Arbeit lag dem Fachbereich Rechtswissenschaft der Universität Konstanz im Wintersemester 2000/2001 als Dissertation vor. Die mündliche Prüfung fand am 17. Januar 2001 statt.

Herr Prof. Dr. Werner F. Ebke, LL.M. hat die Bearbeitung des Themas angeregt und die Erstellung der Arbeit betreut. Dafür und für die rasche Anfertigung des Erstgutachtens danke ich ihm. Herr Prof. Dr. Rainer Hausmann hat das Zweitgutachten erstellt, wofür ich ihm ebenfalls danke.

Ganz besonderer Dank gebührt meinen Eltern. Sie haben durch ihre vielfältige und vorbehaltlose Unterstützung meine Ausbildung und die Erstellung dieser Arbeit erst ermöglicht. Ihnen widme ich diese Arbeit.

Meine Freunde Martin Geisendörfer, Sylke Paasche, Marcus Pohl und Daniel Walden waren kompetente Diskussionspartner, haben das Manuskript durchgesehen und wertvolle Anregungen gegeben. Ihnen danke ich herzlich für Ihre Hilfe und dafür, daß sie mich zu den richtigen Zeitpunkten von der Dissertation abgelenkt haben. Schließlich möchte ich den immer freundlichen und hilfsbereiten Mitarbeiterinnen und Mitarbeitern der Bibliothek der Universität Konstanz für ihre Hilfe bei der Literatursuche und -beschaffung danken.

Frankfurt, im Februar 2001

Holger Dietrich

Inhaltsverzeichnis

Abkürzungsverzeichnis

aaO.	am angegebenen Ort
ABl. EG.	Amtsblatt der Europäischen Gemeinschaften
Abs.	Absatz
a. E.	am Ende
a. F.	alte Fassung
AG	Aktiengesellschaft
AktG	Aktiengesetz
Anm.	Anmerkung
AO	Abgabenordnung
Art.	Artikel
BAGE	Entscheidungen des Bundesarbeitsgerichtes, herausgegeben von den Mitgliedern des Gerichtshofes
BayObLG	Bayerisches Oberstes Landesgericht
BayObLGZ	Entscheidungen des Bayerischen obersten Landesgerichtes in Zivilsachen, herausgegeben von den Zivilsenaten des Gerichtes
BB	Betriebsberater
BewG	Bewertungsgesetz
BFH	Bundesfinanzhof
BFHE	Entscheidungen des Bundesfinanzhofes, herausgegeben von den Mitgliedern des Bundesfinanzhofes
BGB	Bürgerliches Gesetzbuch
BGBl.	Bundesgesetzblatt
BGH	Bundesgerichtshof
BGHZ	Entscheidungen des Bundesgerichtshofes in Zivilsachen, herausgegeben von den Mitgliedern des Bundesgerichtshofes und der Bundesanwaltschaft
BStBl.	Bundessteuerblatt
BT	Bundestag
BR	Bundesrat
bzw.	beziehungsweise
CIR	Code des impôts sur les revenus (Belgien)
DB	Der Betrieb
DBA	Doppelbesteuerungsabkommen
Drs.	Drucksache
EAG	Europäische Atomgemeinschaft
EG	Vertrag zur Gründung der Europäischen Gemeinschaft vom 25. März 1957, Konsolidierte Fassung mit den Änderungen durch den Vertrag von Amsterdam vom 02. 10. 1997, gültig ab 01.05.1999
EGBGB	Einführungsgesetz zum Bürgerlichen Gesetzbuch
EGV	Vertrag zur Gründung der Europäischen Gemeinschaft vom 25. März 1957, in der Fassung des EUV gültig bis einschließlich 30.04.1999
EGKS	Europäische Gemeinschaft für Kohle und Stahl
endg.	endgültig
EStG	Einkommensteuergesetz
EU	Europäische Union

EuGH	Gerichtshof der Europäischen Gemeinschaften
EUV	Vertrag über die Europäische Union vom 07.02.1992
EuZW	Europäische Zeitschrift für Wirtschaftsrecht
EWG	Europäische Wirtschaftsgemeinschaft (durch den EUV umbenannt in Europäische Gemeinschaft)
EWGV	Vertrag zur Gründung der Europäischen Wirtschaftsgemeinschaft vom 25. März 1957 (durch den EUV umbenannt in Vertrag zur Gründung der Europäischen Gemeinschaft, EGV)
EWS	Europäisches Wirtschafts- und Steuerrecht
f.	folgend
ff.	folgende
FGG	Gesetz über die Angelegenheiten der Freiwilligen Gerichtsbarkeit
Fn.	Fußnote(n)
FS	Festschrift
GbR	Gesellschaft bürgerlichen Rechts
GewStG	Gewerbesteuergesetz
GG	Grundgesetz für die Bundesrepublik Deutschland
GmbH	Gesellschaft mit beschränkter Haftung
GmbHG	Gesetz betreffend die Gesellschaften mit beschränkter Haftung
HGB	Handelsgesetzbuch
Hs.	Halbsatz
IPrax	Praxis des Internationalen Privat- und Verfahrensrechts
IPRG	Bundesgesetz über das Internationale Privatrecht (Schweiz)
IPRspr	Die deutsche Rechtsprechung auf dem Gebiet des Internationalen Privatrechts, herausgegeben vom Max-Planck-Institut für ausländisches und internationales Privatrecht
IStR	Internationales Steuerrecht
iVm	in Verbindung mit
KG	Kommanditgesellschaft
KGaA	Kommanditgesellschaft auf Aktien
KStG	Körperschaftsteuergesetz
KStR	Körperschaftsteuer-Richtlinien, Textsammlung Steuerrichtlinien, Stand: 94. Ergänzungslieferung Januar 1999, München
m. E.	meines Erachtens
MDR	Monatsschrift für Deutsches Recht
n. F.	neue Fassung
NJW	Neue Juristische Wochenschrift
Nr.	Nummer(n)
NZG	Neue Zeitschrift für Gesellschaftsrecht
OECD	Organization for Economic Cooperation and Development
OECD-MA	OECD-Musterabkommen von 1997 zur Vermeidung der Doppelbesteuerung auf dem Gebiet der Steuern vom Einkommen und vom Vermögen

öIPRG .... österreichisches Bundesgesetz vom 15. Juni 1978 über das internationale Privatrecht
OGH .... Österreichischer Oberster Gerichtshof
oHG .... offene Handelsgesellschaft
OLG .... Oberlandesgericht
plc .... public limited company
RFHE .... Entscheidungen des Reichsfinanzhofes, herausgegeben vom Reichsfinanzhof
RIW .... Recht der Internationalen Wirtschaft
RL .... Richtlinie
RGZ .... Entscheidungen des Reichsgerichtes in Zivilsachen, herausgegeben von den Mitgliedern des Gerichts und der Reichsanwaltschaft
Rnr. .... Randnummer(n)
Rs. .... Rechtssache
S. .... Seite(n)
SE .... Societas Europae
Slg. .... Sammlung der Rechtsprechung des Gerichtshofes der Europäischen Gemeinschaften
Sp. .... Spiegelstrich
UmwG .... Umwandlungsgesetz
UmwStG .... Umwandlungssteuergesetz
UN .... United Nations
USA .... United States of America
U. S. .... United States
v. .... versus
v. H. .... vom Hundert
vgl. .... vergleiche
VZ .... Veranlagungszeitraum
WM .... Wertpapier-Mitteilungen
WuB .... Entscheidungssammlung zum Wirtschafts- und Bankrecht, Loseblattsammlung
WÜRV .... Wiener Übereinkommen über das Recht der Verträge vom 23. Mai 1969
z. B. .... zum Beispiel
ZIP .... Zeitschrift für Wirtschaftsrecht
ZPO .... Zivilprozeßordnung

Einleitung

Europa befindet sich auf einem Weg, der von den Einzelstaaten nach bisher bekanntem Muster weg und hin zu einer politischen Union führt. Zu Beginn des Jahres 1999 wurde für die große Mehrzahl der Staaten der Europäischen Union mit der Teilnahme an der Europäischen Währungsunion und der damit verbundenen Einführung der gemeinsamen Währung „Euro" ein weiterer Schritt auf dem langen Weg zum Ziel getan.

Bis zum Ende der Übergangsfrist am 31.12.2001 wird der Euro zwar „nur" als Buchgeld existieren, doch ergibt sich bereits daraus eine beachtliche Möglichkeit zur Vereinfachung innereuropäischer Finanztransaktionen, aber auch die Möglichkeit eines verschärften Standortwettbewerbes[1]. Waren, Dienstleistungen, Kapital, Arbeitskräfte und nicht zuletzt auch Arbeitsplätze befinden sich innerhalb der Europäischen Gemeinschaft schon längere Zeit in nahezu freiem Fluß, wobei Arbeitsplätze leider nur zu oft aus Deutschland weg verlagert werden. Damit einher geht die Freiheit der Bürger, sich in jedem Mitgliedstaat der Gemeinschaft niederzulassen, dort ihre erlernten Berufe auszuüben und so ihren Beitrag zum Gemeinsamen Markt zu leisten.

Für Unternehmen jeglicher Größe und Gestalt brachten die Freiheiten der Europäischen Gemeinschaft jedenfalls die Möglichkeit, sich nach Art. 43 Abs. 1 Satz 2 EG[2] in allen Mitgliedstaaten am Markt zu betätigen und dort in Form von Zweigniederlassungen und Tochtergesellschaften tätig zu werden. Diese sogenannte sekundäre Niederlassungsfreiheit wird innerhalb der Europäischen Gemeinschaft intensiv genutzt[3]. Investitionen in neue Produktions-, Forschungs- und Verwaltungseinrichtungen werden heute nicht mehr automatisch in dem Staat getätigt, in dem ein Unternehmen seinen angestammten Sitz hat oder von dem es die „Staatsangehörigkeit" ableitet, unter der es seinen Kunden und Auftraggebern bekannt ist. Sehr zum Bedauern einiger Unionsstaaten – darunter

---

1 Vgl. den Artikel „Chancen und Risiken der Währungsunion" in *Süddeutsche Zeitung* Nr. 301 vom 31.12.1998, S. 26 sowie *Ebke*, EWS 1999, Heft 2, S. I.

2 Durch den Vertrag von Amsterdam vom 02.10.1997 wurden im Vertrag über die Europäische Union sowie in den drei Gemeinschaftsverträgen (EG-, EGKS- und EAG-Vertrag) weitreichende Änderungen herbeigeführt und auch die Numerierung geändert. Der Vertrag von Amsterdam ist nach Hinterlegung der letzten Ratifizierungsurkunden gemäß Art. 14 Abs. 2 des Vertrages am 01.05.1999 in Kraft getreten. Normen des EG-Vertrages werden durchgängig nach der neuen Numerierung mit dem Zusatz „EG" zitiert (vgl. dazu die Hinweise des Gerichtshofes in Heft 21/1999 der Mitteilungen über „Tätigkeiten des Gerichtshofes und des Gerichts Erster Instanz der Europäischen Gemeinschaften", S. 35 f.). Soweit sich Zitate auf die bis zum 01.05.1999 geltende Fassung beziehen, ist diese durch den Zusatz „EGV" gekennzeichnet und in Klammern die neue Numerierung mit dem Zusatz „EG" angegeben. Entsprechend wird beim EWGV verfahren.

3 *Randelzhofer*, in: Grabitz/Hilf, EUV/EGV, Art. 52 EWGV Rnr. 3.

auch Deutschland – fließen Investitionen an den Ort, an dem der Investor die günstigsten Voraussetzungen in tatsächlicher und rechtlicher Hinsicht vorfindet. Grenzenlose Verkehrswege, eine leistungsfähige logistische Infrastruktur und superschnelle Datennetze lassen die innerhalb eines Unternehmens so entstehenden räumlichen Distanzen schwinden und ermöglichen dennoch effektives, oftmals wesentlich kostengünstigeres Arbeiten. Sich aus Unterschieden in den gesellschafts- und steuerrechtlichen Vorschriften der Mitgliedstaaten ergebende Probleme werden von einer hochspezialisierten Beratungsindustrie erkannt und gelöst.

Wenn auch die Inanspruchnahme der sekundären Niederlassungsfreiheit viele Vorteile für die jeweiligen Unternehmen mit sich bringt, so bleibt doch zunächst die Frage offen, wie es um die andere Variante dieser Grundfreiheit, die primäre Niederlassungsfreiheit[4], bestellt ist. Aufgrund der primären Niederlassungsfreiheit der natürlichen Personen, die nach dem Wortlaut des Art. 48 Abs. 1 iVm Art. 43 EG auch den Gesellschaften zugute kommen soll, können natürliche Personen innerhalb der EU ihren Wohnsitz zur Aufnahme einer Erwerbstätigkeit frei wählen, also von jedem Mitgliedstaat aus in jeden anderen umziehen. Während der Umzug einer natürlichen Person fast schon selbstverständlich erscheint, ist dies bei Gesellschaften bis dato nicht der Fall. Trotz und gerade wegen der Unterschiede in den Konzeptionen der nationalen Gesellschaftsrechtsordnungen besteht weitgehender Konsens darüber, den Gesellschaften eine Sitzverlegung in einen anderen Mitgliedstaat nicht oder doch nur nach Überwindung nicht unerheblicher Hindernisse zu ermöglichen. Auch der ansonsten im Sinne einer möglichst weitreichenden Geltung und höchstmöglichen Effektivität des europäischen Rechts judizierende Europäische Gerichtshof[5] wollte den europäischen Gesellschaften nicht zu einer freien Sitzverlegung unter Wahrung ihrer Identität verhelfen. Er hat nationalstaatliche Wegzugsbeschränkungen in seinem Urteil in der Rechtssache „*Daily Mail*“[6] mit weitreichenden und in dieser Breite keineswegs veranlaßten obiter dicta abgesegnet. Das auf den ersten Blick insofern revolutionär anmutende Urteil des EuGH in der Rechtssache „*Centros*“[7] hat diesem Zustand bei näherer Betrachtung[8] nicht abgeholfen.

---

4 Während die primäre Niederlassungsfreiheit das Recht der Unionsbürger und der ihnen gleichgestellten Gesellschaften zur Niederlassung und Aufnahme einer selbständigen Erwerbstätigkeit in einem anderen Unionsstaat als ihrem Heimatstaat gewährleistet, garantiert die sekundäre Niederlassungsfreiheit ihnen das Recht, sich in einem anderen Unionsstaat durch die Gründung von unselbständigen Niederlassungen und Tochtergesellschaften sowie durch die Beteiligung an Unternehmen zu betätigen.

5 Vgl. dazu *Fischer*, Europarecht, § 7 Rnr. 85; *Bleckmann*, Europarecht, Rnr. 559.

6 EuGH 27.09.1988 (*Daily Mail*), Slg. 1988, 5483, 5512 Rnr. 24 f.

7 EuGH 09.03.1999 (*Centros*), Slg. 1999, I-1459.

8 Vgl. unten S. 148 - 158.

Angesichts des von der Wirtschaft ausgehenden faktischen Integrationsdruckes stellen die rechtlichen Schranken fast schon einen Anachronismus dar. Die intensive Nutzung der sekundären Niederlassungsfreiheit deutet darauf hin, daß wegen der Verweigerung der europäischen Staaten, eine freie, identitätswahrende Sitzverlegung zuzulassen, in erheblichem Umfang nach alternativen Lösungen gesucht wird[9]. Im Hinblick darauf, daß diese Situation dem Funktionieren des Binnenmarktes und dem weiteren Einigungsprozeß innerhalb Europas abträglich sein könnte, hat die Kommission der Europäischen Gemeinschaften im Jahr 1997 einen Vorentwurf für eine vierzehnte Richtlinie auf dem Gebiet des Gesellschaftsrechts vorgelegt, der die Sitzverlegung von Gesellschaften innerhalb der Europäischen Gemeinschaft unter Bewahrung ihrer Rechtspersönlichkeit ermöglichen soll[10]. Die zunächst ins Auge gefaßte Regelung dieses Bereiches durch ein Übereinkommen zwischen den Mitgliedstaaten[11] wurde damit aufgegeben.

Die möglicherweise aus diesem Entwurf hervorgehende Richtlinie könnte weitreichende Auswirkungen auf zentrale Bereiche des deutschen Internationalen Privat- und Gesellschaftsrechts haben. Ihre Wirkungen werden sich jedoch nicht auf diese beiden Rechtsgebiete beschränken. Mindestens mittelbar betroffen sind auch das Recht der Arbeitnehmermitbestimmung sowie das Steuerrecht. Während beim Recht der Arbeitnehmermitbestimmung die mögliche Flucht der Unternehmen in mitbestimmungsfreie Staaten im Raum steht[12], betrifft das Steuerrecht die empfindlichsten Bereiche staatlicher Souveränität, nämlich die

---

9 *Lutter*, Unternehmensrecht, S. 40; *Fischer*, Europarecht, § 16 Rnr. 3 geht sogar davon aus, daß „die Gesellschaften […] *im allgemeinen* durch die Gründung von Agenturen, Zweigniederlassungen und Tochtergesellschaften …“ (Hervorhebung vom Verf.) Gebrauch machen und geht insofern gar nicht auf die primäre Niederlassungsfreiheit ein.

10 *Kommission*, Vorschlag für eine Vierzehnte Richtlinie des Europäischen Parlaments und des Rates über die Verlegung des Sitzes einer Gesellschaft in einen anderen Mitgliedstaat mit Wechsel des für die Gesellschaft anwendbaren Rechts, ZIP 1997, 1721. Abgedruckt im Anhang, S. 251-256.

11 Von *Wiesner* wird in seiner Auflistung kommender europäischer (Unternehmens-) Rechtsakte in EuZW 1994, 588, 598 die Vorbereitung eines „Übereinkommens über die Sitzverlegung von Gesellschaften“ erwähnt, aber gleichzeitig mit der Aussage, daß in absehbarer Zeit kein Vorentwurf zu erwarten sei, versehen.

12 Da sich das Recht der Mitbestimmung im Unternehmen nach in Deutschland überwiegender Auffassung nach dem Gesellschaftsstatut bestimmt (z. B. BGH IPrax 1983, 70, 71; *Großfeld*, IntGesR, Rnr. 510), könnte durch einen Wechsel des Gesellschaftsstatutes die deutsche Mitbestimmungsgesetzgebung ausgehebelt werden. Vgl. zum Zusammenhang zwischen Kollisionsrecht und Mitbestimmungsrecht ausführlich *Zimmer*, Internationales Gesellschaftsrecht, S. 143 ff. Zur Möglichkeit einer Flucht aus der Mitbestimmung *Großfeld/Erlinghagen*, JZ 1993, 217 und *Großfeld*, Unternehmensrecht, S. 86 f. *Ulmer* vermutet in JZ 1999, 662, 663, daß mitbestimmungspflichtige Unternehmen kaum durch fiktive Auslandssitze in mitbestimmungsarmen oder -freien Gründungstheorie-Staaten die deutschen Mitbestimmungsregeln umgehen würden.

Finanzierung und Finanzausstattung des Staates. Schon aus diesem Grund werden alle das Steuerrecht betreffenden Maßnahmen der Europäischen Gemeinschaft von den nationalen Regierungen mit Argusaugen überwacht und zu einem nicht unerheblichen Teil auch behindert.

A. Gang der Untersuchung

In der vorliegenden Arbeit soll nach Klärung einiger Grundlagen[13] zunächst die rechtliche Lage bezüglich der Sitzverlegung auf den Gebieten des Kollisions-, Gesellschafts- und Steuerrechts dargestellt[14] und die Frage geklärt werden, welche Möglichkeiten sich für eine Sitzverlegung derzeit bieten. Das Recht der unternehmerischen Arbeitnehmermitbestimmung bleibt – trotz seiner nicht zu leugnenden Bedeutung – weitgehend außer Betracht. Die Mitbestimmungsfrage ist von enormer politischer Brisanz und kann über den Erfolg oder Mißerfolg der Bemühungen zur Verabschiedung einer vierzehnten gesellschaftsrechtlichen Richtlinie entscheiden[15]. Eine befriedigende Einbeziehung dieses Problemkreises erscheint aber im Hinblick auf den Wunsch, den Umfang der Arbeit in einem vernünftigen Rahmen zu halten, unmöglich.

Nachfolgend[16] wird der Frage nachgegangen, welche europarechtlichen Einflüsse auf den Rechtsbereich der Sitzverlegung einwirken. Die Rechtsprechung des Europäischen Gerichtshofes stellt in diesem Bereich eine wichtige Erkenntnisquelle dar und wird daher eingehend analysiert werden. Über den derzeitigen Bestand des Europarechts hinaus weisen die Wirkungen einer dem Vorentwurf entsprechenden vierzehnten Richtlinie auf dem Gebiet des Gesellschaftsrechts. Deren Wirkungen, sowie vor allem die Vereinbarkeit deutschen Steuerrechts mit der neuen Rechtslage nach Verabschiedung der Richtlinie, werden untersucht. Am Ende wird ein Vorschlag stehen, wie die sich aus einer gesellschaftsrechtlichen Ermöglichung der Sitzverlegung ergebenden steuerrechtlichen Probleme einer – europarechtlichen – Lösung zugeführt werden können.

---

13 Unten Teil 1.

14 Unten Teil 2.

15 Auch die Verabschiedung der Verordnung über die Europäische Aktiengesellschaft (Societas Europae) ist bisher an Differenzen über die Mitbestimmungsfrage gescheitert, vgl. S. 99 Fn. 409.

16 Unten Teil 3.

B. Beschränkung auf Kapitalgesellschaften?

Im Schrifttum wird die Sitzverlegung von Gesellschaften bisher fast ausschließlich unter ausdrücklicher Beschränkung auf die Sitzverlegung von Kapitalgesellschaften behandelt[17]. Es stellt sich die Frage, ob tragfähige Gründe für eine derartige Beschränkung existieren und ob sie für diese Untersuchung zu übernehmen ist oder nicht. Die Kapitalgesellschaften AG, KGaA und GmbH sowie der rechtsfähige Verein und die Stiftung sind juristische Personen des Privatrechts, als solche mit eigener Rechtspersönlichkeit und der Fähigkeit, Träger von Rechten und Pflichten zu sein, ausgestattet[18]. Im Gegensatz zu diesen besitzen die Personengesellschaften oHG, KG sowie die Gesellschaft bürgerlichen Rechts im deutschen Gesellschaftsrecht keine eigene Rechtspersönlichkeit, sind also nicht juristische Personen[19]. Mit dieser Feststellung ist jedoch noch keine Aussage darüber getroffen, ob diese Personenverbindungen als solche die Fähigkeit besitzen, Rechtsträger, also Zuordnungssubjekt von Rechten, zu sein.

Nach früher herrschender Ansicht war nicht die Personengesellschaft als solche, sondern waren die hinter ihr stehenden Gesellschafter die Träger der Rechte und Pflichten, die nur – der formalen Vereinfachung halber – beim Rechtserwerb durch § 124 Abs. 1 HGB unter der Firma der oHG zusammenfaßt wurden[20]. Nach mittlerweile wohl herrschender Auffassung sind jedenfalls die Personen*handels*gesellschaften als solche im Anschluß an § 124 Abs. 1 HGB und insbesondere unter Eindruck der Regelungen der §§ 3, 191 UmwG 1995 der Rechtsträgerschaft fähig, wobei der Begriff der „Teilrechtsfähigkeit" verwendet wird[21]. Für eine Einbeziehung der Gesellschaft bürgerlichen Rechts in diese

---

17 Ohne nähere Erläuterung nehmen diese Beschränkung vor: *Thönnes*, DB 1993, 1021, 1022; *Großfeld/Jasper*, RabelsZ 53 (1989), 52; *Schlenker*, S. 2. Hingegen beschränkt sich *Eyles* in seiner Untersuchung mit dem Argument, „... daß erst die Verlagerung körperschaftlich zusammengefaßter persönlicher und sachlicher Betriebsmittel das Wirtschaftsgefüge der EG entscheidend zu beeinflussen und mitzugestalten vermag" (Niederlassungsrecht, S. 2) auf die Kapitalgesellschaften. Behandelt wird die Sitzverlegung der Personengesellschaften von *Bippus*, Strukturänderungen, S. 693. Zum Internationalen Privatrecht der GbR vgl. *Terlau*, S. 107-125.

18 Vgl. oben Fn. 52.

19 Eine den §§ 21 BGB, 1 Abs. 1, 278 Abs. 1 AktG, 13 Abs. 1 GmbHG entsprechende Regelung fehlt für die Personengesellschaften, somit scheidet eine Anerkennung als juristische Person aus.

20 RGZ 139, 252, 254; BGHZ 34, 293, 296 f.; weiterhin dieser Ansicht *Medicus*, Schuldrecht II, Rnr. 481 und *Kübler*, Gesellschaftsrecht, § 7 IV 1 (S. 76).

21 Insbesondere *K. Schmidt*, ZIP 1998, 2 ff.; *ders.*, Gesellschaftsrecht, § 46 II 2 (S. 1359 f.); *Baumbach/Hopt*, HGB, § 124 Rnr. 1; *Timm*, NJW 1995, 3209 ff.; *T. Raiser*, AcP 194 (1994), 495, 510; vgl. schon aus der älteren Literatur *Hueck*, oHG, § 19 I, II (S. 271 f.). Kritisch äußert sich *Cordes*, JZ 1998, 545 ff., sowohl gegen eine Anerkennung der GbR als juristische Person als auch gegen die „... gemäßigtere[...] Fas-

Fortsetzung der Fußnote siehe folgende Seite

Teilrechtsfähigkeit erheben sich in der gesellschaftsrechtlichen Literatur namhafte Stimmen[22], wobei wiederum auf § 191 Abs. 2 Nr. 1 UmwG 1995 verwiesen wird[23].

Bedingt durch das Fehlen einer eigenen Rechtspersönlichkeit bei den Personengesellschaften stellt sich bei diesen nicht die Frage nach einer Sitzverlegung unter „Wahrung der Identität" in dem Sinne, daß durch die Verlegung des Sitzes eine juristische Person aufhören könnte zu bestehen, weil eine solche gar nicht vorhanden ist. Jedoch ergibt sich auch für Personengesellschaften die Frage, ob sie ihren Sitz ins Ausland oder vom Ausland ins Inland verlegen können, ohne einem Auflösungserfordernis des materiellen Gesellschaftsrechts oder einer Wegzugs- oder Zuzugsbesteuerung aufgrund des Steuerrechts zu unterfallen[24]. Allerdings ergeben sich wegen der grundlegenden Unterschiede zwischen Personen- und Kapitalgesellschaften auch wesentliche Unterschiede in der kollisions-, gesellschafts- und steuerrechtlichen Behandlung. Die ausführliche Darstellung sowohl der Sitzverlegung der Kapitalgesellschaften als auch der Personengesellschaften würde daher den Umfang dieser Arbeit in erheblichem, kaum tragbarem Maße vergrößern[25].

Der Entwurf der Kommission der Europäischen Gemeinschaften für eine vierzehnte Richtlinie auf dem Gebiet des Gesellschaftsrechts sieht vor, daß grundsätzlich alle Gesellschaften in den Anwendungsbereich der Richlinie fallen sollen[26]. Jedoch wurde zwischenzeitlich im Rahmen einer Anhörung von Sachverständigen aus den Mitgliedstaaten von diesen mehrheitlich die Auffassung vertreten, daß eine Beschränkung des Anwendungsbereiches auf die Kapitalgesellschaften geboten sei[27]. Die Kommission hat sich dieser Ansicht offenbar an-

---

sung, nach der die Gesellschaft „nur" wie eine Handelsgesellschaft nach § 124 HGB Trägerin von Rechten und Pflichten sein können soll" (S. 551).

22 *Ulmer*, in: MüKo, § 705 BGB Rnr. 129 ff.; *K. Schmidt*, ZIP 1998, 2 ff.; *ders.*, Gesellschaftsrecht, S. 1716 f.

23 *K. Schmidt*, ZIP 1998, 2 f.

24 *Beitzke*, ZHR 127 (1965), 1, 24 sieht die Personengesellschaften in Folge des Art. 220 Sp. 3 EWGV (Art. 293 Sp. 3 EG) als Berechtigte der Niederlassungsfreiheit und somit als mögliche Subjekte einer Sitzverlegung an. Er spricht daher von einer „... Sitzverlegung in einen anderen Staat ohne Auflösung der Gesellschaft und unter Wahrung ihrer Identität ...", an Stelle einer Sitzverlegung unter Wahrung der Rechtspersönlichkeit der Gesellschaft.

25 Insofern sei auf die Darstellung bei *Bippus*, Strukturänderungen, S. 693 verwiesen.

26 Artikel 1 des Richtlinienvorentwurfes sieht die „... nach dem Recht eines Mitgliedstaats gegründeten *Gesellschaften*, die ihren satzungsmäßigen Sitz oder ihre Hauptverwaltung innerhalb der Gemeinschaft haben ..." (Hervorhebung vom Verf.) als Adressaten und Berechtigte der Richtlinie. Unter Rückgriff auf Art. 48 Abs. 2 EG sind Gesellschaften im Sinne des EG-Vertrages alle einen Erwerbszweck verfolgenden juristischen Personen und Personengesellschaften.

27 *Neye*, GmbHR 1997, R 181, 182.

geschlossen und ist dabei, ihre Entwürfe entsprechend zu überarbeiten[28]. Die Auswirkungen der möglicherweise aus diesem Entwurf hervorgehenden vierzehnten Richtlinie sollen aber ein zentraler Aspekt dieser Arbeit sein. Im Hinblick auf die vorgesehene Beschränkung sowie im Interesse einer Begrenzung des Umfanges wird diese deshalb auch für den weiteren Gang der Untersuchung übernommen. Behandelt werden daher ausschließlich Sitzverlegungsvorgänge von Kapitalgesellschaften mit eigener Rechtspersönlichkeit, d. h. vor allem der deutschen AG, GmbH und KGaA, und – soweit erforderlich – der vergleichbaren ausländischen Kapitalgesellschaftsformen. Ausgespart bleiben wegen ihrer geringen praktischen Relevanz die eingetragenen Vereine und rechtsfähigen Stiftungen sowie die Genossenschaften.

---

28 *Neye*, GmbHR 1997, R 181, 182.

1. Teil: Grundlagen

Vor Beginn der eigentlichen Untersuchung sollen an dieser Stelle zunächst die notwendigen Grundlagen geschaffen werden. Nach einer Darstellung der unterschiedlichen Sitzbegriffe sowie der für ihre Bestimmung bestehenden gesetzlichen Regelungen werden die Begriffe der Sitzverlegung, der Identitätswahrung sowie der Rechtsformwahrung bzw. des Rechtsformwechsels kurz erläutert.

A. Sitzbegriffe

Im deutschen Gesellschaftsrecht, Internationalen Privatrecht und Steuerrecht existieren mehrere Sitzbegriffe, so daß der Begriff „Sitz“ nicht einheitlich zu verstehen ist. Der Sitz einer Gesellschaft wird als sogenannter statutarischer oder Satzungssitz aufgrund rechtlicher Aspekte, nämlich des Gründungsdokumentes oder der Registereintragung der jeweiligen Gesellschaft bestimmt. Der sogenannte tatsächliche Verwaltungssitz wird dagegen aufgrund tatsächlicher Aspekte, nämlich des Tätigkeitsortes der Unternehmensleitung, bestimmt. Im Steuerrecht ist die in § 10 AO legaldefinierte „Geschäftsleitung“ laut § 1 Abs. 1 KStG neben dem in § 11 AO legaldefinierten „Sitz“ Anknüpfungspunkt für die unbeschränkte Körperschaftsteuerpflicht in Deutschland[29].

I. Satzungssitz

1. Regelungen für den Satzungssitz

Für die Kapitalgesellschaften GmbH, AG und KGaA existieren Regelungen über deren Satzungssitz. § 5 AktG sowie der seit der Handelsrechtsreform 1998[30] sinngleiche § 4a GmbHG regeln, daß Sitz der Gesellschaft der Ort ist, den die Satzung bzw. der Gesellschaftsvertrag bestimmt. „In der Regel“ hat diese Bestimmung nach dem jeweiligen Abs. 2 so zu geschehen, daß sich der Sitz am Ort eines Betriebes, der Geschäftsleitung oder der Verwaltung der Gesellschaft befindet. Nach §§ 23 Abs. 3 Nr. 1 AktG, 3 Abs. 1 Nr. 1 GmbHG ist die Bestimmung des Sitzes Pflichtinhalt des Gründungsdokumentes. Der Sitz ist außerdem nach §§ 39 Abs. 1 Satz 1 AktG, 10 Abs. 1 Satz 1 GmbHG ins Handelsregister einzutragen. Für die KGaA gelten die Regelungen für die AG aufgrund der Verweisung in §§ 278 Abs. 3 und 281 Abs. 1 AktG sinngemäß.

---

29 Zu „Sitz“ und „Geschäftsleitung“ im KStG vgl. unten S. 59-60; zur Körperschaftsteuersubjektfähigkeit ausländischer Gesellschaften in der Rechtsprechung des BFH vgl. S. 56-59.

30 Vgl. Handelsrechtsreformgesetz vom 22.06.1998, BGBl. I 1998, 1474.

2. Verhältnis von Satzungssitz und Registersitz

Wie bereits zu Beginn des vorigen Abschnittes erwähnt, bedarf der Satzungssitz der Kapitalgesellschaften zusätzlich zu einer Aufnahme in die Satzung der Eintragung im Handelsregister. Das zuständige Registergericht bestimmt sich nach dem Ort des Satzungssitzes[31]. Die Eintragung ins Register ist für die Entstehung der Gesellschaft konstitutiv und verleiht ihr erst die Rechtspersönlichkeit[32]. Rein formal besteht grundsätzlich die Möglichkeit eines Auseinanderfallens von in der Satzung genanntem und im Register eingetragenem Sitz.

Das für den Ort des Satzungssitzes zuständige Registergericht wird die Eintragung jedoch dann ablehnen, wenn in der Satzung ein anderer Sitz benannt ist, als in das Register eingetragen werden soll. Ebenso wird es verfahren, wenn es für den angegebenen Satzungssitz und den einzutragenden Registersitz unzuständig ist[33]. Insbesondere wird das deutsche Registergericht keinen ausländischen Satzungssitz für die Gesellschaft eintragen[34]. Zu einem ursprünglichen Auseinanderfallen von Satzungs- und Registersitz kann es daher nicht kommen. Die spätere Änderung des Satzungssitzes bedarf für ihre Wirksamkeit der Eintragung ins Handelsregister am Ort des neuen Sitzes[35], so daß es auch hier zu einem Auseinanderfallen nicht kommen kann. Ein doppelter Satzungssitz in Deutschland und im Ausland ist wegen der daraus resultierenden Rechts- und Zuständigkeitsmischung ebenfalls ausgeschlossen[36]. Somit ist zwischen Sat-

---

31 Vgl. dazu § 14 AktG, wonach zuständiges Gericht das Gericht am Ort des (Satzungs-) Sitzes der Gesellschaft ist. Der Satzungssitz ist der Anknüpfungspunkt für die materiellrechtlichen Bestimmungen.

32 § 41 Abs. 1 Satz 1 AktG bestimmt: „Vor der Eintragung in das Handelsregister besteht die Aktiengesellschaft als solche nicht". Eine entsprechende Bestimmung findet sich in § 11 Abs. 1 GmbHG für die GmbH.

33 § 38 Abs. 1 Satz 1 und Abs. 3 Nr. 1 iVm § 23 Abs. 3 AktG sowie § 9c Satz 1 iVm § 7 Abs. 1 GmbHG.

34 BGHZ 19, 102, 105; 29, 320, 328; *Kraft*, in: Kölner Kommentar zum AktG, § 5 Rnr. 3 f.; *Emmerich*, in: Scholz, GmbHG, § 3 Rnr. 4; *Rittner*, in: Rowedder, GmbHG, § 3 Rnr. 7. Die Regelungen für den Satzungssitz der GmbH entsprechen mittlerweile denen für die AG, so daß die Kommentierungen zum AktG auf die GmbH übertragbar sind.

35 Nach §§ 181 Abs. 1 AktG bzw. 54 Abs. 1 GmbHG ist die für die Sitzänderung erforderliche Satzungsänderung ins Handelsregister einzutragen. Die Wirksamkeit der Änderung ergibt sich nach §§ 181 Abs. 3 AktG bzw. 54 Abs. 3 GmbHG erst mit dieser Eintragung.

36 *Großmann*, S. 13; *Hausmann*, 13, 22 f. Das Aktiengesetz geht nach *Kropff*, AktG 1965, S. 20 ausweislich der Begründung zum Regierungsentwurf davon aus, daß eine AG nur einen einzigen Sitz haben kann und es nur in besonderen Ausnahmefällen (insbesondere im Zusammenhang mit der Teilung Deutschlands und einem Verbleib des Sitzes im Gebiet der damaligen DDR) zu einem Doppelsitz kommen kann.

zungssitz und Registersitz Identität anzunehmen[37] und die Begriffe können synonym verwendet werden.

II. Verwaltungssitz

Hingegen handelt es sich beim Verwaltungssitz um einen gesetzlich nicht geregelten Begriff. Nach der Rechtsprechung des BGH ist der Verwaltungssitz

> „… der Tätigkeitsort der Geschäftsführung und der dazu berufenen Vertretungsorgane, also der Ort, wo die grundlegenden Entscheidungen der Unternehmensleitung effektiv in laufende Geschäftsführungsakte umgesetzt werden.“[38]

Andere Versuche zur Bestimmung des tatsächlichen Verwaltungssitzes gehen von dem Ort aus, an dem der im Unternehmen gebildete Wille nach außen umgesetzt wird[39], bzw. vom Ort des wirschaftlichen Schwerpunktes der Gesellschaft[40]. Die Ansicht des BGH ist jedoch weithin in Literatur[41] und Rechtsprechung[42] akzeptiert worden. Diese Art der Bestimmung vermeidet die bei Konzernen entstehenden Schwierigkeiten, wenn für die Bestimmung des Verwaltungssitzes auf die Willensbildung der Führungsorgane abgestellt wird. Denn dann wäre der Verwaltungssitz von Tochtergesellschaften am Verwaltungssitz der Muttergesellschaft angesiedelt[43]. Der Verwaltungssitz ist damit aufgrund tatsächlicher, objektiver Kriterien zu ermitteln[44].

B. Vorgang der Sitzverlegung

Der Vorgang „Sitzverlegung“ kann – abhängig vom betroffenen Sitz – in unterschiedlichen Formen stattfinden.

---

37 *Ebenroth./Eyles*, DB 1989, 363, 368; *Behrens*, RabelsZ 52 (1988), 498, 499 Fn. 2 nimmt an, daß es „gewöhnlich“ notwendig sei, daß die Gesellschaft an ihrem Registersitz auch ihren Satzungssitz habe (ergebnisgleiche Formulierung auch aaO., S. 501).

38 BGHZ 97, 269, 272 unter Berufung auf *Sandrock*, FS Beitzke, 669, 683.

39 OLG Hamburg MDR 1976, 402.

40 BGH NJW 1967, 36, 38.

41 *Großfeld*, in: Staudinger, IntGesR, Rnr. 228; *Kindler*, in: MüKo, IntGesR, Rnr. 316; *Wiedemann*, Gesellschaftsrecht I, S. 197; *Behrens*, in: ders., GmbH, Rnr. IPR 7; *Kruse*, Sitzverlegung, S. 24.

42 OLG Hamm RIW 1997, 236, 237; BayObLGZ 1985, 272, 280; 1986, 61, 67; OLG Frankfurt a. M. IPRax 1991, 403, 404.

43 Vgl. dazu *Behrens*, in: ders., GmbH, Rnr. IPR 8 sowie *Kruse*, Sitzverlegung, S. 24 f.

44 Eingehend zur Bestimmung des effektiven Verwaltungssitzes *von der Seipen*, IPrax 1986, 91, 93 f. sowie *Hausmann*, in: Reithmann/Martiny, Rnr. 1549, 1551.

I. Verlegung des Satzungssitzes

Zur Verlegung des Satzungssitzes ist ein Beschluß des zu dieser Entscheidung berufenen Gremiums der jeweiligen Gesellschaft (Gesellschafterversammlung, Hauptversammlung) zur Änderung des Gesellschaftsvertrages bzw. der Satzung erforderlich, in Ausführung dessen dann die Verlegung des Sitzes beim Handelsregister angemeldet werden kann[45].

1. Innerhalb Deutschlands

Die Verlegung des Satzungssitzes von einem Ort innerhalb der Bundesrepublik Deutschland an einen anderen, ebenfalls im Inland belegenen Ort, bringt keine Probleme mit sich. Es ergeben sich für diese Art der Sitzverlegung keine rechtlichen Schwierigkeiten, soweit die genannten Regelungen[46] über die Ermittlung des jeweiligen Gesellschaftssitzes eingehalten werden.

2. Mit Auslandsberührung

Ebenso wie die Verlegung des Satzungssitzes innerhalb Deutschlands aufgrund eines Beschlusses der Gesellschafter- oder Hauptversammlung mit anschließender Registereintragung möglich ist, ist dies auch bei Fällen denkbar, in denen der neue Sitz der Gesellschaft im Ausland und nicht im Inland belegen sein soll. Die Gründe für einen solchen Schritt können vielfältig sein und sowohl im rechtlichen Bereich[47] als auch im eher unternehmenspolitischen Bereich[48] liegen. Eine gesetzliche Regelung für die Verlegung des Satzungssitzes ins Ausland besteht indes nicht; § 45 AktG ist auf diesen Vorgang nicht anwendbar[49]. Der umgekehrte Fall einer Verlegung des Satzungssitzes nach Deutschland ist ebenfalls denkbar. Die genannten Gründe für eine Sitzverlegung ins Ausland werden auch dann tragend für den Entschluß sein, haben allerdings im konkreten Fall

---

45 §§ 3 Abs. 1 Nr. 1, 10 Abs. 1 GmbHG, *Ulmer*, in: Hachenburg, GmbHG, § 3 Rnr. 16 und § 10 Rnr. 6 für die GmbH; §§ 45, 5 Abs. 1 AktG, *Hüffer*, AktG, § 45 Rnr. 2 für die AG.

46 § 5 AktG sowie § 4a GmbHG.

47 Als Beispiel sei der Wunsch genannt, das Unternehmen durch die Verlegung des Satzungssitzes in ein der internationalprivatrechtlichen Gründungstheorie folgendes Land der Rechtsordnung dieses Landes zu unterstellen und so die dort günstigeren (meistens steuer-) rechtlichen Rahmenbedingungen auszunutzen.

48 Beispiel hierfür ist der Wunsch eines Unternehmens, sich im Hinblick auf die Nationalität der Mehrzahl der Kunden in ein Unternehmen derselben Nationalität zu verwandeln, um so evtl. die Absatzchancen zu erhöhen.

49 *Hüffer*, AktG, § 45 Rnr. 2 a. E.; *Eckardt*, in: Geßler/Hefermehl/ders./Kropff, AktG, § 45 Rnr. 4, 17; *Kraft*, in: Kölner Kommentar zum AktG, § 45 Rnr. 2.

zum gegenläufigen Ergebnis geführt. An einer gesetzlichen oder richterrechtlichen Regelung mangelt es auch hier.

II. Verlegung des Verwaltungssitzes

Nicht nur der Satzungssitz als rechtlicher Sitz, sondern auch der Verwaltungssitz als tatsächlicher Sitz ist einem Verlegungsvorgang zugänglich. Das zuständige Leitungsgremium einer Gesellschaft kann also einen dahingehenden Beschluß fassen und in dessen Ausführung können die Exekutivorgane der Gesellschaft die rein technische Verlegung vornehmen.

Wesentlicher Unterschied zur Verlegung des Satzungssitzes ist jedoch, daß der Verwaltungssitz als rein tatsächliches Merkmal nicht im formalisierten Verfahren, also auch ohne dahingehenden Beschluß und sogar ohne jegliche explizit dahingehende Willensbildung, verlegt werden kann. Eine schleichende Änderung der Gewohnheiten der Leitungsgremien der Gesellschaft im Hinblick auf deren Arbeitsort ist – entsprechend der oben gegebenen Definition des tatsächlichen Verwaltungssitzes einer Gesellschaft – ausreichend für die Verlegung. Gerade diese Tatsache macht die Behandlung der Verlegung des tatsächlichen Verwaltungssitzes sowie die Frage nach den daraus entstehenden rechtlichen Konsequenzen schwierig.

1. Innerhalb Deutschlands

Wie schon die Verlegung des Satzungssitzes[50] führt auch die Verlegung des tatsächlichen Verwaltungssitzes innerhalb Deutschlands zu keinen nennenswerten Problemen.

2. Mit Auslandsberührung

Die Verlegung des tatsächlichen Verwaltungssitzes ins Ausland stellt rein technisch allenfalls logistische Anforderungen an das Unternehmen, die im Hinblick auf die Fortschritte in der Informationstechnologie jedoch nur marginale Bedeutung haben dürften. Ansonsten hat dieser Vorgang für das Unternehmen allenfalls rechtliche Konsequenzen, auf die im weiteren Verlauf der Untersuchung eingegangen werden soll. Bei der Verlegung des Verwaltungssitzes aus dem Ausland ins Inland sind die technischen Hürden für die Verlegung ebenfalls zu vernachlässigen. Die rechtlichen Aspekte sind wiederum später[51] zu behandeln.

---

[50] Vgl. dazu oben S. 12.

[51] Vgl. unten S. 28.

III. Verlegung beider Sitze

Neben einer isolierten Verlegung beider Sitze einer Gesellschaft kommt auch eine gleichzeitige Verlegung des Satzungs- und Verwaltungssitzes in Betracht. In dieser Konstellation ergeben sich allein aus der Verbindung der beiden Vorgänge keine weiteren Schwierigkeiten.

C. Identitätswahrung bei Sitzverlegung

Eine der zentralen Fragen bei der Sitzverlegung von Gesellschaften vom Ausland ins Inland und umgekehrt ist, ob die Gesellschaft diesen Schritt vollziehen kann, ohne daß sie aufgrund der Bestimmungen des nationalen Gesellschaftsrechts zur Auflösung gezwungen wird. Damit einher geht die Frage nach dem Verlust einer möglicherweise von der nationalen Rechtsordnung gewährten Eigenschaft als juristische Person[52] und somit der Fähigkeit, eigenständiger Träger von Rechten und Pflichten zu sein.

Da beim Umzug einer Gesellschaft stets mindestens zwei Staaten direkt betroffen sind, nämlich der Wegzugs- und der Zuzugsstaat, ist die Identität der Gesellschaft als solche von mindestens zwei Rechtsordnungen „bedroht". Verhindert schon der Wegzugsstaat, daß im Zuzugsstaat eine existente und als solche rechtsfähige Gesellschaft „ankommt", ist eine Identitätswahrung und somit eine Fortexistenz von vornherein unmöglich. Selbst bei Überwindung der Hürden im Wegzugsstaat besteht immer noch die Möglichkeit, daß der Zuzugsstaat die Ankunft eines rechtsfähigen Subjektes in seinem Rechtskreis verhindert und die zugezogene Gesellschaft als solche nicht anerkennt. In der mit dieser Problematik befaßten Literatur[53] und Rechtsprechung[54] hat sich daher die Erkenntnis durchgesetzt, daß für die Annahme einer identitätswahrenden Sitzverlegung das kooperative Zusammenspiel beider Rechtsordnungen nicht nur hilfreich, sondern unabdingbar ist, die umziehende Gesellschaft mithin nur dann fortbesteht, wenn beide Rechtsordnungen dies zulassen. Es ist auch denkbar, eine Sitzverlegung in der Art und Weise durchzuführen, daß die Gesellschaft im Wegzugsstaat zu existieren aufhört und im Zuzugsstaat neu gegründet wird. Eine Sitzverlegung ist das jedoch nicht. Denn dies stellt einen vollständig anderen Vorgang dar, der sich kaum als eine Verlegung der Gesellschaft begreifen läßt. Der

---

52 Vgl. § 1 Abs. 1 Satz 1 AktG für die Aktiengesellschaft, § 278 Abs. 1 AktG für die Kommanditgesellschaft auf Aktien und § 13 Abs. 1 GmbHG für die Gesellschaft mit beschränkter Haftung.

53 *Behrens*, in: ders., GmbH, Rnr. IPR 65; *ders.*, in: Hachenburg, GmbHG, Einleitung Rnr. 170; *Großfeld*, in: Staudinger, IntGesR, Rnr. 606; *Kindler*, in: MüKo, IntGesR, Rnr. 389; *Hausmann*, in: Reithmann/Martiny, Rnr. 1562; *Zimmer*, Internationales Gesellschaftsrecht, S. 198.

54 BayObLGZ 1992, 113, 116; OLG Hamm ZIP 1997, 1696, 1697.

Begriff „Verlegung“ impliziert bereits, daß eine existente Einheit von einem Ort an einen anderen Ort transferiert wird. Die Vernichtung dieser Einheit am Wegzugsort und eine Neuschaffung einer anderen Einheit am Zuzugsort sind hingegen andere Vorgänge, die keine „Verlegung“ darstellen. Somit ist nur die identitätswahrende Sitzverlegung eine echte Sitzverlegung und daher ist nur sie hier zu behandeln.

D. Rechtsformwahrung bei Sitzverlegung

Neben der wichtigeren Frage der Identitätswahrung bei der Sitzverlegung steht zusätzlich die Frage nach der Wahrung der Rechtsform einer Gesellschaft. Kommt es durch die Sitzverlegung nicht zur Auflösung und Abwicklung der Gesellschaft und erkennt der Zuzugsstaat den Zuzug der Personenvereinigung an, so muß für diese eine rechtliche Gestalt gefunden werden. In Betracht kommen die Rechtsformen des Zuzugsstaates ebenso wie die im Wegzugsstaat gewählte Rechtsform. Die Beibehaltung der im Wegzugsstaat gewählten Rechtsform am neuen Sitzort ist allerdings nur möglich, wenn es nicht zu einem Statutenwechsel kommt. Der Statutenwechsel kann aber nur dadurch vermieden werden, daß der für die internationalprivatrechtliche Anknüpfung[55] maßgebliche Sitz nicht verlegt wird. Denn die Kapitalgesellschaften als juristische Personen bestehen als Zweckschöpfungen des Gesetzgebers[56] nur aufgrund der Erfüllung der Voraussetzungen einer bestimmten Rechtsordnung als Teil dieser Rechtsordnung. Die Abhängigkeit von dieser Rechtsordnung ist daran zu erkennen, daß erst die Eintragung in ein nationales Gesellschaftsregister die juristische Person entstehen und ihr Rechtsfähigkeit zukommen läßt[57]. Bei einem Wechsel dieses Rechts kann die vorhandene Rechtsform nicht exportiert werden, da ein anderes Recht auch andere Rechtsformen kennt und kein Staat bereit ist, einer ausländischen Rechtsform durch Eintragung ausschließlich in sein Gesellschaftsregister Rechtswirksamkeit und Rechtsfähigkeit zu verleihen. Selbst bei großer Ähnlichkeit und möglicherweise sogar gleicher Benennung[58] handelt es sich um unterschiedliche rechtliche Gebilde.

Ein Rechtsformwechsel ist also bei einem Rechtswechsel unumgänglich. Er wird aber oftmals im Hinblick auf die Chancen, die die Gestaltungsmöglichkeiten einer anderen Rechtsordnung bieten, sogar gewollt sein oder jedenfalls ak-

---

[55] Dazu unten S. 19.

[56] *Heinrichs*, in: Palandt, BGB, vor § 21 Rnr. 1.

[57] Zur Gründung einer rechtsfähigen Kapitalgesellschaft ist nach *Behrens*, EuZW 1992, 550 stets die Eintragung in ein Register mit einem inländischen Satzungssitz erforderlich.

[58] Zu denken wäre hier an die österreichischen Kapitalgesellschaften G.m.b.H. und AG und ihre deutschen Pendants.

zeptiert werden. Er ist daher nicht in dem Maße unerwünscht, wie dies für eine Auflösung und Abwicklung der Gesellschaft der Fall ist.

2. Teil: Derzeitige Rechtslage in Deutschland

Um die Auswirkungen einer kommenden 14. gesellschaftsrechtlichen Richtlinie über die Sitzverlegung von Gesellschaften auf das deutsche Recht beurteilen zu können, bedarf es zunächst einer Darstellung der derzeitigen Rechtslage in Deutschland. Diese orientiert sich an der Dreiteilung in Internationales Privatrecht, materielles Gesellschaftsrecht und Steuerrecht.

A. Internationales Privatrecht

I. Begriffsbestimmungen

Vorab sollen für den Bereich des Internationalen Privatrechts einige – teilweise mehrdeutig verwendete – Begriffe geklärt werden.

1. „Internationales Privatrecht"

Der Begriff des Internationalen Privatrechts wird in der Rechtslehre und Rechtspraxis oft mehrdeutig verwendet. Ausgehend von der reinen Bedeutung der Bezeichnung und einem Vergleich mit dem Begriff „Privatrecht" müßte Internationales Privatrecht international gültiges, materielles Privatrecht sein[59]. Klassisches Beispiel für diese Rechtskategorie ist das Einheitliche UN-Kaufrecht von 1980[60]. Jedoch hat sich allgemein ein einerseits weiteres, andererseits doch wieder engeres Verständnis des Begriffes „Internationales Privatrecht" durchgesetzt. Internationales Privatrecht im weiteren Sinne ist die Gesamtheit der Rechtsnormen, die privatrechtliche Sachverhalte mit Auslandsberührung erfassen und regeln[61], also neben dem Internationalen Einheitsrecht auch das Kollisionsrecht sowie originär deutsches Recht, das im konkreten Fall zur Beurteilung eines (auch) ausländischen Rechtsproblems angewandt wird[62]. Dieses weitere Verständnis des Internationalen Privatrechts wiederum wird – im Anschluß an die Regelung des Art. 3 Abs. 1 EGBGB – meistens dahingehend verengt, daß als Internationales Privatrecht nur die Vorschriften gesehen wer-

---

59 *Kropholler*, IPR, § 1 I 1 (S. 1); anders *von Bar*, IPR I, Rnr. 2, der das internationale Einheitsrecht unter den Begriff „Umfeld des eigentlichen IPR" faßt; anders auch *Kegel*, IPR, § 1 II, der als IPR bereits ausschließlich das Kollisionsrecht sieht, sowie *Wolff*, IPR, S. 4, der das internationale Einheitsrecht explizit vom Internationalen Privatrecht ausnimmt.

60 Wiener UN-Übereinkommen über Verträge über den internationalen Warenkauf vom 11. April 1980, BGBl. II 1989, S. 588.

61 *Kropholler*, IPR, § 1 I 2 (S. 1); *von Bar*, IPR I, Rnr. 2.

62 *Von Bar*, IPR I, Rnr. 2 a. E.

den, die „... bei Sachverhalten mit einer Verbindung zum Recht eines ausländischen Staates [bestimmen], welche Rechtsordnungen anzuwenden sind“[63]. Der Begriff „Internationales Privatrecht“ in seiner herkömmlichen Verwendung bezeichnet daher nur das auf Rechtsbeziehungen zwischen Privatpersonen anwendbare Kollisionsrecht[64]. In diesem Sinne soll der Begriff auch in dieser Arbeit verwendet werden.

2. „Internationales Gesellschaftsrecht“

Der Begriff „Internationales Gesellschaftsrecht“ weist ebenfalls mehrere Deutungsmöglichkeiten auf. Im Anschluß an die Begrifflichkeit beim Internationalen Privatrecht umfaßt das Internationale Gesellschaftsrecht diejenigen Rechtsnormen, die festlegen, welches Recht auf eine Gesellschaft Anwendung findet, die einen internationalen Bezug aufweist[65]. Relevant wird diese Frage beispielsweise im Falle eines deutschen Staatsbürgers, der an einer nach niederländischem Recht gegründeten und verfaßten Gesellschaft mit Sitz in London beteiligt ist und gegen einen Beschluß der Gesellschafterversammlung klagen möchte. Denn hier könnte auf die Beziehungen zwischen Gesellschafter und Gesellschaft grundsätzlich das Recht jedes der drei tangierten Staaten Anwendung finden. Die Gesellschaft wird das niederländische oder möglicherweise das britische Recht für anwendbar halten, während der Gesellschafter schon im Hinblick auf mögliche Verständigungsprobleme gerne auf deutsches Recht rekurrieren möchte.

Jedoch könnte unter Internationalem Gesellschaftsrecht auch die Gruppe der Normen zu verstehen sein, die im jeweiligen nationalen Gesellschaftsrecht regeln, welche Rechtsfolgen sich aus einem internationalen Bezug einer Gesellschaft ergeben. Beispiel hierfür ist die Frage, ob eine nach niederländischem Recht gegründete Gesellschaft ihren Satzungs- oder Verwaltungssitz oder beide nach Deutschland verlegen kann, ohne als Gesellschaft aufgelöst werden zu müssen. Hierbei geht es nicht mehr um die Frage, ob deutsches Recht anwendbar ist oder nicht, sondern darum, welche Rechtsfolgen sich aus dem anzuwendenden deutschen Recht[66] für diesen Sachverhalt ergeben.

---

63 Art. 3 Abs. 1 EGBGB.

64 *Kegel*, IPR, § 1 II; *Kropholler*, IPR, § 1 I 3 (S. 1); *von Bar*, IPR I, Rnr. 2; *Behrens*, 3. Bonner Europa-Symposion, 3, 10; so auch *Wolff*, IPR, S. 1, freilich noch nicht unter dem Eindruck des Art. 3 Abs. 1 EGBGB.

65 *Großfeld*, in: Staudinger, IntGesR, Rnr. 1, der jedoch unter Rnr. 9 auf eine das Internationale Gesellschaftsrecht kennzeichnende „... Verzahnung von materiellrechtlichen und internationalprivatrechtlichen Wertungen ...“ hinweist und eine Einwirkung der internen Gesellschaftsrechtsnormen auf das Kollisionsrecht annimmt.

66 Dieses ist nach der Sitztheorie unter der Voraussetzung anwendbar, daß der tatsächliche Verwaltungssitz in Deutschland liegt.

Treffendere und trennschärfere Bezeichnungen für die beiden dargestellten Rechtsgebiete wären daher einmal „Internationales Gesellschafts*kollisions*recht"[67] für die Rechtsnormen, die das auf die Gesellschaften anwendbare Recht festlegen, sowie andererseits das „materielle Internationale Gesellschaftsrecht", das die sich aus einem internationalen Bezug ergebenden Rechtsfolgen für die Gesellschaften bestimmt. Eine derartige Aufgliederung entspricht jedoch nicht der gängigen Terminologie in der einschlägigen Literatur[68].

Im weiteren Verlauf dieser Arbeit soll die allgemein anerkannte Terminologie verwendet werden. Internationales Gesellschaftsrecht bezeichnet daher einerseits diejenigen Normen, die das für eine Gesellschaft maßgebliche Recht festlegen, andererseits aber auch die in diesem Bereich relevanten Sachnormen.

3. Anknüpfung

Die Ermittlung der maßgeblichen Rechtsordnung wird allgemein unter den Begriff der „Anknüpfung" der Gesellschaft gefaßt. Als Folge der Anknüpfung ergibt sich dann das für die Gesellschaft maßgebliche Gesellschaftsstatut[69]. Das deutsche Internationale Gesellschaftsrecht geht grundsätzlich von einer einheitlichen Anknüpfung für alle gesellschaftsrechtlichen Fragen aus, d. h. Rechtsfragen innerhalb einer Gesellschaft müssen immer nach *einer einzigen* Rechtsordnung bestimmt werden[70]. Nach den gesellschaftsrechtlichen Regelungen dieser Rechtsordnung bestimmen sich dann umfassend alle rechtlichen Fragen, die im Zusammenhang mit der Entstehung, Existenz und dem Ende der Gesellschaft entstehen können. Neben Gründung, Binnenstruktur und Liquidation sind dies auch die Beziehungen der Gesellschaft zu ihren Gesellschaftern sowie die der Gesellschafter in ihrer Eigenschaft als solche untereinander[71]. Die Außenbeziehungen der Gesellschaft bestimmen sich nach den allgemeinen Regeln des In-

---

67 *Kindler*, in: MüKo, IntGesR, Rnr. 1 geht davon aus, daß das Internationale Gesellschaftsrecht die Funktion eines Internationalen Gesellschaftskollisionsrechts habe.

68 Vgl. nur *Großfeld*, in: Staudinger, IntGesR, Rnr. 1.

69 Dem bei natürlichen Personen das sogenannte Personalstatut entspricht, weshalb teilweise auch vom Personalstatut der Gesellschaft die Rede ist. Vgl. zur Anknüpfung und zum Gesellschaftsstatut *Großfeld*, in: Staudinger, IntGesR, Rnr. 16 ff.; *Lüderitz*, in: Soergel, Anhang zu Art. 10 EGBGB Rnr. 2; *Kropholler*, IPR, § 19 I (S. 119); *von Bar*, IPR I, Rnr. 516 ff.

70 *Von Bar*, IPR II, Rnr. 622; *Koppensteiner*, Unternehmen, S. 113; *Großfeld*, in: Staudinger, IntGesR, Rnr. 16; *Kindler*, in: MüKo, IntGesR, Rnr. 412; *Behrens*, in: Hachenburg, GmbHG, Einleitung Rnr. 129; *Hausmann*, in: Reithmann/Martiny, Rnr. 1537 für Handelsgesellschaften allgemein.

71 *Von Bar*, IPR II, Rnr. 634; *Großfeld*, in: Staudinger, IntGesR, Rnr. 17; *Kindler*, in: MüKo, IntGesR, Rnr. 412-534; *Behrens*, 3. Bonner Europa-Symposion, 3, 10 f.; *Kropholler*, IPR, § 55 II (S. 476 f.); ausschließlich für die juristische Person *Kegel*, IPR, § 17 II 2; BGHZ 25, 134, 144.

ternationalen Privatrechts, also für vertragliche Beziehungen nach dem Vertragsstatut[72] und für die deliktische Haftung der Gesellschaft nach dem Deliktsstatut[73].

4. Anerkennung

Während neben natürlichen Personen in Deutschland wirksam errichtete Kapitalgesellschaften deutschen Rechts als juristische Personen automatisch rechtsfähig sind, gilt diese Aussage für ausländische Kapitalgesellschaften nicht unbedingt. Auch wenn die ausländische Gesellschaft ohne weitere Berührungspunkte mit der deutschen Rechtsordnung lediglich in Deutschland am Rechtsverkehr teilnehmen, also Rechte erwerben oder veräußern will, ist unklar, ob die deutsche Rechtsordnung von ihr *als Gesellschaft* Notiz nimmt oder nicht. Bei der Anerkennung der ausländischen Gesellschaft geht es darum, ob eine Rechtsordnung die einer Gesellschaft nicht nach ihrem eigenen Recht verliehene Rechtsfähigkeit für ihren eigenen Rechtsverkehr akzeptiert und der Gesellschaft so den Erwerb und die Veräußerung von Rechten und nötigenfalls auch deren Durchsetzung gestattet oder nicht[74]. Der Begriff der Anerkennung wird in der internationalprivatrechtlichen Literatur teilweise mehrdeutig verwendet[75]. Nach mittlerweile überwiegender Ansicht ist eine förmliche Anerkennung[76] von ausländischen Gesellschaften im deutschen Rechtsraum nicht (mehr) erforderlich. Die Existenz und damit die Rechtsfähigkeit einer Gesellschaft bestimmt sich nach ihrem – aufgrund des internationalen Gesellschaftsrechts – zu ermittelnden Personalstatut, ihrem Gesellschaftsstatut[77]. Ist der Gesellschaft nach dem auf sie anwendbaren Recht die Rechtsfähigkeit zugebilligt, so kann sie von dieser auch im räumlichen Anwendungsbereich des deutschen Rechts Gebrauch machen, selbst wenn diese Rechtsfähigkeit von einer ausländischen Rechtsordung verliehen worden sein sollte. Zur Ermittlung des auf die Gesellschaft anwendbaren Rechts wird jedoch das deutsche Internationale Privatrecht herangezogen. Erst nachdem das deutsche Kollisionsrecht die maßgebliche Rechtsordnung ermittelt

---

72 Zu ermitteln nach Art. 27 ff. EGBGB.

73 Zu ermitteln nach dem neu ins EGBGB eingefügten und mit Wirkung vom 01.06.1999 in Kraft getretenen Art. 40 EGBGB.

74 *Großfeld*, in: Staudinger, IntGesR, Rnr. 163; *Zimmer*, Internationales Gesellschaftsrecht, S. 200 Fn. 14; *Kruse*, Sitzverlegung, S. 13.

75 Vgl. dazu kritisch insbesondere *Drobnig*, ZHR 129 (1967), 93, 109 sowie *Kindler*, in: MüKo, IntGesR, Rnr. 227.

76 Eine staatliche Gestattung für die ausländische Gesellschaft, in Deutschland im Rechtsverkehr als Rechtssubjekt tätig zu werden.

77 Zum Streit zwischen der sogenannten Anerkennungslehre und der Gegenauffassung in der Literatur, die eine gesonderte Anerkennung nicht für notwendig erachtet, vgl. die Darstellungen bei *Großfeld*, in: Staudinger, IntGesR, Rnr. 162 ff. sowie *Kindler*, in: MüKo, IntGesR, Rnr. 228-235.

hat, ist jene zu der dann auch vom deutschen Recht respektierten Entscheidung über die Existenz der Gesellschaft berufen.

II. Mögliche Konzeptionen

Die Situation im deutschen Internationalen Gesellschaftsrecht ist insbesondere dadurch gekennzeichnet, daß für die Ermittlung des maßgeblichen Gesellschaftsstatutes keine gesetzlichen Regelungen im Einführungsgesetz zum Bürgerlichen Gesetzbuch vorhanden sind[78]. Die Regelungen in Art. 27 ff. EGBGB über die vertraglichen Schuldverhältnisse gelten gemäß der Ausnahmeregelung in Art. 37 Nr. 2 EGBGB nicht für gesellschaftsrechtliche Fragen. Bei der Neufassung des IPR im Jahr 1986 wurde auf eine Regelung dieses Bereiches durch den Gesetzgeber verzichtet, da man hier den Regelungsbemühungen der Europäischen Gemeinschaft nicht vorgreifen wollte[79]. Eine solche Regelung auf Ebene der Europäischen Gemeinschaft ist das EG-Übereinkommen über die gegenseitige Anerkennung von Gesellschaften und juristischen Personen vom 29.02.1968[80], das von den ursprünglichen sechs Mitgliedstaaten in Ausführung des Harmonisierungsauftrages aus Art. 220 EGV (Art. 293 EG) geschlossen wurde. Es sieht grundsätzlich eine Anknüpfung an den Gründungssitz vor, ermöglicht jedoch den Mitgliedstaaten, ihrerseits Vorbehalte zu Gunsten einer Anknüpfung an den tatsächlichen Verwaltungssitz zu erklären[81]. Das Überein-

---

78 Im Gegensatz zu anderen Rechtsordnungen, vgl. dazu beispielsweise Art. 154 Abs. 1 des schweizerischen IPRG, der Gesellschaften dem Recht des Staates unterstellt, nach dessen Voschriften sie organisiert sind, sofern sie die dort zu erfüllenden Publizitäts- und Registrierungsvorschriften erfüllt haben. Damit ist für das schweizerische Recht grundsätzlich die Gründungstheorie normiert, jedoch findet sich in Art. 154 Abs. 2 IPRG als Auffanglösung eine Anknüpfung an den Ort der tatsächlichen Verwaltung, also nach der Sitztheorie. In Art. 156 ff. IPRG sind außerdem mehrere Sonderanknüpfungen enthalten, die teilweise zu einer Abweichung von der Anknüpfung an das Gründungsrecht führen. Insbesondere Art. 159 IPRG, der die Haftung der für eine ausländische Gesellschaft mit Verwaltungssitz in der Schweiz handelnden Personen dem schweizerischen Recht unterstellt, dürfte einen gravierenden Eingriff in die Anknüpfung an Gründungsrecht bedeuten.

79 Vgl. die Begründung zum Regierungsentwurf eines Gesetzes zur Änderung des EGBGB, BT-Drucksache 10/504, S. 29.

80 BGBl. II 1972, 370.

81 Art. 1 des Abkommens sieht die Anerkennung von Gesellschaften vor, „... wenn sie nach dem Recht eines Vertragsstaates gegründet worden sind, das ihnen die Fähigkeit zuerkennt, Träger von Rechten und Pflichten zu sein, und wenn sie ihren satzungsmäßigen Sitz innerhalb der Hoheitsgebiete haben, für die dieses Übereinkommen gilt".

In Abweichung davon sieht Art. 4 Abs. 1 vor, daß jeder Vertragsstaat erklären kann, „...daß er die von ihm als zwingend angesehenen Vorschriften seines eigenen Rechts auf diejenigen in Artikeln 1 und 2 bezeichneten Gesellschaften oder juristischen Personen anwendet, die zwar nach dem Recht eines anderen Vertragsstaates gegründet wor-

Fortsetzung der Fußnote siehe folgende Seite

kommen ist mangels Ratifizierung durch die Niederlande bis zum heutigen Tage nicht in Kraft getreten und dürfte als gescheitert zu betrachten sein[82].

Aufgrund des Fehlens einer gesetzlichen Regelung[83] hat sich vor allem in der Literatur eine lebhafte Diskussion um die Anknüpfung von Gesellschaften und somit die Ermittlung des Gesellschaftsstatutes entwickelt. Dabei stehen sich in zwei großen Lagern die Gründungs- und die Sitztheorie[84] mit ihren jeweiligen Vertretern gegenüber.

1. Gründungstheorie

Nach der Gründungstheorie ist das für eine Gesellschaft maßgebliche Recht das Recht des Staates, nach dem sie gegründet wurde, das also ihre Gründer für sie erwählt haben[85]. Entwickelt wurde sie im kolonialstaatlichen England des 18. Jahrhunderts, wo man mit ihrer Hilfe dem Wunsch des Handels und der aufkommenden Industrie, Gesellschaften nach dem (bekannten) Recht des Mutterlandes zu gründen und mit diesen dann in den Kolonien tätig zu werden oder die Gesellschaften sogar in die Kolonien umzusiedeln, gerecht werden wollte[86]. In-

---

den sind, ihren tatsächlichen Sitz aber in seinem Hoheitsgebiet haben." Von diesem Vorbehalt hat die Bundesrepublik Deutschland in Art. 2 Abs. 2 des Zustimmungsgesetzes vom 18.05.1972 (BGBl. II 1972, 369) Gebrauch gemacht und somit die Anwendung der wesentlichen Teile des deutschen Gesellschaftsrechts auf diese Gesellschaften herbeigeführt.

82 In diesem Sinne auch *Ebke*, RabelsZ 62 (1998), 195, 196 f.; *Großfeld*, in: Staudinger, IntGesR, Rnr. 161; kritisch zur Konzeption des Abkommens und den damit verbundenen Schwierigkeiten *Kindler*, in: MüKo, IntGesR, Rnr. 40.

83 Allerdings ist nach *von Bar*, IPR II, Rnr. 620 in dem – tatsächlich in Kraft getretenen – Ausführungsgesetz zum EWG-Übereinkommen über die Anerkennung von Gesellschaften eine Entscheidung des Gesetzgebers für die Sitztheorie getroffen worden. Art. 2 Abs. 2 dieses Zustimmungsgesetzes (BGBl. II 1972, 369) regelt, daß auf nach dem Recht eines anderen Vertragsstaates gegründete Gesellschaften, die ihren tatsächlichen Sitz innerhalb der Bundesrepublik Deutschland haben, dennoch die zwingenden Vorschriften des deutschen Gesellschaftsrechts anwendbar sind. Damit hat der Gesetzgeber zwar grundsätzlich einem Abkommen, das auf der Gründungstheorie basiert, zugestimmt, über diesen Vorbehalt aber dennoch seine eigentliche Haltung zu Gunsten der Sitztheorie offenbart.

84 Zur historischen Entwicklung der Anerkennungstheorien vgl. *Großfeld*, FS Westermann, S. 199 ff.

85 *Knobbe-Keuk*, ZHR 154 (1990), 325, 326; *Behrens*, 3. Bonner Europa-Symposion, 3, 12; *Koppensteiner*, Unternehmen, S. 121, 136; *Großfeld*, in: Staudinger, IntGesR, Rnr. 18; *ders.*, Unternehmensrecht, S. 38; *Kindler*, in: MüKo, IntGesR, Rnr. 263; *Heldrich*, in: Palandt, BGB, Anhang zu Art. 12 EGBGB Rnr. 1; *Kegel*, IPR, § 17 II 1 (S. 414); *Grothe*, Kapitalgesellschaft, S. 28. *Zimmer*, Internationales Gesellschaftsrecht, S. 28 zu den unterschiedlichen Formulierungen der Theorie.

86 *Großfeld*, in: Staudinger, IntGesR, Rnr. 31; *Kindler*, in: MüKo, IntGesR, Rnr. 8.

dem die Gründungstheorie die Wahl des bekannten Heimatrechts auch für im Ausland aktive Gesellschaften ermöglicht, betont sie die Privatautonomie der Gesellschaftsgründer, von deren Willen alleine das für die Rechtsbeziehungen der Gesellschaft maßgebliche Recht abhängig ist[87].

Die Gewährung so weitgehender Wahlfreiheit für die Gründer einer Gesellschaft birgt die Gefahr in sich, daß diese für ihre Gesellschaft eine Rechtsordnung wählen, von der die Gesellschaft nur ein minimales Maß an Beschränkungen erfährt und die die Gesellschafter der geringsten Haftung unterwirft[88]. Dies kann möglicherweise nicht die Rechtsordnung des Staates sein, in dem die Gesellschaft hauptsächlich tätig wird und die damit zwangsläufig am meisten durch die Tätigkeit der Gesellschaft tangiert wird. Durch diese „Flucht" in „laxe"[89] Gesellschaftsrechtsordnungen[90] besteht die Möglichkeit, daß auf Kosten der (berechtigten) Schutzinteressen von Gesellschaftern[91] oder auch von Gesellschaftsgläubigern[92] durch die Anwendung der weniger strengen Rechtsordnung Entscheidungen getroffen werden, die sich zu Gunsten der (Mehrheits-) Gesellschafter auswirken. Dies hat dazu geführt, daß die Gründungstheorie heute in den meisten Staaten nur noch mit Einschränkungen gilt[93].

---

87 *Großfeld*, in: Staudinger, IntGesR, Rnr. 22, 31; *Lüderitz*, in: Soergel, Anhang zu Art. 10 EGBGB Rnr. 5; *von Bar*, IPR II, Rnr. 618; *Grothe*, Kapitalgesellschaft, S. 28.

88 Vgl. zu der „Oase" für Kapitalgesellschaften in den USA schlechthin, dem Bundesstaat Delaware, *Großfeld*, Unternehmensrecht, S. 45 f.

89 Von Judge *Brandeis* in seiner „dissenting vote" zur Entscheidung des U. S. Supreme Court in Sachen Liggett v. Lee (288 U. S. 517) im Zusammenhang mit den Gesellschaftsrechtsordnungen der U. S. Bundesstaaten Delaware und New Jersey geprägter Begriff: „Companies were early formed to provide charters for corporations in states where the cost was lowest and the laws least restrictive. The states joined in advertising their wares. The race was one not of diligence but of laxity." (288 U. S. 517, 541, 558 f.).

90 In Europa bieten sich für derlei Ansinnen die europäischen „Oasenstaaten" Liechtenstein oder Andorra sowie die Kanalinseln Guernsey, Jersey oder die Isle of Man an; vgl. zu Problemen mit liechtensteinischen Gesellschaften und Anstalten *Großfeld*, Unternehmensrecht, S. 63 ff.

91 Vor allem in Gestalt von Minderheitsgesellschaftern durch die Umgehung der im deutschen Recht verankerten Schutzrechte für diese Personengruppe.

92 Durch Umgehung der Vorschriften über eine Mindestkapitalisierung oder die Rechnungslegung des Unternehmens.

93 *Großfeld*, in: Staudinger, IntGesR, Rnr. 34; *Zimmer*, Internationales Gesellschaftsrecht, S. 213 ff. Einschränkungen können sich einmal daraus ergeben, daß die Anwendbarkeit des Gründungsrechts ausdrücklich zu Gunsten zwingender nationaler Regelungen ausgeschlossen wird oder dadurch, daß die in einem Land tätigen Gesellschaften unabhängig von ihrem Inkorporationsstaat dem Aufsichtsrecht dieses Landes unterworfen werden. Vor allem in den USA wirkt ein strenges Kapitalanlagerecht regulierend, während im Vereinigten Königreich ein strenges Aufsichtsrecht über Gesellschaften wacht. Die Schweiz hingegen wendet trotz eines generellen Bekenntnisses zur Gründungstheorie in

Fortsetzung der Fußnote siehe folgende Seite

Das heutige Verständnis der Gründungstheorie ist ohnehin ein stärker formalisiertes und damit die Rechtswahlfreiheit einschränkendes. Vor allem aus Gründen der Beweisbarkeit wird für die Ermittlung des Gründungssitzes der Gesellschaft auf den in der Satzung bzw. dem Gründungsdokument der Gesellschaft festgehaltenen Sitz abgestellt[94] und nicht auf einen nur imaginären Sitz in den Gedanken der Gründer. Eine weitere, grundlegende Einschränkung der Rechtswahlfreiheit ergibt sich dadurch, daß die Gründung bestimmter, vor allem in der Außenhaftung beschränkter, Gesellschaftstypen in einem formalisierten Verfahren zu erfolgen hat, das auch eine Eintragung des Sitzes in ein Gesellschaftsregister erfordert[95]. Merkmal für die Anknüpfung der Gesellschaften in den Staaten, die heute der Gründungstheorie folgen, ist daher der ins Register eingetragene Satzungssitz. Die heutige Gründungstheorie ist deshalb eher eine „Registersitztheorie", da sich die Rechtsverhältnisse der Gesellschaft nach dem Recht bestimmen, das am Ort ihres Registersitzes gilt. Das auf die jeweilige Gesellschaft anwendbare Recht ist das am Ort ihrer Inkorporation geltende, das Recht, nach dem die Gesellschaft wirksam gegründet wurde[96]. Die Rechtswahlfreiheit der Gründer und späteren Gesellschafter geht nicht so weit, daß sie die Gesellschaft nach einem bestimmten Recht gründen und sie dann – losgelöst von einer Registereintragung – als solche Gesellschaft in der Welt frei bewegen können.

2. Sitztheorie

Die aus so umfassender Rechtswahlfreiheit resultierenden Schwierigkeiten sucht die Sitztheorie zu vermeiden, indem sie eine Gesellschaft ohne Rücksicht auf den Willen der Gründer oder der Gesellschafter dem Recht desjenigen Staates

---

Art. 154 IPRG einige Regelungen des Schweizer Rechts zwingend auch auf ausländische Gesellschaften an. Dazu *Großfeld*, in: Staudinger, IntGesR, Rnr. 158.

94 *Zimmer*, Internationales Gesellschaftsrecht, S. 28 sieht in dieser von ihm sogenannten „Lehre von der Maßgeblichkeit des Satzungssitzes" eine Variante der Gründungstheorie. Allerdings ist davon auszugehen, daß diese Variante heute die hauptsächlich oder sogar ausschließlich vertretene ist.

95 Vgl. die obigen (S. 9 f.) Ausführungen zum Satzungssitz deutscher Kapitalgesellschaften sowie *Hohloch*, in: ders., EU-Handbuch Gesellschaftsrecht, Vereinigtes Königreich, Rnr. 130, 141 zur Festlegung und Eintragung des Sitzes von Kapitalgesellschaften des Vereinigten Königreiches; *Mehring*, in: Hohloch, EU-Handbuch Gesellschaftsrecht, Niederlande, Rnr. 183 und 185 zur Sitzbestimmung sowie Rnr. 219 zur (deklaratorischen) Eintragung ins Handelsregister.

96 *Hohloch*, in: ders., EU-Handbuch Gesellschaftsrecht, Vereinigtes Königreich, Rnr. 10 formuliert dies so, daß es sich dabei um das Recht handele, nach dem die Gesellschaft ihre Rechtsfähigkeit erlangt habe. Ähnlich *Mehring*, in: Hohloch, EU-Handbuch Gesellschaftsrecht, Niederlande, Rnr. 6 für die ebenfalls der Gründungstheorie folgenden Niederlande.

unterwirft, in dem die Gesellschaft ihren *tatsächlichen Verwaltungssitz* hat[97]. Die Sitztheorie wurde in Deutschland bereits vom Reichsgericht angewandt[98] und ist bis heute die von der Rechtsprechung verwendete[99] Anknüpfungsmethode. Diesem Befund steht die Entscheidung des OLG Frankfurt a. M. vom 23.06.1999[100] nicht entgegen, weil der Senat dort zwar die Gründungstheorie anwendete, sich aber ausdrücklich zur Sitztheorie bekannte[101]. Zur Anwendung der Gründungstheorie kam es nur deshalb, weil sich ein tatsächlicher Verwaltungssitz beim besten Willen nicht ermitteln ließ, da die Geschäftsführer der Gesellschaft als Piloten ihren Aufenthaltsort ständig wechselten.

Die Verknüpfung der Entscheidung über das auf die Gesellschaft anzuwendende Recht mit der Wahl des tatsächlichen Verwaltungssitzes soll dazu führen, daß die Gesellschaft dem Recht des Staates unterliegt, in dem sie den Großteil ihrer Geschäftstätigkeit entfaltet, zu dem sie also die meisten Bezugspunkte aufweist[102]. Die Umgehung der an diesem Ort geltenden zwingenden Vorschriften über die „... Rechts- und Parteifähigkeit, Organisation, Haftung, Gläubigerschutz und weitere gesellschaftliche Innen- und Außenwirkungen ..."[103] ist nach Ansicht der Rechtsprechung[104] und der Literatur[105] zu vermeiden, indem die Rechtsverhältnisse der Gesellschaft sich nach den Regeln des „meistbetroffenen" Staates des Verwaltungssitzes richten *müssen*.

Probleme entstehen durch die nach der Sitztheorie vorzunehmende Anknüpfung an den Verwaltungssitz für die Gesellschaften, die nach dem Recht eines dieser Theorie folgenden Staates gegründet wurden, dann aber ihren Verwaltungssitz in ein anderes Land verlegen oder diesen von vornherein in einem

---

97 *Großfeld*, Unternehmensrecht, S. 38; *ders.*, in: Staudinger, IntGesR, Rnr. 20, 39; *von Bar*, IPR II, Rnr. 618 a. E., 621; *Kindler*, in: MüKo, IntGesR, Rnr. 312 und 316; *Kropholler*, IPR, § 55 I 2 (S. 471 f.), *Grothe*, Kapitalgesellschaft, S. 40. Nach BGHZ 97, 269, 272 ist der tatsächliche Verwaltungssitz „... der Tätigkeitsort der Geschäftsführung und der dazu berufenen Vertretungsorgane, also der Ort, wo die grundlegenden Entscheidungen der Unternehmensleitung effektiv in laufende Geschäftsführungsakte umgesetzt werden". Vgl. zur Definition oben S. 11.

98 RGZ 117, 215, 217.

99 BGHZ 134, 116, 118; 97, 269, 272; 53, 181, 183; BayObLG IPrax 1999, 364 f.; BayObLGZ 1992, 113, 115; 1985, 272, 279; OLG Hamm ZIP 1997, 1696 f.; OLG Zweibrücken NJW 1990, 3092 f.; OLG Frankfurt a. M. NJW 1990, 2204.

100 Abgedruckt in NZG 1999, 1097.

101 OLG Frankfurt a. M. NZG 1999, 1097.

102 Eine der „klassischen" Aussagen zu diesem Bereich stammt von *Raape*, IPR, S. 130: Der Sitzstaat ist „... am meisten belangt, am stärksten beteiligt und am ehesten gefährdet ...".

103 BGH NJW 1967, 36, 38 zu den Gründen für die Anknüpfung von Gesellschaften an den Ort ihres tatsächlichen Verwaltungssitzes.

104 BGH NJW 1967, 36, 38.

105 *Großfeld*, in: Staudinger, IntGesR, Rnr. 21, 23, 41; *Lüderitz*, in: Soergel, Anhang zu Art. 10 EGBGB Rnr. 4; *Kindler*, in: MüKo, IntGesR, Rnr. 9.

anderen Land haben. Folgt dieser andere Staat für sein Kollisionsrecht ebenfalls der Sitztheorie, so sieht er sich mit einer „Gesellschaft" konfrontiert, die nicht nach dem Recht ihres Verwaltungssitzes gegründet wurde. Im Staat ihrer Gründung hat die Gesellschaft jedoch keinen Verwaltungssitz (mehr) und wird daher auch von diesem Staat nicht mehr ohne weiteres als Gesellschaft angesehen. Und auch ein dritter der Sitztheorie folgender Staat kann aufgrund des fehlenden Verwaltungssitzes im Staat der Gründung der Gesellschaft die Rechtsfähigkeit und die rechtliche Existenz verwehren.

Die Anwendung der Sitztheorie führt in diesen Fällen dazu, daß die Gesellschaft beim „Grenzübertritt" einem Statutenwechsel unterworfen wird, der, ohne flankierende Maßnahmen in den betroffenen Gesellschaftsrechtsordnungen, den rechtlichen Untergang der Gesellschaft zur Folge hat[106].

3. Stellungnahme

Zwischen den Vertretern der Sitztheorie[107] einerseits und den Vertretern der Gründungstheorie[108] andererseits wird eine lebhafte wissenschaftliche Diskussion über die „richtige" Anknüpfungsmethode geführt. Angesichts des Umfangs, den die Diskussion mittlerweile erreicht hat[109], erscheint eine weitere Ausdehnung nicht notwendig. Wie *von Bar* treffend feststellte, stehen die zentralen

---

106 Eine Rechtsfolge, die der Sitztheorie den Vorwurf eingebracht hat, eine reine Nichtanerkennungstheorie zu sein (*Knobbe-Keuk*, ZHR 154 (1990), 325, 338). Ausführlich zu den sich aus dieser Sichtweise ergebenden Folgen auf S. 33 bei der Darstellung der gesellschaftsrechtlichen Lage in Deutschland.

107 *Großfeld*, in: Staudinger, IntGesR, Rnr. 38 ff., 72; *Kindler*, in: MüKo, IntGesR, Rnr. 312-377, insbesondere 313-315; *von Bar*, IPR II, Rnr. 619 f.; *Kegel*, IPR, § 17 II 1 (S. 414). *Lüderitz*, in: Soergel, Anhang zu Art. 10 EGBGB Rnr. 9 stellt außerdem eine widerlegbare Vermutung dahingehend auf, daß der Sitz der Gesellschaft sich an dem Ort befinde, nach dessen Recht sie gegründet sei. So auch BGHZ 97, 269, 273; 25, 134, 144 und OLG Hamm WM 1995, 456, 458 f. Dagegen jedenfalls für ausländische Gesellschaften *Großfeld/Piersbergen*, in: FS Mestmäcker, 881, 884 sowie *Hausmann*, in: Reithmann/Martiny, Rnr. 1552 wegen der dadurch entstehenden unzumutbaren Beweisschwierigkeiten für denjenigen, der sich als Prozeßgegner einer nach ausländischem Recht gegründeten Gesellschaft auf deren Verwaltungssitz im Inland berufen möchte. Mit diesem Argument läßt es sich gut begründen, der ausländischen Gesellschaft stets die Beweislast dafür aufzuerlegen, daß ihr Verwaltungssitz im Gründungsstaat liegt. Dies ist auch sachgerecht, da am ehesten die Gesellschaft selbst über die notwendigen Informationen zur Ermittlung des Verwaltungssitzes verfügt.

108 *Knobbe-Keuk*, ZHR 154 (1990), 325, 328 f.; *dies.*, DB 1990, 2573, 2577 f.; *Behrens*, 3. Bonner Europa-Symposion, 3, 44; *ders.*, in: Hachenburg, GmbHG, Einleitung Rnr. 125 f.; *Koppensteiner*, Unternehmen, S. 136.

109 *Koppensteiner*, Unternehmen, S. 121 ff.

Aussagen der Sitztheorie angesichts einer konstanten Rechtsprechung[110] und überwiegenden Literaturmeinung derzeit nicht ernstlich zur Disposition[111]. Die Gründungstheorie hat zwar in letzter Zeit in der Literatur Zulauf gefunden. Das ändert aber nichts an der Tatsache, daß in der Rechtspraxis quasi ausschließlich die Sitztheorie angewandt wird. Wenn selbst ein ausgewiesener Vertreter der Sitztheorie diese „... in ihrer vollen Tragweite innerhalb der [Europäischen] Gemeinschaft [als] eine Theorie auf Zeit ...“[112] bezeichnet, so ist dies nicht Ausdruck von Zweifeln an deren Richtigkeit und Sinn, sondern der Hoffnung auf bessere Lösungen auf Ebene der Europäischen Gemeinschaft. Solange diese für die geschilderten Probleme nicht gefunden sind, steht einer Anwendung der Sitztheorie nichts entgegen[113]. Maßgeblicher Anknüpfungspunkt für die weitere Untersuchung ist daher der tatsächliche Verwaltungssitz.

III. Rechtslage in Deutschland im Einzelnen

Unter dieser Voraussetzung soll im Folgenden zunächst die kollisionsrechtliche Lage in Deutschland für die einzelnen Sitzverlegungsvorgänge betrachtet werden.

1. Verlegung des Satzungssitzes

Wegen der kollisionsrechtlichen Anknüpfung an den tatsächlichen Verwaltungssitz ergeben sich aus der isolierten Verlegung des Satzungssitzes von Deutschland in das Ausland oder aus dem Ausland nach Deutschland keine kollisionsrechtlichen Probleme. Da der tatsächliche Verwaltungssitz nicht verlegt wird, bleibt auch das auf die Gesellschaft anzuwendende Recht gleich. Eine andere, materiellrechtliche Frage ist, ob die Verlegung überhaupt möglich ist[114].

2. Verlegung des Verwaltungssitzes

Bei der Verlegung des Verwaltungssitzes ist zu differenzieren, ob Wegzugs- und Zuzugsstaat identische oder unterschiedliche kollisionsrechtliche Anknüpfungspunkte anwenden.

---

[110] Statt vieler vgl. nur BGHZ 97, 269, 271; BayObLGZ 1992, 113, 114; 1985, 272, 279 f.; BayObLG IPrax 1999, 364 f.; OLG Hamm ZIP 1997, 1696 f.

[111] *Von Bar*, IPR II, Rnr. 619 a. E.

[112] *Großfeld*, in: Staudinger, IntGesR, Rnr. 124; ähnlich *Kropholler*, IPR, § 55 I 5 (S. 475).

[113] An dieser Situation hat sich – wie auf S. 123-160 ausführlich dargestellt werden wird – auch durch die bisherige Rechtsprechung des EuGH nichts geändert.

[114] Dazu unten S. 33.

a) Verkehr zwischen Sitztheorie-Staaten

Folgen Wegzugs- und Zuzugsstaat in ihrem Internationalen Gesellschaftsrecht der Sitztheorie, nehmen die unmittelbar von der Sitzverlegung betroffenen Staaten übereinstimmend einen Wechsel des auf die Gesellschaft anzuwendenden Rechts an.

aa) Wegzug deutscher Gesellschaften

Verlegt eine nach deutschem Recht gegründete Gesellschaft ihren Verwaltungssitz ins Ausland in einen der Sitztheorie folgenden Staat, so nimmt das ausländische Gesellschaftskollisionsrecht eine Anknüpfung an seine eigene Rechtsordnung vor, bestimmt also diese als das maßgebliche Recht. Das deutsche Gesellschaftskollisionsrecht geht ebenfalls von dieser Anknüpfung aus und sieht die deutsche Gesellschaft als unter ausländisches Recht unterstellt an, was dann im materiellen deutschen und ausländischen Gesellschaftsrecht zu weiteren Konsequenzen führen kann[115].

Hingegen wurde von *Behrens* vorgetragen, daß in diesem Fall wegen der Unanwendbarkeit deutschen Rechts auf die Gesellschaft die Grundlage für die Rechtspersönlichkeit verleihende Registereintragung weggefallen sei und die Gesellschaft daher ihre Rechtspersönlichkeit bereits aus kollisionsrechtlichen Gründen verloren habe[116]. Dagegen wird in der Literatur sonst eher davon ausgegangen, daß die Gesellschaft zwar aufzulösen und zu löschen sei, aber nicht sofort erlösche und auch nicht sofort ihre Rechtspersönlichkeit verliere[117]. Die Annahme eines sofortigen Verlustes der Rechtspersönlichkeit übergeht die Tatsache, daß nach wie vor eine für die Rechtspersönlichkeit konstitutive Registereintragung in einem deutschen Handelsregister vorhanden ist. Daher muß zur Beseitigung der Rechtspersönlichkeit ein Verfahren eingehalten werden, das auf die Beseitigung dieser Eintragung hinwirkt. Ein solches ist aber ein gesellschaftsrechtliches Problem und daher nicht beim Kollisionsrecht zu behandeln. Durch die Verlegung des Verwaltungssitzes einer deutschen Gesellschaft ins Ausland verliert die Gesellschaft nicht sofort und automatisch ihre Rechtspersönlichkeit.

---

115 Dazu unten S. 38.

116 *Behrens*, IPrax 1989, 354, 355.

117 *Großfeld*, in: Staudinger, IntGesR, Rnr. 610; *Rittner/Schmidt-Leithoff*, in: Rowedder, GmbHG, Einleitung Rnr. 291; *Berg*, GmbHR 1997, 1136, 1137.

bb) Zuzug ausländischer Gesellschaften

Bei der Verlegung des Verwaltungssitzes einer ausländischen Gesellschaft nach Deutschland greift wiederum das deutsche Kollisionsrecht dahingehend ein, daß es deutsches Recht als Gesellschaftsstatut für die im deutschen Rechtsgebiet aufgetauchte Personenvereinigung festlegt. Nach deutschem Gesellschaftsrecht ermittelt sich also die rechtliche Gestalt der Personenvereinigung[118]. Eine andere – kollisionsrechtliche – Frage ist aber, wie mit der möglicherweise noch existierenden ausländischen Gesellschaftsform im deutschen Rechtsgebiet umgegangen werden muß. Denn deutsches Recht kann nicht auf die Existenz der nach ausländischem Recht geschaffenen Gesellschaft und deren Rechtspersönlichkeit einwirken. Die Problematik entsteht beim Verkehr zwischen Sitztheorie-Staaten nicht in voller Schärfe, da der ausländische Sitztheorie-Staat normalerweise durch den Wegzug der Gesellschaft diese zur Auflösung zwingen wird. Dennoch muß auch der Fall einer Weiterexistenz nach ausländischem Recht betrachtet werden. In diesem Fall wird der Gesellschaft für das deutsche Rechtsgebiet die automatische kollisionsrechtliche Anerkennung ihrer Existenz und ihrer Rechtspersönlichkeit verweigert werden, da das ausländische Recht der Gesellschaft mangels Anwendbarkeit diese Eigenschaften nicht mehr gewähren kann und somit die Grundlage für die automatische kollisionsrechtliche Anerkennung in Deutschland fehlt. Eine ausländische Gesellschaft, die ihren Verwaltungssitz nach Deutschland verlegt hat, ist daher aufgrund kollisionsrechtlicher Entscheidung nicht mehr als ausländische Gesellschaft anzuerkennen und kann in Deutschland nicht mehr als Rechtsperson am Rechtsverkehr teilnehmen[119].

cc) Umzug ausländischer Gesellschaften im Ausland

Diese Rechtsfolge tritt auch ein, wenn eine ausländische Gesellschaft ihren Verwaltungssitz aus ihrem der Sitztheorie folgenden Herkunftsstaat in einen anderen, ebenfalls der Sitztheorie folgenden Staat verlegt. Denn auch in diesem Fall verweist das Kollisionsrecht des neuen Sitzstaates auf sein eigenes Sachrecht, dessen Voraussetzungen die Gesellschaft aber nicht erfüllt. Die vom ursprünglichen Sitzstaat verliehene Rechtsfähigkeit kann nicht mehr anerkannt werden, weil dieses Recht nicht mehr auf die Gesellschaft anzuwenden ist.

---

118 Dazu unten S. 49.

119 Um den möglichen Gläubigern der Gesellschaft neben den Gesellschaftern und Handelnden eine weitere, unter Umständen zahlungskräftigere Schuldnerin an die Hand zu geben, wird jedoch eine Klage gegen die nicht anerkannte Auslandsgesellschaft für möglich gehalten. Vgl. dazu *Großfeld*, in: Staudinger, IntGesR, Rnr. 446.

b) Verkehr zwischen Sitztheorie- und Gründungstheorie-Staaten

Eine weitere Variante ist die Beteiligung von Staaten mit unterschiedlichen kollisionsrechtlichen Anknüpfungspunkten, also sowohl eines Sitztheorie-Staates (Deutschland) als auch eines Gründungstheorie-Staates.

aa) Wegzug deutscher Gesellschaften

Ebenroth hat darauf hingewiesen, daß sich bei Verlegung des Verwaltungssitzes aus einem der Sitztheorie folgenden Staat in einen der Gründungstheorie folgenden Staat ein anderes Bild ergeben könnte. Bei vollständiger Implementierung der Gründungstheorie in das Kollisions- und Gesellschaftsrecht dieses Staates verweist das Kollisionsrecht für das Gesellschaftsstatut zurück auf das Recht des Gründungsstaates, der jedoch wiederum der Sitztheorie folgt. Nimmt dieses Recht die Rückverweisung an, was unter der Voraussetzung eines weiterhin bestehenden realen Bezuges zum Ort des Satzungssitzes der Fall sein könnte[120], ist das Recht des der Sitztheorie folgenden Gründungsstaates auch auf die Gesellschaft mit Verwaltungssitz im Ausland anwendbar[121]. Somit käme es in diesem Fall nicht zum Wechsel des Gesellschaftsstatutes.

Großfeld ist dieser Ansicht insofern beigetreten, als auch er bei einer Verlegung des Verwaltungssitzes einer nach deutschem Recht ordnungsgemäß gegründeten Gesellschaft in einen der Gründungstheorie folgenden Staat von der weiteren Anwendung deutschen Rechts auf diese Gesellschaft ausgeht[122]. Die Ansichten *Ebenroths* und *Großfelds* divergieren jedoch bei den Folgen der Rückverweisung. Diese Folgen sind jedoch Fragen des materiellen Gesellschaftsrechts und werden daher erst im weiteren Verlauf der Untersuchung behandelt werden[123].

bb) Zuzug ausländischer Gesellschaften

Zieht eine Gesellschaft aus einem der Gründungstheorie folgenden Staat zu, so ist – bei vollständiger Implementierung der Gründungstheorie in dessen Recht – dort keine Sanktion an diesen Vorgang geknüpft. Die Gesellschaft existiert dort als solche weiter und behält auch ihre Rechtspersönlichkeit. Im deutschen Recht hingegen wird auf kollisionsrechtlicher Ebene die Entscheidung getroffen, daß durch die Verlegung des Verwaltungssitzes nach Deutschland deutsches Recht

---

120 *Ebenroth*, in: MüKo², Nach Art. 10 EGBGB Rnr. 221; ebenso *Kindler*, in: MüKo, IntGesR, Rnr. 391; *Wiedemann*, Gesellschaftsrecht, S. 791.

121 *Ebenroth*, in: MüKo², Nach Art. 10 EGBGB Rnr. 221.

122 *Großfeld*, in: Staudinger, IntGesR, Rnr. 608.

123 Siehe unten S. 39.

auf die Personenvereinigung anwendbar ist, also deutsches materielles Gesellschaftsrecht über deren rechtliches Gewand entscheidet. Damit einher geht die Verweigerung der Anerkennung der ausländischen Gesellschaft für den deutschen Rechtsverkehr. Denn das nicht mehr anzuwendende ausländische Recht kann der Gesellschaft nicht länger eine im deutschen Rechtsraum anzuerkennende Rechtspersönlichkeit verleihen. Obwohl deutsches Recht nicht die Auflösung der ausländischen Gesellschaft herbeiführen kann, führt es doch dazu, daß die Gesellschaft in Deutschland als inexistent angesehen wird.

cc) Umzug ausländischer Gesellschaften im Ausland

Konsequenzen für die Anerkennung im deutschen Rechtsraum können sich auch ergeben, wenn eine nach ausländischem Recht zunächst wirksam gegründete Gesellschaft ihren Verwaltungssitz – und damit den nach deutschem Recht maßgeblichen Anknüpfungspunkt[124] – in einen anderen ausländischen Staat verlegt. Dann sind insgesamt drei Rechtsordnungen zu berücksichtigen. Das deutsche Internationale Gesellschaftsrecht entscheidet über die Wirksamkeit der Gesellschaft und damit über ihre Anerkennung im Einklang mit dem ausländischen Recht des Verwaltungssitzes[125]. Wird die Gesellschaft vom Recht am neuen Ort ihres tatsächlichen Verwaltungssitzes als existent angesehen, so wird die Existenz der Gesellschaft und eine daraus abgeleitete Rechtspersönlichkeit auch in Deutschland anerkannt.

Verlegt eine in einem ausländischen Sitztheorie-Staat gegründete Gesellschaft ihren Verwaltungssitz in einen Gründungstheorie-Staat, so ist die Fortexistenz der Gesellschaft davon abhängig, ob der Wegzugsstaat die Rückverweisung durch das Recht des neuen Sitzstaates auf sein eigenes Recht annimmt[126]. Ist das der Fall und zwingt der Wegzugsstaat die Gesellschaft nicht aus gesellschaftsrechtlichen Gründen zur Auflösung, so existiert die Gesellschaft fort. Diese Fortexistenz ist auch in Deutschland anzuerkennen.

Erfolgt die Verlegung des Verwaltungssitzes von einem Gründungstheorie-Staat in einen Sitztheorie-Staat, so ist nach dessen Recht und nach deutschem Recht das Recht des neuen Sitzstaates anwendbar. Erfüllt die Gesellschaft die Gründungsvoraussetzungen ihres neuen Verwaltungssitzstaates, so ist sie wirksam gegründet und wird auch in Deutschland anerkannt[127]. Erfüllt sie diese Voraussetzungen nicht, so ist die Gesellschaft nach dem Recht ihres neuen Verwaltungssitzstaates nicht wirksam gegründet und daher auch in Deutschland nicht

---

124 Die Sitztheorie gilt als *allseitige* Kollisionsnorm; dazu *Großfeld*, in: Staudinger, IntGesR, Rnr. 98 und 648.

125 *Großfeld*, in: Staudinger, IntGesR, Rnr. 648 f.

126 *Kindler*, in: MüKo, IntGesR, Rnr. 406.

127 *Großfeld*, in: Staudinger, IntGesR, Rnr. 649; *Kindler*, in: MüKo, IntGesR, Rnr. 406.

anzuerkennen. Dies ist, wenn die Rechtslage im neuen Verwaltungssitzstaat der Rechtslage in Deutschland entspricht, der Regelfall.

c) Verkehr zwischen Gründungstheorie-Staaten

Zu berücksichtigen ist auch der Fall, daß eine in einem Gründungstheorie-Staat wirksam gegründete Gesellschaft ihren Verwaltungssitz in einen anderen Gründungstheorie-Staat verlegt. Dieser Vorgang könnte Auswirkungen auf die Anerkennung der Existenz der Gesellschaft im Recht von Sitztheorie-Staaten wie Deutschland haben. Nach deutschem Internationalen Gesellschaftsrecht ist vor der Verlegung des Verwaltungssitzes das Recht des Gründungsstaates auf die Gesellschaft anwendbar, danach das des neuen Sitzstaates. Das Recht des neuen Verwaltungssitzstaates verweist aber seinerseits auf das Recht des Gründungsstaates zurück, so daß die Gesellschaft nach dem Recht des neuen Sitzstaates wirksam gegründet ist. Die wirksame Gründung der Gesellschaft nach dem Recht ihres alten und neuen Verwaltungssitzstaates wirkt auch im deutschen Recht. Die Gesellschaft ist deshalb auch in Deutschland als existent und wirksam gegründet anzusehen[128]. Kollisionsrechtliche Probleme ergeben sich aus dieser Konstellation also auch bei mittelbarer Beteiligung eines Sitztheorie-Staates nicht.

IV. Fazit

Ausgangslage im Internationalen Gesellschafts(kollisions)recht ist, daß die Bestimmung des Gesellschaftsstatuts in Deutschland nach der Sitztheorie, also in Abhängigkeit vom tatsächlichen Verwaltungssitz der Gesellschaft, erfolgt. Dies führt bei einer Verlegung des tatsächlichen Verwaltungssitzes der Gesellschaft ins Ausland oder nach Deutschland zu einem Wechsel des auf die Gesellschaft anwendbaren Rechts. Ausnahme von dieser Regel ist der Fall, daß die Verlegung des Verwaltungssitzes in einen Staat erfolgt, der der Gründungstheorie folgt und dessen Kollisionsrecht eine Rückverweisung auf das (deutsche) Gründungsrecht der Gesellschaft vornimmt. Entscheidende Frage in diesem Zusammenhang ist, ob die Gesellschaft aufgrund dieses Wechsels aufhört zu bestehen oder nicht. Dies richtet sich jedoch nicht nach dem Kollisionsrecht, sondern nach dem materiellen Gesellschaftsrecht[129]. Aus dem Kollisionsrecht hingegen

---

128 OLG Frankfurt a. M. NJW 1990, 2204, 2205 f.; *Großfeld*, in: Staudinger, IntGesR, Rnr. 648; *Kindler*, in: MüKo, IntGesR, Rnr. 406; *Hausmann*, in: Reithmann/Martiny, Rnr. 1556.

129 Im Sinne einer deutlichen Trennung dieser beiden Rechtsbereiche argumentieren auch *Zimmer*, Internationales Gesellschaftsrecht, S. 198 Fn. 5, sowie *Behrens*, RIW 1986, 590 f. Kritik an der Vermischung der kollisionsrechtlichen und materiellrechtlichen Ebene übt auch *Großfeld*, in: Staudinger, IntGesR, Rnr. 607.

ergibt sich für den Fall, daß eine nach ausländischem Recht gegründete Gesellschaft ihren Verwaltungssitz nach Deutschland verlegt, die Nichtanerkennung dieser Gesellschaft in Deutschland. Dies hat auf den Bestand der ausländischen Gesellschaft zwar keine Auswirkungen, verhindert jedoch ihr Auftreten als solche im deutschen Rechtsverkehr. Keine kollisionsrechtlichen Konsequenzen hat die Verlegung des tatsächlichen Verwaltungssitzes bei ausschließlicher Beteiligung von der Gründungstheorie folgenden Staaten.

B. Gesellschaftsrecht

Im nachfolgenden gesellschaftsrechtlichen Teil geht es darum, welche Konsequenzen das deutsche Gesellschaftsrecht aus der Tatsache zieht, daß eine ihren Sitz vom Ausland nach Deutschland oder aus Deutschland ins Ausland verlagernde Gesellschaft bei diesem Vorgang einem Statutenwechsel unterworfen wird. Zur Terminologie an den Grenzbereichen von Gesellschaftsrecht und Kollisionsrecht wurde bereits oben[130] Stellung genommen. Im Gegensatz zum Gesellschaftskollisionsrecht geht es an dieser Stelle um das materielle Gesellschaftsrecht, das jedoch insofern ein internationales ist, als es Sachverhalte mit internationalen Bezügen regelt.

I. Sitzverlegung ins Ausland

Zunächst soll die Verlegung der Gesellschaftssitze aus Deutschland ins Ausland näher betrachtet werden.

1. Satzungssitz

Auch wenn die von der Verlegung des Verwaltungssitzes isolierte Verlegung des Satzungssitzes nach den obigen[131] Ausführungen wegen der Anknüpfung an den tatsächlichen Verwaltungssitz nicht zu einer Änderung des auf die Gesellschaft anwendbaren Rechts führt, stellt sich die Frage, ob eine solche Verlegung überhaupt möglich ist.

Die Verlegung des Satzungssitzes muß wissentlich und willentlich erfolgen. Wegen der Eintragungserfordernisse für die Änderung des Satzungssitzes aus § 39 Abs. 1 Satz 1 AktG bzw. § 10 Abs. 1 Satz 1 GmbHG und der damit verbundenen Prüfungsmöglichkeiten durch das Registergericht muß ein auf seine Verlegung gerichteter Beschluß des maßgeblichen Gremiums der verlegungswilligen Gesellschaft vorliegen. Dies schließt eine „zufällige" oder sonst unbeabsichtigte Verlegung des Satzungssitzes grundsätzlich aus.

---

[130] S. 18 f.

[131] S. 27.

a) Auflösungsbeschluß

Der Beschluß über die Verlegung des Satzungssitzes ist von der Haupt- oder Gesellschafterversammlung zu fassen[132]. Hat jedoch dieser Beschluß die Verlegung des Satzungssitzes der Gesellschaft ins Ausland zum Ziel, so wird er von der überwiegenden Ansicht in der Rechtsprechung[133] und in der Literatur[134] als Beschluß über die Auflösung der Gesellschaft angesehen. Der Beschluß führt somit nicht die eigentlich gewünschte Wirkung, nämlich die Verlegung des Sitzes der Gesellschaft unter Bewahrung ihrer Eigenschaft als juristische Person, herbei, sondern löst die Gesellschaft auf. Die Verlegung des Satzungssitzes ins Ausland ist demnach nur über den Umweg einer Auflösung in Deutschland und die anschließende Neugründung im Ausland nach den dortigen Rechtsvorschriften möglich.

Begründet wird dies damit, daß für eine Gesellschaft, die deutschem Recht unterfällt, auch ein Satzungssitz in Deutschland bestehen muß, da sich an diesen die Zuständigkeit deutscher Gerichte und Behörden anknüpfe und diese für die Durchsetzung des deutschen Gesellschaftsrechts erforderlich sei[135]. Die Verlegung des Satzungssitzes aus dem Staat, aufgrund dessen Rechtsordnung die Gesellschaft überhaupt bestehe, müsse neben dem Verlust der Staatsangehörigkeit dieses Staates auch den Verlust der Rechtsfähigkeit und der Gesellschaftseigenschaft zur Folge haben, da im Gegensatz zu natürlichen Personen die Existenz der Gesellschaften eine rein rechtliche Fiktion sei[136].

b) Nichtigkeit des Beschlusses

Nach anderer Ansicht kann die Haupt- oder Gesellschafterversammlung zwar einen Beschluß über die Verlegung des Satzungssitzes in das Ausland fassen, jedoch wird ein solcher Beschluß, da er zum Verlust des notwendigen deutschen

---

132 Nach *Hüffer*, AktG, § 5 Rnr. 11 ist eine Satzungsänderung erforderlich; *Brändel*, in: GroßKomm AktG, § 5 Rnr. 24; *Kraft*, in: Kölner Kommentar zum AktG, § 45 Rnr. 3; *Rittner/Schmidt-Leithoff*, in: Rowedder, GmbHG, § 3 Rnr. 10; *Ulmer*, in: Hachenburg, GmbHG, § 3 Rnr. 16.

133 So bereits RGZ 7, 68, 70 und weiterhin RGZ 88, 53, 55 sowie RGZ 107, 94, 97; BayObLGZ 1992, 113, 116.

134 *Brändel*, in: GroßKomm AktG, § 5 Rnr. 28; *Ulmer*, in: Hachenburg, GmbHG, § 3 Rnr. 18; *Großfeld*, in: Staudinger, IntGesR, Rnr. 651 f., 656, 679; *Lüderitz*, in: Soergel, Anhang zu Art. 10 EGBGB Rnr. 48; *Kindler*, in: MüKo, IntGesR, Rnr. 393 und 396.

135 *Großfeld*, in: Staudinger, IntGesR, Rnr. 652; *Ulmer*, in: Hachenburg, GmbHG, § 3 Rnr. 18.

136 *Großfeld*, in: Staudinger, IntGesR, Rnr. 652.

Satzungssitzes führt, als unwirksam angesehen[137]. Die Sitzverlegung kann daher nicht durch Eintragung ins Handelsregister am Ort des bisherigen Sitzes Rechtswirksamkeit erlangen[138]. Diese Nichtigkeit soll sich aus § 241 Nr. 3 AktG für die AG direkt[139] und für die GmbH in sinngemäßer Anwendung[140] dieser Vorschrift ergeben, die die Unwirksamkeit von rechtlich unmöglichen Beschlüssen anordnet. Die AG oder GmbH ist nach dieser Ansicht darauf verwiesen, zunächst einen formwirksamen Auflösungsbeschluß zu fassen, diesen zur Eintragung zu bringen und für das deutsche Recht zu vollziehen. Dann oder auch schon vorher kann im Ausland eine Neugründung und Neueintragung der Gesellschaft nach den dortigen Rechtsvorschriften herbeigeführt werden[141]. Die Umdeutung des Beschlusses in einen Auflösungsbeschluß verbietet sich nach dieser Ansicht bereits deshalb, weil die Gesellschafter einen solchen nicht fällen wollten und dies deshalb auch nicht getan haben. Hingegen sei gerade die Fortsetzung der Gesellschaft als solche, nur mit einem anderen Satzungssitz, beschlossen worden[142].

c) Stellungnahme

Nach beiden vorgetragenen Ansichten führt der Beschluß über die Verlegung des Satzungssitzes einer Gesellschaft ins Ausland nicht zu dem gewünschten Erfolg. Der Auflösungsbeschluß wird entweder durch Umdeutung aus dem Verlegungsbeschluß hergeleitet oder ist als solcher gesondert zu fassen. Die Umdeutung eines Rechtsgeschäftes ist nach § 140 BGB zulässig, wenn ein nichtiges Rechtsgeschäft den Anforderungen eines anderen Rechtsgeschäftes entspricht und anzunehmen ist, daß die Geltung des anderen Rechtsgeschäftes bei Kenntnis der Nichtigkeit des ursprünglichen Rechtsgeschäftes gewollt wäre[143]. Es ist bereits zu fragen, ob der Beschluß einer Haupt- oder Gesellschafterversammlung ein Rechtsgeschäft im Sinne dieser Vorschrift ist oder nicht. Der Umdeutung sind zugänglich Rechtsgeschäfte aller Arten, egal ob einseitig oder synallagmatisch, schuldrechtlich oder dinglich[144]. Kennzeichen des Rechtsge-

---

137 *Nussbaum*, IPR, S. 204; *Hüffer*, AktG, § 5 Rnr. 12; *Eckardt*, in: Geßler/Hefermehl/ders./Kropff, AktG, § 45 Rnr. 15; *Kraft*, in: Kölner Kommentar zum AktG, § 45 Rnr. 24, der wohl (insofern nicht eindeutig) vom Boden der Gründungstheorie aus argumentiert.

138 Vgl. dazu §§ 181 Abs. 1 und 3, 179 Abs. 1 AktG für die AG sowie §§ 54 Abs. 1 und 3, 53 Abs. 1 GmbHG für die GmbH.

139 *Hüffer*, AktG, § 5 Rnr. 12.

140 *Koppensteiner*, in: Rowedder, GmbHG, § 47 Rnr. 72 f.

141 *Hüffer*, AktG, § 5 Rnr. 12.

142 *Eckardt*, in: Geßler/ Hefermehl/ders./Kropff, AktG, § 45 Rnr. 15.

143 Vgl. *Heinrichs*, in: Palandt, BGB, § 140 Rnr. 2-8.

144 *Roth*, in: Staudinger, BGB, § 140 Rnr. 9.

schäftes ist stets, daß es aus mindestens einer Willenserklärung besteht, die auf Herbeiführung eines rechtlichen Erfolges gerichtet ist. Bei dem Beschluß einer Haupt- oder Gesellschafterversammlung handelt es sich zwar nicht um die Willenserklärung einer einzigen Person, aber doch um eine Willenserklärung, die durch die Abstimmung von der Mehrheit der Gesellschafter gebilligt wurde. Diese Tatsache rechtfertigt die Anwendung des § 140 BGB auf den Beschluß der Haupt- oder Gesellschafterversammlung.

Weiterhin ist fraglich, ob davon ausgegangen werden kann, daß die Anforderungen an die beiden Beschlüsse einander entsprechen. Der Beschluß über die Sitzverlegung muß als Beschluß über eine Satzungsänderung nach § 179 AktG angesehen werden, während der Auflösungsbeschluß in § 262 Abs. 1 Nr. 2 AktG geregelt ist. Für beide Beschlußarten können durch die Satzung nach §§ 179 Abs. 2 Satz 3 und 262 Abs. 1 Nr. 2 AktG unterschiedliche Mehrheiten vorgesehen werden. Aus dieser Möglichkeit ergibt sich bereits, daß der Gesetzgeber des Aktiengesetzes von einer Unterschiedlichkeit der beiden Beschlüsse ausging. Die Anforderungen an einen Sitzverlegungsbeschluß als Satzungsänderungsbeschluß sind somit schon andere als die an einen Auflösungsbeschluß. Aus diesem Grund scheidet bereits eine Umdeutung aus.

Überdies wäre die Umdeutung in einen Auflösungsbeschluß nur möglich, „... wenn anzunehmen ist, daß dessen Geltung bei Kenntnis der Nichtigkeit gewollt sein würde“[145]. Dies umfaßt, daß der von den Initiatoren des Beschlusses angestrebte Erfolg durch das Umdeutungsergebnis im wesentlichen erreicht wird[146], wobei dieses nicht weitergehende Rechtsfolgen herbeiführen darf als der eigentlich gewollte Beschluß[147]. Hier haben die Gesellschafter durch ihren Beschluß die Verlegung des Satzungssitzes angestrebt, also einen Beschluß gefaßt, bei dem gerade die Gesellschaft als Zuordnungsobjekt von Rechten und Pflichten gewahrt werden sollte. Dieses Zuordnungsobjekt sollte jedoch seinen Satzungssitz von einem Staat in einen anderen verlegen und so dessen Nationalität annehmen. In diesen Beschluß den Willen einer Auflösung hineinzulesen, erscheint sehr gewagt, vor allem im Hinblick darauf, daß der umgedeutete Beschluß nicht weitergehende Rechtsfolgen herbeiführen darf als der ursprüngliche.

Im Interesse der Rechtsklarheit ist es m. E. sinnvoller, von einer Umdeutung des Verlegungsbeschlusses in einen Auflösungsbeschluß abzusehen. Ist die Verlegung des Satzungssitzes ins Ausland nicht möglich, sollte die Verweigerung der Eintragung der Satzungs- bzw. Gesellschaftsvertragsänderung ins Handelsregister die Folge sein. Nach dieser Verweigerung haben die Gesellschafter die Möglichkeit, nach nochmaliger Prüfung ihres Schrittes einen formellen Auflösungsbeschluß zu fassen. Die Gesellschafter können dann eine neue Aus-

---

145 So § 140 BGB a. E.

146 *Heinrichs*, in: Palandt, BGB, § 140 Rnr. 6; *Roth*, in: Staudinger, BGB, § 140 Rnr. 21.

147 *Heinrichs*, in: Palandt, BGB, § 140 Rnr. 6; *Roth*, in: Staudinger, BGB, § 140 Rnr. 22.

landsgesellschaft gründen und die Vermögenswerte der deutschen Altgesellschaft an diese übertragen. Durch Neugründung im Ausland und Auflösung und Abwicklung der Altgesellschaft haben sie dann – über einen Umweg – den ursprünglich gewünschten Erfolg erreicht.

Unabhängig von der Frage der Wertung eines Verlegungsbeschlusses ist jedoch festzuhalten, daß das deutsche Gesellschaftsrecht keine Möglichkeit für die juristischen Personen AG oder GmbH bietet, ihren Satzungssitz ins Ausland zu verlegen, ohne die Gesellschaft einer Auflösung zu unterwerfen, somit also keine identitätswahrende Verlegung des Satzungssitzes ermöglicht.

d) Folgen

Faßt die Hauptversammlung der AG nach § 262 Abs. 1 Nr. 2 AktG bzw. die Gesellschafterversammlung der GmbH nach § 60 Abs. 1 Nr. 2 GmbHG den Auflösungsbeschluß, so wird dadurch das Auflösungsverfahren in Gang gesetzt. Die Auflösung ist zum Handelsregister anzumelden[148] und es werden Liquidatoren bestellt[149]. Diese wickeln die noch vorhandenen oder anfallenden Geschäftsvorgänge ab, verteilen anschließend das Vermögen der Gesellschaft auf die Gesellschafter[150], woraufhin die Gesellschaft aus dem Handelsregister zu löschen ist[151]. Sie hat ihre Rechtspersönlichkeit jedenfalls dann verloren, wenn zu diesem Zeitpunkt bereits alle Vermögensgegenstände der Gesellschaft verteilt sind[152].

In diesem Zusammenhang ist noch darauf hinzuweisen, daß sich aus dem Auflösungsbeschluß keineswegs das sofortige Verschwinden der Kapitalgesellschaft aus dem Rechtsleben ergibt. Auflösung und Erlöschen bzw. Vollbeendigung der Kapitalgesellschaften sind zwei grundsätzlich unterschiedliche Ereignisse, wobei die Auflösung in der Regel der Liquidation und diese wiederum der Vollbeendigung vorausgeht[153]. Die Auflösung bedeutet nur den Eintritt in die Abwicklungsphase, an deren Ende die Verteilung des Vermögens der Gesellschaft und die zum Verlust der Rechtspersönlichkeit führende Löschung der Gesellschaft im Handelsregister steht. Bis zu diesem Ereignis existiert die Gesellschaft in ihrer ursprünglichen Rechtspersönlichkeit mit einigen durch die Änderung des Gesellschaftszweckes auf Abwicklung bedingten Modifikationen fort.

Für die „gängige" Auflösung einer Gesellschaft aus anderen Gründen als einer Verlegung des Satzungssitzes ins Ausland ist die obige Darstellung des

---

[148] § 263 Satz 1 AktG bzw. § 65 Abs. 1 Satz 1 GmbHG.

[149] § 265 Abs. 1 AktG bzw. § 66 Abs. 1 GmbHG.

[150] § 271 Abs. 1 AktG bzw. § 72 Satz 1 GmbHG.

[151] § 273 Abs. 1 AktG bzw. § 74 Abs. 1 GmbHG.

[152] Zur Diskussion um den Zeitpunkt des Erlöschens einer Kapitalgesellschaft vgl. statt vieler *T. Raiser*, Kapitalgesellschaften, § 22 Rnr. 3 sowie *K. Schmidt*, Gesellschaftsrecht, § 11 V 6 (S. 324 f.).

[153] Vgl. dazu *K. Schmidt*, Gesellschaftsrecht, § 11 V 3 und 4 (S. 316 ff.).

dem Auflösungsbeschluß folgenden Verfahrens richtig. Fraglich ist, ob auch im Falle einer Sitzverlegungs-Auflösung dieses Verfahren so einzuhalten sein wird. Vom Ergebnis und von den formalen Voraussetzungen und Vorgängen her dürfte diesbezüglich keine Abweichung zu erwarten sein. Auch die sitzverlegende Kapitalgesellschaft wird am Ende nach Löschung im Handelsregister nicht mehr existieren. Doch handelt es sich gerade nicht um eine Auflösung mit dem Ziel einer finalen Liquidation, einer Beendigung der werbenden Tätigkeit der Gesellschaft. Es liegt vielmehr eine Auflösung vor, die in den meisten Fällen damit einhergeht, daß der Geschäftsbetrieb der Gesellschaft in normalem Umfang weitergeführt wird, während jedoch im Hintergrund die gesellschaftsrechtlichen Voraussetzungen für eine Neugründung im Ausland und die Auflösung im Inland geschaffen werden. Eine Abwicklung des Geschäftsbetriebes dürfte daher in diesen Fällen gar nicht, die Verteilung des Gesellschaftsvermögens nur als rechtstechnisch notwendiges „Scheingeschäft" stattfinden, da umgehend die Übertragung auf die neugegründete Auslandsgesellschaft erfolgen müßte. Die Betriebsstätten der „liquidierten" inländischen Altgesellschaft werden zu Zweigniederlassungen der ausländischen Neugesellschaft. Während einer Übergangszeit existieren somit zwei Gesellschaften, nämlich die inländische Altgesellschaft in Liquidation und die aufnehmende ausländische Neugesellschaft, die zu diesem Zeitpunkt bereits die Vermögenswerte der Liquidationsgesellschaft entweder direkt oder mit Umweg über das Gesellschaftervermögen übernommen hat.

2. Verwaltungssitz

Im Gegensatz zum Satzungssitz als rechtlich determinierte Tatsache, ist der Verwaltungssitz einer Gesellschaft durch tatsächliche Umstände bestimmt[154].

a) Möglichkeit der Verlegung

Die Verlegung kann daher sowohl durch rein faktisches Handeln, also auch ohne explizit dahingehende Willensbildung oder Beschlußfassung innerhalb der Gesellschaft, als auch aufgrund eines Beschlusses des maßgeblichen Gremiums der jeweiligen Gesellschaft vorgenommen werden. Die Verlegung des Verwaltungssitzes ohne dahingehenden Beschluß dürfte sich zumeist als Prozeß über längere Zeit hinweg darstellen, im Zuge dessen sich der Ort, an dem die Leitungsgremien der Gesellschaft zur Führung der Gesellschaft tätig werden, von einem Ort innerhalb Deutschlands ins Ausland verlagert. Bereits jetzt sind viele Unternehmen mit Standorten im europäischen Ausland vertreten. Damit einher geht die

---

[154] Vgl. die Ausführungen zum tatsächlichen Verwaltungssitz einer Gesellschaft oben S. 11.

Möglichkeit, daß ein Standort gegenüber dem anderen mehr wirtschaftliches Gewicht gewinnt und so die Funktion des wirtschaftlichen Hauptstandortes des Unternehmens übernimmt. Mit einer Verlagerung des wirtschaftlichen Schwerpunktes können dann rasch auch die Leitungsfunktionen an den neuen wirtschaftlichen Hauptstandort verlagert werden. Angesichts dessen ist die nicht von einem förmlichen Beschluß der Leitungsorgane der Gesellschaft getragene faktische Verlegung des Verwaltungssitzes eine nicht nur rein hypothetische Möglichkeit.

Unabhängig davon, ob die Verlegung des Verwaltungssitzes bewußt oder unbewußt vorgenommen wird, knüpft sich nach der hier vertretenen Sitztheorie als Kollisionsregel daran der Wechsel des auf die Gesellschaft anwendbaren Rechts[155]. Eine Ausnahme hiervon, nämlich die weitere Anwendbarkeit deutschen Rechts auf Gesellschaften mit Verwaltungssitz im Ausland, ergibt sich durch eine Rückverweisung bei Verlegung des Verwaltungssitzes in einen der Gründungstheorie folgenden Staat[156]. Der damit grundsätzlich stattfindende Statutenwechsel ist nach deutschem Gesellschaftsrecht ein zwingender Grund für die Auflösung und Abwicklung der Gesellschaft[157].

b) Rückverweisungs-Problematik

Für den Ausnahmefall der Rückverweisung aus einer der Gründungstheorie folgenden Rechtsordnung auf deutsches Recht wird von *Ebenröth* vertreten, daß in diesem Falle mangels Rechtswechsel auch keine Notwendigkeit zur Auflösung und Abwicklung der Gesellschaft bestehe, da weiterhin deutsches Recht Anwendung finde und somit die Schutzinteressen der von der Tätigkeit der Gesellschaft betroffenen Personen im Sinne der Sitztheorie Genüge getan sei[158]. Dies soll jedenfalls dann gelten, wenn der Satzungssitz der Gesellschaft ebenso in Deutschland verbleibt wie eine Betriebsstätte oder sonstige Betätigungsstelle[159].

---

155 Vgl. dazu oben S. 28.

156 Vgl. dazu oben S. 30.

157 *Großfeld*, in: Staudinger, IntGesR, Rnr. 610, 617, 677; *Kindler*, in: MüKo, IntGesR, Rnr. 396, der den Auflösungszwang jedoch auf die Fälle beschränken will, in denen eine Verlegung des Verwaltungssitzes in ein Land erfolgt, das ebenfalls eine Anknüpfung nach den Regeln der Sitztheorie vornimmt. RGZ 7, 68, 69 f.; 88, 53, 54; BGHZ 25, 134, 144. Das Problem der vorgenannten Entscheidungen liegt darin, daß sie keine Differenzierung danach vornehmen, ob die jeweiligen Gesellschaften die Verlegung ihres Satzungs-, Verwaltungs- oder beider Sitze angestrebt hatten, sondern jeweils ausschließlich vom „Sitz" der Gesellschaft sprechen. BayObLGZ 1992, 113, 116; OLG Hamm ZIP 1997, 1696, 1697.

158 *Ebenroth*, in: MüKo², Nach Art. 10 EGBGB Rnr. 227 und 229; ebenso *Kindler*, in: MüKo, IntGesR, Rnr. 394 und 396.

159 *Ebenroth*, in: MüKo², Nach Art. 10 EGBGB Rnr. 229; ebenso *Kindler*, in: MüKo, IntGesR, Rnr. 396.

Nach anderer Ansicht kommt es auch in diesem Fall zur Auflösung und Abwicklung der Gesellschaft, da die Gesellschaft einer fremden Gesetzgebungshoheit unterstellt werde und die Durchsetzung bestehender Rechte bei Verwaltungssitz im Ausland erschwert sei[160]. Außerdem sei mit der Verlegung des Verwaltungssitzes ein Wechsel des sozialen und kulturellen Umfeldes der Gesellschaft verbunden und auch aus diesem Grunde eine Auflösung erforderlich, da die „... Basis der ursprünglichen Erwartungen ...“ weitgehend entfallen sei[161].

Knüpft man die Rechtsfolge der notwendigen Auflösung und Abwicklung der Gesellschaft (nur) an einen Wechsel des auf sie anwendbaren Rechts, so ergibt sich in der Tat, daß entsprechend der Ansicht *Ebenroths* in diesem Fall keine Auflösung der Gesellschaft erforderlich ist. Da weiterhin deutsches Recht anwendbar ist, entsteht für die Gesellschafter und Gläubiger der Gesellschaft mit ihren verständlichen und von der Sitztheorie geschützten Interessen keine neue Situation. Sie haben es weiterhin mit derselben Gesellschaft zu tun, die jedoch ihre Hauptverwaltung mittlerweile ins EU-Ausland verlagert hat. Angesichts der in der Regel weiterhin bestehenden deutschen Niederlassung sind die möglicherweise befürchteten Probleme eines verlängerten Kommunikationsweges zwischen Gesellschaft und Gesellschaftern sowie Gläubigern nur von geringer Bedeutung und im Zeitalter digitaler Kommunikationsnetze als Auflösungsgrund völlig untauglich. Die von *Großfeld* angeführte Problematik der Verlegung des Verwaltungssitzes in ein anderes soziales und kulturelles Umfeld kann – gerade im Hinblick auf die Angleichung dieser Bereiche innerhalb der Europäischen Gemeinschaft und der rasanten Veränderungen selbst im innerstaatlichen Bereich – ebenfalls kein tragfähiges Argument zur Begründung des Auflösungszwanges sein. Die Durchsetzung von Rechten ist angesichts des einen Gerichtsstand im Inland begründenden Satzungssitzes[162] im Vergleich zur Vorsituation nicht deutlich erschwert.

Ein gewichtiges Argument scheint jedoch zu sein, daß die Gesellschaft mit der Verlegung des Verwaltungssitzes einer fremden Rechtsordnung unterstellt wurde. Selbst wenn weiterhin deutsches Recht auf die Gesellschaft Anwendung findet, so handelt es sich doch nur um eine mittelbare Anwendung. Die Rückverweisung hängt vom Internationalen Gesellschaftsrecht eines fremden Staates ab, der jederzeit berechtigt ist, eine Änderung seines Kollisionsrechts durchzuführen und auf diese Weise die Rückverweisung ins deutsche Recht abzuschaffen. Es geht daher nicht um die Frage, ob deutsches materielles Gesellschaftsrecht aufgrund einer mehr oder weniger zufälligen Rückverweisung weiterhin anwendbar ist, sondern um die Frage, ob die Gesellschaft weiterhin voll und

---

160 *Großfeld*, in: Staudinger, IntGesR, Rnr. 629.

161 *Großfeld*, in: Staudinger, IntGesR, Rnr. 629.

162 Vgl. § 17 Abs. 1 Satz 2 ZPO sowie dazu *Putzo*, in: Thomas/ders., ZPO, § 17 Rnr. 2 und *Vollkommer*, in: Zöller, ZPO, § 17 Rnr. 9.

ganz dem deutschen Recht unterstellt ist. Hat also nach der Konzeption des deutschen Kollisionsrechts eine ausländische Rechtsordnung, nämlich die des neuen Verwaltungssitzes, Regelungsgewalt über die Gesellschaft erlangt, so ist dies unabhängig von der weiteren Anwendbarkeit deutschen materiellen Gesellschaftsrechts aufgrund der ausländischen Rechtsordnung ein Grund zur Auflösung und Abwicklung der Gesellschaft.

c) Umdeutung in Auflösungsbeschluß?

Auch bezüglich des Beschlusses über die Verlegung des Verwaltungssitzes wird vertreten, daß dieser als Beschluß über die Auflösung der Gesellschaft zu deuten sei[163], wobei oftmals undifferenziert von der Verlegung des „Sitzes" die Rede ist und eine Unterscheidung in Satzungs- und Verwaltungssitz nicht vorgenommen wird[164]. Fraglich bleibt bei dieser Ansicht wie schon bei dem Beschluß über die Verlegung des Satzungssitzes, ob eine solche Umdeutung zulässig oder gar angezeigt ist. Bilden die Gesellschafter einer Kapitalgesellschaft einen Willen dahingehend, den Verwaltungssitz der Gesellschaft ins Ausland zu verlegen, umfaßt dieser Wille nicht notwendigerweise die Auflösung der Gesellschaft. Lediglich aus der rechtlichen Tatsache, daß das deutsche (Internationale) Gesellschaftsrecht an die Verlegung des Verwaltungssitzes die Auflösung und Abwicklung der Gesellschaft knüpft, kann den Gesellschaftern nicht ein dahingehender Wille untergeschoben werden. Anderer Ansicht in dieser Frage ist *Beitzke*, der davon ausgeht, daß „[w]enn die Sitzverlegung gewollt ist, [...] damit auch alles das gewollt [ist], was hierzu erforderlich ist."[165] Mit dieser Äußerung bringt er zum Ausdruck, daß für ihn im Rahmen einer Sitzverlegung begriffsnotwendig die Auflösung der Gesellschaft stattfindet. Jedoch erkennt er unmittelbar im Anschluß an, daß die juristische Person im Ausland unter den bisherigen Gesellschaftern fortgesetzt werden soll und interpretiert den Sitzverlegungsbeschluß gleichzeitig als Verzicht auf die Liquidationsquote[166]; überdies soll die neugegründete Auslandsgesellschaft mit der liquidierten Inlandsgesellschaft identisch sein[167].

Dem Beschluß über die Verlegung des Verwaltungssitzes derart umfangreiche Bedeutungen beizulegen, die aus Sicht der beschließenden Gesellschafter nicht notwendigerweise in diesem Beschluß enthalten sein müssen, ist nicht mehr eine Auslegung des Beschlusses, sondern bereits eine Änderung. *Gegen*

---

163 *Großfeld*, in: Staudinger, IntGesR, Rnr. 634; *Kindler*, in: MüKo, IntGesR, Rnr. 398; *Beitzke*, Juristische Personen, S. 181.

164 Dies kritisiert auch *Großfeld*, in: Staudinger, IntGesR, Rnr. 631, der in dieser Tatsache eine Schwächung der Autorität dieser Ansicht sieht.

165 *Beitzke*, Juristische Personen, S. 181.

166 *Beitzke*, Juristische Personen, S. 181.

167 *Beitzke*, Juristische Personen, S. 184.

den im Beschluß erklärten Willen der Gesellschafter, die Gesellschaft zu verlegen – wobei der Begriff der Verlegung die Demontage nicht zwingend erfordert – wird ihnen ein Auflösungswille untergeschoben. Daher erscheint mir vorzugswürdig, in diesem Fall davon auszugehen, daß die Gesellschafter den Verwaltungssitz der Gesellschaft unter Beibehaltung und Fortsetzung der Gesellschaft als solche ins Ausland verlegen wollten. Daß dieses nach deutschem Recht nicht möglich ist, macht den Beschluß der Gesellschafter zu einem nichtigen Beschluß, da er auf eine aus rechtlichen Gründen nicht mögliche Rechtsfolge gerichtet ist. Wollen die Gesellschafter das Verfahren der Auflösung in Deutschland und der Neugründung im Ausland durchführen, so sind sie frei, einen dahingehenden Beschluß unter Wahrung der notwendigen Mehrheiten zu fassen.

Jedoch läßt sich auch hier nach beiden vertretenen Ansichten das gewünschte Ergebnis, nämlich eine Verlegung des Verwaltungssitzes in das Ausland ohne Auflösung der Gesellschaft, nicht erreichen. Auch für die Verlegung des Verwaltungssitzes ins Ausland ist also festzustellen, daß diese nach deutschem Gesellschaftsrecht nicht möglich ist, ohne die Gesellschaft aufzulösen.

d) Folgen

Folge der Verlegung des Verwaltungssitzes einer deutschen Gesellschaft ins Ausland ist nach allgemeiner Ansicht deren Auflösung und Abwicklung[168]. In tatsächlicher und rechtlicher Hinsicht unproblematisch – wenn möglicherweise auch rechtspolitisch bedenklich – ist diese Rechtsfolge, wenn die Gesellschaft die Verlegung des Verwaltungssitzes bewußt vornimmt, dabei „billigend in Kauf nimmt“, daß sie als Folge dieses Schrittes die Auflösung und Abwicklung durchzuführen hat, die entsprechenden Beschlüsse faßt und diese dann auch umsetzt. Sowohl rechtlich als auch tatsächlich problematisch wird die Situation jedoch, wenn die Gesellschaft eine ungeplante oder unbewußte Verlegung ihres tatsächlichen Verwaltungssitzes ins Ausland vornimmt und auch dann, wenn eine Gesellschaft in Kenntnis der bereits durchgeführten faktischen Sitzverlegung nicht liquidiert wird.

aa) Automatische Löschung der Gesellschaft?

In der Literatur wird vertreten, daß die Gesellschaft zwar in Folge des durch ihre Verwaltungssitzverlegung ausgelösten Rechtswechsels auf*zu*lösen und *zu* liqui-

---

[168] *Großfeld*, in: Staudinger, IntGesR, Rnr. 625 bezeichnet die Auflösung und Abwicklung der Gesellschaft als „ausgewogene Lösung“; *Kindler*, in: MüKo, IntGesR, Rnr. 396 sieht einen Auflösungszwang nach deutschem Sachrecht jedenfalls für eine Sitzverlegung in einen der Sitztheorie folgenden Staat.

dieren *sei*, aber daß eine automatische, mit dem Verlust der Rechtsfähigkeit verbundene Löschung im Handelsregister nicht stattfinde[169]. In der Rechtsprechung wird zwar die Auflösung und Liquidation der Gesellschaft gefordert, aber der sofortige und automatische Verlust der Rechtsfähigkeit nicht erwähnt[170]. In einer Entscheidung des Reichsgerichtes wurde allerdings einer ihren Sitz[171] aus dem Rechtsgebiet des Herzogtums Sachsen-Coburg-Gotha verlegenden bergrechtlichen Gewerkschaft gothaischen Rechts aufgrund dieses Vorganges ohne weitere Maßnahmen die Rechtsfähigkeit aberkannt[172]. Diese rigorose Rechtsfolge mag jedoch auf den möglichen rechtlichen Eigentümlichkeiten der bergrechtlichen Gewerkschaft gothaischen Rechts sowie ihrem Auftauchen im außergothaischen Rechtsraum beruhen[173]. Da eine solch drastische Folge von der zwischenzeitlich ergangenen und auch der neuesten Rechtsprechung nicht mehr statuiert wurde, darf diese als isoliertes Judiz angesehen werden[174]. Überdies geht es in diesem Fall um Fragen des Inter*lokalen* Privatrechts und nicht um solche des Inter*nationalen* Privatrechts, da sich der Vorgang innerhalb des deutschen Reiches abspielte. Auch in der heutigen Literatur wird dennoch teilweise der sofortige Verlust der Rechtspersönlichkeit als Folge der Verlegung des Verwaltungssitzes angesehen[175].

Die Ansicht, daß die Gesellschaft ihre Rechtsfähigkeit automatisch durch Verlegung des Verwaltungssitzes ins Ausland verliere, erscheint befremdlich. Die Gesellschaft ist ordnungsgemäß nach deutschem Recht gegründet und existiert als solche in völliger Normalität bis zu dem Tag, an dem sie ihren Verwaltungssitz ins Ausland verlegt oder festgestellt wird, daß dies im Laufe der

---

169 *Großfeld*, in: Staudinger, IntGesR, Rnr. 610; *Kindler*, in: MüKo, IntGesR, Rnr. 394 spricht nur vom „Auflösungszwang"; *Rittner/Schmidt-Leithoff*, in: Rowedder, GmbHG, Einleitung Rnr. 291; *Berg*, GmbHR 1997, 1136, 1137; *G. Hueck*, in: Baumbach/Hueck, GmbHG, § 3 Rnr. 8 sieht die Rechtsfähigkeit der Gesellschaft im Inland durch die Sitzverlegung als „beseitigt" an, hält jedoch auch ein Liquidationsverfahren für notwendig, was mit einem automatischen Wegfall der Rechtsfähigkeit kaum vereinbar sein dürfte. Insofern wohl zu weitgehend *Ebenroth/Auer* GmbHR 1994, 16, 17 f., die aus dem Wechsel des Gesellschaftsstatutes automatisch einen Verlust der Rechtsfähigkeit der Gesellschaft herleiten.

170 RGZ 7, 68, 70; BayObLGZ 1992, 113, 116; OLG Hamm ZIP 1997, 1696, 1697.

171 Wobei unklar bleibt, ob es sich um den Verwaltungs-, Satzungs-, Register- oder alle Sitze handelte.

172 RGZ 88, 53, 54.

173 Nach *Großfeld*, in: Staudinger, IntGesR, Rnr. 784 f. waren Gewerkschaften gothaischen Rechts zum Betrieb von Bergwerken unter Umgehung der strengeren preußischen Vorschriften über die bergrechtlichen Gewerkschaften gegründet worden. Das Herzogtum Sachsen-Coburg-Gotha sei auf dem Weg zum Delaware oder Liechtenstein des deutschen Reiches gewesen.

174 Im Gegensatz dazu nahm RGZ 100, 210, 212 f. keine Nichtigkeit der Gewerkschaft an.

175 *Ebenroth/Auer* GmbHR 1994, 16, 17 f. (vgl. dazu S. 43 Fn. 169); *Behrens*, IPrax 1989, 354, 355.

Zeit ohne dahingehende Absicht geschehen ist. Nach dieser Verlegung bzw. der Feststellung ist zwar grundsätzlich das Recht des neuen Sitzstaates auf die Gesellschaft anwendbar, jedoch kann und darf dies nicht dazu führen, daß die nach deutschem Recht für eine Vollbeendigung der Gesellschaft erforderlichen Verfahrensregeln nicht eingehalten werden. Daher ist davon auszugehen, daß für die Gesellschaft mit nunmehrigem Verwaltungssitz im Ausland das deutsche Auflösungs- und Abwicklungsverfahren einzuhalten ist, an dessen Ende die Löschung der Gesellschaft im Handelsregister stehen muß.

bb) Erzwingung des Liquidationsverfahrens?

Es stellt sich die Frage, ob die Durchführung des Liquidationsverfahrens auf staatliche Initiative oder auf Verlangen von Dritten erzwungen werden kann. Dies würde zur Entfernung einer nicht mehr deutschem Recht unterstehenden und damit ihre Rechtsform zu Unrecht tragenden Gesellschaft aus dem Rechtsverkehr führen.

Nach den Regeln über die Bestimmung des Satzungssitzes für die GmbH und die AG[176] kann dessen Bestimmung unabhängig vom Sitz der tatsächlichen Verwaltung der Gesellschaft erfolgen, wenn die sonstigen Voraussetzungen[177] erfüllt wurden. Eine Verlegung des tatsächlichen Verwaltungssitzes führt daher nicht zur Unrichtigkeit der Satzung[178] und eröffnet damit dem Registergericht auch nicht die für diesen Fall vorgesehenen Eingriffsmöglichkeiten[179].

Ebenfalls nicht durchführbar ist eine Löschung der Gesellschaft nach § 144 FGG, da durch die schlichte Verlegung des Verwaltungssitzes weder die Tatbestände der §§ 275 f. AktG noch die der §§ 75 f. GmbHG erfüllt werden, für die das Verfahren nach § 144 FGG ausschließlich vorgesehen ist. Eine Löschung der Eintragung der Gesellschaft nach § 142 FGG scheidet wiederum aus, da diese Norm im Falle der Löschung der Gesellschaft insgesamt subsidiär gegenüber § 144 FGG ist, der auf die hier ausschließlich interessierenden Kapitalgesellschaften AG, KGaA und GmbH anzuwenden ist[180].

Dieser Befund ist insofern unbefriedigend, als das deutsche Gesellschaftsrecht für die vollständige Unterstellung einer Gesellschaft unter ausländisches Recht, also einen der schwersten Fehler, unter denen eine deutsche Gesellschaft

---

176 Vgl. dazu oben S. 9.

177 Sowohl in § 5 Abs. 2 AktG als auch in § 4a Abs. 2 GmbHG ist bestimmt, daß sich der Satzungssitz der Gesellschaft am – innerdeutschen – Ort eines Betriebes, der Geschäftsleitung oder der Verwaltung befinden kann.

178 *Ulmer*, in: Hachenburg, GmbHG, § 3 Rnr. 11.

179 Insbesondere das Vorgehen nach § 144a FGG.

180 *Winkler*, in: Keidel/Kuntze/ders., FGG, § 142 Rnr. 6 sowie § 144 Rnr. 1.

leiden kann, keine Sanktionsmöglichkeiten vorsieht[181]. Daß dieser Fall kaum praktisch werden dürfte, ändert nichts daran, daß die rechtlichen Folgen abgeklärt sein sollten. In Anbetracht der Schwere des Mangels halte ich es für sinnvoll, diejenige Gesellschaft, die ihren Verwaltungssitz schlicht ins Ausland verlegt hat (unerheblich, ob bewußt oder unbewußt), einem Auflösungsverfahren nach § 144 FGG analog zu unterwerfen[182]. Zur Wahrung der Verhältnismäßigkeit sollte die Gesellschaft im Vorfeld unter Setzung einer kurzen Frist auf die tatsächliche und rechtliche Situation hingewiesen und aufgefordert werden, den Verwaltungssitz wieder ins Inland zu verlegen, widrigenfalls das Löschungsverfahren nach § 144 FGG analog durchgeführt werde. Kommt die Gesellschaft dieser Aufforderung nach, kann sie – bei fortbestehendem Sitzverlegungswunsch – den Weg der geplanten Liquidation gehen. Tut sie dies nicht, beginnt das Amtslöschungsverfahren, in dessen Rahmen dann ebenfalls die Liquidation durchgeführt wird[183].

3. Zusammenfassung

Der Beschluß einer Gesellschaft über die Sitzverlegung ins Ausland ist nichtig, da er auf eine unmögliche Rechtsfolge gerichtet ist. Eine Umdeutung in einen Auflösungsbeschluß scheidet aus. Fassen die Gesellschafter einen Auflösungsbeschluß, wird die Gesellschaft nach den vorgesehenen Verfahren liquidiert und die Vermögenswerte werden auf die Gesellschafter übertragen. Diese können dann die Vermögenswerte in eine neu zu gründende Auslandsgesellschaft einbringen und so mit dem Umweg über die Auflösung der Gesellschaft den gewünschten Erfolg erreichen. Verlegt die Gesellschaft ohne weitere Maßnahmen ihren Verwaltungssitz ins Ausland, so ist sie einem dem Verfahren nach § 144 FGG entsprechenden Amtslöschungsverfahren zu unterwerfen. Alle aufgezeigten Möglichkeiten führen also zu demselben Ergebnis, nämlich der Unmöglichkeit einer identitätswahrenden Verlegung des Satzungs- und auch des tatsächlichen Verwaltungssitzes aus Deutschland ins Ausland.

---

[181] *Berg*, GmbHR, 1997, 1136 ff. nimmt dies zum Anlaß, dem Registergericht jegliche Möglichkeiten zur Beseitigung der Gesellschaft zu versagen und geht davon aus, daß die Gesellschaft alleine durch faktische Zwänge des Rechtsverkehrs (Kenntnis von der unklaren Lage der Gesellschaft) zu einer Klärung der Situation bewegt werden kann.

[182] *Großfeld*, IntGesR, Rnr. 86 will für den Fall der Gründung einer deutschen Gesellschaft mit von vornherein im Ausland belegenem Verwaltungssitz die Löschung der Eintragung nach § 142 FGG analog herbeiführen. Dieser Weg scheint mir im geschilderten Fall wegen der eindeutigen Spezialität des § 144 FGG für einmal wirksam entstandene Gesellschaften verbaut.

[183] *Winkler*, in: Keidel/Kuntze/ders., FGG, § 144 Rnr. 16.

II. Sitzverlegung ins Inland

So wie Gesellschaften ihren Sitz aus Deutschland ins Ausland verlegen wollen, kann natürlich auch der Wunsch einer ausländischen Gesellschaft bestehen, ihren Sitz aus dem Ausland nach Deutschland zu verlegen. Hierbei soll wiederum unterschieden werden zwischen der Verlegung des Satzungs- bzw. Registersitzes sowie der Verlegung des Verwaltungssitzes.

1. Satzungssitz

Die isolierte Verlegung des Satzungssitzes einer ausländischen Kapitalgesellschaft hat in den Staaten, die der Gründungstheorie folgen, die Änderung des Gesellschaftsstatutes zur Folge[184], während sie in Staaten, die der Sitztheorie folgen, keine Auswirkungen auf das Gesellschaftsstatut haben kann[185]. Bereits durch die Änderung des Gesellschaftsstatutes kann es nach der Rechtsordnung des Wegzugsstaates zu einer zwingenden Auflösung der Gesellschaft kommen. Selbst wenn dies nicht der Fall ist, so bleibt die Frage, ob der Staat des neuen Satzungssitzes dem Zuzugswunsch der Gesellschaft gegenüber offen ist oder ob er seinerseits die Existenz der Gesellschaft nach und aufgrund ihrer versuchten Sitzverlegung verneint. An dieser Stelle soll jedoch nur dargestellt werden, wie das deutsche Gesellschaftsrecht auf den Wunsch einer ausländischen Gesellschaft, ihren Satzungssitz nach Deutschland zu verlegen, reagieren wird, weshalb hier die Zulässigkeit der Verlegung des Satzungssitzes nach ausländischem Recht unterstellt wird.

Der Wechsel zu einem deutschen Satzungssitz kann durch Eintragung des in Deutschland liegenden Satzungssitzes ins ausländische Handelsregister geschehen. Ein solcher Fall ist jedoch wenig wahrscheinlich, da ein Staat, der einer Gesellschaft die Rechtspersönlichkeit verleiht, zumindest das Vorhandensein eines inländischen Satzungssitzes fordern wird[186]. Andererseits könnte ein solcher deutscher Satzungssitz auch in das deutsche Handelsregister eingetragen werden. Für diese Eintragung im deutschen Handelsregister kommen jedoch nach Ansicht der Rechtsprechung[187] und der herrschenden Ansicht in der Literatur[188] nur deutsche Gesellschaften in Frage, also Gesellschaften, die nach deutschem Recht gegründet wurden und somit die Anforderungen des deutschen Gesellschaftsrechts erfüllen. Eine solche Gesellschaft ist aber dann nicht gegeben,

---

184 Vgl. oben S. 22.

185 Vgl. oben S. 24.

186 So auch *Behrens*, EuZW 1992, 550.

187 BGHZ 97, 269, 271 f.; OLG Zweibrücken NJW 1990, 3092.

188 *Großfeld/König*, IPrax 1991, 380, 381; *Eckardt*, in: Geßler/Hefermehl/ders./Kropff, AktG, § 45 Rnr. 19; *Kraft*, in: Kölner Kommentar zum AktG, § 45 Rnr. 17; *Hüffer*, AktG, § 45 Rnr. 2.

wenn eine nach ausländischem Recht gegründete Gesellschaft die Eintragung eines Satzungssitzes im Inland anstrebt. Das für den Ort des vorgesehenen neuen Satzungssitzes zuständige Registergericht wird daher die Eintragung der Verlegung des Satzungssitzes ablehnen und sie somit zum Scheitern bringen.

Dieses Ergebnis könnte jedoch für den Fall zu korrigieren sein, daß die ausländische Gesellschaft zugleich oder vor dem Beschluß über die Sitzverlegung einen Beschluß zur Änderung ihrer Satzung faßt. Die Anpassung an die deutschen Verhältnisse müßte zur Vermeidung von Kollisionen mit dem abweichenden Recht des Ortes des bisherigen Satzungssitzes bis zur Eintragung der Sitzverlegung ins deutsche Handelsregister aufschiebend bedingt sein[189]. Außerdem müßte die Gesellschaft, um die Anwendbarkeit deutschen Rechts herbeizuführen, gleichzeitig auch ihren Verwaltungssitz nach Deutschland verlegen. Grundsätzlich erfüllt die Gesellschaft in diesem Fall die Anforderungen des deutschen Gesellschaftsrechts, könnte also durch die Eintragung der Sitzverlegung ins deutsche Handelsregister zur deutschen Gesellschaft werden und die vom ausländischen Staat verliehene Rechtspersönlichkeit bzw. Gesellschaftsidentität beibehalten. Eine derartige Bewahrung der Rechtspersönlichkeit ist jedoch nicht möglich. Für die Eintragung einer Gesellschaft ins deutsche Register ist grundsätzlich und immer deren Neugründung im Inland nach inländischen Rechtsvorschriften erforderlich[190], so daß auch auf dem Umweg über eine Änderung der Satzung unter Anpassung an die deutschen Vorschriften derzeit keine identitätswahrende Sitzverlegung möglich ist.

2. Verwaltungssitz

Bei der Verlegung des Verwaltungssitzes einer Gesellschaft nach Deutschland kommt es nach der im deutschen Kollisionsrecht angewandten Sitztheorie jedenfalls zu einem Wechsel des Gesellschaftsstatutes, da vor der Verlegung des Sitzes für die Gesellschaft das Recht am Ort des ausländischen Verwaltungssitzes galt und nunmehr nach der Verlegung deutsches Recht auf die Gesellschaft anwendbar ist. Auch in diesem Fall kann es dazu kommen, daß die Gesellschaft im Wegzugsstaat bereits durch den Wegzug zwangsweise aufgelöst wird, also ihre Rechtspersönlichkeit verliert. Wiederum soll jedoch für die nachfolgende Darstellung davon ausgegangen werden, daß die Verlegung des Verwaltungssitzes nach Deutschland aus Sicht des Wegzugsstaates unproblematisch ist, und das Augenmerk auf die Reaktionen des deutschen Rechts gerichtet werden.

In Deutschland ereilt die ihren Verwaltungssitz verlegende Gesellschaft dasselbe Schicksal wie die ihren Satzungssitz verlegende Gesellschaft. Nach

---

189 Vgl. insofern den der Entscheidung des OLG Zweibrücken NJW 1990, 3092 zugrundeliegenden Sachverhalt sowie die Ausführungen von *Behrens*, RIW 1986, 590.

190 OLG Zweibrücken NJW 1990, 3092; *Großfeld/König*, IPrax 1990, 380, 382, die jedoch Reformbedarf in diesem Bereich anerkennen.

herrschender Ansicht in Rechtsprechung[191] und Literatur[192] ist eine Neugründung der Gesellschaft im Inland zum Erwerb der Gesellschaftseigenschaft bzw. der Rechtspersönlichkeit erforderlich, eine Anpassung des Statutes an die am neuen Sitzort geltende Rechtslage ist ebenfalls nicht ausreichend[193]. Die in Deutschland auftretende Personenvereinigung kann auch nicht mehr als Gesellschaft nach ausländischem Recht angesehen werden, da dieses nach der Sitztheorie des deutschen Kollisionsrechts nicht mehr auf sie anwendbar ist[194].

Die rechtliche Qualifizierung der zugezogenen Personenvereinigung richtet sich wegen des deutschen Verwaltungssitzes nach deutschem Gesellschaftsrecht[195]. Deshalb ist eine Einordnung in die von diesem bereitgestellten Rechtsformen vorzunehmen. Die ausländische Organisationsform ist insofern von Bedeutung, als sie die tatsächliche Organisation der Gesellschaft determiniert und die Einordnung in die vom deutschen Recht bereitgestellten Rechtsformen anhand der vorgefundenen tatsächlichen Organisation zu erfolgen hat[196]. Eine Qualifikation als Vorgesellschaft einer deutschen Kapitalgesellschaft, die bei Vorliegen einer ausländischen Kapitalgesellschaft durchaus in Erwägung zu ziehen ist, scheidet aus. Denn die Gesellschafter der ausländischen Kapitalgesellschaft streben regelmäßig nicht die Eintragung ins deutsche Handelsregister als deutsche Gesellschaft an[197]. Die Einordnung als nichtrechtsfähiger Verein nach § 54 BGB wegen einer möglicherweise vom ausländischen Organisationsrecht veranlaßten körperschaftlichen Struktur ist in den Fällen nicht angebracht, in

---

[191] BGHZ 97, 269, 271 f.; OLG Zweibrücken NJW 1990, 3092, wobei das Gericht im entschiedenen Fall nur vom „Sitz“ ohne Differenzierung zwischen Satzungs- und Verwaltungssitz spricht; aus der Annahme eines Wechsels des Gesellschaftsstatutes ergibt sich jedoch, daß wohl (auch) der Verwaltungssitz verlegt werden sollte. So auch BFH BStBl. II 1992, 972, 973 zur zivilrechtlichen Lage einer mit ihrem Verwaltungssitz zugezogenen liechtensteinischen AG.

[192] Vgl. nur *Großfeld*, in: Staudinger, IntGesR, Rnr. 642 f.; *Kindler*, in: MüKo, IntGesR, Rnr. 401; *Hüffer*, AktG, § 45 Rnr. 2.

[193] *Großfeld*, in: Staudinger, IntGesR, 642 f.; *Kindler*, in: MüKo, IntGesR, Rnr. 402.

[194] Möglichen Gläubigern der ausländischen Gesellschaft wird durch diese Nichtanerkennung ein Haftungssubjekt entzogen. Ihnen können trotz der Verweisung auf die persönliche Haftung der Handelnden bzw. der Gesellschafter Haftungsrisiken drohen (z. B. bei Vermögenslosigkeit der ersatzweise Haftenden). Eine Klage gegen die nicht anerkannte ausländische Gesellschaft ist daher neben einer Klage gegen die genannten Personen zulässig (*Großfeld*, IntGesR, Rnr. 446 f.).

[195] *Großfeld*, in: Staudinger, IntGesR, Rnr. 426, *Eidenmüller/Rehm*, ZGR 1997, 89, 91; *Herz*, Grenzüberschreitende Kapitalgesellschaften, S. 94; *Müller*, ZIP 1997, 1049, 1050.

[196] *Großfeld*, in: Staudinger, IntGesR, Rnr. 435; *Kindler*, in: MüKo, IntGesR, Rnr. 344 f.; *Kösters*, NZG 1998, 241, 245.

[197] Vgl. *Großfeld*, in: Staudinger, IntGesR, Rnr. 434; *Müller*, ZIP 1997, 1049, 1050.

denen die Personenvereinigung ein wirtschaftliches Unternehmen betreibt[198], was die Regel sein dürfte.

Betreibt die ausländische Gesellschaft ein Handelsgewerbe im Sinne des neugefaßten § 1 Abs. 1 und 2 HGB[199], so finden auf sie die §§ 105 ff. HGB über die offene Handelsgesellschaft Anwendung[200]. Ein Wille der Gesellschafter, als Kapitalgesellschaft mit beschränkter Haftung auftreten zu wollen, ist unbeachtlich[201]. Handelt es sich bei dem Betrieb der Gesellschaft nicht um ein Handelsgeschäft, so ist die Personenvereinigung bei Vorhandensein mehrerer Gesellschafter eine Gesellschaft bürgerlichen Rechts, bei nur einem „Gesellschafter" hingegen wie eine natürliche Person zu behandeln[202].

3. Zusammenfassung

Die Verlegung des Satzungssitzes einer ausländischen Kapitalgesellschaft nach Deutschland unter der Annahme, daß die Gesellschaft dadurch auch die Eintragung in ein deutsches Register herbeiführen will, scheitert daran, daß das deutsche Registergericht die Eintragung einer nach ausländischem Recht gegründeten Gesellschaft ablehnen wird. Bei der Verlegung des Verwaltungssitzes der ausländischen Gesellschaft ins Inland wird diese hier vom deutschen Gesellschaftsrecht nicht als ausländische Kapitalgesellschaft anerkannt, da auf sie deutsches Recht anwendbar ist. Als inländische Kapitalgesellschaft wird sie nicht anerkannt, da die Gründungsvoraussetzungen des deutschen Rechts nicht erfüllt sind. Folglich bleibt nur eine Behandlung als oHG, GbR oder nichtrechtsfähiger Verein bis zu einer Neugründung in Deutschland nach deutschem Recht.

---

198 *Großfeld*, IntGesR, Rnr. 440; *Müller* ZIP 1997, 1049, 1051; *Herz*, Grenzüberschreitende Kapitalgesellschaften, S. 94 f.

199 Vgl. das Handelsrechtsreformgesetz vom 22.06.1998 (BGBl. I 1998, 1474).

200 *Großfeld*, in: Staudinger, IntGesR, Rnr. 440 f.; *Kindler*, in: MüKo, IntGesR, Rnr. 349; *Eidenmüller/Rehm*, ZGR 1997, 89, 91; *Kösters*, NZG 1998, 241, 245; *Müller*, ZIP 1997, 1049, 1051; *Bogler*, DB 1991, 848, 850; *Herz*, Grenzüberschreitende Kapitalgesellschaften, S. 94 f.; *Zimmer*, Internationales Gesellschaftsrecht, S. 300. Zu den weiteren Folgen dieser Einordnung für schuldrechtliche Verträge und für die Haftung der Gesellschaft, der Gesellschafter und der Handelnden vgl. ausführlich *Eidenmüller/Rehm*, ZGR 1997, 89, 92 ff.

201 BGHZ 22, 240, 244 f.

202 *Eidenmüller/Rehm*, ZGR 1997, 89, 91; *Kösters*, NZG 1998, 241, 245; *Müller*, ZIP 1997, 1049, 1051; *Bogler*, DB 1991, 848, 850; *Zimmer*, Internationales Gesellschaftsrecht, S. 300 f., 304 f.

III. Fazit

Die geltende gesellschaftsrechtliche Rechtslage in Deutschland ist dadurch gekennzeichnet, daß eine identitätswahrende Verlegung des Verwaltungs- oder des Satzungs- bzw. Registersitzes aus Deutschland weg oder nach Deutschland herein nicht möglich ist. Beim Wegzug aus Deutschland ist eine Auflösung der Gesellschaft erforderlich, beim Zuzug eine Neugründung, um eine deutsche Gesellschaft zu errichten.

C. Steuerrecht

Bereits in der Einleitung wurde darauf hingewiesen, daß die Sitzverlegung von Gesellschaften nicht nur ein Problem des Kollisions- und des Gesellschaftsrechts, sondern auch des Steuerrechts ist. Die Wirkungen der Steuerrechtsordnung auf die dargestellten Vorgänge bei der Sitzverlegung einer Kapitalgesellschaft sollen Gegenstand dieses Abschnittes sein. Es ist zu beachten, daß es sich grundsätzlich um zivil- bzw. gesellschaftsrechtliche Vorgänge handelt, die einer steuerrechtlichen Bewertung und Beurteilung unterworfen werden. Aus diesem Grunde werden die zivilrechtlichen Wertungen eine bedeutende Rolle für die steuerrechtliche Bewertung spielen, teilweise auch Weichenstellungen darstellen. Jedoch besteht – wie grundsätzlich im Steuerrecht – die Möglichkeit, Sachverhalte zu Besteuerungszwecken abweichend von zivilrechtlichen Wertungen zu betrachten und zu entscheiden[203]. Eine zentrale Rolle bei der steuerrechtlichen Betrachtung spielen die sogenannten stillen Rücklagen, die in der Kapitalgesellschaft bestehen. Daher soll zunächst eine kurze Darstellung der Entstehung und Behandlung stiller Rücklagen erfolgen.

I. Stille Rücklagen, Realisierung sowie Ver- und Entstrickung

Stille Rücklagen sind die Differenzbeträge, die zwischen einem in der Bilanz geführten niedrigeren Buchwert eines Vermögensgegenstandes und dem höheren tatsächlichen Wert dieses Vermögensgegenstandes in Form des gemeinen Wertes[204] oder des Teilwertes[205] bzw. einem gegenüber dem niedrigeren Wert

---

203 Zu dieser sogenannten wirtschaftlichen Betrachtungsweise im Steuerrecht und auch der Frage der Einheit der Rechtsordnung in diesem Zusammenhang vgl. *Tipke/Lang*, § 5 Rnr. 65 ff.

204 Nach § 9 Abs. 2 BewG der Wert, „... der im gewöhnlichen Geschäftsverkehr nach der Beschaffenheit des Wirtschaftsgutes bei einer Veräußerung zu erzielen wäre."

205 Nach § 10 Satz 2 BewG „... der Betrag, den ein Erwerber des ganzen Unternehmens im Rahmen des Gesamtkaufpreises für das einzelne Wirtschaftsgut ansetzen würde". Im Unterschied zum gemeinen Wert ist bei der Ermittlung des Teilwertes zu berücksichtigen, daß das Wirtschaftsgut nicht aus dem Unternehmensverband herausgelöst und iso-

Fortsetzung der Fußnote siehe folgende Seite

der Verpflichtung bilanzierten höheren Buchwert einer Verpflichtung bestehen[206]. Wenn sie auch nicht als solches in der Bilanz ausgewiesen werden, so sind sie doch Eigenkapital des Unternehmens[207].

1. Entstehung stiller Rücklagen

Bereits aus der Definition der stillen Rücklagen wird ihre Entstehung deutlich. Damit ist aber noch nicht gesagt, warum dieser Entstehungsvorgang so stattfindet. Da eine Bilanz eine Aussage über die wirtschaftlichen Verhältnisse des bilanzierenden Unternehmens treffen soll[208], erscheint es für die Aussagekraft der Bilanz wenig förderlich, die Vermögensverhältnisse durch den Ausweis unrichtiger Werte zu verschleiern[209]. Die nachfolgenden Erläuterungen beruhen weitgehend auf handelsrechtlichen Regelungen für die Erstellung der Handelsbilanz. Diese ist jedoch wegen des in § 5 Abs. 1 Satz 1 EStG niedergelegten und nach § 8 Abs. 1 KStG für das Körperschaftsteuerrecht geltenden Maßgeblichkeitsprinzipes auch für die Steuerbilanz ausschlaggebend.

Der Ausweis zu niedriger Buchwerte für Aktiva eines Unternehmens in der Bilanz ergibt sich unter anderem aus dem in § 252 Abs. 1 Nr. 4 Hs. 2 HGB niedergelegten sogenannten Realisationsprinzip[210]. Danach werden Gewinne erst in der Bilanz ausgewiesen, wenn sie durch ein Umsatzgeschäft auch tatsächlich realisiert sind. Vermutete Wertsteigerungen, deren Existenz noch nicht durch ein solches Geschäft bestätigt wurden, können daher nicht in der Bilanz erfaßt werden. Ein über den Anschaffungs- und Herstellungskosten liegender Bilanzansatz ist nach § 253 Abs. 1 Satz 1 HGB unzulässig.

In § 253 Abs. 1 Satz 1 HGB findet sich ein weiterer Grund für die Enstehung stiller Rücklagen bei den Aktiva des Unternehmens, nämlich die Abschreibungen. Die planmäßigen und außerplanmäßigen Abschreibungen erfassen die Wertminderungen, die sich bei Vermögensgegenständen des Anlage- oder Umlaufvermögens im Zeitablauf planmäßig oder außerplanmäßig ergeben[211]. Diese werden im Steuerrecht in § 7 EStG geregelt und als (außerge-

---

liert – etwa bei einer Zerschlagung – veräußert wird, sondern weiterhin dem Geschäftsbetrieb des Unternehmens zu dienen bestimmt ist.

[206] *Tipke/Lang*, § 9 Rnr. 410; *Knobbe-Keuk*, Steuerrecht, § 4 V 1 (S. 102) Fn. 203; *Großfeld*, Bilanzrecht, Rnr. 326; *Meyer*, Besteuerung, S. 84.

[207] *Großfeld*, Bilanzrecht, Rnr. 326.

[208] § 242 Abs. 1 Satz 1 HGB; *Großfeld*, Bilanzrecht, Rnr. 2 f.

[209] Kritisch zur Bildung stiller Rücklagen – auch im Hinblick auf die internationale Wirtschaftsverflechtung und die damit verbundene Forderung nach Vergleichbarkeit der Jahresabschlüsse – *Großfeld*, Bilanzrecht, Rnr. 328 f.

[210] Dazu *Großfeld*, Bilanzrecht, Rnr. 167; *Tipke/Lang*, § 9 Rnr. 403; *Schmidt*, in: ders., EStG § 5 Rnr. 77-79.

[211] *Großfeld*, Bilanzrecht, Rnr. 173 f.

wöhnliche) „Absetzungen“ bezeichnet. Das Steuerrecht kennt zusätzlich die erhöhten Absetzungen für Abnutzung und Sonderabschreibungen, die beispielsweise bei geringwertigen Wirtschaftsgütern nach § 6 Abs. 2 EStG oder bei bestimmten Bauvorhaben nach § 7f EStG zur Anwendung kommen. Bei Abschreibungen können stille Rücklagen entstehen, wenn der tatsächliche Wertverlust unter dem bilanziell in Ansatz gebrachten Wertverlust liegt und es so wiederum zu einer Unterschreitung des tatsächlichen Wertes durch den Buchwert kommt. Die durch Nichtausweis von Wertsteigerungen und die durch über dem tatsächlichen Wertverlust liegenden Absetzungen gebildeten stillen Rücklagen im Anlagevermögen haben betragsmäßig den weitaus größten Anteil an den stillen Rücklagen.

Auf der Passivseite können stille Rücklagen aufgrund des in § 252 Abs. 1 Nr. 4 Hs. 1 HGB normierten Imparitätsprinzipes enstehen[212]. Dieses verlangt, daß künftige Verluste des Unternehmens bereits in der Bilanz aufgeführt werden, wenn sie vorhersehbar sind. Damit sind diese gerade gegenläufig zu vorhersehbaren Gewinnen bereits vor ihrer Realisierung auszuweisen[213]. Entsteht eine vorhergesehene und bilanzierte Verpflichtung nicht in der vollen Höhe oder gar nicht, so besteht in Höhe der nicht erforderlichen Aufwendungen des Unternehmens eine stille Rücklage.

2. Realisierung stiller Rücklagen

Grundsätzlich werden die stillen Rücklagen erst bei ihrer Realisierung aufgedeckt und erhöhen dann den steuerpflichtigen Gewinn des Unternehmens. Dies bedeutet, daß die Besteuerung der Wertzuwächse bei Aktivposten bzw. der Wertverluste bei Passivposten bis zu ihrer Realisierung aufgeschoben wird. Der Vorteil für das Unternehmen besteht darin, daß es im Falle stiller Rücklagen aus Passivposten direkt Kapital zur Verfügung hat, während stille Rücklagen aus Aktivposten beispielsweise durch eine Beleihung in zur Verfügung stehendes Kapital verwandelt werden können[214]. Der steuerliche Effekt hingegen ist der einer Stundung der Steuerschuld, die auf den sich aus der Wertdifferenz zwischen Buchwert und tatsächlichem Wert ergebenden Gewinn erhoben wird.

---

212 *Großfeld*, Bilanzrecht, Rnr. 169; *Tipke/Lang*, § 9 Rnr. 403; *Schmidt*, in: ders., EStG, § 5 Rnr. 80.

213 Aus dieser „ungleichen“ Behandlung im Verhältnis zu nicht realisierten Gewinnen entstand die Bezeichnung „Imparitätsprinzip“.

214 *Tipke*, in: Gewinnrealisierung im Steuerrecht, 1, 3 verwendet u. a. diesen Gedanken, um eine Diskussion über den Zeitpunkt der Berücksichtigung nichtrealisierter Vermögenszuwächse beim zu versteuernden Einkommen anzustoßen. Für eine Berücksichtigung auch nicht realisierter Wertsteigerungen bei der Ermittlung des zu versteuernden Einkommens spricht sich grundsätzlich auch *Kempka*, S. 17 aus, die jedoch dann nachfolgend (S. 20 f.) davon ausgeht, daß aufgrund des Verhältnismäßigkeitsgrundsatzes dieses Totalitätsprinzip im Sinne der geltenden Rechtslage zu modifizieren ist.

Die Realisierung geschieht durch Verwertungsakte oder ohne solche Verwertungsakte durch Verwirklichung von Ersatzrealisierungstatbeständen[215]. Verwertungsakte sind die Veräußerung oder ein sonstiger Vorgang, der zum Umsatz und somit zum Ausweis eines Gewinnes – und zwar in Höhe der Differenz zwischen Buchwert und Wert des Erlöses – führt[216]. Ersatzrealisierungstatbestände hingegen greifen ein, wenn es nicht zu einem solchen gewinnerhöhenden Verwertungsakt kommt, aber die Gefahr besteht, daß die in einem Wirtschaftsgut vorhandenen stillen Rücklagen durch einen sonstigen Vorgang der Besteuerung entzogen werden[217]. Als Beispiel sei hier die Entnahme von Vermögensgegenständen aus dem Unternehmen des Einzelkaufmannes in sein Privatvermögen genannt, die in § 4 Abs. 1 Satz 2 EStG als Einzelrealisierung sowie für den Gewerbebetrieb in § 16 Abs. 3 EStG als Gesamtrealisierung geregelt ist. Im Bereich des Körperschaftsteuerrechts ist ein solcher Ersatzrealisierungstatbestand in § 12 Abs. 1 KStG für den Wegzug unbeschränkt steuerpflichtiger Körperschaften aus Deutschland normiert.

3. Verstrickung und Entstrickung

Das System der Besteuerung bei Realisierung bzw. bei Verwirklichung eines Ersatzrealisationstatbestandes ist Ergebnis des Gedankens, daß Wirtschaftsgüter mit den in ihnen gebundenen stillen Rücklagen steuerverstrickt sind und ein Verlust der Besteuerungsmöglichkeit eine grundsätzlich nicht sanktionslos hinzunehmende Entstrickung darstellt. Eine Verstrickung liegt vor, „... wenn sich Wirtschaftsgüter eines Steuerpflichtigen in einem ertragsteuerlichen Bereich befinden, in dem alle Wertveränderungen dieser Wirtschaftsgüter im Falle ihrer Realisation am Markt der Einkommen- oder Körperschaftsteuer [...] unterliegen“[218]. Eine Entstrickung von Wirtschaftsgütern ist hingegen dann gegeben, „... wenn Wertveränderungen von Wirtschaftsgütern des Betriebsvermögens [...] eines Steuerpflichtigen durch eine Veräußerung zu einem unangemessen niedrigen Preis oder ohne eine Veräußerung in die [...] Privatsphäre oder in einen anderen steuerfreien oder anders besteuerten Bereich gelangen, also den Verstrickungsbereich verlassen“[219].

Trotz des Grundgedankens, daß eine Entstrickung von Wirtschaftsgütern und damit auch der in ihnen gebundenen stillen Rücklagen deren Besteuerung zur Folge haben sollte, existiert im deutschen Steuerrecht kein allgemeiner Ent-

---

215 *Meyer*, Besteuerung, S. 89.

216 *Beisse*, in: Gewinnrealisierung im Steuerrecht, 13, 21 ff.

217 *Beisse*, in: Gewinnrealisierung im Steuerrecht, 13, 28 ff.

218 *Statzowski*, S. 43.

219 *Statzowski*, S. 53 f.

strickungsbesteuerungstatbestand[220]. Eine Besteuerung stiller Rücklagen bei ihrer Entstrickung kann daher nur in den gesetzlich geregelten Einzelfällen stattfinden[221]. Ein solcher Einzelfall ist die unten darzustellende Wegzugsbesteuerung des § 12 Abs. 1 KStG. Doch vor der Darstellung derartiger steuerlicher Spezialfälle ist zunächst eine Übersicht über die Besteuerung der Kapitalgesellschaften in Deutschland erforderlich.

II. Körperschaftsteuerpflicht in Deutschland

Die laufende Besteuerung der Kapitalgesellschaften als Körperschaften des privaten Rechts richtet sich in Deutschland nach dem Körperschaftsteuergesetz (KStG). Jedoch unterfallen nach §§ 1 - 3 KStG nicht nur die Kapitalgesellschaften der Körperschaftsteuerpflicht, sondern auch sonstige Personen- und Vermögensverbände. Diese wiederum können – wie natürliche Personen nach § 1 EStG – in Deutschland unbeschränkt oder beschränkt körperschaftsteuerpflichtig sein. Damit ist neben der Frage nach der Steuerpflichtart für die Körperschaftsteuer zusätzlich zu ermitteln, ob die für eine Besteuerung in Betracht kommende organisatorische Einheit Steuersubjekt der Körperschaftsteuer sein kann, also die Körperschaftsteuersubjektfähigkeit besitzt. Die Systematik des KStG, als erste Norm den § 1 über die unbeschränkte Körperschaftsteuerpflicht voranzustellen, ist insofern nicht vollständig logisch, als bereits *vor* der Ermittlung der Steuerpflichtart geklärt sein müßte, ob ein taugliches Steuersubjekt gegeben ist. Eine explizite Normierung der Körperschaftsteuersubjektfähigkeit fehlt im KStG, jedoch ist die entsprechende Regelung im § 1 Abs. 1 KStG sowie im § 3 KStG enthalten[222]. Vorweg soll daher geklärt werden, welche Gesellschaften und Personenvereinigungen das KStG als Körperschaftsteuersubjekte betrachtet, bevor auf die möglichen Arten der Steuerpflicht eingegangen wird.

1. Körperschaftsteuersubjektfähigkeit

Die Körperschaftsteuersubjektfähigkeit entscheidet darüber, ob Steuern auf der Ebene einer Gesellschaft, Personenvereinigung oder sonstigen Vermögens-

---

220 Für die Rechtsprechung BFH BStBl. II 1972, 455, 457; 1976, 246, 247 f. Für die Literatur *Großfeld*, Bilanzrecht, Rnr. 330; *Heinicke*, in: Schmidt, EStG, § 4 Rnr. 50 und 56; *Kempka*, S. 39; *Knobbe-Keuk*, Steuerrecht, § 7 IV (S. 277 f.); *Lang*, in: Gewinnrealisierung im Steuerrecht, 45, 71 f.; *Meyer*, Besteuerung, S. 100.

221 *Meyer*, Besteuerung, S. 101 zeigt allerdings auf, daß gerade im Körperschaftsteuerrecht eine Enstrickung ohne Besteuerung nicht möglich ist und insofern dort der Entstrikkungsbesteuerungsgrundsatz durchgängig normiert ist.

222 Kritisch zur Systematik des KStG in dieser Hinsicht äußert sich *Debatin*, GmbHR 1991, 164, 165.

masse, oder ausschließlich auf der Ebene der Gesellschafter oder bei den sonst hinter der Organisationseinheit stehenden Personen zu erheben sind.

a) Normalfall

Unzweifelhaft Körperschaftsteuersubjekte sind die in § 1 Abs. 1 Nr. 1 KStG genannten Kapitalgesellschaften deutschen Rechts, deren Satzungssitz und tatsächlicher Verwaltungssitz in Deutschland ist und daher voll und ganz dem deutschen (Gesellschafts-) Recht unterstehen. Das KStG orientiert sich in diesem Bereich vollständig an den zivilrechtlichen Formen[223]. Damit sind Körperschaftsteuersubjekte alle typischen AG, KGaA sowie GmbH, und zwar sowohl diejenigen im Stadium der werbenden Tätigkeit als auch diejenigen im Liquidationsstadium bis zu ihrer Löschung im Handelsregister, da sie solange ihren Gesellschaftstypus beibehalten und lediglich ihren Zweck ändern[224].

b) Sonderfälle

Fraglich ist allerdings, welche anderen Gesellschaftsformen insbesondere angesichts der Auffangtatbestände des § 1 Abs. 1 Nr. 4 und 5 KStG Körperschaftsteuersubjekte sein können. Im Hinblick auf die Sitzverlegung von Kapitalgesellschaften stellt sich hier vor allem die Frage, ob dies auch ausländische Gesellschaftsformen oder vom deutschen Recht nicht anerkannte Gesellschaftsformen sein können. Wie die typische deutsche Kapitalgesellschaft müßte auch die ausländische Kapitalgesellschaft unter die Alternativen des § 1 Abs. 1 Nr. 1 bis 6 KStG zu fassen sein, wobei es nach der Rechtsprechung des BFH jedenfalls nicht möglich ist, ausländische Kapitalgesellschaften auch bei gegebener Ähnlichkeit zur entsprechenden inländischen Gesellschaftsform als Kapitalgesellschaften im Sinne des § 1 Abs. 1 Nr. 1 KStG anzusehen[225]. Ebenso ist es nicht möglich, aus der steuerlichen Behandlung der Gesellschaft im Ausland Rückschlüsse auf die Besteuerung in Deutschland zu ziehen[226].

Geht man – wie unter a) dargestellt – davon aus, daß die zivilrechtlichen Wertungen in diesem Bereich konsequent zu übernehmen sind, so ist wegen der Qualifizierung der mit ihrem Verwaltungssitz in Deutschland befindlichen Ka-

---

[223] BFH BStBl. III 1959, 50; II 1971, 187, 188; 1984, 751, 758; 1990, 468, 469; *Frotscher*, in: ders./Maas, KStG, § 1 Rnr. 13; *Rupp*, in: Schöberle/Hofmeister, KStG, § 1 Rnr. 19, *Schaumburg*, Internationales Steuerrecht, Rnr. 6.11.

[224] *Frotscher*, in: ders./Maas, KStG, § 1 Rnr. 77; *Klempt*, in: Herrmann/Heuer/Raupach, KStG, § 1 Rnr. 87.

[225] *Frotscher*, in: ders./Maas, KStG, § 1 Rnr. 45; *Schaumburg*, Internationales Steuerrecht, Rnr. 6.12.

[226] *Frotscher*, in: ders./Maas, KStG, § 1 Rnr. 42; *Rupp*, in: Schöberle/Hofmeister, KStG, § 1 Rnr. 36.

pitalgesellschaft ausländischen Rechts als oHG oder GbR[227] an sich davon auszugehen, daß diese in Deutschland nicht Körperschaftsteuersubjekte sind, sondern in Anlehnung an ihre Rechtsform eine Besteuerung der Einkünfte bei den jeweiligen Gesellschaftern als Mitunternehmer nach § 15 Abs. 1 Nr. 2 EStG zu erfolgen hat. Der BFH ist jedoch in seinem Urteil vom 23.06.1992[228] einen anderen Weg gegangen. Im dort vom IX. Senat entschiedenen Fall ging es um eine nach liechtensteinischem Recht gegründete Aktiengesellschaft, deren Verwaltungssitz im Gegensatz zum Satzungssitz seit Gründung der Gesellschaft in Deutschland lag. Wegen des deutschen Verwaltungssitzes war deutsches Gesellschaftsrecht anwendbar. Danach handelte es sich nach den Feststellungen des Senates um eine Gesellschaft bürgerlichen Rechts nach §§ 705 ff. BGB[229]. Der Senat nahm jedoch trotz dieser Qualifizierung einen *Typenvergleich* vor, der zur Klärung der Frage dienen sollte, ob die Gesellschaft nach ihrem Idealtypus[230] einer inländischen Körperschaft entspreche und somit als Körperschaftsteuersubjekt einzuordnen sei[231].

Grundlegend für die Methode des Typenvergleiches zur Einordnung ausländischer Gesellschaften in das deutsche (Körperschaft-) Steuersystem war und ist die Entscheidung des Reichsfinanzhofes vom 12.02.1930[232], wo der RFH erstmals auf die Vergleichbarkeit mit Gesellschaften deutschen Rechts als maßgebliches Kriterium für die Körperschaftsteuersubjektfähigkeit ausländischer Gesellschaften abstellte[233]. In Anwendung der Kriterien für die Unterscheidung von Körperschaften und Personengesellschaften ist bei diesem Typenvergleich zu klären, ob die Gesellschaft

- über eine von der Gesamtheit ihrer Mitglieder unterscheidbare Organisation verfügt,
- in ihrem rechtlichen Bestand von einem Mitgliederwechsel unabhängig ist,
- über zum Zwecke der Geschäftsführung bestellte Organe verfügt,

---

227 Siehe oben S. 49.

228 BFH BStBl. II 1992, 972.

229 Zweck der Gesellschaft war laut Sachverhalt der Erwerb von Grundstücken, deren Bebauung sowie Vermietung. Da es sich hierbei zwar um den Betrieb eines Unternehmens, jedoch nicht um ein vollkaufmännisches handelte, war die nicht als liechtensteinische AG anerkannte Personenvereinigung als GbR nach deutschem Recht anzusehen.

230 Nach BFH BStBl. II 1992, 972, 975 ist nicht auf die konkrete Struktur der Gesellschaft im Einzelfall, sondern auf die Idealstruktur der ausländischen Gesellschaftsform entsprechend dem ausländischen Recht abzustellen. So auch *Frotscher*, in: ders./Maas, KStG, § 1 Rnr. 42, *Rupp*, in: Schöberle/Hofmeister, KStG, § 1 Rnr. 40. Dagegen vertritt *Hey*, FS Debatin, 121, 139 eine Beurteilung nach dem konkreten der Gesellschaft zugrunde liegenden Rechtsverhältnis.

231 BFH BStBl. II 1992, 972, 974.

232 RFHE 22, 73, „Venezuela"-Entscheidung.

233 RFHE 22, 73, 79 f.

- Gewinne und Verluste selbst vereinnahmt und sie nur durch Ausschüttung an die Gesellschafter weitergibt, sowie
- zur Auskehrung des Gesellschaftsvermögens an die Mitglieder nur bei Liquidation oder dieser ähnlichen Vorgängen verpflichtet ist[234].

Der BFH hat sich im Urteil vom 23.06.1992 für eine Qualifizierung der ausländischen Gesellschaft als Körperschaft entschieden[235]. Die Gesellschaft wurde als nichtrechtsfähiger Verein im Sinne des § 1 Abs. 1 Nr. 5 KStG bzw. als sonstige nichtrechtsfähige Personenvereinigung nach § 3 Abs. 1 KStG[236] angesehen. Daraus folgte die unbeschränkte Körperschaftsteuerpflicht in Deutschland[237].

Die Rechtsprechung des BFH führt zu dem bemerkenswerten Resultat, daß die zivilrechtlichen Formen bei ein und derselben Fragestellung, nämlich der Besteuerung von Einkünften bei den Mitunternehmer-Gesellschaften oder bei der möglicherweise vorhandenen Körperschaft, unterschiedliche Wirkung entfalten[238]. Die grundsätzliche Frage, ob die ausländische Gesellschaftsform wegen einer möglicherweise vorhandenen körperschaftlichen Struktur Körperschaftsteuersubjekt sein kann, wird losgelöst von zivilrechtlichen Wertungen, kraft eigener Autorität des Steuerrechts anhand eines Typenvergleiches[239] be-

---

234 Vgl. zu diesen Kriterien neben BFH BStBl. II 1992, 972, 974 unter Verweis auf RFHE 27, 73 auch *Frotscher*, in: ders./Maas, KStG, § 1 Rnr. 6, 42.

235 BFH BStBl. II 1992, 972, 973.

236 Der BFH geht in BStBl. II 1992, 972, 973 (rechte Spalte unten) wohl davon aus, daß die Regelung des § 3 Abs. 1 KStG für die nichtrechtsfähigen Personenvereinigungen nur einen Unterfall bzw. eine „Ergänzung" des § 1 Abs. 1 Nr. 5 KStG darstellt und somit eine Entscheidung zwischen diesen Normen nicht erforderlich ist. Im Gegensatz dazu sieht *Schaumburg*, Internationales Steuerrecht, Rnr. 6.11 und 6.14 eine unbeschränkte Körperschaftsteuerpflicht alleine nach § 3 Abs. 1 KStG als gegeben an, eine Stützung auf § 1 Abs. 1 Nr. 5 KStG als Rechtsgrundlage lehnt er ab.

237 BFH BStBl. II 1992, 972, 973. Entgegen dieser Qualifizierung sieht *Brezing*, in: Herrmann/Heuer/Raupach, KStG, § 3 Rnr. 24 keinen Anwendungsbereich für den § 3 Abs. 1 KStG, soweit andere nichtrechtsfähige Personenvereinigungen als nichtrechtsfähige Vereine betroffen sind. Für diese (oHG, KG, GbR) sei im deutschen Recht ausschließlich die Steuerpflicht nach EStG bzw. KStG für die Mitglieder vorgesehen. Diese Äußerung geschah allerdings in der Bearbeitung von 1982 und somit noch nicht unter dem Eindruck dieser Rechtsprechung des BFH von 1992.

238 Umfassende Bearbeitung hat diese Frage in den Monographien von *Herz*, Grenzüberschreitende Kapitalgesellschaften, sowie *Zisowski*, Grenzüberschreitender Umzug gefunden. Daher soll an dieser Stelle eine umfangsmäßig beschränkte Behandlung dieses Themas ausreichen. Den Typenvergleich zur Beantwortung der Frage nach der Körperschaftsteuersubjektfähigkeit favorisieren auch *Mössner*, in: ders., Steuerrecht international tätiger Unternehmen, B.45 f.; *Schaumburg*, Internationales Steuerrecht, Rnr. 6.19.

239 Kritisch zur Übertragung des ursprünglich in RFHE 27, 73 für die beschränkte Körperschaftsteuerpflicht entwickelten Typenvergleiches auf die unbeschränkte Steuerpflicht äußert sich *Herz*, Grenzüberschreitende Kapitalgesellschaften, S. 336 f.

antwortet. Bei der weiteren Frage, als welches Körperschaftsteuersubjekt die Gesellschaft zu werten ist, werden die zivilrechtlichen Gegebenheiten hingegen streng beachtet. Es kommt wegen der zivilrechtlich fehlenden Rechtsfähigkeit nur der nichtrechtsfähige Verein des § 1 Abs. 1 Nr. 5 KStG als körperschaftliche Grundform, möglicherweise ergänzt durch die nichtrechtsfähigen Personenvereinigungen des § 3 Abs. 1 KStG, in Betracht. Damit hat der BFH es vermieden, eine Entscheidung darüber zu treffen, wie die ausländische Gesellschaftsform tatsächlich in das deutsche Körperschaftsteuersystem zu integrieren ist. Die Qualifikation als nichtrechtsfähige Personenvereinigung nach § 3 Abs. 1 KStG hätte wiederum die zivilrechtlichen Elemente hervorgehoben, allerdings wäre dann die soeben im Rahmen des Typenvergleiches vorgenommene Qualifizierung als Körperschaft in einem fraglichen Licht erschienen. So stellt sich die ausländische Gesellschaftsform steuerrechtlich als nichtrechtsfähiger Verein dar, da nach Ansicht des BFH § 3 Abs. 1 KStG nicht autonom zur Begründung der Körperschaftsteuerpflicht dienen kann[240].

Die Methode des BFH, die Frage nach der Körperschaftsteuersubjektfähigkeit losgelöst von der zivilrechtlichen Lage zu beurteilen, erscheint im Rahmen der im Steuerrecht angewandten sogenannten wirtschaftlichen Betrachtungsweise[241] sinnvoll. Die Behandlung der mit ihrem Verwaltungssitz zugezogenen ausländischen Kapitalgesellschaft als Personengesellschaft durch das Zivilrecht stellt angesichts der vom ausländischen Recht vorgegebenen – in der Regel – organschaftlichen Gesellschaftsstruktur eine Fiktion dar, die durch die Nichtanerkennungsregeln des Internationalen Gesellschaftsrechts motiviert ist. Für das Steuerrecht besteht keine Notwendigkeit, die Fiktion in Abkehr von den tatsächlichen Gegebenheiten in Besteuerungsfragen fortzuführen. Die insoweit beeinträchtigte, aber notwendige Einheit der Rechtsordnung wird durch die Beachtung der zivilrechtlichen Formen auf der zweiten Ebene der Qualifikation wieder ein Stück weit gewahrt. Daß der BFH allerdings nicht auf die Struktur der Gesellschaft im konkreten Einzelfall, sondern auf die „Idealstruktur" der ausländischen Rechtsform nach dem jeweiligen Recht abstellt, erscheint inkonsequent. Sinnvoller wäre es, anhand der konkreten Ausgestaltung der ausländischen Kapitalgesellschaft zu ermitteln, ob diese unter Anwendung der genannten Kriterien in Deutschland als Körperschaft oder als Gesamthandsgemeinschaft zu beurteilen wäre[242]. Denn wenn an dieser Stelle zivilrechtliche Formen betrachtet werden, ist es sinnvoll, diese Betrachtung anhand der tatsächlichen Erscheinungsform und nicht anhand eines Idealtypus durchzuführen. Grundsätzlich ist der Lösung des BFH, die Körperschaftsteuersubjektfähigkeit anhand des Typenvergleiches zu ermitteln und sodann für die exakte Einordnung wieder auf die zivilrechtlichen Vorgaben zurückzugreifen, zuzustimmen, wobei eine Einord-

---

240 BFH BStBl. II 1992, 972, 973.

241 Vgl. dazu *Tipke/Lang*, § 5 Rnr. 65 ff.

242 So auch *Hey*, FS Debatin, 121, 139; *Henkel*, RIW 1991, 565, 567.

nung als nichtrechtsfähige Personenvereinigung im Sinne des § 3 Abs. 1 KStG als Unterfall des § 1 Abs. 1 Nr. 5 KStG vorzunehmen ist.

2. Sitz und Geschäftsleitung im KStG

Das KStG verwendet die Begriffe „Sitz" und „Geschäftsleitung" mehrfach, verzichtet aber dennoch auf eine eigenständige Definition. Legaldefinitionen finden sich in §§ 10 und 11 AO[243].

a) Sitz

Nach § 11 AO ist der Sitz der „... Körperschaft, Personenvereinigung oder Vermögensmasse an dem Ort, der durch Gesetz, Gesellschaftsvertrag, Satzung, Stiftungsgeschäft oder dergleichen bestimmt ist." Diese Definition entspricht dem bereits aus dem kollisionsrechtlichen und dem gesellschaftsrechtlichen Teil bekannten Satzungssitz der Kapitalgesellschaften[244]. Der Sitz im Sinne des § 11 AO ist daher identisch mit dem Satzungssitz der Kapitalgesellschaft.

b) Geschäftsleitung

Das deutsche Steuerrecht verwendet in § 1 Abs. 1 KStG für Kapitalgesellschaften und ihnen ähnliche, körperschaftlich strukturierte Gemeinschaften[245] den Begriff der „Geschäftsleitung" neben dem (Satzungs-)Sitz als Anknüpfungspunkt für die unbeschränkte Körperschaftsteuerpflicht. Nach der Legaldefinition des § 10 AO ist die Geschäftsleitung „... der Mittelpunkt der geschäftlichen Oberleitung". Der BFH verbindet damit in seiner Rechtsprechung den Ort, an dem hinsichtlich der Geschäftsführung des Unternehmens das entscheidende Wort gesprochen bzw. der maßgebende Wille der Geschäftsleitung gebildet wird[246], wobei es nicht auf eine kontrollierende oder einmalig entscheidende Tätigkeit ankommt, sondern auf die ständige Einflußnahme auf die Tagespolitik der Gesellschaft in der Form, daß die im gewöhnlichen Geschäftsverkehr erforderlichen Entscheidungen von einigem Gewicht getroffen werden[247]. Bei einer Ge-

---

243 *Streck*, KStG, § 1 Anm. 11; *Frotscher*, in: ders./Maas, KStG, § 1 Rnr. 48 und 55; *Rupp*, in: Schöberle/Hofmeister, KStG, § 1 Rnr. 104.

244 *Ax/Große/Cämmerer*, AO/FGO, S. 44; *Kühn/Hofmann*, AO, § 11 Anm. 2; *Dötsch*, DB 1989, 2296; *Rupp*, in: Schöberle/Hofmeister, KStG, § 1 Rnr. 104.

245 Vgl. § 1 Abs. 1 Nr. 1 KStG für Kapitalgesellschaften, sowie § 1 Abs. 1 Nr. 5 iVm § 3 Abs. 1 KStG für ähnliche Gemeinschaften.

246 BFH BStBl. II 1991, 554, 555.

247 BFH BStBl. II 1968, 695, 697.

sellschaft ist dies der Ort, an dem die zur Vertretung der Gesellschaft befugte Person die ihr obliegende geschäftsführende Tätigkeit entfaltet[248].

Mit dieser Defnition stellt der BFH den Begriff der Geschäftsleitung zumindest in die unmittelbare Nähe des kollisionsrechtlichen Begriffes des tatsächlichen Verwaltungssitzes[249]. Wie dieser ist auch der Ort der Geschäftsleitung ein durch tatsächliche Gegebenheiten determinierter Rechtsbegriff[250]. Da auch beim steuerrechtlichen Begriff der Geschäftsleitung auf den Tätigkeitsort der das Unternehmen leitenden Personen abgestellt wird, ist davon auszugehen, daß die Begriffe des tatsächlichen Verwaltungssitzes aus dem Kollisions- bzw. Gesellschaftsrecht und der Begriff der Geschäftsleitung aus § 10 AO identisch sind[251].

3. Unbeschränkte Körperschaftsteuerpflicht

Die in Deutschland unbeschränkt körperschaftsteuerpflichtigen Steuersubjekte unterliegen hier nach § 1 Abs. 2 KStG mit ihrem gesamten Welteinkommen der Besteuerung, wobei Doppelbesteuerungsabkommen Ausnahmen von dieser Regel vorsehen können.

a) Regelung

Unbeschränkt körperschaftsteuerpflichtig in Deutschland sind nach § 1 Abs. 1 KStG die Körperschaftsteuersubjekte, deren Sitz *oder* Geschäftsleitung sich in Deutschland befindet. Dasselbe gilt, wenn beide Merkmale in Deutschland angesiedelt sind. Mit der alternativen Anknüpfung der unbeschränkten Körper-

---

248 BFH BStBl. II 1991, 554, 555.

249 Vgl. zu dessen Definition oben S. 11.

250 *Klein/Orlopp*, AO, § 10.

251 BFH BStBl. II 1992, 972, 973 geht von einer Entsprechung „im wesentlichen" aus. So auch *Rengers*, in: Blümich, § 1 KStG Rnr. 131; *Klein/Orlopp*, AO, § 11 Anm. 2. *Dötsch*, DB 1989, 2296 und *Debatin*, GmbHR 1991, 164, 166 sehen die Begriffe als identisch an. Nach *Herz*, Grenzüberschreitende Kapitalgesellschaften, S. 66 f. ist eine gleichlaufene Interpretation der beiden Begriffe geboten. *Ebenroth/Auer*, RIW-Beilage 1/1992, S. 15 sehen den Ort der geschäftlichen Oberleitung regelmäßig am Ort des tatsächlichen Verwaltungssitzes, leiten aber aus der unterschiedlichen Funktionalität der Begriffe her, daß es Ausnahmefälle geben kann, ohne jedoch solche Ausnahmefälle zu benennen. *Großfeld*, in: Staudinger, IntGesR, Rnr. 229 sieht wegen auseinanderfallender Ziele im Steuerrecht und internationalen Gesellschaftsrecht Zurückhaltung bei der Annahme einer Identität der Sitze als geboten an und stellt an den Verwaltungssitz höhere Anforderungen – welcher Art bleibt allerdings unklar. Die Streitfrage dürfte nur eine sehr geringe praktische Relevanz haben.

schaftsteuerpflicht an Sitz *oder* Geschäftsleitung[252] im Inland folgt das KStG nicht der ausschließlichen Anknüpfung des Kollisionsrechts an den tatsächlichen Verwaltungssitz, sondern trifft auch insofern eine eigenständige steuerrechtliche Wertung. Da im Falle der unbeschränkten Steuerpflicht in Deutschland grundsätzlich die gesamten Welteinkünfte und deren Quellen[253] dem deutschen Steuerrecht unterworfen werden, kann man die Einordnung in die Steuerpflichtart mit der Anknüpfung des Internationalen Gesellschaftsrechts vergleichen. Während dort das für die Gesellschaft maßgebliche Gesellschaftsstatut ermittelt wird, ergibt sich bei Einordnung in die unbeschränkte deutsche Körperschaftsteuerpflicht quasi ein deutsches „Steuerstatut" für die Gesellschaft.

b) Folgen

Diese alternative Anknüpfung erweitert den Kreis der in Deutschland unbeschränkt körperschaftsteuerpflichtigen Gesellschaften über den Kreis der Gesellschaften mit deutschem Gesellschaftsstatut hinaus. Sie führt aber nicht dazu, daß sämtliche ausländischen Gesellschaftsformen in Deutschland der unbeschränkten Körperschaftsteuerpflicht unterliegen. Daher sollen im Folgenden für die einzelnen Sitzkonstellationen die Folgen für die Steuerpflicht in Deutschland untersucht werden.

Eindeutig ist die Einordnung der ausländischen Gesellschaft, die zwar nach Durchführung des Typenvergleiches die deutschen Körperschaftskriterien erfüllt, aber sowohl ihren statutarischen Sitz als auch ihre Geschäftsleitung im Ausland hat. Sie erfüllt nicht die (Sitz-)Voraussetzungen des § 1 Abs. 1 KStG und ist damit in Deutschland allenfalls beschränkt körperschaftsteuerpflichtig, falls sie über inländische Einkünfte im Sinne des § 2 Abs. 1 KStG verfügt.

Schwieriger ist die Situation bei der nach ausländischem Recht organisierten Gesellschaft mit Satzungssitz im Ausland und Sitz der Geschäftsleitung im Inland. Die Rechtsfähigkeit der Gesellschaft ist wegen des deutschen Verwaltungssitzes nach deutschem Recht zu bewerten, hier erfüllt sie jedoch nicht die Gründungsvoraussetzungen und ist als oHG oder GbR zu behandeln. Bei positivem Typenvergleich unterfällt sie dennoch der unbeschränkten Körperschaftsteuerpflicht als nichtrechtsfähiger Verein nach § 1 Abs. 1 Nr. 5 KStG bzw. sonstige nichtrechtsfähige Personenvereinigung nach §§ 1 Abs. 1 Nr. 5, 3 Abs. 1 KStG.

Die nach ausländischem Recht organisierte Gesellschaft mit Satzungssitz im Inland und Sitz der Geschäftsleitung im Ausland kann es nicht geben, da die für die Annahme eines Satzungssitzes erforderliche Registereintragung in

---

[252] Deren Ort nach den obigen Ausführungen dem kollisionsrechtlichen Terminus „tatsächlicher Verwaltungssitz" entspricht.

[253] Auch für die Bilanzierung im Ausland belegener Vermögensgegenstände gilt in diesem Falle deutsches Bilanzsteuerrecht.

Deutschland wegen der fehlenden Erfüllung der deutschen Gründungsvoraussetzungen[254] nicht bewirkt werden kann.

Hat eine nach deutschem Recht gegründete Kapitalgesellschaft ihre Geschäftsleitung von Anfang an im Ausland oder verlegt sie diese im Laufe der Zeit dorthin, so ergibt sich alleine aus dieser Tatsache kein Ausscheiden aus der unbeschränkten Steuerpflicht. Die Gesellschaft hat neben der Organisation nach deutschem Recht weiterhin ihren Satzungssitz im Inland und erfüllt somit die Voraussetzungen des § 1 Abs. 1 KStG.

Die nach deutschem Recht gegründete Kapitalgesellschaft mit Satzungssitz im Ausland und Verwaltungssitz im Inland ist wegen der fehlenden Eintragungsfähigkeit des ausländischen Sitzes ins Handelsregister[255] wiederum nicht denkbar.

Nicht nur die nach deutschem Recht organisierte und mit Satzungs- sowie Verwaltungssitz in Deutschland befindliche Kapitalgesellschaft, sondern auch die nach ausländischem Recht organisierte Gesellschaft, die in einem Typenvergleich einer deutschen Körperschaft entspricht und ihren Verwaltungssitz im Inland hat, ist in Deutschland unbeschränkt körperschaftsteuerpflichtig. Gleiches gilt für die nach deutschem Recht organisierte Kapitalgesellschaft, die zwar ihren Verwaltungssitz ins Ausland verlagert, ihren Satzungssitz aber noch in Deutschland belassen hat und sich aus diesem Grunde in Liquidation befindet.

4. Beschränkte Körperschaftsteuerpflicht

Nach § 2 Nr. 1 KStG sind beschränkt körperschaftsteuerpflichtig „Körperschaften, Personenvereinigungen und Vermögensmassen, die weder ihre Geschäftsleitung noch ihren Sitz im Inland haben ...“. Diese Steuersubjekte unterfallen im Gegensatz zu unbeschränkt Körperschaftsteuerpflichtigen nicht mit ihrem Welteinkommen, sondern lediglich mit ihren inländischen Einkünften im Sinne des § 49 EStG der deutschen Körperschaftsteuerpflicht. Darüber hinaus sind alle eine unbeschränkte Körperschaftsteuerpflicht voraussetzenden Vorschriften des KStG auf diese Steuersubjekte unanwendbar[256]. Bei der Frage, ob eine ausländische Gesellschaftsform von ihrer Rechtsform und Organisation her unter § 2 Nr. 1 KStG zu fassen ist, ist wiederum ein Typenvergleich durchzuführen, inwiefern die ausländische Gesellschaftsform einer inländischen Körperschaft entspricht oder nicht[257]. Es finden sich also im Kreis der beschränkt körperschaftsteuerpflichtigen Gesellschaften dieselben Körperschaftsteuersubjekte wie

---

254 Vgl. oben S. 46.

255 Vgl. oben S. 10.

256 §§ 11, 12 Abs. 1 KStG, aber auch die Vorschriften des körperschaftsteuerrechtlichen Anrechnungsverfahrens in §§ 27 ff. KStG.

257 *Streck*, KStG, § 2 Anm. 3; *Frotscher*, in: ders./Maas, KStG, § 2 Rnr. 3 iVm § 1 Rnr. 41 ff.

bei den unbeschränkt Körperschaftsteuerpflichtigen, mit der Modifikation, daß diese keinen Satzungs- oder Verwaltungssitz (mehr) in Deutschland haben.

III. Steuerbilanzrechtliche Behandlung ausländischer Betriebsstätten

Nachdem die steuerliche Einordnung der deutschen und ausländischen Kapitalgesellschaften dargestellt wurde, sollen die Besonderheiten, die sich vor allem aus dem Vorhandensein ausländischer Betriebsstätten ergeben, kurz aufgezeigt werden.

Eine ausländische Betriebsstätte liegt in der Regel vor, wenn ein Unternehmen außerhalb seines Sitzstaates eine feste Geschäftseinrichtung unterhält, die nicht mit rechtlicher Selbständigkeit, aber mit mehr oder weniger wirtschaftlicher Selbständigkeit ausgestattet ist[258]. Die Betriebsstätte tritt als Repräsentanz einer Kapitalgesellschaft auf, wobei vor allem die deutschen Betriebsstätten ausländischer Kapitalgesellschaften und die ausländischen deutscher Kapitalgesellschaften von Interesse sind. Die jeweiligen Stamm-Kapitalgesellschaften werden durch die Handlungen der Betriebsstätte bei Vertragsschlüssen verpflichtet und berechtigt. Aus der rechtlichen Unselbständigkeit der Betriebsstätte folgt, daß diese keinen völlig eigenständigen Jahresabschluß erstellt, sondern ihre Geschäftstätigkeit im Jahresabschluß des Stammhauses Berücksichtigung findet[259]. Daher werden grundsätzlich die Gewinne und Verluste der Betriebsstätte mit dem Ergebnis des Stammhauses verrechnet und zumindest extern nicht als solche ausgewiesen. Aus der teilweisen wirtschaftlichen Selbständigkeit der Betriebsstätte und dem Interesse ihres Belegenheitsstaates an einer Besteuerung der Wertschöpfungsvorgänge in seinem Territorium hingegen resultiert die Steuerpflichtigkeit des Betriebsstättenerfolges im Ausland. Damit wird die Stamm-Kapitalgesellschaft im Ausland jedenfalls mit ihren Betriebsstätteneinkünften steuerpflichtig[260]. Zur Ermittlung des Ergebnisses der ausländischen Betriebsstätte wird daher die Erstellung eines gesonderten Betriebsstätten-Jahresabschlusses erforderlich[261], der dann quasi doch eine steuerliche Selbständigkeit der Betriebsstätte für die Ermittlung der steuerpflichtigen

---

258 *Fischer/Warneke*, S. 61; *Jacobs*, S. 396 ff. zur Qualifikationsproblematik beim Betriebsstättenbegriff; *Kleineidam*, S. 128 f. § 12 AO sieht als „Betriebsstätte [...] jede feste Geschäftseinrichtung oder Anlage, die der Tätigkeit des Unternehmens dient". In Art. 5 OECD-MA ist eine entsprechende Definition der Betriebsstätte enthalten, die von den Doppelbesteuerungsabkommen teilweise modifiziert wird.

259 *Kleineidam*, S. 138.

260 Die daraus resultierende Berücksichtigung des Betriebsstättenergebnisses im Sitzstaat und im Belegenheitsstaat der Betriebsstätte führt zum Problem der Doppelbesteuerung. Dazu sogleich im nachfolgenden Abschnitt.

261 *Kleineidam*, S. 139 f. sieht jedenfalls die Notwendigkeit einer Zerlegung des Unternehmens-Gesamtgewinnes in den auf die Betriebsstätte und den auf das Stammhaus entfallenden Teil.

Einkünfte mit sich bringt[262], die mit der rechtlichen Verpflichtung der Stamm-Kapitalgesellschaft zur Entrichtung der Steuern jedoch bereits wieder ihre Grenze findet. Eine weitergehende Darstellung über diesen kurzen Aufriß hinaus würde den Rahmen der vorliegenden Arbeit sprengen und soll daher unterbleiben[263].

IV. Besteuerung bei internationalen Sachverhalten

Einer eingehenden Betrachtung bedarf hingegen die Frage, wie bei gegebenem internationalen Bezug die Besteuerungsrechte der von der Internationalität eines Unternehmens betroffenen Staaten geregelt sind. Zunächst ist das nationale Steuerrecht mit seinen Regelungen, sind andererseits aber auch die Doppelbesteuerungsabkommen zu berücksichtigen. Schließlich ist zu klären, zu welchen Auswirkungen dieses Regelungsgebäude bei der grenzüberschreitenden Sitzverlegung führt.

1. Besteuerung von Sachverhalten mit Auslandsbezug nach nationalem Steuerrecht

Bei Erzielung von Einkünften aus ausländischen Quellen durch deutsche Kapitalgesellschaften oder bei der Erzielung von Einkünften in Deutschland durch ausländische Kapitalgesellschaften ist zu klären, wo und wie diese Einkünfte zu besteuern sind. Das deutsche Steuerrecht geht von der Unterscheidung in unbeschränkt und beschränkt steuerpflichtige Kapitalgesellschaften nach § 1 Abs. 1 KStG und § 2 KStG aus. Während bei den unbeschränkt körperschaftsteuerpflichtigen Steuersubjekten nach § 1 Abs. 2 KStG sämtliche Einkünfte – unabhängig vom Ort ihrer Erzielung – der deutschen Körperschaftsteuer unterliegen, sind bei beschränkter Körperschaftsteuerpflicht in Deutschland nach § 2 Nr. 1 KStG nur die inländischen Einkünfte im Sinne des § 49 Abs. 1 EStG steuerpflichtig[264]. Bei den von der beschränkten Körperschaftsteuerpflicht erfaßten Einkünften wird es sich in aller Regel um solche aus einer inländischen Betriebsstätte bzw. aus inländischem Grundbesitz einer ausländischen Kapitalgesellschaft handeln[265]. Vereinfachend ist also die unbeschränkte Steuerpflicht die der in Deutschland Ansässigen, während die beschränkte Steuerpflicht die der Nichtansässigen ist.

---

262 *Kleineidam*, S. 130.

263 Vgl. zur weitergehenden Information das Kapitel über die Rechnungslegung bei Auslandsinvestitionen bei *Kleineidam*, S. 127 ff.

264 Vgl. dazu bereits oben S. 60.

265 Einkünfte nach § 49 Abs. 1 Nr. 2 a) bzw. Nr. 6 EStG, der über die Verweisung in § 8 Abs. 1 KStG auch im Körperschaftsteuerrecht Anwendung findet.

Die Besteuerung einer deutschen Kapitalgesellschaft mit Satzungssitz oder Geschäftsleitung im Inland mit ihren gesamten Welteinkünften stellt einen über das nationale Hoheitsgebiet hinausreichenden Zugriff des Fiskus auf im Ausland verwirklichte Einkunftssachverhalte dar[266]. Besteht in anderen Staaten ebenfalls ein solches System der Besteuerung des Welteinkommens von Ansässigen und des Inlandseinkommens von Nichtansässigen, so ergeben sich aus der Kombination der Steuersysteme bei internationalen Sachverhalten Überschneidungen bei der Besteuerung und damit doppelte Steuerbelastungen für die Steuersubjekte[267]. Diese Doppelbesteuerungen sind systemimmanent und werden vom nationalen Steuersystem durch einseitige Maßnahmen nur begrenzt aufgefangen.

Solche einseitigen Maßnahmen zur Vermeidung einer doppelten Besteuerung durch die Berücksichtigung einer bereits im Ausland entrichteten Steuer finden sich in § 26 KStG sowie § 34c EStG, wonach eine Ermäßigung auf die deutsche Steuerschuld gewährt wird, wenn ein in Deutschland unbeschränkt steuerpflichtiges Steuersubjekt mit ausländischen Einkünften bereits zu einer der deutschen Körperschaft- bzw. Einkommensteuer vergleichbaren Steuer herangezogen wurde[268]. Eine Norm zur Freistellung von Veräußerungsgewinnen aus Beteiligungen an ausländischen Kapitalgesellschaften hingegen ist § 8b Abs. 2 KStG. Danach werden Veräußerungsgewinne und sonstige Gewinne[269], die aus Anteilen an ausländischen Gesellschaften entstehen, bei der Ermittlung des Einkommens der inländischen Kapitalgesellschaft[270] nicht berücksichtigt, sind also steuerbefreit[271]. Voraussetzung für diese Steuerbefreiung ist jedoch, daß die Gewinnausschüttungen der Gesellschaft nach Doppelbesteuerungsabkommen oder § 8b Abs. 5 KStG steuerbefreit oder nach § 26 Abs. 2 oder 3 KStG begünstigt

---

266 Dabei handelt es sich nach *Tipke/Lang*, § 2 Rnr. 33 nicht um einen Verstoß gegen das völkerrechtliche Prinzip der formellen Territorialität, wonach kein Staat Hoheitsakte auf dem Gebiet eines anderen Staates vornehmen darf, sondern um eine materielle Territorialität, die inländische Rechtsfolgen an ausländische Sachverhalte anknüpft.

267 *Vogel*, DBA, Einl. Rnr. 1.

268 Diese Regelungen gelten nach § 34c Abs. 6 Satz 1 EStG (der nach § 26 Abs. 6 KStG bei der Körperschaftsteuer entsprechend anwendbar ist) nicht, wenn mit dem ausländischen Quellenstaat ein Doppelbesteuerungsabkommen abgeschlossen wurde. Sie sind nach § 34c Abs. 6 Satz 2 EStG jedoch teilweise entsprechend anwendbar, wenn dieses Doppelbesteuerungsabkommen die Anrechnung der ausländischen Steuer vorsieht.

269 Ansatz eines höheren Teilwertes oder Gewinnerhöhungen durch verdeckte Gewinnausschüttung nach *Streck*, KStG, § 8b Anm. 7; *Eilers/Wienands*, in: Flick/Wassermeyer/Baumhoff, AStR, § 8b KStG Rnr. 188.

270 Der Anwendungsbereich des § 8b Abs. 2 KStG ist beschränkt auf die Körperschaftsteuersubjekte nach § 1 Abs. 1 Nr. 1, 2, 3 und 6 KStG. Damit sind jedenfalls die hier interessierenden Kapitalgesellschaften nach § 1 Abs. 1 Nr. 1 KStG im Anwendungsbereich enthalten.

271 *Frotscher*, in: ders./Maas, KStG, § 8b Rnr. 26; *Eilers/Wienands*, in: Flick/Wassermeyer/Baumhoff, AStR, § 8b KStG Rnr. 165; *Streck*, KStG, § 8b Anm. 7; *Menck*, in: Blümich, § 8b KStG Rnr. 16.

gewesen wären[272]. Daneben ist erforderlich, daß nicht in früheren Jahren eine Gewinnminderung durch Ansatz eines niedrigeren Teilwertes für die Beteiligung vorgenommen wurde und daß die Anteile nicht aus einem in § 8b Abs. 3 Nr. 1 oder 2 KStG genannten und weniger als sieben Jahre zurückliegenden Umwandlungsvorgang herrühren.

Die Bundesrepublik Deutschland verzichtet im Rahmen der Doppelbesteuerungsabkommen mit den Staaten der Europäischen Union auf die Besteuerung der aus einem anderen EU-Staat stammenden und an deutsche Kapitalgesellschaften gezahlten Dividenden[273], sofern die Beteiligungsquote der deutschen Kapitalgesellschaft an der ausländischen Kapitalgesellschaft mindestens ein Zehntel beträgt[274]. Dies bedeutet, daß bei deutschen Kapitalgesellschaften anfallende Gewinne aus der Veräußerung von Gesellschaftsanteilen an im EU-

---

272 Insofern stellt die Befreiung der Veräußerungsgewinne eine Ergänzung zu den Befreiungs- bzw. Begünstigungsregeln für Dividenden nach Doppelbesteuerungsabkommen oder § 26 Abs. 2 oder 3 KStG dar und dient ausweislich der Begründung der Bundesregierung für die Einführung der Norm durch das Standortsicherungsgesetz von 1993 (BT-Drs. 12/4487 II – Zu Art. 2 Nr. 3 Allgemeines) dazu, die Bundesrepublik Deutschland als Standort für Holdinggesellschaften attraktiver zu machen.

273 Ein solcher Verzicht ist durch Art. 4 Abs. 1 der Konzernsteuerrichtlinie 90/435/EWG vom 23.07.1990 („Mutter-Tochter-Richtlinie") geboten.

274 Art. 23 Abs. 1 Nr. 3 iVm Nr. 1 DBA-Belgien, Art. 24 Abs. 1 lit. a Unterabs. 2 DBA-Dänemark, Art. 23 Abs. 5 lit. c iVm lit. a DBA-Finnland, Art. 20 Abs. 1 lit. b Unterlit. aa iVm lit. a DBA-Frankreich, Art. XVIII Abs. 2 lit. a Satz 4 iVm Satz 1 DBA-Großbritannien, Art. XXII Abs. 2 lit. a Unterlit. aa Satz 3 iVm Satz 1 DBA-Irland, Art. 24 Abs. 3 lit. a Unterabs. 2 DBA-Italien, Art. 20 Abs. 2 Satz 3 DBA-Luxemburg, Art. 20 Abs. 2 Satz 3 iVm Art. 13 Abs. 4 DBA-Niederlande, Art. 15 Abs. 2 Satz 3 DBA-Österreich, Art. 24 Abs. 2 lit. a Satz 3 DBA-Portugal, Art. 23 Abs. 1 lit. a Satz 3 DBA-Schweden, Art. 23 Abs. 1 lit. a Satz 3 Unterlit. aa DBA-Spanien. Einen Sonderfall bildet das DBA-Griechenland, das in Art. XVII Abs. 2 Nr. 2 lit. b keine Freistellung der Dividenden griechischer *Aktiengesellschaften* von der deutschen Besteuerung, sondern eine Anrechnung eines fiktiven Betrages von 30 % der griechischen Bruttodividende auf die deutsche Körperschaftsteuer vorsieht. Die Regelung gilt zudem nur für solche Gesellschaften, die in bestimmten Wirtschaftsbereichen (Unterlit. bb) tätig werden. Die Dividenden werden in Deutschland bei der Ermittlung der Körperschaftsteuerschuld voll berücksichtigt. Der Anrechnungsbetrag in Höhe von 30 % übersteigt jedoch die in Griechenland zu entrichtende Steuer auf die ausgeschütteten Dividenden, die nach Art. VI Abs. 2 DBA-Griechenland maximal 25 % beträgt. Unter den Voraussetzungen des § 26 Abs. 2 und 3 KStG ist die Dividende der griechischen AG jedoch von der deutschen Körperschaftsteuer gänzlich befreit (§ 26 Abs. 2 und 3 KStG sind nach KStR Abschnitt 76.B.2 dann auch bei Dividenden aus Staaten anzuwenden, mit denen ein Doppelbesteuerungsabkommen abgeschlossen wurde, wenn nicht bereits von diesem die Steuerbefreiung vorgenommen wurde). Jedenfalls in diesen Fällen ist eine Befreiung der Veräußerungsgewinne von der deutschen Steuer gegeben. Für Dividenden griechischer *Gesellschaften mit beschränkter Haftung* gilt unter den Voraussetzungen des § 26 Abs. 2 und 3 KStG eine Steuerbefreiung, womit § 8b Abs. 2 KStG ebenfalls anwendbar ist.

Ausland ansässigen Kapitalgesellschaften bei einer Beteiligungsquote von mehr als 10%[275] des Gesellschaftskapitals in Deutschland nicht steuerpflichtig sind. Die in diesen Anteilen vorhandenen stillen Rücklagen sind in Deutschland nicht steuerverstrickt.

2. Besteuerung von Sachverhalten mit Auslandsbezug nach Doppelbesteuerungsabkommen

Zur Vermeidung[276] der grundsätzlich gegebenen, aber wirtschaftlich ungünstigen Doppelbesteuerung bei internationaler Betätigung werden Doppelbesteuerungsabkommen geschlossen, deren Ziel die Auflösung einer Kollision von gleichartigen Steueransprüchen mehrerer Staaten bei ein und demselben Steuersubjekt ist[277]. Diese sind völkerrechtliche Verträge[278] und bedürfen als solche zur innerstaatlichen Wirksamkeit nach Art. 59 Abs. 2 Satz 1 GG eines Zustimmungsgesetzes[279]. Völkerrechtlich verbindlich wird das Abkommen durch den Austausch der Ratifikationsurkunden zwischen den Abkommensstaaten[280], in der auf deutscher Seite der Bundespräsident nach Art. 59 Abs. 1 GG als völkerrechtlicher Vertreter der Bundesrepublik Deutschland die Zustimmung zum Abkommen erklärt. Die Doppelbesteuerungsabkommen der EU-Mitgliedstaaten und ihre innerstaatliche Handhabung unterliegen der Kontrolle des EuGH im Hinblick auf die Vereinbarkeit mit Europäischem Recht und hier insbesondere den Grundfreiheiten des EG-Vertrages[281].

---

275 Nach § 8b Abs. 5 KStG wäre eine Mindestbeteiligungsquote von mehr als 10 % in den Doppelbesteuerungsabkommen obsolet, da die Befreiung bereits ab einer Beteiligung von mindestens 10 % gilt, falls die sonstigen Voraussetzungen erfüllt sind.

276 Diese ist zwar nicht Rechtspflicht, aber in einer international geprägten Ökonomie doch verpflichtend. So auch *Tipke/Lang*, § 2 Rnr. 41 und 33; *Debatin*, in: ders./Wassermeyer, Systematik I Rnr. 10. Für die Europäische Gemeinschaft vgl. *Heydt*, EuZW 2000, 33.

277 *Tipke/Lang*, § 2 Rnr. 41; *Vogel*, DBA, Einl. 01-03; *Debatin*, in: ders./Wassermeyer, Systematik I Rnr. 1 und 9.

278 *Vogel*, DBA, Einl. Rnr. 28; *Debatin*, in: ders./Wassermeyer, Systematik III Rnr. 1; *Kluge*, S. 210.

279 *Vogel*, DBA, Einl. Rnr. 40; *Kluge*, S. 210. *Vogel*, aaO. Rnr. 42 geht noch auf eine Entwicklung in der deutschen Völkerrechtslehre ein, die das Zustimmungsgesetz nicht mehr als den Vertrag in nationales Recht transformierenden Akt ansieht, sondern als Anwendungsbefehl für den Vertrag selbst. Dies ist jedoch für die vorliegende Untersuchung nicht von Belang.

280 *Vogel*, DBA, Einl. Rnr. 37; *Debatin*, in: ders./Wassermeyer, Systematik III Rnr. 1; *Kluge*, S. 210 f.

281 EuGH 21.09.1999 (*Saint Gobain*), EuZW 2000, 16, 19 Rnr. 43 sieht einen Verstoß gegen die Art. 52, 58 EGV (Art. 43, 48 EG) durch die auf dem DBA Deutschland-Frankreich beruhende Nichtgewährung von Steuervergünstigungen. Vgl. dazu unten S. 215.

Die Einordnung der Doppelbesteuerungsabkommen in gängige Rechtskategorien erscheint nicht ganz einfach. Doppelbesteuerungsabkommen können nicht als Kollisionsrecht bezeichnet werden, da nicht über die Anwendbarkeit des einen oder des anderen nationalen Steuerrechts entschieden wird[282]. Vielmehr bleiben die Steuerrechtsordnungen beider[283] beteiligter Staaten anwendbar. Insofern ist es auch nicht richtig, von einer Verteilung der Besteuerungs*hoheit* für bestimmte Einkünfte zu sprechen, da auch in der Steuerrechtsordnung, die schließlich die Besteuerung der Einkünfte nicht durchführt, dennoch Rechtsfolgen etwa in Form eines Progressionsvorbehaltes an das Vorhandensein der Einkünfte geknüpft werden können[284]. Da die Doppelbesteuerungsabkommen dazu führen, daß die Abkommensstaaten auf die Besteuerung von Einkünften gänzlich verzichten[285] oder aber die bereits im anderen Abkommensstaat bezahlte Steuer auf die eigene Steuerforderung anrechnen[286], ist eher von einem teilweisen Verzicht auf grundsätzlich bestehende Besteuerungsrechte zu sprechen. Somit regeln Doppelbesteuerungsabkommen den Verzicht der Abkommensstaaten auf die Besteuerung nach ihrem jeweiligen nationalen Steuerrecht für bestimmte Einkünfte und wirken daher als die nationale Steuerrechtsordnung begrenzende Regelungen[287]. Doppelbesteuerungsabkommen bewirken eine Verteilung der Steuergüter oder Steuerquellen[288] derart, daß deren Besteuerung jeweils regelmäßig nur von einer der beteiligten Steuerrechtsordnungen vorgenommen wird, wobei eine Berücksichtigung in der anderen, etwa in Form des genannten Progressionsvorbehaltes, nicht ausgeschlossen wird.

a) Verteilungsregeln der Doppelbesteuerungsabkommen

Zentrale Frage ist, wie die Doppelbesteuerungsabkommen diese Verteilung für die einzelnen Einkunftsquellen vornehmen. Im Rahmen der vorliegenden Untersuchung ist besonders von Interesse, welchem Staat durch die Doppelbesteuerungsabkommen die Besteuerung der stillen Rücklagen einer Kapitalgesellschaft

---

282 *Vogel*, DBA, Einl. Rnr. 26 und 45 a; *Debatin*, in: ders./Wassermeyer, Systematik I Rnr. 37.

283 Doppelbesteuerungsabkommen werden vorwiegend bzw. nahezu ausschließlich bilateral geschlossen. Zwischen den Staaten des früheren Rates für gegenseitige Wirtschaftshilfe (der aufgelöste Wirtschaftsverbund der „Ostblockstaaten") sowie zwischen den skandinavischen Staaten Dänemark, Norwegen, Schweden, Finnland und Island bestanden bzw. bestehen multilaterale Abkommen.

284 *Debatin*, in: ders./Wassermeyer, Systematik I Rnr. 37.

285 Sogenannte Freistellungsmethode.

286 Sogenannte Anrechnungsmethode.

287 *Vogel*, DBA, Einl. Rnr. 45c; *Debatin*, in: ders./Wassermeyer, Systematik I Rnr. 39 und Systematik III Rnr. 42; *Tipke/Lang*, § 2 Rnr. 40.

288 *Vogel*, DBA, Einl. Rnr. 45c.

nach ihrer Realisierung zugewiesen wird. Dies soll daher für die Gesellschaft und ihre Betriebsstätten dargestellt werden, wobei auf die Vermögensgegenstände des Anlage- und Umlaufvermögens generell sowie speziell auf Grundstücke und Anteile an anderen Gesellschaften eingegangen werden wird.

aa) Gesellschaftsbesteuerung nach Doppelbesteuerungsabkommen

Die von Deutschland mit den anderen Mitgliedstaaten der Europäischen Union geschlossenen Doppelbesteuerungsabkommen enthalten ausnahmslos Regelungen über die Besteuerung von grenzüberschreitend tätigen Unternehmen. Die Regelungen entsprechen – teilweise wörtlich, jedenfalls aber sinngemäß – Art. 7 Abs. 1 Satz 1 OECD-MA[289]. Damit werden Einkünfte einer Kapitalgesellschaft grundsätzlich in dem Land besteuert, in dem sie ansässig ist[290]. Die Ermittlung der Einkünfte richtet sich nach dem Recht des Staates, der die Besteuerung dann auch durchführt[291]. Nach deutschem[292] (Bilanz-)Steuerrecht gehören nicht nur die Einkünfte aus dem laufenden Geschäftsbetrieb der Kapitalgesellschaft, sondern auch diejenigen Einkünfte, die sich aus der Veräußerung von Vermögensgegenständen und damit aus der Realisierung von in diesen Vermögensgegenständen liegenden stillen Rücklagen ergeben, zu den steuerbaren Einkünften der Kapitalgesellschaft. Die in einer deutschen Kapitalgesellschaft gebildeten stillen Rücklagen des Anlage- und Umlaufvermögens sowie die sich aus Passiva erge-

---

289 Art. 7 Abs. 1 Satz 1 DBA-Belgien, Art. 7 Abs. 1 Satz 1 DBA-Dänemark, Art. 7 Abs. 1 Satz 1 DBA-Finnland, Art. 4 Abs. 1 Satz 1 DBA-Frankreich, Art. III Abs. 1 Satz 1 DBA-Griechenland, Art. III Abs. 1 Satz 1 DBA-Großbritannien, Art. III Abs. 1 Satz 1 DBA-Irland, Art. 7 Abs. 1 Satz 1 DBA-Italien, Art. 7 Abs. 1 Satz 1 DBA-Portugal, Art. 7 Abs. 1 Satz 1 DBA-Schweden, Art. 7 Abs. 1 Satz 1 DBA-Spanien. Art. 5 Abs. 1 DBA-Luxemburg und DBA-Niederlande sowie Art. 4 Abs. 1 DBA-Österreich orientieren sich nicht am Musterabkommen (diese DBA wurden bereits 1958, 1959 bzw. 1954 abgeschlossen) und nehmen keine explizite Zuweisung der Besteuerung der Unternehmensgewinne vor. Allerdings wird in negativer Abgrenzung dem DBA-Staat, auf dessen Gebiet eine Gesellschaft mit „Wohnsitz" im anderen DBA-Staat tätig wird, die Besteuerung nur dann, wenn sich die Tätigkeit als Betriebsstätte darstellt und nur im Umfang der Einkünfte der Betriebsstätte zugewiesen.

290 Ein Unternehmen gehört nach Art. 3 Abs. 1 lit. c OECD-MA zu einem bestimmten Vertragsstaat, wenn es von einer in diesem Vertragsstaat ansässigen (hier: juristischen) Person betrieben wird. Die Ansässigkeit der juristischen Person bestimmt sich nach Art. 4 Abs. 1 und 3 OECD-MA nach dem Sitz der Gesellschaft und – falls sich aus dieser Bestimmung Unklarheiten ergeben sollten – nach dem Ort der tatsächlichen Geschäftsleitung der Gesellschaft.

291 *Wassermeyer*, in: Debatin/ders., Art. 7 OECD-MA Rnr. 159; *Vogel*, DBA, Art. 7 OECD-MA Rnr. 22.

292 Die Besteuerung der sich aus der Auflösung stiller Rücklagen ergebenden Veräußerungsgewinne ist allerdings keine deutsche Spezialität, sondern weltweit (oder doch jedenfalls europaweit) anerkannt.

benden stillen Rücklagen werden daher grundsätzlich bei Realisierung auch in Deutschland besteuert.

Abweichend von dieser Regel werden Einkünfte aus unbeweglichem Vermögen nach Art. 6 Abs. 1 OECD-MA[293] in dem Land besteuert, in dem das unbewegliche Vermögen belegen ist. Dies gilt nach Art. 13 Abs. 1 OECD-MA[294] auch für Gewinne, die bei der Veräußerung dieses unbeweglichen Vermögens enstehen. Hingegen gilt nach Art. 13 Abs. 4 OECD-MA[295] für die Gewinne aus der Veräußerung sonstigen Vermögens, wozu auch die Anteile an Kapitalgesellschaften gehören, daß hier der Ansässigkeitsstaat des Veräußerers zur Besteuerung berechtigt ist[296].

bb) Betriebsstättenbesteuerung nach Doppelbesteuerungsabkommen

Eine wichtige Ausnahme von der Regel, wonach Gesellschaftsgewinne im Land der Ansässigkeit der Gesellschaft zu besteuern sind, ergibt sich durch die Regelungen über die Betriebsstättenbesteuerung in den Doppelbesteuerungsabkommen. Eine Betriebsstätte ist nach Art. 5 Abs. 1 OECD-MA „... eine feste Geschäftseinrichtung, durch die die Tätigkeit eines Unternehmens ganz oder teilweise ausgeübt wird"[297]. Danach handelt es sich bei der ausländischen Betriebsstätte einer Kapitalgesellschaft um eine Geschäftseinrichtung, die nicht mit ei-

---

293 Ebenso DBA-Belgien, Dänemark, Finnland, Italien, Portugal, Schweden, Spanien sowie Art. 3 Abs. 1 DBA-Frankreich, Art. XIII Abs. 1 DBA-Griechenland, Art. XII Abs. 1 DBA-Großbritannien, Art. IX Abs. 1 DBA-Irland, Art. 4 Abs. 1 DBA-Luxemburg und Niederlande, Art. 3 Abs. 1 DBA-Österreich.

294 Ebenso DBA-Belgien, Dänemark, Finnland, Italien, Portugal, Schweden, Spanien sowie Art. 3 Abs. 1 DBA-Frankreich, Art. XIII Abs. 1 DBA-Griechenland, Art. VIII Abs. 1 DBA-Großbritannien, Art. IX Abs. 1 DBA-Irland, Art. 4 Abs. 1 DBA-Luxemburg und Niederlande, Art. 3 Abs. 1 DBA-Österreich.

295 Ebenso DBA-Dänemark, Finnland, Italien, Portugal, Schweden sowie Art. 13 Abs. 3 DBA-Belgien und Spanien, Art. IX Abs. 1 DBA-Griechenland, Art. VIII Abs. 3 DBA-Großbritannien, Art. X Abs. 1 DBA-Irland. Art. 7 Abs. 1 DBA-Frankreich und Österreich und Art. 8 Abs. 1 DBA-Luxemburg und Niederlande sehen explizit eine Besteuerung der Gewinne aus der Veräußerung von Kapitalgesellschaftsanteilen im Ansässigkeitsstaat des Veräußerers vor.

296 Die zum Beispiel in Art. 13 Abs. 1 Satz 2 DBA-Dänemark enthaltene Sonderregelung, wonach Veräußerungsgewinne aus Anteilen an Gesellschaften, deren Gesellschaftsvermögen hauptsächlich aus unbeweglichem Vermögen besteht, im Land der Belegenheit des unbeweglichen Vermögens besteuert werden, bleiben außer Betracht.

297 Ebenso DBA-Belgien, Dänemark, Finnland, Portugal, Spanien sowie Art. 2 Abs. 1 Nr. 7 Satz 1 DBA-Frankreich, Art. II Abs. 1 Nr. 7 lit. a DBA-Griechenland, Art. II Abs. 1 lit. 1 (i) DBA-Großbritannien, Art. II Abs. 1 lit. g (i) DBA-Irland, Art. 2 Abs. 2 Nr. 2 DBA-Luxemburg, Art. 2 Abs. 1 Nr. 2 DBA-Niederlande. Art. 5 Abs. 1 DBA-Italien und Art. 4 Abs. 3 DBA-Österreich verwenden leicht abweichende Definitionen, die nach *Vogel*, DBA, Art. 5 Rnr. 39 jedoch keine sachliche Abweichung mit sich bringen.

genständiger Rechtspersönlichkeit als Tochtergesellschaft ausgestattet ist, sondern direkt im zivilrechtlichen Eigentum der im anderen Abkommensstaat ansässigen Kapitalgesellschaft steht. Laufende Gewinne aus dieser Betriebsstätte werden nach Art. 7 Abs. 1 Satz 2 OECD-MA[298] in dem Staat besteuert, in dem die Betriebsstätte belegen ist.

Ebenso wie die laufenden Gewinne aus der Geschäftstätigkeit dieser Betriebsstätte werden nach Abs. 13 Abs. 2 OECD-MA auch die Gewinne aus der Veräußerung von beweglichem Betriebsvermögen der Betriebsstätte im Belegenheitsstaat der Betriebsstätte besteuert[299]. Gewinne aus der Veräußerung von im Betriebsvermögen der Betriebsstätte befindlichen Grundstücken werden bereits entsprechend der obigen Regel in dem Staat besteuert, in dem das Grundstück liegt. Für Kapitalgesellschaftsanteile im Betriebsvermögen einer Betriebsstätte gilt nicht die Besteuerung im Ansässigkeitsstaat des Veräußerers, also der Hauptgesellschaft, sondern abweichend davon die Besteuerung im Betriebsstättenstaat[300].

b) Konsequenzen für die Besteuerung in Deutschland

Aus der weitgehenden Ähnlichkeit der Regelungen in den von Deutschland mit den anderen Mitgliedstaaten abgeschlossenen Doppelbesteuerungsabkommen lassen sich folgende generelle Regeln für die Besteuerung von Auslandssachverhalten unter den EU-Staaten ableiten[301]: Die Besteuerung der in einer Kapitalgesellschaft gebildeten stillen Rücklagen wird grundsätzlich in dem Land vorgenommen, in dem die Gesellschaft ansässig ist. Die Ansässigkeit bestimmt

---

298 Ebenso DBA-Belgien, Dänemark, Finnland, Italien, Portugal, Schweden, Spanien sowie Art. 4 Abs. 1 Satz 2 DBA-Frankreich, Art. III Abs. 1 Satz 2 DBA-Griechenland, Großbritannien und Irland. Art. 5 Abs. 1 DBA-Niederlande und Luxemburg sowie Art. 4 Abs. 1 DBA-Österreich verwenden vom OECD-MA abweichende Formulierungen mit demselben Ergebnis.

299 Ebenso DBA-Belgien, Dänemark, Italien, Portugal, Schweden, Spanien sowie Art. 13 Abs. 3 DBA-Finnland, Art. 4 Abs. 4 iVm Abs. 1 Satz 2 DBA-Frankreich, Art. IX Abs. 2 iVm III Abs. 1 DBA-Griechenland, Art. VIII Abs. 2 Satz 1 DBA-Großbritannien, Art. X Abs. 2 DBA-Irland, Art. 5 Abs. 3 DBA-Luxemburg und Niederlande, Art. 4 Abs. 4 DBA-Österreich.

300 So explizit Art. 7 Abs. 2 DBA-Frankreich (Zugehörigkeit zum Betriebsvermögen), Art. 8 Abs. 2 DBA-Luxemburg und Niederlande (Einkünfteerzielung über die Betriebsstätte), Art. 7 Abs. 2 DBA-Österreich (Einkünfteerzielung über die Betriebsstätte). Auch ohne eine solche explizite Regelung ist nach *Wassermeyer*, in: Debatin/ders., Art. 13 OECD-MA Rnr. 77 davon auszugehen, daß es in diesem Fall zu einer Besteuerung im Betriebsstättenstaat kommt, falls die veräußerten Anteile tatsächlich im Sinne des Art. 10 Abs. 4 bzw. Art. 21 Abs. 2 OECD-MA zum Betriebsvermögen der Betriebsstätte gehören.

301 Zum Verhältnis des nationalen Steuerrechts zum Europarecht vgl. unten S. 204 f.

sich nach dem Sitz der Gesellschaft bzw. nach dem Ort ihrer Geschäftsleitung. Abweichend davon werden realisierte stille Rücklagen aus Grundstücken in dem Land versteuert, in dem sich das Grundstück befindet und werden im Betriebsvermögen einer Betriebsstätte gebildete stille Rücklagen im Betriebsstättenstaat besteuert. Gewinne aus der Veräußerung von zum Betriebsvermögen einer Betriebsstätte gehörenden Gesellschaftsanteilen werden ebenfalls im Betriebsstättenstaat besteuert, während Gewinne aus der Veräußerung sonstiger Gesellschaftsanteile im Ansässigkeitsstaat des Veräußerers besteuert werden.

3. Fazit

Gewinne einer deutschen Kapitalgesellschaft aus der Realisierung stiller Rücklagen, die in EU-ausländischen Gesellschaftsanteilen gebildet sind, werden in Deutschland aufgrund des § 8b Abs. 2 KStG nicht besteuert, wenn die Beteiligungsquote mindestens 10 % beträgt und die sonstigen Voraussetzungen des § 8b KStG erfüllt sind. Aufgrund der von Deutschland mit den EU-Staaten geschlossenen Doppelbesteuerungsabkommen werden bei der Veräußerung von EU-ausländischen Grundstücken realisierte stille Rücklagen in dem Staat besteuert, in dem das Grundstück belegen ist. Dasselbe gilt für stille Rücklagen, die im Vermögen einer EU-ausländischen Betriebsstätte bestehen. Gewinne aus der Realisierung sonstiger stiller Rücklagen werden hingegen in Deutschland als Ansässigkeitsstaat des Veräußerers besteuert.

V. Sitzverlegung ins Ausland

Nach diesen Darstellungen stellt sich die Frage, wie das KStG auf die – zunächst vorwiegend zivilrechtlich beachtlichen – Sitzverlegungsvorgänge bei Körperschaften reagiert. Zunächst erfolgt die Betrachtung der Sitzverlegung vom Inland ins Ausland.

1. Liquidationsbesteuerung

Obwohl es sich nicht um eine Sitzverlegung im eigentlichen Sinne handelt, soll im Folgenden auch der Fall behandelt werden, daß eine Gesellschaft in Deutschland aufgelöst und im Ausland neu gegründet wird, um auf diesem Wege eine „Verlegung" ihrer Sitze zu erreichen. Beschließen die zuständigen Gremien der Kapitalgesellschaft entsprechend den oben[302] dargestellten Regeln die Auflösung und Abwicklung der Gesellschaft im Inland mit dem Ziel einer Neugründung im Ausland und führen sie diese Schritte dann tatsächlich durch, so

---

[302] S. 45 und 49. Gesellschaftsrechtlich derzeit der einzige rechtlich „saubere" – wenn auch beschwerliche – Weg zur Erreichung des angestrebten Zieles.

richtet sich die Besteuerung der Gesellschaft vom Zeitpunkt des Auflösungsbeschlusses an[303] nach den Grundsätzen des § 11 KStG für die Liquidationsbesteuerung. § 11 KStG regelt nicht den gesamten Steuertatbestand, sondern bestimmt lediglich, wie der Liquidationsgewinn zu ermitteln ist, der dann wiederum den gewöhnlichen Steuersätzen des KStG unterworfen wird.

a) § 11 KStG

Im Gegensatz zu der den Kreis der Steuerpflichtigen erweiternden Tendenz bei der Frage der unbeschränkten Körperschaftsteuerpflicht zeigt sich bei § 11 KStG, daß dieser die Besteuerung der Liquidationsgesellschaft nur für Kapitalgesellschaften, Erwerbs- oder Wirtschaftsgenossenschaften und Versicherungsvereine auf Gegenseitigkeit regelt. Die anderen nach § 1 Abs. 1 KStG unbeschränkt körperschaftsteuerpflichtigen Gesellschaftsformen sind ausgeschlossen.

aa) Verlegung des Satzungssitzes deutscher Kapitalgesellschaften ins Ausland

Kommt es im Zuge der Verlegung des Satzungssitzes einer Kapitalgesellschaft ins Ausland zur tatsächlichen Durchführung der Auflösung und Abwicklung der bis zu diesem Zeitpunkt unbeschränkt körperschaftsteuerpflichtigen Kapitalgesellschaft, so richtet sich die Besteuerung dieses Vorganges nach § 11 KStG[304]. Diese Norm sieht vor, daß der Abwicklungsgewinn zu versteuern ist. Abwicklungsgewinn ist der Betrag, der sich nach Abzug des Abwicklungs-Anfangsvermögens vom Abwicklungs-Endvermögen ergibt[305]. Deren Werte richten sich wiederum nach § 11 Abs. 3 und 4 KStG[306], also nach Buch- bzw. Veräußerungswerten. Daher umfaßt der Abwicklungsgewinn im Wesentlichen die in der Kapitalgesellschaft gebildeten stillen Rücklagen[307].

Bei der Liquidation im Rahmen einer Sitzverlegung wird – im Gegensatz zur „normalen“ Liquidation – nicht das Vermögen der Gesellschaft veräußert und der resultierende Gewinn auf die Gesellschafter übertragen. Vielmehr werden die Vermögensgegenstände als solche auf die Gesellschafter übertragen, die sie dann in die neue Auslandsgesellschaft einbringen können, bzw. es findet eine

303 BFH BStBl. II 1974, 692, 693; *Frotscher*, in: ders./Maas, KStG, § 11 Rnr. 21; *Streck*, KStG, § 11 Anm. 4.

304 *Frotscher*, in: ders./Maas, KStG, § 11 Rnr. 8 ff.

305 § 11 Abs. 2 KStG.

306 Im Abwicklungs-Anfangsvermögen wird das Betriebsvermögen nach Buchwerten erfaßt, während Abwicklungs-Endvermögen das Vermögen ist, das durch Veräußerung des Betriebsvermögens (zu normalerweise realen Marktpreisen) entstanden ist.

307 Zu stillen Rücklagen vgl. oben S. 50.

Übertragung von der alten Kapitalgesellschaft auf die neue Auslandsgesellschaft statt. Die Liquidationsbesteuerung des § 11 KStG wirkt auch in diesem Falle, da bei einer Übertragung von Vermögensgegenständen diese im Abwicklungs-Endvermögen mit ihrem gemeinen Wert[308] und nicht mit dem Buchwert anzusetzen sind[309].

Wird also im Zuge der Verlegung des Satzungssitzes einer Kapitalgesellschaft diese aufgelöst und die Vermögensgegenstände im Rahmen einer insofern modifizierten Liquidation auf die Gesellschafter übertragen, so führt dies zu einer Besteuerung der stillen Rücklagen der Kapitalgesellschaft im Rahmen der Besteuerung des Liquidationsgewinnes der Gesellschaft.

bb) Verlegung des Verwaltungssitzes deutscher Kapitalgesellschaften ins Ausland

Wie bei der Verlegung des Satzungssitzes ins Ausland ist auch für die ordnungsgemäße Verlegung des Verwaltungssitzes die Auflösung und Liquidation der Gesellschaft in Deutschland erforderlich. Daher kommt auch in diesem Fall die Liquidationsbesteuerung des § 11 KStG zur Anwendung, wenn die Gesellschaft die Auflösung und Liquidation tatsächlich durchführt. Tut sie dies bei einer schlichten Verlegung des Verwaltungssitzes nicht, ist § 11 KStG nicht anwendbar, da für dessen Anwendung neben einem Auflösungsbeschluß auch die Durchführung der Liquidation erforderlich ist[310]. In diesen Fällen wird in der Regel allerdings auch kein Ausscheiden aus der unbeschränkten Steuerpflicht in Deutschland vorliegen, da die Gesellschaft immer noch über einen Satzungssitz in Deutschland verfügt und somit unbeschränkt körperschaftsteuerpflichtig ist. Anders wird dies erst dann, wenn wegen der Verlegung des Verwaltungssitzes ins Ausland die zwangsweise Liquidation der Gesellschaft nach § 144 FGG analog betrieben[311] und damit wiederum der Anwendungsfall des § 11 KStG herbeigeführt wird.

---

308 Vgl. oben S. 50 Fn. 204.

309 *Streck*, KStG, § 11 Anm. 8; *Cattelaens/Gottstein/Stegmüller/Zenthöfer*, KöSt, Rnr. 668; *Frotscher*, in: ders./Maas, KStG, § 11 Rnr. 17.

310 *Frotscher*, in: ders./Maas, KStG, § 11 Rnr. 8; *Dötsch*, in: ders./Eversberg/Jost/Witt, KStG, § 12 Rnr. 7 und 12 f.; *Schaumburg*, GmbHR 1996, 585, 592; *Ebenroth/Auer*, RIW-Beilage 1/1992, 1, 19 Fn. 160.

311 dazu oben S. 45.

cc) Sitzverlegung sonstiger unbeschränkt körperschaftsteuerpflichtiger Gesellschaften ins Ausland

Da der Anwendungsbereich des § 11 KStG auf die in § 1 Abs. 1 Nr. 1 bis 3 KStG genannten Gesellschaftsformen beschränkt ist, kommt eine Anwendung auf die Liquidation der sonstigen (vor allem ausländischen) Gesellschaftsformen, deren unbeschränkte Körperschaftsteuerpflicht sich aus § 1 Abs. 1 Nr. 4 bis 6 KStG ergibt, nicht in Betracht. Weitergehende Schwierigkeiten, etwa die Frage der Anwendbarkeit des § 11 KStG auf Liquidationsverfahren nach ausländischem Recht, sind damit unbeachtlich.

b) § 16 EStG

Bei der Liquidation von unbeschränkt körperschaftsteuerpflichtigen Gesellschaften, die nicht unter § 11 KStG fallen, ist über § 8 Abs. 1 KStG auf § 16 EStG zurückzugreifen[312], soweit die Gesellschaft einen Betrieb gewerblicher Art führt. § 16 EStG bildet hierbei wiederum die Grundlage für die Ermittlung eines Liquidationsgewinnes, der dann nach KStG besteuert wird. Körperschaftsteuersubjekte, die nicht unter § 11 KStG fallen, sind hier insbesondere die nach ausländischem Recht gegründeten Kapitalgesellschaften mit Verwaltungssitz in Deutschland, die hier unbeschränkt körperschaftsteuerpflichtig geworden sind. Wegen ihrer zivilrechtlichen Behandlung als Personengesellschaft[313] erscheint die Behandlung ihrer Liquidation nach § 16 Abs. 1 Nr. 2 iVm Abs. 3 Satz 1 EStG auch möglich, da unter diese Norm auch die Liquidation der sonstigen, „normalen" Personengesellschaften gefaßt wird[314].

Nach § 16 Abs. 3 Satz 4 EStG kommt es zum Ansatz des gemeinen Wertes der Vermögensgegenstände, wenn diese nicht veräußert, sondern auf die Gesellschafter übertragen werden. Der Veräußerungsgewinn ergibt sich nach § 16 Abs. 2 Satz 1 EStG als Überschuß des Veräußerungspreises – im Falle der Übertragung auf die Gesellschafter also der Summe der gemeinen Werte – über den Bilanzwert des Betriebsvermögens der Gesellschaft. Auch bei einer Besteuerung nach § 8 Abs. 1 KStG iVm § 16 EStG findet also eine Besteuerung der zu diesem Zeitpunkt nicht realisierten stillen Rücklagen der unbeschränkt körperschaftsteuerpflichtigen Gesellschaft statt.

---

[312] *Frotscher*, in: ders./Maas, KStG, § 11 Rnr. 49b; *Streck*, KStG, § 11 Anm. 11.

[313] Vgl. dazu die obigen Erläuterungen S. 49.

[314] *Tipke/Lang*, § 17 Rnr. 54.

2. Wegzugsbesteuerung

Als Spezialität des Körperschaftsteuerrechts besteht im KStG mit § 12 Abs. 1 eine Norm, die explizit auf die Verlegung des Sitzes unbeschränkt körperschaftsteuerpflichtiger Steuersubjekte ins Ausland eingeht. Wegen der dargestellten Erfassung der Sitzverlegung bei deren „ordnungsgemäßer" Durchführung durch § 11 KStG stellt sich allerdings die Frage, welchen Anwendungsbereich § 12 KStG hat.

a) Regelungsgehalt des § 12 KStG

aa) § 12 Abs. 1 KStG

Nach § 12 Abs. 1 Satz 1 KStG ist eine unbeschränkt steuerpflichtige Körperschaft oder Vermögensmasse bei Verlegung von Sitz oder Geschäftsleitung oder beidem und dadurch bedingtem Ausscheiden aus der unbeschränkten Steuerpflicht in entsprechender Anwendung des § 11 KStG zu besteuern. Nach Satz 2 wird der gemeine Wert des vorhandenen Betriebsvermögens als Abwicklungs-Endvermögen betrachtet, während nach Satz 3 der Anwendungsbereich der Regelung auf die Verlegung der Geschäftsleitung von unbeschränkt steuerpflichtigen Personenvereinigungen erweitert wird. Bei diesen ist in Ermangelung eines (eintragungsfähigen) deutschen Satzungssitzes alleine die Verlegung der Geschäftsleitung ins Ausland für das Ausscheiden aus der unbeschränkten Körperschaftsteuerpflicht und damit für die Annahme der Rechtsfolgen aus § 12 KStG ausreichend[315]. Über die Verweisung auf § 11 KStG kommt es also auch bei Anwendbarkeit des § 12 KStG zu einer Aufdeckung und Besteuerung der in einer Gesellschaft gebildeten stillen Rücklagen.

bb) § 12 Abs. 2 KStG

Eine weitere Form der Aufdeckung und Besteuerung stiller Rücklagen sieht schließlich § 12 Abs. 2 KStG vor, der dafür sorgt, daß die in einer Betriebsstätte eines in Deutschland lediglich beschränkt steuerpflichtigen Körperschaftsteuersubjektes gebildeten stillen Rücklagen bei Auflösung oder Verlegung der Betriebsstätte ins Ausland oder bei Übertragung des Betriebsvermögens auf einen anderen in Deutschland besteuert werden.

---

315 *Hübl*, in: Herrmann/Heuer/Raupach, KStG, § 12 Rnr. 8; *Frotscher*, in: ders./Maas, KStG, § 12 Rnr. 9.

b) Anwendungsbereich

aa) § 12 Abs. 1 KStG

Auf die oben genannten Fälle, in denen eine Kapitalgesellschaft die Verlegung ihres Sitzes durch Auflösung und Abwicklung im Inland und Neugründung im Ausland betreibt, ist § 12 KStG nicht anwendbar, da es sich bei diesen Vorgängen nicht um eine Sitzverlegung im eigentlichen Sinne der Vorschrift handelt. Jedenfalls ist aber die Regelung des § 11 KStG für den Fall der Übertragung von Vermögensgegenständen auf die Anteilseigner spezieller[316] und schließt daher eine Anwendung des § 12 KStG in diesem Bereich aus.

Jedoch unterfallen der unbeschränkten Körperschaftsteuerpflicht in Deutschland nicht nur Kapitalgesellschaften, die mit Satzungs- und Verwaltungssitz in Deutschland zu Hause sowie nach deutschem Recht organisiert sind und aus diesem Grunde das deutsche Liquidationsverfahren durchlaufen müssen. Bei Betrachtung der weiteren Gesellschaftsformen, die nach den obigen Ausführungen der deutschen unbeschränkten Körperschaftsteuerpflicht unterliegen, zeigt sich aber, daß auch hier nicht allzu viele Anwendungsfälle für § 12 Abs. 1 KStG bestehen.

Die ausländischen Gesellschaften mit Satzungs- und Verwaltungssitz im Ausland sind allenfalls beschränkt steuerpflichtig, weshalb es nicht zu einem Ausscheiden aus der unbeschränkten Steuerpflicht im Sinne des § 12 Abs. 1 KStG kommen kann. Deutsche Kapitalgesellschaften mit ausländischem Verwaltungs-, aber deutschem Satzungssitz, scheiden aufgrund der faktischen Verlegung des Verwaltungssitzes zunächst nicht aus der unbeschränkten Körperschaftsteuerpflicht in Deutschland aus. Bei Durchführung einer zwangsweisen Liquidation fallen diese Gesellschaften wiederum unter § 11 KStG. Eine der Verlegung des Verwaltungssitzes nachfolgende isolierte Verlegung des Satzungssitzes, die wegen des damit verbundenen Ausscheidens aus der unbeschränkten Körperschaftsteuerpflicht den Anwendungsbereich des § 12 KStG eröffnen würde, gibt es nach deutschem Gesellschaftsrecht nicht, vielmehr ist hierzu wiederum die Auflösung und Abwicklung der Gesellschaft vor Löschung des Sitzes im Handelsregister erforderlich und damit § 11 KStG direkt anwendbar.

Möglicherweise ergeben sich Anwendungsfälle des § 12 Abs. 1 KStG durch Anwendung von Doppelbesteuerungsabkommen bei der Besteuerung von Kapitalgesellschaften. Denkbar ist dies dann, wenn die Kapitalgesellschaft zunächst mit Satzungs- und Verwaltungssitz in Deutschland zu Hause ist und so-

---

316 *Frotscher*, in: ders./Maas, KStG, § 12 Rnr. 2 und 10; *Hübl*, in: Herrmann/Heuer/Raupach, KStG, § 12 Rnr. 9; *Ebenroth/Auer*, RIW-Beilage 1/1992, S. 1, 19.

dann den Verwaltungssitz schlicht ins Ausland verlagert. Wegen des in Deutschland verbliebenen Satzungssitzes besteht die unbeschränkte Körperschaftsteuerpflicht grundsätzlich weiterhin. Jedoch kann ein Doppelbesteuerungsabkommen die Verteilung der Besteuerungsrechte an den tatsächlichen Verwaltungssitz (bzw. die Geschäftsleitung) anknüpfen und die Gesellschaft dadurch mit einem Großteil ihres Welteinkommens dem Besteuerungsrecht des ausländischen Staates des Verwaltungssitzes unterstellen. Dies kommt im Inland einer mindestens faktischen Aufhebung der unbeschränkten Steuerpflicht gleich[317]. So bestimmt Art. 7 Abs. 1 des OECD-Musterabkommens von 1997 zur Vermeidung der Doppelbesteuerung auf dem Gebiet der Steuern vom Einkommen und vom Vermögen:

> „Gewinne eines Unternehmens eines Vertragsstaates können nur in diesem Staat besteuert werden, es sei denn, das Unternehmen übt seine Tätigkeit im anderen Vertragsstaat durch eine dort gelegene Betriebsstätte aus. Übt das Unternehmen seine Tätigkeit auf diese Weise aus, so können die Gewinne des Unternehmens in dem anderen Staat besteuert werden, jedoch nur insoweit, als sie dieser Betriebsstätte zugerechnet werden können."

In Verbindung mit den Regelungen des Art. 3 Abs. 1 lit. c) OECD-MA, der den Begriff des Unternehmens näher definiert, und des Art. 4 Abs. 1 und 3 OECD-MA, die die Ansässigkeit auf das Merkmal der Geschäftsleitung beziehen, ergibt sich, daß eine im Inland unbeschränkt körperschaftsteuerpflichtige Gesellschaft trotz dieser Tatsache nur mit ihren Betriebsstätteneinkünften (und damit eigentlich beschränkt) steuerpflichtig ist, wenn sich ihre Geschäftsleitung im Ausland in einem Staat befindet, mit dem ein dem OECD-Musterabkommen entsprechendes Doppelbesteuerungsabkommen abgeschlossen ist[318].

Knobbe-Keuk sieht in dem Fall, in dem ein solches Auseinanderfallen von Satzungssitz und Ort der Geschäftsleitung zum „Herausfallen" aus der unbeschränkten Körperschaftsteuerpflicht führt, den Anwendungsbereich des § 12 Abs. 1 KStG als eröffnet an[319]. Ob dies allerdings nur für den Fall gilt, daß die unbeschränkte Körperschaftsteuerpflicht formell beendet wird oder auch für den Fall, daß nur materiell eine der beschränkten Körperschaftsteuerpflicht entspre-

---

317 Die Vorschriften der Doppelbesteuerungsabkommen gehen schon aus allgemeinen, normhierarchischen Erwägungen sowie aufgrund der expliziten Normierung in § 2 AO als völkerrechtliche Abkommen zwischen zwei Staaten dem einfachen Steuerrecht vor und können daher zu Rechtsfolgen führen, die von der gesetzlichen Regel abweichen (*Tipke/Lang*, § 2 Rnr. 40).

318 In älteren DBA, die bereits vor der Schaffung des OECD-MA geschlossen wurden, finden sich sinn-, jedoch nicht wortgleiche Regelungen. Vgl. dazu die Regelungen in Art. 4 Abs. 1 und Art. 1 Abs. 3 DBA-Österreich.

319 DB 1991, 298, 300.

chende Situation eintritt, bleibt aufgrund des angegebenen Zitates unklar. Unter Berufung auf *Knobbe-Keuk* vertritt *Zisowski*[320] das Ausscheiden der Kapitalgesellschaft aus der unbeschränkten Steuerpflicht bei Eingreifen einer dementsprechenden Regelung in einem Doppelbesteuerungsabkommen.

Im Sinne einer Anwendbarkeit des § 12 Abs. 1 KStG sowohl auf die Fälle des formellen als auch des materiellen Endes der unbeschränkten Körperschaftsteuerpflicht versteht *Frotscher* die Äußerungen *Knobbe-Keuks* und wendet sich gegen diese[321]. Er sieht in diesem Fall den Tatbestand des § 12 Abs. 1 KStG als nicht erfüllt an, da zwar möglicherweise materiell, aber doch jedenfalls nicht formell ein Ausscheiden aus der unbeschränkten Körperschaftsteuerpflicht gegeben sei. Gegen diese Ansicht wenden sich auch *Ebenroth/Auer*[322].

Falls die Aussage von *Knobbe-Keuk* tatsächlich den ihr von *Frotscher* beigelegten Gehalt haben sollte[323], so ist diese Ansicht abzulehnen. Eine Erweiterung des Anwendungsbereiches des – meiner Ansicht nach – verunglückten § 12 Abs. 1 KStG auf die Fälle, in denen lediglich eine der beschränkten Körperschaftsteuerpflicht vergleichbare Situation vorliegt, ist nicht durchzuführen. Wäre in diesen Fällen eine Besteuerung nach § 12 Abs. 1 KStG erwünscht, so könnte dies durch die Anordnung eines formellen Endes der unbeschränkten Körperschaftsteuerpflicht erfolgen. Der Umweg über eine erweiternde Auslegung der Norm hingegen ist nicht angebracht.

So bleibt nur noch die nach ausländischem Recht organisierte, im Ausland mit Satzungssitz registrierte und mit ihrem Verwaltungssitz in Deutschland befindliche Gesellschaft, die aufgrund eines Typenvergleiches in Deutschland als Körperschaft angesehen wird und deshalb sowie wegen ihres deutschen Verwaltungssitzes in Deutschland unbeschränkt körperschaftsteuerpflichtig ist[324]. Verlegt diese Gesellschaft ihren Verwaltungssitz ins Ausland, so sind die Voraussetzungen des § 12 Abs. 1 KStG erfüllt[325]. Eine (1) unbeschränkt steuerpflichtige (2) Körperschaft hat ihre (3) Geschäftsleitung ins (4) Ausland (5) verlegt und ist dadurch (6) aus der unbeschränkten Steuerpflicht ausgeschieden.

Die Schwierigkeiten, einen Anwendungsfall für § 12 Abs. 1 KStG zu finden, zeigen schon recht deutlich, daß bei der Schaffung dieser Norm nicht die

---

320 Grenzüberschreitender Umzug, S. 84.

321 *Frotscher*, in: ders./Maas, § 12 Rnr. 11.

322 RIW-Beilage 1/1992, S. 1, 18 Fn. 153.

323 Dies ist m. E. nicht zwingend aus der Formulierung „... sie kann aber aufgrund einer DBA-Regelung, daß bei Auseinanderfallen von Satzungssitz und Ort der Geschäftsleitung letzterer den Vorrang hat, aus der unbeschränkten Körperschaftsteuerpflicht herausfallen. In einem solchen Fall ist der Tatbestand des § 12 Abs. 1 KStG erfüllt." herzuleiten. Diese könnte auch dahingehend zu verstehen sein, daß das DBA den formellen Wegfall der unbeschränkten Körperschaftsteuerpflicht anordnen muß, um den Anwendungsbereich des § 12 Abs. 1 KStG zu eröffnen.

324 Vgl. dazu die Ausführungen oben S. 62.

325 Dazu auch *Schaumburg*, GmbHR 1996, 585, 592.

klare Analyse der möglichen Anwendungsfälle sowie das Interesse an einer möglichst klaren Regelung mit eindeutigem Anwendungsbereich im Vordergrund standen, sondern vielmehr die nackte Angst vor befürchteten Steuerausfällen die Triebfeder war. Dies hat zu einer Regelung geführt, die vom Wortlaut her einen Vorgang der Besteuerung unterwirft, den es gesellschaftsrechtlich so gar nicht gibt[326]. Es sollte eine Regelung geschaffen werden, die für alle gesellschaftsrechtlichen Eventualitäten und (möglicherweise europarechtlichen) Unwägbarkeiten ein sicheres Mittel gegen die Gefahr einer unkontrollierten Entfernung von in Deutschland steuerverstrickten Wirtschaftsgütern mit stillen Rücklagen bieten sollte, wobei über die Notwendigkeit und Systemkonformität nur wenig nachgedacht wurde[327].

bb) § 12 Abs. 2 KStG

Der Anwendungsbereich des § 12 Abs. 2 KStG ist deutlicher umrissen. Es handelt sich hier um die Fälle, in denen eine in Deutschland aufgrund des Engagements mit einer rechtlich unselbständigen Betriebsstätte lediglich beschränkt steuerpflichtige ausländische Gesellschaft ihre Betriebsstätte aus dem Bereich der deutschen Steuerhoheit entfernt – sei dies durch Sitzverlegung oder durch Auflösung. Außerdem wird der Fall erfaßt, in dem das Vermögen der Betriebsstätte als Ganzes auf einen anderen übertragen wird. § 12 Abs. 2 KStG ist subsidiär gegenüber den Regelungen des Umwandlungssteuergesetzes, die eine anderweitige Regelung beispielsweise für die Übertragung des Vermögens der inländischen Betriebsstätte gegen Gewährung von Gesellschaftsrechten auf eine ausländische Kapitalgesellschaft vorsehen[328]. Probleme können sich bei der An-

---

326 So spricht beispielsweise *Streck*, KStG, § 12 Anm. 1 davon, daß die Vorschrift in der Praxis nur eine geringe Bedeutung habe. *Hübl* zählt zwar in Herrmann/Heuer/Raupach, KStG, § 12 Rnr. 9 drei Anwendungsfälle der Vorschrift auf, um jedoch sofort wieder einschränkend darauf hinzuweisen, daß „... die Voraussetzungen für die Besteuerung nach § 11 [KStG] unmittelbar erfüllt sein ..." können. *Knobbe-Keuk* geht in Steuerrecht, § 25 I 3 a (S. 938) ebenfalls von drei Anwendungsfällen aus, übersieht aber m. E. (möglicherweise im Hinblick auf ihre Vorliebe für die Gründungstheorie verständlich), daß für den ersten und letzten Anwendungsfall nach deutschem Recht die Auflösung und Abwicklung der Gesellschaft erforderlich und somit § 11 KStG unmittelbar anwendbar ist.

327 In diesem Sinne auch *Frotscher*, in: ders./Maas, KStG, § 12 Rnr. 3.

328 So § 20 UmwStG, der in Abs. 2 die Möglichkeit der Einbringung zu Buchwerten regelt, in Abs. 3 einen Ansatz zu Teilwerten für den Fall anordnet, daß die Besteuerungshoheit bezüglich des Gewinnes aus einer Veräußerung der gewährten Anteile beim die Vermögensgegenstände Einbringenden nicht gesichert ist und schließlich in Abs. 4 festlegt, daß der Ansatzwert beim Einbringenden als Veräußerungspreis der Wirtschaftsgüter anzusehen ist. Über dieses Verfahren kann es dazu kommen, daß bei Einbringung der Betriebsstätte und sichergestellter Besteuerung eines Gewinnes aus Veräußerung der gewährten Anteile eine Einbringung zu Buchwerten möglich ist, die wiederum eine Be-

Fortsetzung der Fußnote siehe folgende Seite

wendung des § 12 Abs. 2 KStG im Falle der Sitzverlegung einer ausländischen Kapitalgesellschaft ins Inland ergeben, falls diese über eine Betriebsstätte in Deutschland verfügt[329].

c) Anwendung auf die genannten Fälle

Eine Besteuerung nach § 12 Abs. 1 KStG kann derzeit also nur in den Fällen stattfinden, in denen eine nach ausländischem Recht gegründete Gesellschaft, die wegen ihrer in Deutschland befindlichen Geschäftsleitung hier unbeschränkt körperschaftsteuerpflichtig ist, diese wieder ins Ausland verlegt und deshalb aus der unbeschränkten Steuerpflicht in Deutschland ausscheidet. In diesem Anwendungsfall, der in der Praxis sicher nur eine marginale Bedeutung hat, ist die Anwendung des § 12 Abs. 1 KStG überdies zweifelhaft, wenn die Vermögensgegenstände, aus denen sich die zu besteuernden stillen Rücklagen ergeben, auch nach der Verlegung der Geschäftsleitung in Deutschland verbleiben und hier auch weiterhin der Besteuerung unterliegen[330], die stillen Rücklagen also in Deutschland steuerverstrickt bleiben[331].

---

steuerung der mit den Wirtschaftsgütern gebildeten stillen Rücklagen im Zeitpunkt der Einbringung ausschließt.

329 Vgl. unten S. 88.

330 Sinn und Zweck des § 12 Abs. 1 KStG ist die Besteuerung von Wertzuwächsen, die unter der deutschen Steuerhoheit gebildet wurden im letzten Zeitpunkt, in dem die deutsche Steuerhoheit auf diese Wertzuwächse Zugriff hat – in diesem Fall beim Wegzug der Kapitalgesellschaft aus Deutschland. Vgl. dazu *Hübl*, in: Herrmann/Heuer/Raupach, KStG, § 12 Rnr. 3; *Frotscher*, in: ders./Maas, KStG, § 12 Rnr. 1 f.; *Streck*, KStG, § 12 Anm. 1; *Knobbe-Keuk*, Steuerrecht, § 25 I 3 a (S. 937); *Tipke/Lang*, § 11 Rnr. 81; *Frericks*, in: Bühler, § 12 KStG Rnr. 1 sowie BFH BStBl. II 1974, 255, 256 allerdings zur Betriebsstättenregelung des damaligen § 16 Abs. 2 KStG (jetzt § 12 Abs. 2 KStG).

331 Zu den Gründen für einen Verbleib in der deutschen Besteuerungshoheit vgl. die Ausführungen zur Besteuerung bei internationalen Sachverhalten oben S. 67-72. Für eine teleologische Reduktion des § 12 Abs. 1 KStG im Fall einer weiterhin bestehenden Steuerverstrickung in Deutschland sprechen sich namhafte Stimmen in der Literatur aus, so zum Beispiel *Knobbe-Keuk*, Steuerrecht, § 25 I 3 a (S. 938); *dies.*, StuW 1990, 372, 378; *Schaumburg*, GmbHR 1996, 585, 592; *Hübl*, in: Herrmann/Heuer/Raupach, KStG, § 12 Rnr. 10; *Frotscher*, in: ders./Maas, KStG, § 12 Rnr. 12; *Cattelaens/Gottstein/Stegmüller/Zenthöfer*, KöSt, Rnr. 697. Damit könnte erreicht werden, daß die in Deutschland verbleibenden Vermögensgegenstände nicht in die Wegzugsbesteuerung einbezogen werden. Im Gegensatz dazu sehen *Dötsch*, in: ders./Eversberg/Jost/Witt, KStG, § 12 Rnr. 16a; *ders.*, DB 1989, 2296, 2303 und *Streck*, KStG, § 12 Anm. 6 angesichts des klaren Wortlautes der Norm keine Möglichkeit, die Wegzugsbesteuerung nicht vorzunehmen. *Dötsch* geht allerdings ebenfalls davon aus, daß die Norm zu weit geraten ist, sieht an dieser Stelle allerdings den Gesetzgeber gefordert, der eine umfassende Änderung vornehmen sollte.

3. Fazit

Bei der Sitzverlegung ins Ausland kommt es in allen denkbaren Konstellationen zu einer Besteuerung der in der jeweiligen Gesellschaft gebildeten stillen Rücklagen. Dies ist ein für die Gesellschaft unerfreuliches Ergebnis, da nicht nur eine möglicherweise hohe Steuerschuld entsteht, sondern diese zusätzlich nicht durch einen entsprechenden Zufluß von liquiden Mitteln abgedeckt werden kann. Kann die Steuerschuld bei tatsächlich zugeflossenen Gewinnen in der Regel aus diesen beglichen werden, ist die Situation bei der Besteuerung der stillen Rücklagen eine andere. Die Gewinne sind in diesem Fall nur fiktiv entstanden, die Übertragung der Vermögensgegenstände auf die Gesellschafter (die bei einer Besteuerung nach § 12 Abs. 1 KStG ebenfalls nicht gegeben ist) führt nicht zu einem Mittelzufluß. Werden diese fiktiven Gewinne bei der Gesellschaft einer Besteuerung unterworfen, entsteht die Notwendigkeit, zur Begleichung der Steuerschuld entweder Fremdmittel aufzunehmen oder Vermögensgegenstände zu liquidieren, da eine Finanzierung aus dem Cash flow nur in seltenen Fällen möglich sein dürfte. Neben der reinen Vermögenseinbuße ergeben sich aus dieser Situation also weitere Probleme.

Zusätzlich entsteht ein weiteres Problem daraus, daß § 12 Abs. 1 KStG zwar die Besteuerung nach dem für die Liquidation geltenden § 11 KStG anordnet, jedoch nicht gleichzeitig auf die sonstigen im Rahmen einer „normalen" Liquidation nach § 11 KStG anwendbaren Vorschriften verweist. Damit ist die Anwendung des § 41 Abs. 1 KStG, der die Anwendung des körperschaftsteuerlichen Anrechnungsverfahrens zur Minderung der Steuerbelastung ausgeschütteter Gewinne auch auf sonstige Leistungen – etwa des Liquidationsgewinnes – regelt, ausgeschlossen. Damit kann für den fiktiv angefallenen „Verlegungsgewinn" keine Ausschüttungsbelastung hergestellt werden[332]. Wegen des Ausscheidens aus der unbeschränkten Körperschaftsteuerpflicht ist die Durchführung des Anrechnungsverfahrens aufgrund allgemeiner Vorschriften ebenfalls nicht mehr möglich[333]. Die Körperschaftsteuerbelastungen der einzelnen Eigenkapitalbeträge werden damit im Falle einer Besteuerung nach § 12 Abs. 1 KStG definitiv[334]. Zur Vermeidung dieses Ergebnisses wird vorgeschlagen, daß im Vorfeld der Sitzverlegung der Kapitalgesellschaft eine Ausschüttung des gesamten mit der vollen Tarifbelastung versehenen verwendbaren Eigenkapita-

---

332 *Dötsch*, DB 1989, 2296, 2303.

333 § 27 Abs. 1 KStG fordert für dessen Durchführung eine *unbeschränkt* körperschaftsteuerpflichtige Kapitalgesellschaft.

334 *Dötsch*, in: ders./Eversberg/Jost/Witt, KStG, § 12 Rnr. 32; *ders.*, DB 1989, 2296, 2303; *Thiel*, GmbHR 1994, 277, 278 f.; *Schaumburg*, GmbHR 1996, 585, 592; *Cattelaens/Gottstein/Stegmüller/Zenthöfer*, KöSt, Rnr. 709 ff. Die derzeitige Tarifbelastung beträgt nach § 23 Abs. 1 KStG 45 v. H.

les[335] vorgenommen werden sollte, um so zu einer Minderung der Körperschaftsteuerbelastung dieses Kapitalbetrages auf 30 v. H. zu kommen[336].

Dies dürfte in aller Regel dazu führen, daß eine sitzverlegungswillige Kapitalgesellschaft diesen Wunsch einer sehr intensiven Überprüfung unterziehen und in den meisten Fällen angesichts der ökonomischen Folgen bereits ohne Berücksichtigung gesellschaftsrechtlicher Unmöglichkeiten auf die Sitzverlegung verzichten wird. Zwar bieten sich andere Möglichkeiten einer Betätigung im Ausland[337], doch handelt es sich dabei dann gerade nicht um die Wahrnehmung primärer Niederlassungsfreiheit, die sich für die Gesellschaften aus ihrer Gleichstellung mit den natürlichen Personen nach dem Wortlaut der Art. 43, 48 EG grundsätzlich ergibt[338].

VI. Sitzverlegung ins Inland

Für die Sitzverlegung ins Inland sind ebenfalls mehrere Konstellationen denkbar. Die Verlegung des Satzungssitzes ins Inland scheitert wiederum an der fehlenden Eintragbarkeit eines deutschen Satzungssitzes ins ausländische und auch ins deutsche Handelsregister, falls die Gesellschaft nicht nach deutschem Recht organisiert sein sollte. Die verbleibenden Möglichkeiten sind die der Auflösung der Gesellschaft im Ausland in Verbindung mit einer Neugründung im Inland sowie die Verlegung des Verwaltungssitzes der ausländischen Kapitalgesellschaft[339] ohne Auflösung der Gesellschaft im Ausland.

1. Liquidation der Gesellschaft im Ausland und Neugründung in Deutschland

Die Auflösung der Kapitalgesellschaft im Ausland und die daraus folgende Übertragung vorhandender Vermögensgegenstände auf einen anderen Rechtsträger hat – ebenso wie bei Durchführung im Inland – dort steuerliche Konsequenzen. An dieser Stelle sollen jedoch nicht die Folgen der Auflösung der Kapitalgesellschaft im ausländischen Steuerrecht untersucht, sondern die der

---

335 Das sogenannte EK 45 nach § 30 Abs. 1 Nr. 1 KStG.

336 *Dötsch*, in: ders./Eversberg/Jost/Witt, KStG, § 12 Rnr. 32 f.; *ders.*, DB 1989, 2296, 2303; *Thiel*, GmbHR 1994, 277, 279; *Schaumburg*, GmbHR 1996, 585, 592. Zu den weiteren Fragen im Umfeld dieser Lösung vgl. *Dötsch*, DB 1989, 2296, 2303.

337 Vgl. dazu die Einleitung.

338 Zum konkreten Gehalt der Niederlassungsfreiheit im Hinblick auf die Rechtsprechung des EuGH vgl. unten S. 123; zur Vereinbarkeit der deutschen Rechtslage mit Europarecht und insbesondere der Niederlassungsfreiheit vgl. unten S. 158.

339 Die nach den obigen Ausführungen (S. 60) für die Begründung der unbeschränkten Körperschaftsteuerpflicht in Deutschland bei positivem Typenvergleich ausreichend ist.

Neugründung und Einbringung von Vermögensgegenständen in Deutschland dargestellt werden.

a) Gesellschaften ohne inländisches Betriebsvermögen

Bei der Auflösung und Liquidation der ausländischen Gesellschaft kommt es wegen des Wegfalles des bisherigen Rechtsträgers zu einer Übertragung der Vermögensgegenstände der ausländischen Kapitalgesellschaft auf die Gesellschafter. Diese können dann (auch bereits im Vorfeld der Auflösung im Ausland) im Inland eine neue Kapitalgesellschaft gründen und die Vermögensgegenstände der ausländischen Gesellschaft auf diese neue Inlandsgesellschaft übertragen. Auch wenn es sich um im Ausland belegenes Betriebsvermögen handelt, sind die Vorschriften des deutschen Steuerrechts über die Bilanzierung und Bewertung von Betriebsvermögen anzuwenden. Dies bedeutet, daß die Gesellschaft die von den Gesellschaftern eingebrachten Vermögensgegenstände grundsätzlich mit deren Teilwerten[340] im Zeitpunkt der Zuführung zu bilanzieren hat[341]. Dies ergibt sich aus § 6 Abs. 1 Nr. 5 EStG, der über die Verweisung in Nr. 6 auch für die Eröffnung eines Unternehmens gilt, wobei die Normen des EStG über die Gewinnermittlung nach § 8 Abs. 1 KStG auch für die Besteuerung der Körperschaften gelten. Allerdings ist der dort verwendete Begriff des Teilwertes bei der Neuschaffung einer Kapitalgesellschaft dahingehend zu verändern, daß Teilwert in diesem Falle der Wert ist, den ein Dritter für die Beschaffung des Wirtschaftsgutes aufgewendet hätte, wenn er an Stelle der Gesellschafter die Gesellschaft unter Einbringung der Vermögensgegenstände neu gegründet hätte[342]. In diesem Falle entspricht der Teilwert also dem Marktwert und somit wieder dem gemeinen Wert. Die Einbringung der Vermögensgegenstände in die neue Kapitalgesellschaft entfaltet auf Ebene der Gesellschaft insofern keine steuerlichen Wirkungen, als die durch die Bilanzierung auf der Aktivseite verursachte Vermögensmehrung durch die Bilanzierung eines entsprechenden Eigenkapitalbetrages auf der Passivseite neutralisiert wird. Bei Veräußerung des Vermögensgegenstandes kommt es – bei Außerachtlassung von Abschreibungen und ähnlichen Minderungen des Buchwertes – zu keiner erneuten Steuerbelastung, da er mit dem gemeinen Wert in der Bilanz geführt wird.

Aus der Übertragung der Vermögensgegenstände von den Gesellschaftern auf die neugegründete Inlandsgesellschaft ergeben sich also keine steuerlich negativen Konsequenzen in Deutschland. Kommt es allerdings im ausländischen Sitzstaat der Altgesellschaft bei deren Liquidation zu ähnlichen Steuerfolgen,

---

340 Dazu oben S. 50 Fn. 205.

341 *Knobbe-Keuk*, Steuerrecht, § 5 IV 6 (S. 182); *Streck*, KStG, § 8 Anm. 35; *Groh*, FR 1990, 528, 529.

342 BFHE 164, 565, 567; *Herrmann*, in: Frotscher, EStG, § 6 Rnr. 710; *Werndl*, in: Kirchhof/Söhn, EStG, § 6 Rnr. G 13.

wie dies oben[343] für Deutschland dargestellt wurde, so ergeben sich bereits daraus negative steuerliche Folgen, die abschreckende Wirkung entfalten dürften. Die direkte Übertragung der ausländischen Vermögensgegenstände von der ausländischen Gesellschaft auf die inländische Gesellschaft ermöglicht zumindest aufgrund des deutschen Rechts keine Einbringung zu Buchwerten, da keine der Alternativen des § 23 UmwStG anwendbar ist.

Mit dem Eintritt in die unbeschränkte Körperschaftsteuerpflicht besteht für die neue Gesellschaft auch die Pflicht, ihr Eigenkapital entsprechend den Vorschriften des deutschen KStG zu gliedern, wobei es eine der notwendigen Eröffnungsbilanz entsprechende „Eröffnungsgliederung“ mangels einer entsprechenden gesetzlichen Regelung nicht gibt. Jedoch besteht seit Einführung des § 30 Abs. 3 KStG[344] eine Vorschrift, die regelt, daß das den Betrag des Nennkapitales übersteigende Eigenkapital in den nicht körperschaftsteuerbelasteten und damit vom Anrechnungsverfahren nicht erfaßten Teilbetrag EK 04 nach § 30 Abs. 2 Nr. 4 KStG einzustellen ist[345].

b) Gesellschaften mit inländischem Betriebsvermögen in Gestalt einer Betriebsstätte

Für die Übertragung von ausländischem Betriebsvermögen von den Gesellschaftern oder der ausländischen Altgesellschaft auf die Neugesellschaft gelten die Ausführungen im vorigen Abschnitt. Das bisher im Ausland befindliche Betriebsvermögen unterlag als solches nicht den deutschen Besteuerungsrechten und ist zum Teilwert in die neue Kapitalgesellschaft einzubringen. Bei der Übertragung einer inländischen Betriebsstätte auf die Gesellschafter wegen der Liquidation des ausländischen Rechtsträgers dieser Betriebsstätte kommt es im Inland aufgrund der bestehenden beschränkten Steuerpflicht zu einer Liquidationsbesteuerung der Betriebsstätte nach § 2 Nr. 1 KStG iVm §§ 49 Abs. 1 Nr. 2, 16 EStG. Außerdem ist ein Fall des subsidiären § 12 Abs. 2 Alt. 3 KStG, nämlich der Übertragung der Betriebsstätte auf einen anderen, gegeben, der ebenfalls die Liquidationsbesteuerung auslösen würde[346].

---

343 Vgl. S. 72.

344 Durch das Gesetz vom 23.09.1990, BGBl. I 1990, 654 mit Wirkung ab VZ 1991.

345 Noch im Hinblick auf die bis zum Einigungsvertragsgesetz bestehende Gesetzeslücke für den Fall der Notwendigkeit erstmaliger Eigenkapitalgliederung schlägt *Dötsch*, DB 1989, 2296, 2299 f. genau diese Einordnung vor.

346 Anderer Ansicht ist *Baranowski*, FS Debatin, 1, 21 der für diesen Fall auf die handelnden Personen abstellen will und zu dem Ergebnis kommt, daß angesichts der Identität der Gesellschafter der ausländischen Altgesellschaft mit denen der inländischen Neugesellschaft § 12 Abs. 2 Alt. 3 KStG nicht anwendbar ist und der Vorgang daher nach §§ 20 und 23 UmwStG zu beurteilen sei (sofern die Gesellschafter Inländer oder EU-

Fortsetzung der Fußnote siehe folgende Seite

Anders könnte dieser Vorgang zu beurteilen sein, wenn die Betriebsstätte nicht den Umweg über die Gesellschafter nehmen, sondern direkt von der ausländischen Gesellschaft noch vor ihrer Liquidation auf die neugegründete Inlandsgesellschaft übertragen würde. Zwar ist auch hier der Tatbestand des § 12 Abs. 2 Alt. 3 KStG, nämlich die Übertragung der Betriebsstätte als Ganzes auf einen anderen Rechtsträger, erfüllt und somit an sich die Liquidationsbesteuerung entsprechend § 12 KStG vorzunehmen, jedoch könnte sich aus dem in § 12 Abs. 2 a. E. KStG normierten Vorrang der Vorschriften des UmwStG eine andere Rechtslage ergeben[347]. Es kommen die Regelungen des achten Teiles des UmwStG über die Einbringung eines Betriebs, Teilbetriebs oder Mitunternehmeranteils in eine Kapitalgesellschaft gegen Gewährung von Gesellschaftsanteilen in Betracht, wegen der Beteiligung einer Kapitalgesellschaft aus dem EU-Ausland insbesondere § 23 UmwStG. Dieser bestimmt in Abs. 2:

> „Bringt eine beschränkt körperschaftsteuerpflichtige EU-Kapitalgesellschaft ihre inländische Betriebsstätte im Rahmen der Einbringung eines Betriebes oder Teilbetriebs in eine unbeschränkt oder beschränkt körperschaftsteuerpflichtige EU-Kapitalgesellschaft ein, so gilt für die Bewertung des eingebrachten Betriebsvermögens § 20 Abs. 2 Satz 1 bis 4 und 6, Abs. 4 Satz 1, Abs. 5 Satz 2, Abs. 7 und 8 entsprechend."

Über die Verweisung auf § 20 Abs. 2 Satz 1 UmwStG hat die Regelung des § 23 Abs. 2 UmwStG zur Folge, daß die aufnehmende Neugesellschaft die Buchwerte der Altgesellschaft fortführen kann[348] und es somit wegen § 20 Abs. 4 Satz 1 UmwStG, der den Fortführungswert bei der Neugesellschaft zum Veräußerungspreis der Altgesellschaft erklärt, nicht zu einer Aufdeckung stiller Rücklagen bei der Altgesellschaft kommt. Die in Deutschland neu gegründete Kapitalgesellschaft ist auch EU-Gesellschaft im Sinne dieser Vorschrift[349]. Allerdings ist es erforderlich, daß die Übertragung der Betriebsstätte direkt von der in diesem Zeitpunkt noch existenten Altgesellschaft auf die Neugesellschaft in Deutschland erfolgt, da ansonsten bei Übertragung auf die Gesellschafter der Altgesellschaft und Einbringung durch diese in die Neugesellschaft die Regelung des § 23 Abs. 2 UmwStG nicht einschlägig wäre. In diesem Fall kommt es also zunächst nicht zur Anwendung des § 12 Abs. 2 KStG und somit auch nicht zur Aufdeckung stiller Rücklagen durch die Übertragung der Betriebsstätte auf die Neugesellschaft.

Ausländer sind) mit der Folge, daß eine Fortführung der Betriebsstättenbuchwerte bei der inländischen Neugesellschaft möglich wäre.

347 *Frotscher*, in: ders./Maas, KStG, § 12 Rnr. 24; *Streck*, KStG, § 12 Anm. 10 a. E.

348 Die aufnehmende Kapitalgesellschaft hat nach § 20 Abs. 2 Satz 1 UmwStG ein Wahlrecht bezüglich der Fortführung der Buchwerte oder der Bilanzierung der Wirtschaftsgüter mit ihrem Teilwert.

349 Vgl. dazu Anhang zu § 23 UmwStG Nr. 1 Sp. 3.

In voller Schärfe entsteht das Problem um die Aufdeckung der stillen Rücklagen jedoch dann wieder, wenn die ausländische Steuerrechtsordnung im Falle der Liquidation der Altgesellschaft bei dieser eine Liquidationsbesteuerung vornimmt. Denn in diesem Fall werden die aufgrund der Einbringung der Betriebsstätte in der Altgesellschaft befindlichen Gesellschaftsanteile an der deutschen Neugesellschaft zu ihrem Teilwert oder gemeinen Wert auf die Gesellschafter übertragen, die dann am Ende doch wieder die stillen Rücklagen aufdecken und die Steuerlast tragen müssen. In diesem Fall wird das Problem noch dadurch verschärft, daß in der inländischen Neugesellschaft die stillen Rücklagen ein weiteres Mal vorhanden sind, und damit sowohl bei der „normalen" Ausschüttung von Gewinnen als auch bei der möglichen Liquidation der neuen Inlandsgesellschaft wieder der Besteuerung unterworfen werden[350]. Aus diesem Grunde kann es je nach konkreter Fallgestaltung sinnvoller sein, auf die Bilanzierung zu Buchwerten der abgebenden Gesellschaft zu verzichten, die eingebrachten Wirtschaftsgüter zu Teilwerten zu bilanzieren, im Zeitpunkt der Einbringung die stillen Rücklagen aufzudecken und zu versteuern und somit eine zweite Besteuerung zu vermeiden.

2. „Schlichte" Verlegung des Verwaltungssitzes ins Inland

Wie auch bei der Liquidation der ausländischen Gesellschaft sollen hier die Konsequenzen, die die ausländische Steuerrechtsordnung aus der Verlegung des Verwaltungssitzes der Kapitalgesellschaft in einen anderen Staat der Europäischen Gemeinschaft zieht, außer Betracht bleiben. Alleine die Folgen für die Besteuerung in Deutschland werden dargestellt.

a) Gesellschaften ohne inländisches Betriebsvermögen

Durch die Verlegung des Verwaltungssitzes der Kapitalgesellschaft ins Inland unterfällt diese – bei positivem Typenvergleich – der unbeschränkten Körperschaftsteuerpflicht in Deutschland[351]. Wegen dieses Eintrittes in die unbeschränkte Körperschaftsteuerpflicht muß die ausländische Kapitalgesellschaft eine steuerliche Eröffnungsbilanz auf den Eintrittszeitpunkt erstellen[352]. Die

---

350 Die Bilanzierung unter dem Teilwert bei einer Einbringung gegen Gewährung von Gesellschaftsanteilen führt zur Verdoppelung der stillen Rücklagen. Dieses Problem ist in der Literatur bekannt und wird wegen seiner negativen Konsequenzen im Falle einer grenzüberschreitenden Einbringung kritisiert (*Herrmann*, in: Frotscher/Maas, UmwStG, § 23 Rnr. 14; *Förster/Dautzenberg*, DB 1993, 645, 646 f.). Wegen der Unterschiedlichkeit der Körperschaftsteuersysteme in der Europäischen Union wird diese Härte jedoch bisher hingenommen (*Thiel*, GmbHR 1994, 277, 281).

351 Vgl. oben S. 62.

352 *Frotscher*, in: ders./Maas, KStG, § 12 Rnr. 30.

(ausländischen) Vermögensgegenstände der Gesellschaft sind zu diesem Zeitpunkt mit ihren Teilwerten in der Bilanz anzusetzen[353]. Durch den mit dem Zuzug verbundenen Eintritt in die unbeschränkte Körperschaftsteuerpflicht ist die ausländische Gesellschaft auch nach § 43 KStG Anrechnungskörperschaft im Sinne der §§ 27 ff. KStG geworden. Zur Vermeidung einer doppelten Belastung von Einkünften bei den Gesellschaftern und bei der Gesellschaft könnte diese Tatsache möglicherweise die Motivation für eine Verlegung der Geschäftsleitung einer ausländischen Kapitalgesellschaft mit Gesellschaftern, die in Deutschland als Steuerinländer zu behandeln sind, liefern.

b) Gesellschaften mit inländischem Betriebsvermögen in Gestalt einer Betriebsstätte

Der „schlichte" Zuzug einer ausländischen Kapitalgesellschaft durch Verlegung ihres tatsächlichen Verwaltungssitzes nach Deutschland hat im Zivilrecht die Nichtanerkennung der Gesellschaft als Rechtssubjekt zur Folge. Die zugezogene ausländische Gesellschaft wird hier als nichtrechtsfähige Personenvereinigung angesehen[354]. Steuerrechtlich ist es möglich, diese zivilrechtliche Bewertung dahingehend zu deuten, daß das ausländische Rechtssubjekt nicht mehr existiert und ein neues deutsches Rechtssubjekt entstanden ist. Diese Überlegung ist von Bedeutung, da die ausländische Kapitalgesellschaft zuvor als solche in Deutschland wegen ihrer inländischen Betriebsstätte der beschränkten Körperschaftsteuerpflicht unterlag und sich die Frage stellt, ob es sich bei dem neuerdings unbeschränkt körperschaftsteuerpflichtigen Steuersubjekt um ein und dieselbe rechtliche Einheit oder um zwei unterschiedliche Gebilde handelt. Die Beantwortung dieser Frage in die eine oder andere Richtung ist wiederum entscheidend dafür, ob der Gewinnrealisierungstatbestand des § 12 Abs. 2 Alt. 3 KStG gegeben ist und daher die in der inländischen Betriebsstätte gebildeten stillen Rücklagen beim „Übergang" der Eigentümergesellschaft in die unbeschränkte Körperschaftsteuerpflicht aufzudecken und zu besteuern sind oder nicht.

In der körperschaftsteuerrechtlichen Literatur ist diesem Problem bereits Beachtung zuteil geworden. Es wird vertreten, daß die zugezogene und damit unbeschränkt körperschaftsteuerpflichtige Kapitalgesellschaft mit der ausländischen beschränkt körperschaftsteuerpflichtigen Kapitalgesellschaft identisch sei und daher kein Wechsel in der Rechtsträgerschaft im Sinne des § 12 Abs. 2 Alt. 3 KStG vorliege[355]. Unter dem Aspekt, daß die zugezogene Auslandsgesellschaft

---

353 *Frotscher*, in: ders./Maas, KStG, aaO.

354 OHG oder GbR, vgl. dazu oben S. 49.

355 *Frotscher*, in: ders./Maas, KStG, § 12 Rnr. 29 f.; *Hofmeister*, in: Blümich, § 12 KStG Rnr. 43; *Schaumburg*, GmbHR 1996, 585, 593; *Thiel*, GmbHR 1994, 277, 279; *Knobbe-*

Fortsetzung der Fußnote siehe folgende Seite

über eine „andere steuerliche Gewandung" verfüge[356], wird jedoch auch vertreten, daß eine Schlußbesteuerung durchzuführen sei, da ein Wechsel des Steuersubjektes stattgefunden habe, mithin die nunmehr im Inland unbeschränkt steuerpflichtige Gesellschaft nicht identisch mit der ausländischen beschränkt steuerpflichtigen Gesellschaft sei.

Die Antwort auf die aufgeworfene Frage hängt wiederum mit dem Verhältnis von Zivil- und Steuerrecht zusammen. Geht das Steuerrecht an dieser Stelle von den zivilrechtlichen Wertungen aus, so muß es angesichts der Nichtanerkennung der ausländischen Gesellschaft als solche und der damit verbundenen Zuordnung der inländischen Vermögensgegenstände an einen formal unterschiedlichen Rechtsträger auch für das Steuerrecht einen Rechtsträgerwechsel annehmen. Geht hingegen die vom Zivilrecht abweichende wirtschaftliche Betrachtungsweise vor, so kann für die steuerrechtliche Beurteilung auch die Entscheidung getroffen werden, keinen Rechtsträgerwechsel anzunehmen. Es ist zu berücksichtigen, daß im Ausland bei Anwendung der Gründungstheorie zumindest die Möglichkeit besteht, daß die in Deutschland nicht anerkannte Auslandsgesellschaft immer noch als solche existiert und arbeitet. Die Nichtanerkennung der Auslandsgesellschaft auf zivilrechtlicher Ebene ist eine rein formale Entscheidung, die die tatsächliche Lage nicht berücksichtigt. Das Steuerrecht hingegen hat auch bei der Entscheidung darüber, ob eine vom Zivilrecht als Personengesellschaft gewertete, mit ihrem Verwaltungssitz zugezogene ausländische Kapitalgesellschaft als Körperschaftsteuersubjekt anzusehen ist, eine eigenständige Entscheidung getroffen. Diese Entscheidung ist von einer gewissen Kontinuität geprägt, da die ausländische Gesellschaft vor der Verlegung ihres Verwaltungssitzes in Deutschland als Körperschaftsteuersubjekt der beschränkten Körperschaftsteuerpflicht unterlag und dies auch nach der Sitzverlegung, nunmehr mit unbeschränkter Körperschaftsteuerpflicht, der Fall ist. Schon dabei wurde losgelöst von zivilrechtlichen Dogmen eine Einordnung anhand der tatsächlichen Situation vorgenommen. Es besteht kein Grund, bei der Frage, ob ein Rechtsträgerwechsel vorliegt, der kollisionsrechtlichen Nichtanerkennung der Gesellschaft einen höheren Wert beizumessen als zuvor bei der Frage, ob ein Körperschaftsteuersubjekt gegeben ist. Für die Betriebsstätte und die in ihren Bilanzansätzen vorhandenen stillen Rücklagen ergibt sich zudem keine solche Änderung der steuerlichen Lage, die eine Entstrickung der stillen Rücklagen erforderlich machen würde. Daher ist davon auszugehen, daß alleine aus der Verlegung des Verwaltungssitzes einer ausländischen Gesellschaft nach Deutschland und der damit verbundenen Nichtanerkennung auf zivilrechtlicher Ebene kein Wechsel des Rechtsträgers im Sinne des § 12 Abs. 2 Alt. 3 KStG anzunehmen ist. Somit ist für diesen Fall auch keine Besteuerung vorzunehmen. Aus

---

Keuk, StuW 1990, 372, 378; *dies.*, JbFfSt 1990/91, 69, 81; *Buyer*, DB 1990, 1682, 1692 f.; *Dötsch*, DB 1989, 2296, 2301; *Ebenroth/Auer*, RIW-Beilage 1/1992, 1, 20.

356 *Debatin*, GmbHR 1991, 164, 169.

dem Vorhandensein einer inländischen Betriebsstätte ergeben sich bei der Verlegung des Verwaltungssitzes nach Deutschland also keine negativen steuerlichen Konsequenzen.

VII. Fazit

Die Fähigkeit, Körperschaftsteuersubjekt in Deutschland zu sein, haben nicht nur die als solche anerkannten inländischen Kapitalgesellschaften des § 1 Abs. 1 Nr. 1 KStG, sondern im Rahmen der Auffangtatbestände der §§ 1 Abs. 1 Nr. 4 und 5 iVm 3 Abs. 1 KStG auch ausländische Gesellschaften, die vom Typ her mit deutschen Kapitalgesellschaften vergleichbar sind. Diese können je nach Sitzkonstellation und Vorhandensein einer Betriebsstätte in Deutschland beschränkt oder unbeschränkt steuerpflichtig sein.

Wird die Sitzverlegung deutscher Kapitalgesellschaften ins Ausland unter Beachtung der zivilrechtlichen Vorgaben durch Liquidation und Neugründung im Ausland vorgenommen, so kommt es in allen Fällen zur Aufdeckung und Besteuerung der stillen Rücklagen in Deutschland. Dasselbe Ergebnis entsteht bei der schlichten Verlegung des Verwaltungssitzes einer deutschen Kapitalgesellschaft ins Ausland wegen der damit verbundenen zwangsweisen Liquidation.

Wählt eine ausländische Kapitalgesellschaft den Weg der Liquidation im Ausland und Neugründung im Inland, so entstehen für sie durch die deutsche Steuerrechtsordnung nur insofern negative Konsequenzen, als die in einer inländischen Betriebsstätte verhafteten stillen Rücklagen aufgedeckt und versteuert werden müssen. Von der ausländischen Steuerrechtsordnung ist jedoch zu erwarten, daß durch sie ähnliche steuerrechtliche Hindernisse errichtet werden, wie sie im entsprechenden Fall in Deutschland bestehen. Bei einer schlichten Verlegung des ausländischen Verwaltungssitzes und damit auch der Geschäftsleitung nach Deutschland tritt zumindest aus Sicht der deutschen Steuerrechtsordnung diese Rechtsfolge nicht auf, da kein Fall des § 12 Abs. 2 Alt. 3 KStG gegeben ist und die in der Betriebsstätte befindlichen stillen Rücklagen weiterhin bestehen bleiben.

Insgesamt ist damit – ganz abgesehen von den zivilrechtlichen Hemmnissen – festzustellen, daß das Steuerrecht zumindest für die Sitzverlegung aus Deutschland weg erhebliche Hürden aufbaut, die man als gewaltiges Hindernis für eine Sitzverlegung ansehen muß.

D. Ergebnis

Im deutschen Kollisionsrecht wird unter Anwendung der Sitztheorie als maßgebliche Kollisionsregel durch die Verlegung des Verwaltungssitzes einer Kapitalgesellschaft ins Inland oder ins Ausland ein Statutenwechsel ausgelöst, sofern nicht durch ein Renvoi auf deutsches Recht dieses weiterhin anwendbar ist. Das materielle Gesellschaftsrecht verhindert die Verlegung des Satzungssitzes der Kapitalgesellschaften ins Ausland oder ins Inland unter Wahrung der Gesellschaftsidentität vollständig. Bei einer Verlegung des Verwaltungssitzes einer deutschen Gesellschaft ins Ausland ist diese im Inland in jedem Fall aufzulösen. Verlegt eine nach ausländischem Recht gegründete Kapitalgesellschaft ihren Verwaltungssitz ins Inland, so wird ihre Rechtspersönlichkeit in Deutschland nicht anerkannt, sie wird vielmehr als nichtrechtsfähige Personenvereinigung oder Einzelkaufmann angesehen. Das deutsche Steuerrecht knüpft an die vorbezeichneten gesellschaftsrechtlichen Vorgänge entweder die Liquidationsbesteuerung an oder nimmt eine eigenständige steuerrechtliche Wegzugsbesteuerung vor. Jedenfalls kommt es beim Wegzug inländischer oder ausländischer Kapitalgesellschaften zur Aufdeckung und Versteuerung stiller Rücklagen, beim Zuzug ausländischer Kapitalgesellschaften durch Verlegung ihres Verwaltungssitzes nach Deutschland entstehen bei teleologischer Reduktion des § 12 Abs. 2 KStG keine negativen steuerlichen Konsequenzen.

Insgesamt gesehen stellt diese Rechtslage ein denkbar ungünstiges Umfeld für die Verwirklichung des Wunsches einer Kapitalgesellschaft nach Verlegung ihres Satzungs- oder Verwaltungssitzes dar. Bei Berücksichtigung aller Umstände dürften die Betroffenen in der Regel von der Verwirklichung ihres Vorhabens Abstand nehmen.

3. Teil: Europarechtliche Einflüsse

Mögen die Ergebnisse der vorstehenden Darstellungen für die sitzverlegungswillige Kapitalgesellschaft auch noch so bedauerlich sein, so stellen sie doch geltendes deutsches Recht dar oder entsprechen zumindest der gefestigten höchstrichterlichen Rechtsprechung. Jedoch ist für den mit Gesellschafts- und Steuerrecht befaßten Juristen nicht mehr alleine deutsches Recht das „Maß aller Dinge". Im Gegenteil: Innerhalb des immer enger zusammenrückenden Europas mit seinem Gemeinsamen Markt und seiner neuerdings auch gemeinsamen Währung wirkt Europäisches Recht jeglicher Qualität in umfassender und teilweise einschneidender Weise auf das Gesellschaftsrecht und in einem (derzeit noch) geringeren Maße auf das Steuerrecht ein. Die Darstellung der vom geltenden und möglicherweise kommenden Europarecht ausgehenden Wirkungen auf die vorbezeichneten Rechtsgebiete soll Gegenstand der nachfolgenden Ausführungen sein.

A. Einflußmöglichkeiten

Der Einfluß des Europäischen Rechts auf das nationale Recht kann auf mehrere Arten erfolgen, die durch die unterschiedlichen Erscheinungsformen dieser Rechtsart vorgegeben sind. Als „Europäisches Recht" soll das die Europäischen Gemeinschaften sowie die Europäische Union konstituierende sowie das von diesen Institutionen geschaffene Recht angesehen werden, für das die Bezeichnung „Gemeinschaftsrecht" verwendet wird. Hier wird ausschließlich das Recht der Europäischen Gemeinschaft[357] Berücksichtigung finden, da dieses für die Rechtsbereiche Kollisions-, Gesellschafts- und Steuerrecht maßgeblich ist und der rechtliche Rahmen des Binnenmarktes[358] nahezu vollständig auf dem EG-Vertrag beruht.

---

357 Unter dem Begriff „Europäische Gemeinschaft" ist seit der Umbenennung durch den EUV vom 07.02.1993 die frühere Europäische Wirtschaftsgemeinschaft zu verstehen, die als eine der drei Ur-Gemeinschaften (neben der EWG die Europäische Gemeinschaft für Kohle und Stahl und die Europäische Atomgemeinschaft) zusammen mit diesen, der gemeinsamen Außen- und Sicherheitspolitik (GASP) und der Zusammenarbeit in den Bereichen Justiz und Inneres (ZBJI) die Europäische Union bilden. Weitere Ausführungen zum Verhältnis von Europäischer Union und Europäischer Gemeinschaft finden sich bei *Bleckmann*, Europarecht, Rnr. 1 ff.; *von Bogdandy/Nettesheim*, in: Grabitz/Hilf, EUV/EGV, Art. 1 EGV, Rnr. 1 ff.; *Fischer*, Europarecht, §§ 2 und 3.

358 Zur (möglichen) Divergenz der Begriffe „Gemeinsamer Markt" und „Binnenmarkt" vgl. *Streinz*, Europarecht, Rnr. 948-954. Für die folgenden Darstellungen soll allerdings von einer Deckungsgleichheit der Begriffe ausgegangen werden.

I. Primärrecht

Das sogenannte primäre Gemeinschaftsrecht besteht aus den Gründungsverträgen der Europäischen Gemeinschaften inklusive aller späteren Änderungen und Zusätze sowie weiteren ähnlichen Abkommen[359].

1. Normen

Als Maßstab für das nationale Recht kommen hierbei insbesondere die Grundfreiheiten des EG-Vertrages in Betracht, die den Bürgern der Europäischen Union bestimmte Rechtspositionen gewähren. Für die vorliegende Arbeit ist vor allem die in den Art. 43-48 EG normierte Niederlassungsfreiheit von Bedeutung. Das Primärrecht besitzt uneingeschränkten Vorrang gegenüber allen Regelungen des nationalen Rechts[360] und ist seit Ablauf der Übergangszeit ab 01.01.1970 unmittelbar anwendbar[361].

2. Rechtsprechung des EuGH

Die Wirkungen des Primärrechts auf das nationale Recht gründen maßgeblich auf der Rechtsprechung des EuGH. Für die Überprüfung der Vereinbarkeit nationalen Rechts mit Europäischem Gemeinschaftsrecht kommen vor allem zwei Verfahrensarten vor dem EuGH in Betracht: das Vertragsverletzungsverfahren nach Art. 226 EG auf Veranlassung der Kommission bzw. nach Art. 227 EG auf Veranlassung eines anderen Mitgliedstaates zur abstrakten Überprüfung nationaler Rechtsnormen sowie das Vorabentscheidungsverfahren nach Art. 234 EG, bei dem der EuGH auf Anrufung eines nationalen Gerichts hin über die Auslegung der Vertragsbestimmungen entscheidet, wenn das nationale Gericht auf diese Auslegung zur Entscheidung einer ihm vorliegenden Rechtsfrage angewiesen ist. Während die ersten beiden Verfahrensarten der abstrakten Rechtskontrolle dienen, ist das Vorabentscheidungsverfahren ein Zwischenverfahren bei der Entscheidung eines vor nationalen Gerichten anhängigen konkreten Rechtsstreits, in dem geprüft werden soll, ob Europäisches Gemeinschaftsrecht der

---

359 *Bleckmann*, Europarecht, Rnr. 526; *Bleckmann/Pieper*, in: Dauses, Handbuch EU-Wirtschaftsrecht, B.I Rnr. 3; *Schweitzer/Hummer*, Europarecht, Rnr. 13.

360 Anerkannt seit der grundsätzlichen Entscheidung des EuGH zu dieser Frage in der Rechtssache *Costa/ENEL*, vgl. EuGH 15.07.1964, Slg. 1964, 1251, 1269 (insbesondere 1270 f.).

361 Vgl. dazu die Entscheidung des EuGH in der Rechtssache *Reyners*, EuGH 21.06.1974, Slg. 1974, 631, 652 Rnr. 24 ff., wo der EuGH zur Niederlassungsfreiheit eines niederländischen Staatsbürgers in Belgien Stellung genommen hat und diese als schon vor Erlaß der Richtlinien nach Art. 54 EGV (Art. 44 EG) unmittelbar geltendes Recht angesehen hat.

Anwendung einer streiterheblichen nationalen Rechtsnorm entgegensteht. Da auch insoweit die Vereinbarkeit einer nationalen Rechtsnorm mit Europäischem Gemeinschaftsrecht in Frage steht, ist die Mehrzahl der Vorabentscheidungsverfahren gleichzeitig eine Spielart des Vertragsverletzungsverfahrens[362]. So ist der EuGH auch in der Lage, über die Vereinbarkeit nationaler gesellschaftsrechtlicher Regelungen mit den normierten Grundfreiheiten des EG-Vertrages, insbesondere der Niederlassungsfreiheit, zu entscheiden.

Von dieser Möglichkeit hat der EuGH insbesondere bei den zahlenmäßig überwiegenden Vorabentscheidungsverfahren intensiv Gebrauch gemacht. Die Judikatur zu gesellschaftsrechtlichen Fragen ist jedoch nie so umfangreich geworden, wie dies bei der Niederlassungsfreiheit der natürlichen Personen der Fall ist. Zu erwähnen sind hier zunächst die *Fearon*-Entscheidung[363], bei der es um die Beschränkung der Niederlassungsfreiheit von Gesellschaften und Gesellschaftern durch besondere Bestimmungen über den Schutz des Eigentums an Grund und Boden ging und die Entscheidung in der Rechtssache *Kommission ./. Frankreich*[364], in der sich der EuGH auch inhaltlich zum Niederlassungsrecht von Gesellschaften äußerte und das eigenständige Nebeneinander von primärer und sekundärer Niederlassungsfreiheit bestätigte[365]. Hingegen betraf die Entscheidung in der Rechtssache *Segers*[366] den Fall eines niederländischen Staatsangehörigen, der als Geschäftsführer und Gesellschafter einer Gesellschaft englischen Rechts, die ausschließlich in den Niederlanden tätig war, die Aufnahme in die niederländische Sozialversicherung anstrebte. Der EuGH hat hier nochmals zur Niederlassungsfreiheit der Gesellschaften Stellung genommen und die hohe Bedeutung der Niederlassungsfreiheit auch für Gesellschaften hervorgehoben[367]. Von entscheidender Bedeutung[368] in diesem Bereich ist das Urteil im Rechtsstreit *Daily Mail*[369], in dem der EuGH aus Anlaß einer steuerrechtlichen Ausgangsfrage zu niederlassungsrechtlichen Fragen Stellung nahm[370]. Weiterhin zu nennen sind die Entscheidungen *Factortame II*[371] zu Fragen der Niederlas-

---

362 *Dauses*, in: ders., Handbuch EU-Wirtschaftsrecht, P.II Rnr. 9a; *Steinhauer*, S. 142. Zum Individualrechtsschutz durch das Vorabentscheidungsverfahren *Ebke*, RTDE 1986, 209, 220 f. Zur Bindungswirkung der Vorabentscheidung für die Mitgliedstaaten *Steinhauer*, S. 139.

363 EuGH 06.11.1984, Slg. 1984, 3677.

364 EuGH 28.01.1986, Slg. 1986, 273, auch bekannt als „avoir fiscal"-Entscheidung.

365 EuGH 28.01.1986 (*Kommission ./. Frankreich*), Slg. 1986, 273, 304 f. Rnr. 18 und 22.

366 EuGH 10.07.1986, Slg. 1986, 2375.

367 EuGH 10.07.1986 (*Segers*), Slg. 1986, 2375, 2387 Rnr. 12 und 14.

368 Je nach Sichtweise wird das Urteil auch als Tragödie für die Niederlassungsfreiheit der Gesellschaften angesehen, vgl. dazu *Knobbe-Keuk*, ZHR 154 (1990), 325, 331 ff.

369 Genauer: *The Queen ./. H. M. Treasury and Commissioners of Inland Revenue, ex parte Daily Mail and General Trust PLC*, EuGH 27.09.1988, Slg. 1988, 5483.

370 EuGH 27.09.1988 (*Daily Mail*), Slg. 1988, 5483, 5510 Rnr. 15 ff.

371 EuGH 25.07.1991, Slg. 1991, I-3905.

sungsfreiheit von Fischfangunternehmen, *Gebhard*[372], in der für die Niederlassungsfreiheit der Schritt vom Diskriminierungsverbot zum Beschränkungsverbot endgültig vollzogen wurde[373] sowie *Kommission ./. Italien*[374]. Von großer Bedeutung ist auch das Urteil des EuGH in der Rechtssache *Centros*[375], in dem der Gerichtshof über die Vereinbarkeit einer Beschränkung der Eintragung von Zweigniederlassungen ausländischer Gesellschaften mit der Niederlassungsfreiheit zu entscheiden hatte. Diese Urteile werden im weiteren Verlauf der Arbeit noch Gegenstand ausführlicher Betrachtung sein.

II. Sekundärrecht

Im Gegensatz zum Primärrecht handelt es sich beim sekundären Gemeinschaftsrecht um Rechtsnormen, die von den Institutionen der Europäischen Gemeinschaften in Ausübung ihrer primärrechtlich verliehenen Befugnisse entwickelt und verabschiedet wurden und die sich sowohl an die Unionsbürger direkt als auch an die Mitgliedstaaten richten können[376]. Unabhängig von seiner Richtung kann das Sekundärrecht aber dennoch unmittelbare Wirkung entfalten[377]. Auch das Sekundärrecht besitzt uneingeschränkten Anwendungsvorrang gegenüber allen nationalen Rechtsvorschriften[378].

1. Rechtsgrundlagen sekundärrechtlicher Harmonisierung

Für die Harmonisierung von Rechtsvorschriften stehen der Europäischen Gemeinschaft drei Handlungsmöglichkeiten zur Verfügung: die keiner Umsetzung in nationales Recht bedürfende, unmittelbar geltende Verordnung nach Art. 249 Abs. 2 EG, die eine Umsetzungsmaßnahme[379] erfordernde Richtlinie nach Art. 249 Abs. 3 EG sowie das Abkommen zwischen den Mitgliedstaaten, hier nach Art. 293 Sp. 3 EG. Rechtsgrundlage für die Richtlinie und die Verordnung ist jedoch nicht Art. 249 EG, es bedarf vielmehr einer speziellen Ermächtigungsnorm für ein Tätigwerden der Europäischen Gemeinschaft beim Erlaß von Rechtsnormen. Dies ergibt sich aus Art. 5 Abs. 1 EG, der ein Tätigwerden der Gemeinschaft nur „innerhalb der Grenzen der ihr in diesem Vertrag zugewiesenen Befugnisse und gesetzten Ziele“ zuläßt.

---

372 EuGH 30.11.1995, Slg. 1995, I-4165.

373 Vgl. dazu *Ebke*, RabelsZ 1998,195, 208 sowie bereits *ders.*, ZGR 1987, 245, 259 ff.

374 EuGH 06.06.1996 (*Kommission/Italien*), Slg. 1996, I-2691.

375 EuGH 09.03.1999 (*Centros*), Slg. 1999, I-1459.

376 *Schweitzer/Hummer*, Europarecht, Rnr. 18.

377 *Lukes*, in: Dauses, Handbuch EU-Wirtschaftsrecht, B.II Rnr. 18.

378 EuGH 15.07.1964 (*Costa/ENEL*), Slg. 1964, 1251, 1269 (insbesondere 1270 f.).

379 In Deutschland in der Regel ein formelles Parlamentsgesetz.

Das Erfordernis einer Ermächtigung wird als sogenanntes „Prinzip der begrenzten Einzelermächtigung“[380] bezeichnet, worunter zu verstehen ist, daß die Europäische Gemeinschaft im Gegensatz zum nationalen Gesetzgeber nicht über die Möglichkeit zur eigenständigen Aufgaben- und Kompetenzfindung und damit auch zum Erlaß von Rechtsnormen in dem jeweiligen Bereich[381] verfügt, sondern auf die Abtretung nationaler Kompetenzen verwiesen ist und sich daher bei der Rechtssetzung im Rahmen der vom Primärrecht durch die Mitgliedstaaten gezogenen Grenzen zu bewegen hat[382]. Dies bedeutet, daß Rat und Kommission Rechtsnormen nur dann erlassen dürfen, wenn ihnen die Möglichkeit dazu in den Gemeinschaftsverträgen zugebilligt wurde. Dazu ist es erforderlich, daß im Rahmen der jeweiligen Vertragsbestimmungen eine Normsetzungsbefugnis statuiert wurde[383]. Dieses in Art. 5 Abs. 1 EG ausdrücklich niedergelegte Prinzip hat das Bundesverfassungsgericht dazu veranlaßt, eine extensive Auslegung der Befugnisnormen als verboten anzusehen[384] und ihm die Funktion einer Kompetenzschranke zuzuweisen[385].

Als Ermächtigungsnorm für die Harmonisierung des Gesellschaftsrechts dient der Kommission der Europäischen Gemeinschaften vor allem Art. 44 Abs. 2 lit g) EG bzw. in neuerer Zeit nur noch pauschal Art. 44 EG[386]. Die Schaffung von Einheitsrecht durch Verordnung wurde beim bisher einzigen erfolgreich umgesetzten Vorhaben, der EWIV-Verordnung[387], auf Art. 235 EGV (Art. 308 EG) gestützt. Die weiteren Projekte der Kommission[388] werden hinge-

---

380 Dazu *Zuleeg*, in: G/T/E, Art. 3b EGV Rnr. 2 ff.; *Bleckmann*, Europarecht, Rnr. 108; *Huber*, Europäische Integration, § 10 Rnr. 6 ff.; *Jarass*, AöR 121 (1996) 173, 174 f. spricht vom „Prinzip der begrenzten Kompetenzzuweisung“ im Gegensatz zur – grundsätzlich – umfassenden Kompetenz der einzelnen Mitgliedstaaten zur Rechtssetzung.

381 Nur die Mitgliedstaaten besitzen eine die Allzuständigkeit begründende unbegrenzte Verbandskompetenz, vgl. *Geiger*, EG-Vertrag, Art. 3b EGV Rnr. 2 sowie *Zuleeg*, in: G/T/E, Art. 3b EGV Rnr. 2.

382 *Von Bogdandy/Nettesheim*, in: Grabitz/Hilf, EUV/EGV, Art. 3b EGV Rnr. 3; *Lukes*, in: Dauses, Handbuch EU-Wirtschaftsrecht, B.II Rnr. 20; *Jarass*, AöR 121 (1996), 173, 174 f.; *Grams*, S. 209.

383 *Bleckmann*, Europarecht Rnr. 380; *Grabitz*, in: ders./Hilf, EUV/EGV, Art. 189 EGV Rnr. 4.

384 BVerfGE 89, 155, 195 f.

385 BVerfGE 89, 155, 209 f.

386 Vgl. dazu den Vorentwurf eines Vorschlages für eine vierzehnte Richtlinie oben S. 3 Fn. 10. Zur Kritik an diesem Vorgehen bzw. zu einer Überdehnung der Norm an sich *Ebke*, RabelsZ 1998, 197, 221 f.

387 Verordnung Nr. 2137/85 vom 25.07.1985, ABl. EG 1985 L 199/1.

388 Die Europäische Aktiengesellschaft (dazu im nächsten Abschnitt) sowie der Europäische Verein, die Europäische Genossenschaft und die Europäische Gegenseitigkeitsgesellschaft. Vgl. dazu *Habersack*, Rnr. 67.

gen auf den 1986 durch die Einheitliche Europäische Akte in den EG-Vertrag eingefügten Art. 100a EGV (nach Änderung jetzt Art. 95 EG) gestützt[389].

2. Gesellschaftsrecht

Bereits in den frühen Jahren der Europäischen Gemeinschaften wurde das Gesellschaftsrecht als zentrales Betätigungsfeld für eine teilweise oder vollständige Rechtsangleichung erkannt und als solches behandelt[390]. Eine erste gesellschaftsrechtliche Richtlinie der Europäischen Gemeinschaften vom 09.03.1968[391] behandelte vorrangig Publizitätspflichten bei Kapitalgesellschaften. In weiteren Richtlinien wurde die Gründung und Kapitalausstattung von Aktiengesellschaften[392], deren Fusion *innerhalb* eines Mitgliedstaates[393], der Jahresabschluß einiger Gesellschaftsformen[394], die Spaltung von Aktiengesellschaften[395], der konsolidierte Abschluß im Konzern[396], die Befähigung von Abschlußprüfern[397], die Offenlegung von Zweigniederlassungen ausländischer Gesellschaften[398] sowie die Einmann-GmbH[399] geregelt. Weitere Richtlinienvorhaben konnten bisher nicht verwirklicht werden, darunter die mit grundlegender Bedeutung ausgestattete fünfte Richtlinie über die Struktur der Aktiengesellschaften sowie die Rechte und Pflichten ihrer Organe[400] und die nicht minder bedeutsame zehnte

---

389 Vgl. nur den Entwurf für die SE-Verordnung in ABl. EG 1991 C 176/1 sowie *Habersack*, Rnr. 24 und 394.

390 dazu *Ebke*, Int'l Lawyer 31 (1997), 961 f.; *Reher*, Gesellschaftsrecht, S. 21 und 61 f.

391 RL 68/151, ABl. EG 1968 L 65/8.

392 Zweite gesellschaftsrechtliche Richtlinie, RL 77/91 vom 13.12.1976, ABl. EG 1977 L 26/1.

393 Dritte gesellschaftsrechtliche Richtlinie, RL 78/855 vom 09.10.1978, ABl. EG 1978 L 295/36.

394 Vierte gesellschaftsrechtliche Richtlinie, RL 78/660 vom 25.07.1978, ABl. EG 1978 L 222/11.

395 Sechste gesellschaftsrechtliche Richtlinie, RL 82/891 vom 17.12.1982, ABl. EG 1982 L 378/47.

396 Siebte gesellschaftsrechtliche Richtlinie, RL 83/349 vom 13.06.1983, ABl. EG 1983 L 193/1.

397 Achte gesellschaftsrechtliche Richtlinie, RL 84/253 vom 10.04.1984, ABl. EG 1984 L 126/20.

398 Elfte gesellschaftsrechtliche Richtlinie, RL 89/666 vom 21.12.1989, ABl. EG 1989 L 395/36.

399 Zwölfte gesellschaftsrechtliche Richtlinie, RL 89/667 vom 21.12.1989, ABl. EG 1989 L 395/40.

400 „Strukturrichtlinie", der letzte diesbezügliche Vorschlag vom 20.11.1991 findet sich in ABl. EG 1991 C 321/9. Die Beratungen über diesen Vorschlag ruhen seit 1991. Nach *Grünwald*, Europäisches Gesellschaftsrecht, S. 40 ist diese Richtlinie wohl endgültig gescheitert.

Richtlinie über die grenzüberschreitende Verschmelzung[401] als Erweiterung der durch die dritte Richtlinie eingeführten nationalen Verschmelzungsmöglichkeiten. Im Entwurfsstadium steckengeblieben sind die neunte Richtlinie über das Konzernrecht[402], die dreizehnte Richtlinie über Übernahmeangebote[403] sowie die vierzehnte Richtlinie über die Liquidation von Kapitalgesellschaften[404]. Als vierzehnte Richtlinie ist neuerdings jedoch die bereits angesprochene Regelung über die Sitzverlegung von Gesellschaften vorgesehen[405].

Im Wege der Verordnung wurde von den Europäischen Gemeinschaften die eigenständige europäische Rechtsform der „EWIV"[406] durch Verordnung geschaffen[407]. Die Verordnung über die Europäische Aktiengesellschaft[408] (Societas Europae) ist bisher vor allem an den unterschiedlichen Ansichten der Mitgliedstaaten in der Frage der Mitbestimmung gescheitert; eine Verabschiedung ist nach den jüngsten Turbulenzen um dieses Projekt in absehbarer Zeit nicht zu erwarten[409].

---

401 Der Richtlinienvorschlag vom 08.01.1985 ist in ABl. EG 1985 C 23/11 abgedruckt. Die Kommission hat zunächst einen geänderten Richtlinienvorschlag vorbereitet, der nach einer Einigung über die Mitbestimmungsregeln für die SE vorgelegt werden sollte. Nachdem diese Einigung jedoch in weite Ferne gerückt ist (vgl. S. 99 Fn. 409), scheint auch für die 10. Richtlinie auf absehbare Zeit keine Lösung in Sicht zu sein.

402 Vorentwurf von 1984, abgedruckt bei *Lutter*, Unternehmensrecht, S. 244 ff. sowie bei *Grünwald*, Europäisches Gesellschaftsrecht, S. 236 ff., der davon ausgeht (S. 41), daß der Entwurf auf absehbare Zeit nicht wieder aufgegriffen wird.

403 Letzter geänderter Vorschlag vom 11.11.1997, ABl. EG 1997 C 378/10.

404 Überarbeiteter Vorentwurf von 1987, abgedruckt bei *Lutter*, Unternehmensrecht, S. 302 ff.

405 Vgl. oben Fn. 10.

406 Europäische Wirtschaftliche Interessenvereinigung.

407 Verordnung Nr. 2137/85 vom 25.07.1985, ABl. EG 1985 L 199/1.

408 Der letzte geänderte Vorschlag vom 16.05.1991 findet sich in ABl. EG 1991 C 176/1. Beachtenswert ist, daß der ursprüngliche Vorschlag bereits vom 30.06.1970 stammt (ABl. EG 1970 C 124/1).

409 *Habersack*, Rnr. 67 geht (im November 1998) noch von einem bevorstehenden Kompromiß in der Mitbestimmungsfrage aus und sieht nach dessen Zustandekommen keine politischen Hindernisse für die SE mehr (Rnr. 394). Bei einem Treffen der Europäischen Arbeits- und Sozialminister am 25.05.1999 in Brüssel scheiterte der zwischenzeitlich zur Arbeitnehmermitbestimmung angestrebte Kompromiß am Veto Spaniens, vgl. dazu den Artikel „Spanien blockiert die Europa-AG" in *Frankfurter Allgemeine Zeitung* Nr. 119 vom 26.05.1999, S. 19. Dies könnte nach *Ebke*, JZ 1999, 656, 661 für das Projekt Societas Europae das endgültige „Aus" bedeuten. Ebenso der Artikel „Europa-AG gescheitert" in *Frankfurter Allgemeine Zeitung* Nr. 119 vom 26.05.1999, S. 31 unter Berufung auf „diplomatische Kreise". Zur Mitbestimmungsproblematik bei der SE vgl. nur *Großfeld*, Unternehmensrecht, S. 26 f. sowie *Lutter*, Unternehmensrecht, S. 68. Zu den jüngsten Versuchen, die SE doch noch auf den Weg zu bringen *Wiesner*, GmbHR 1999, S. R 301 f.

3. Steuerrecht

Die Ergebnisse der Harmonisierungsbemühungen der Kommission im Bereich des Steuerrechts reichen nicht an die gesellschaftsrechtlichen Ergebnisse heran. Zu erwähnen sind hier jedoch die Richtlinie über das gemeinsame Steuersystem für Fusionen, Spaltungen, die Einbringung von Unternehmensanteilen und den Austausch von Anteilen, die Gesellschaften verschiedener Mitgliedstaaten betreffen[410] und die in Deutschland zur Verabschiedung des Umwandlungssteuergesetzes führte, sowie die zeitgleich verabschiedete Richtlinie über das gemeinsame Steuersystem der Mutter- und Tochtergesellschaften verschiedener Mitgliedstaaten[411]. Weiterhin besteht zwischen den Mitgliedstaaten ein Abkommen über die Beseitigung der Doppelbesteuerung im Falle von Gewinnberichtigungen zwischen verbundenen Unternehmen[412].

Die Kommission beauftragte 1990 das sogenannte „Committee of Independent Experts on Company Taxation“, besser bekannt als „Ruding“-Ausschuß[413], mit der Erstellung eines Berichtes über die Unterschiede in der Unternehmensbesteuerung in den Mitgliedstaaten, deren Wirkungen für den Binnenmarkt und die möglichen Harmonisierungsmaßnahmen. Dies führte zum 1992 vorgelegten „Ruding-Report“[414], der auch einen – allerdings im Ausschuß nicht einstimmig beschlossenen – Vorschlag für ein gemeinsames europäisches Körperschaftsteuersystem enthält[415]. Der im Ruding-Report vorgeschlagene Stufenplan zur Angleichung der direkten Unternehmensbesteuerung war auf eine weitreichende Harmonisierung angelegt, die zusammen mit der Vollendung der Wirtschafts- und Währungsunion zum Beginn des Jahres 1999 abgeschlossen sein sollte[416]. Sowohl die Kommission[417] als auch die Bundesregierung[418] haben die Vorschläge des Ruding-Reports als zu weitgehend und insbesondere als gegen das Subsidiaritätsprinzip verstoßend kritisiert. Umsetzungsmaßnahmen wurden nicht ergriffen, so daß der Harmonisierungsvorschlag des Ruding-Ausschusses als gescheitert anzusehen ist.

---

410 „Fusionsrichtlinie“ vom 23.07.1990, ABl. EG 1990 L 225/1.

411 „Mutter-Tochter-Richtlinie“ vom 23.07.1990, ABl. EG 1990 L 225/6.

412 Übereinkommen 90/436 vom 23.07.1990, ABl. EG 1990 L 225/10.

413 Allgemein so benannt nach dem Ausschußvorsitzenden, dem ehemaligen niederländischen Finanzminister Onna Ruding.

414 *Commission of the European Communities (Hrsg.)*, Report of the Committee of Independent Experts on Company Taxation, Brüssel 1992.

415 *Commission*, Report, S. 439 ff.

416 Zu den Maßnahmen in den drei Einzelphasen *Commission*, Report, S. 201-219.

417 Stellungnahme der Kommission, veröffentlicht in BR-Drs. 540/92.

418 BT-Drs. 13/4138, S. IX-XI.

Die Kommission hat 1996 auf Vorschlag des Kommissars *Monti* einen Bericht vorgelegt[419], der eine Einbettung der Steuerproblematik in die übrige Gemeinschaftspolitik empfiehlt und aufgrund dessen ein steuerpolitischer Arbeitskreis eingerichtet wurde. Im Dezember 1997 wurde dann vom Ministerrat ein „Verhaltenskodex gegen den unfairen Steuerwettbewerb"[420] gebilligt, der jedoch als solcher nur eine Empfehlung an die Mitgliedstaaten ist, aber keine rechtsverbindliche Norm. Der Vorschlag der Kommission für eine Richtlinie über die Besteuerung von Zahlungen für Zinsen und Lizenzgebühren zwischen verbundenen Unternehmen vom 04.03.1998[421] wurde bisher im Rat nicht verabschiedet.

Eine Harmonisierung des Unternehmenssteuerrechts in der Europäischen Union ist derzeit jedenfalls in den Kernbereichen der Unternehmensbesteuerung nicht zu verzeichnen und auch nicht zu erwarten. Diese Situation könnte, verstärkt durch den Wegfall der Wechselkursrisiken innerhalb der EURO-Zone seit Inkrafttreten der Währungsunion am 01.01.1999, zu einem verschärften Standortwettbewerb innerhalb der Europäischen Union führen. Die Angleichung der Steuersysteme aber wird – auch bei Stillstand der formellen Rechtsangleichungsmaßnahmen – durch faktische Zwänge[422] und die Rechtsprechung des EuGH fortschreiten[423].

B. Die europarechtliche Niederlassungsfreiheit

Die Niederlassungsfreiheit ist diejenige Grundfreiheit, die Gesellschaften und natürlichen Personen die Bewegungsfreiheit in der Gemeinschaft gewährleisten soll. Daher wird sie zunächst Gegenstand einer intensiven Betrachtung sein.

I. Definition

Eine solche Betrachtung setzt naturgemäß bei dem Versuch an, den Umfang der Rechtsgewährleistung in eine Definition der Niederlassungsfreiheit zu fassen.

---

419 KOM-Dok. (1996) 546 endg.

420 IStR 1998, Beiheft 1/1998, S. 1* - 4*.

421 KOM-Dok. (1998) 67 endg.

422 Vor allem die Abwanderung von Unternehmen oder die Gründung von Tochterunternehmen in Niedrigsteuerländern.

423 Zum Einfluß des Europarechts auf die nationale Steuerrechtsordnung umfassend *Brinkmann*, insbesondere S. 61-90 zur Rechtsprechung des EuGH und den Wirkungen der Niederlassungsfreiheit. Zum Ruding-Report und den weiteren Perspektiven einer Harmonisierung dort S. 38-45.

1. Verschiedene Definitionsmöglichkeiten

Art. 43 Abs. 1 EG ordnet unter der Überschrift „Das Niederlassungsrecht" des Kapitels 2 die schrittweise Aufhebung von Beschränkungen der „freien Niederlassung" an. In Art. 43 Abs. 2 EG findet sich die Regelung, daß die Niederlassungsfreiheit

> „... die Aufnahme und Ausübung selbständiger Erwerbstätigkeiten sowie die Gründung und Leitung von Unternehmen, insbesondere von Gesellschaften im Sinne des Artikels 48 Abs. 2, nach den Bestimmungen des Aufnahmestaates für seine eigenen Angehörigen"

umfaßt. Eine allgemeingültige Definition des Begriffes der Niederlassungsfreiheit im EG-Vertrag ist nicht vorhanden[424]. Während Abs. 1 den Begriff der Niederlassung voraussetzt, gibt Abs. 2 durch die Verwendung des Wortes „umfaßt" zu erkennen, daß es sich hierbei nicht um eine abschließende Aufzählung der zur Niederlassungsfreiheit gehörenden Möglichkeiten handelt[425].

Der EuGH geht in seiner Rechtsprechung davon aus, daß das Niederlassungsrecht „... die Aufnahme und Ausübung selbständiger Tätigkeiten jeder Art, die Gründung und Leitung von Unternehmen und die Errichtung von Agenturen, Zweigniederlassungen und Tochtergesellschaften im Hoheitsgebiet jedes anderen Mitgliedstaats"[426] umfaßt. Er definiert die Niederlassung als die „... tatsächliche Ausübung einer wirtschaftlichen Tätigkeit mittels einer festen Einrichtung in einem anderen Mitgliedstaat auf unbestimmte Zeit ..."[427]. Eine ähnliche Definition gibt *Hailbronner*, wenn er formuliert, die Niederlassung im Sinne des Art. 52 EGV (Art. 43 EG) bedeute „... Eingliederung in das Wirtschaftsleben eines anderen Mitgliedstaates durch Aufnahme und Ausübung einer selbständigen Erwerbstätigkeit oder Gründung und Leitung eines Unternehmens in diesem Mitgliedstaat"[428]. *Roth* gibt als Definition der Niederlassung die „...

---

424 *Troberg*, in: G/T/E, Art. 52 EGV Rnr. 1; *Randelzhofer*, in: Grabitz/Hilf, EUV/EGV, Art. 52 EWGV Rnr. 2; *Roth*, in: Dauses, Handbuch EU-Wirtschaftsrecht, E.I Rnr. 34; *Kruse*, Sitzverlegung, S. 53; *Schnichels*, Niederlassungsfreiheit, S. 27; *Reher*, Gesellschaftsrecht, S. 109.

425 So auch *Knobbe-Keuk*, DB 1990, 2573, 2574; *Troberg*, in: G/T/E, Art. 52 EGV Rnr. 1; *Randelzhofer*, in: Grabitz/Hilf, EUV/EGV, Art. 52 EWGV Rnr. 2; *Kruse*, Sitzverlegung, S. 53.

426 EuGH 11.05.1999 (*Plus*), EuZW 1999, 439, 440 Rnr. 18; 30.11.1995 (*Gebhard*), Slg. 1995, I-4165, 4194 Rnr. 23.

427 EuGH 30.11.1995 (*Gebhard*), Slg. 1995, I-4165, 4195 Rnr. 25; EuGH 04.10.1991 (*Kommission/Vereinigtes Königreich*), Slg. 1991, I-4585, 4614 Rnr. 23; EuGH 25.07.1991 (*Factortame II*), Slg. 1991, I-3905, 3965 Rnr. 20.

428 *Hailbronner*, in: HandKomm EUV/EGV, Art. 52 EGV Rnr. 3, eine Präzisierung im Hinblick auf die Dauerhaftigkeit der Tätigkeit wird in Rnr. 4 vorgenommen.

auf Dauer konzipierte, feste Einrichtung [...], die einer wirtschaftlichen Tätigkeit zu dienen bestimmt ist“[429]. *Randelzhofer* versteht darunter „... die Gründung eines ständigen Unternehmens [...], das den Schwerpunkt der wirtschaftlichen Tätigkeit der Selbständigen darstellt“[430]. Prägende Elemente der Niederlassung scheinen also die feste Einrichtung im anderen Mitgliedstaat, die Aufnahme einer (selbständigen) Wirtschaftstätigkeit und deren längeres Andauern zu sein.

2. Abgrenzung zu anderen Grundfreiheiten

Eine exaktere Bestimmung des Gehaltes der Niederlassungsfreiheit läßt sich am ehesten durch Abgrenzung dieser Grundfreiheit von den weiteren Grundfreiheiten des EG-Vertrages erreichen[431].

a) Arbeitnehmerfreizügigkeit

Die Freizügigkeit der Arbeitnehmer wird im EG-Vertrag in Art. 39 EG gewährt, wobei Abs. 1 dieser Norm lediglich die Feststellung trifft, daß „[i]nnerhalb der Gemeinschaft [...] die Freizügigkeit der Arbeitnehmer gewährleistet“ ist. In Abs. 2 wird das Verbot der Diskriminierung aus Gründen der Staatsangehörigkeit aufgestellt, das durch die Rechtsprechung des EuGH eine Ausweitung zum Beschränkungsverbot erfahren hat[432], während in Abs. 3 einzelne durch die Freizügigkeit verbürgte Rechte aufgezählt werden. Die Freizügigkeit der Arbeitnehmer und die Niederlassungsfreiheit bilden gemeinsam die europarechtliche Freiheit des Personenverkehrs[433] und ermöglichen die freie Wahl des Standortes für die Vornahme einer Erwerbstätigkeit.

Unter dem – vom EG-Vertrag nicht definierten – Begriff des „Arbeitnehmers“ sind Personen, die während einer bestimmten Zeit für einen anderen weisungsgebunden Leistungen erbringen, für die sie als Gegenleistung eine Vergütung beliebiger Höhe erhalten[434], zu verstehen. Tragendes Element der Abgren-

---

429 *Roth*, in: Dauses, Handbuch EU-Wirtschaftsrecht, E.I Rnr. 34 unter Berufung auf EuGH 25.07.1991 (*Factortame II*), Slg. 1991, I-3905, 3965 Rnr. 20.

430 *Randelzhofer*, in: Grabitz/Hilf, EUV/EGV, Art. 52 EWGV Rnr. 2.

431 *Troberg*, in: G/T/E, Art. 52 EGV Rnr. 2 a. E.; *Randelzhofer*, in: Grabitz/Hilf, EUV/EGV, Art. 52 EWGV Rnr. 8; *Kruse*, Sitzverlegung, S. 53 für die Abgrenzung zur Dienstleistungsfreiheit; *Schnichels*, Niederlassungsfreiheit, S. 28; *Reher*, Gesellschaftsrecht, S. 111.

432 Zuletzt EuGH 15.12.1995 (*Bosman*), Slg. 1995, I-4921, 5071 Rnr. 104; *Schweitzer/Hummer*, Europarecht, Rnr. 1158; *Fischer*, Europarecht, § 15 Rnr. 19 ff.

433 *Randelzhofer*, in: Grabitz/Hilf, EUV/EGV, vor Art. 48 EWGV Rnr. 1; *Schnichels*, S. 28.

434 EuGH 03.07.1986 (*Lawrie-Blum/Land Baden-Württemberg*), Slg. 1986, 2121, 2144 Rnr. 17; EuGH 23.03.1982 (*Levin/Staatssecretarius von Justitie*), Slg. 1982, 1035, 1050

Fortsetzung der Fußnote siehe folgende Seite

zung zur Niederlassungsfreiheit ist nach dieser Definition die Tatsache, daß der Arbeitnehmer im Gegensatz zum sich Niederlassenden eine abhängige Tätigkeit ausübt, also in einem Weisungsverhältnis zu einer anderen Person steht[435], während derjenige, der sich auf die Niederlassungsfreiheit berufen kann, eine selbständige, auf eigene Rechnung und Gefahr laufende Tätigkeit ausübt[436]. Für die Kapitalgesellschaften ergeben sich angesichts dieser Definition keine Berührungspunkte mit der Arbeitnehmerfreizügigkeit, da eine abhängige Beschäftigung für Gesellschaften nicht in Betracht kommt[437].

b) Dienstleistungsfreiheit

Berührungspunkte der Niederlassungsfreiheit mit der in Art. 49 EG normierten Dienstleistungsfreiheit können sich insofern ergeben, als beide Freiheiten darauf abzielen, eine grenzüberschreitende Erwerbstätigkeit von Selbständigen innerhalb der Europäischen Gemeinschaft zu ermöglichen[438]. Die Dienstleistungsfreiheit betrifft Leistungen zwischen Wirtschaftssubjekten, die einander als Gebietsfremde gegenüberstehen[439], wobei entweder nur die Leistung die Grenze zwischen den Mitgliedstaaten passiert, oder sich der Erbringer (aktive Dienstleistungsfreiheit) oder der Empfänger (passive Dienstleistungsfreiheit) der Leistung zum Zwecke des Leistungsempfanges über die Grenze begeben, wobei im Falle des Grenzübertrittes des Erbringers eine Niederlassung im Leistungsstaat nicht begründet werden darf[440]. Damit ist bereits ein wesentliches Merkmal der Dienstleistungsfreiheit gegenüber der Niederlassungsfreiheit zum Ausdruck gebracht: die explizit in Art. 50 Abs. 1 EG normierte Subsidiarität in den Fällen, in denen die Regelungen über die Freizügigkeit der Personen anwendbar sind[441].

Rnr. 16 f.; *Schweitzer/Hummer*, Europarecht, Rnr. 1155; *Fischer*, Europarecht, § 15 Rnr. 4.

435 *Wölker*, in: G/T/E, Vorbem. zu den Art. 48 bis 50 EGV Rnr. 22; *Randelzhofer*, in: Grabitz/Hilf, EUV/EGV, Art. 48 EWGV Rnr. 2; *Hailbronner*, in: HandKomm EUV/EGV, Art. 48 EGV Rnr. 2.

436 *Troberg*, in: G/T/E, Art. 52 EGV Rnr. 23 ff.; *Randelzhofer*, in: Grabitz/Hilf, EUV/EGV, Art. 52 EWGV Rnr. 12; *Reher*, Gesellschaftsrecht, S. 111; *Schnichels*, Niederlassungsfreiheit, S. 31; *Everling*, Niederlassungsrecht, S. 15 f.

437 *Troberg*, in: G/T/E, Art. 52 EGV Rnr. 23; *Reher*, Gesellschaftsrecht, S. 111; *Schnichels*, Niederlassungsfreiheit, S. 28. Zur Diskussion, ob die Führungskräfte von Gesellschaften (vor allem dann, wenn diese zusätzlich Gesellschafter sind) als Berechtigte der Niederlassungsfreiheit oder der Arbeitnehmerfreizügigkeit anzusehen sind, vgl. *Troberg*, in: G/T/E, Art. 52 EGV Rnr. 24; *Reher*, Gesellschaftsrecht, S. 111 f.

438 *Hailbronner*, in: HandKomm EUV/EGV, Art. 60 EGV Rnr. 17.

439 *Troberg*, in: G/T/E, Art. 52 EGV Rnr. 3.

440 *Troberg*, aaO.; *Reher*, Gesellschaftsrecht, S. 112.

441 *Hailbronner*, in: HandKomm EUV/EGV, Art. 60 EGV Rnr. 16 ff.; *Roth*, in: Dauses, Handbuch EU-Wirtschaftsrecht, E.I Rnr. 23; *Reher*, aaO.

Eine parallele Anwendung von Dienstleistungs- und Niederlassungsfreiheit scheidet aus diesem Grunde aus.

Kernelement einer Abgrenzung des Anwendungsbereiches der Dienstleistungs- und der Niederlassungsfreiheit muß nach den obigen Ausführungen die Frage der Begründung einer Niederlassung im Ausland sein. Ist eine solche gegeben, unterfällt das wirtschaftliche Tätigwerden des Marktteilnehmers der Niederlassungsfreiheit. Ist dies nicht der Fall, liegt aber eine Dienstleistung vor, so sind die Regelungen über die Dienstleistungsfreiheit anwendbar. Dienstleistungen im Sinne des Art. 49 EGV sind Erzeugnisse unternehmerischer Tätigkeit, die in anderer Gestalt als in der Form von Waren durch Gebietsfremde angenommen werden[442].

Die Frage, ob eine Niederlassung vorliegt, ist anhand einer Gesamtbetrachtung der Umstände vorzunehmen, unter denen die Erwerbstätigkeit erfolgt[443]. Dabei muß geklärt werden, ob das Unternehmen lediglich die Leistung eines Betriebes oder diesen selbst[444] in die ausländische Wirtschaft einbringt. Maßgebliche Kriterien für eine Niederlassung sind das Vorhandensein fester Einrichtungen im Leistungsstaat[445], die längere Dauer der Leistungserbringung[446] und die Verteilung von Umfang und Schwerpunkt einer Tätigkeit auf die betroffenen Länder[447].

---

442 *Troberg*, in: G/T/E, Art. 59 EGV Rnr. 2.

443 *Troberg*, in: G/T/E, Art. 52 EGV Rnr. 7. Nach dieser Prämisse geht auch der EuGH vor, vgl. EuGH 25.07.1991 (*Factortame II*), Slg. 1991, I-3905, 3965 f.

444 *Troberg*, aaO.

445 *Hailbronner*, in: HandKomm EUV/EGV, Art. 60 EGV Rnr. 17; *Troberg*, in: G/T/E, Art. 52 EGV Rnr. 4; *Randelzhofer*, in: Grabitz/Hilf, EUV/EGV, Art. 52 EWGV Rnr. 8. Der EuGH sieht das Vorhandensein einer „gewissen Infrastruktur" noch nicht unbedingt als Grund für die Annahme einer Niederlassung, so Urteil vom 30.11.1995 (*Gebhard*), Slg. 1995, I-4165, 4195 Rnr. 27.

446 EuGH aaO.; *Hailbronner*, aaO.; *Troberg*, in: G/T/E, Art. 52 EGV Rnr. 5; *Randelzhofer*, aaO. Schwierigkeiten bestehen bei diesem Kriterium insbesondere bei der Frage, wie die wiederholte Leistungserbringung im Ausland behandelt werden soll, wenn die einzelnen Leistungsakte nicht die für die Annahme einer Niederlassung notwendige Dauer haben, vgl. dazu *Hailbronner*, aaO. Kritisch zu dieser Voraussetzung auch *Roth*, in: Dauses, Handbuch EU-Wirtschaftsrecht, E.I Rnr. 99, soweit die reine Leistungserbringung ohne Grenzübertritt erfaßt wird. Tenor seiner berechtigten Kritik ist die Feststellung, daß nur bei Präsenz des Leistungserbringers im Leistungsstaat das zeitliche Moment eine Rolle spiele.

447 Offenbar im Anschluß an EuGH 03.12.1974 (*van Binsbergen*), Slg. 1974, 1299, 1309 Rnr. 13 und EuGH 04.12.1986 (*Kommission/Deutschland*), Slg. 1986, 3755, 3801 Rnr. 22 geht *Troberg*, in: G/T/E, Art. 52 EGV Rnr. 6 von diesem Erfordernis aus, obwohl der EuGH nur die Möglichkeit erwähnt, daß eine überwiegend auf einen anderen Mitgliedstaat ausgerichtete Tätigkeit unter die Niederlassungsfreiheit fallen könnte. Kritisch *Roth*, in: Dauses, Handbuch EU-Wirtschaftsrecht, E.I Rnr. 27.

Somit ist festzuhalten, daß sich in den Fällen, in denen nur die Leistung die Grenze passiert oder der Leistungsempfänger den Leistenden in dessen Heimatstaat aufsucht, die Frage der Abgrenzung zwischen Dienstleistungs- und Niederlassungsfreiheit in aller Regel nicht stellen wird. Abgrenzungsfragen werfen die Fälle auf, in denen der Leistende seine Tätigkeit als Gebietsfremder im Staate des Leistungsempfängers ausübt; vor allem dann, wenn sich die Erbringung der Leistung auf einen längeren Zeitraum oder viele kurze, eng hintereinanderfolgende Zeiträume erstreckt oder unter Betrieb einer festen Einrichtung im Leistungsstaat erfolgt. Die erforderliche wertende Gesamtbetrachtung wird dann – bei allen mit diesem Verfahren verbundenen Schwierigkeiten – für den konkreten Einzelfall diese Frage beantworten.

c) Warenverkehrsfreiheit

Die Berührungspunkte mit der Warenverkehrsfreiheit sind nur begrenzter Natur und können sich in der Form ergeben, daß anläßlich der Verlagerung eines Unternehmens auch die von diesem hergestellten oder jedenfalls diesem gehörenden Waren mit verlagert werden müssen. Die Warenverkehrsfreiheit findet dann neben der Niederlassungsfreiheit Anwendung[448].

d) Kapitalverkehrsfreiheit

Die Kapitalverkehrsfreiheit gewährleistet hingegen die Möglichkeit von Wertübertragungen zwischen den Mitgliedstaaten, die in der Regel Vermögensanlagen sind[449]. Berührungspunkte mit der Niederlassungsfreiheit können auftreten, wenn bei der Gründung von Unternehmen im oder deren Verlagerung ins Ausland Kapitaltransfers in Form von Sachanlagen- oder Geldtransfers stattfinden[450]. Art. 43 Abs. 2 EG sieht ausdrücklich einen Vorbehalt zu Gunsten der Kapitalverkehrsfreiheit vor, so daß die in diesem Bereich erforderlichen Wertübertragungsvorgänge nicht unter die Niederlassungsfreiheit fallen.

3. Ergebnis

Ausgehend von den ersten Ansätzen und unter Abgrenzung zu den anderen Grundfreiheiten stellt die Niederlassungsfreiheit also das Recht dar, eine wirt-

---

448 *Roth*, in: Dauses, Handbuch EU-Wirtschaftsrecht, E.I Rnr. 9; *Kruse*, Sitzverlegung, Rnr. 53.

449 *Schweitzer/Hummer*, Europarecht, Rnr. 1213; *Fischer*, Europarecht, § 18 Rnr. 2.

450 *Kruse*, Sitzverlegung, S. 55; *Bleckmann*, WiVerw 1987, 119, 132.

schaftliche Tätigkeit unter Verwendung von festen Einrichtungen in einem anderen Mitgliedstaat auf eine unbestimmte Zeit auszuüben[451].

II. Erscheinungsformen

Die so definierte Niederlassungsfreiheit des EG-Vertrages unterteilt sich in zwei verschiedene Ausübungsmöglichkeiten: die primäre und die sekundäre Niederlassungsfreiheit.

1. Primäre Niederlassungsfreiheit

Die Grundform der Niederlassungsfreiheit ist die primäre Niederlassungsfreiheit. Sie stellt sich als grenzüberschreitender Wechsel der Ansässigkeit von selbständig tätigen Personen durch Verlegung ihrer Hauptniederlassung sowie die Aufnahme selbständiger Tätigkeit durch bisher unselbständig tätige Personen im Gastland dar[452].

2. Sekundäre Niederlassungsfreiheit

Die zweite Variante der Niederlassungsfreiheit ist die sekundäre. Diese bringt den Berechtigten die Möglichkeit, innerhalb der Europäischen Gemeinschaft weitere Tätigkeitsorte zu begründen, ohne dafür den vorhandenen Tätigkeitsschwerpunkt aufzugeben oder zu verlagern[453]. Dies geschieht durch Gründung rechtlich unselbständiger Zweigniederlassungen und Agenturen oder rechtlich selbständiger Tochtergesellschaften im jeweiligen Gaststaat[454].

III. Berechtigte der Niederlassungsfreiheit

Weiterhin ist zu klären, welche Rechtssubjekte als Berechtigte der Niederlassungsfreiheit in Betracht kommen.

---

451 Im Ergebnis so EuGH 25.07.1991 (*Factortame II*), Slg. 1991, I-3905, 3965 Rnr. 20 sowie 04.10.1991 (*Kommission/Großbritannien*), Slg. 1991, I-4585, 4614 Rnr. 21.

452 *Roth*, in: Dauses, Handbuch EU-Wirtschaftsrecht, E.I Rnr. 35; *Troberg*, in: G/T/E, Art. 52 EGV Rnr. 14; *Randelzhofer*, in: Grabitz/Hilf, EUV/EGV, Art. 52 EWGV Rnr. 2.

453 *Roth*, in: Dauses, Handbuch EU-Wirtschaftsrecht, E.I Rnr. 36; *Troberg*, aaO.; *Randelzhofer*, aaO; *Hailbronner*, in: HandKomm EUV/EGV, Art. 58 EGV Rnr. 17.

454 So Art. 43 Abs. 1 Satz 2 EGV. EuGH 27.09.1988 (*Daily Mail*), Slg. 1988, 5483, 5511 Rnr. 17. Eine ausführliche Darstellung der einzelnen Formen der sekundären Niederlassung findet sich bei *Troberg*, in: G/T/E, Art. 52 EGV Rnr. 15 ff.

1. Natürliche Personen und Gesellschaften

Nach Art. 43 Abs. 1 EG sind jedenfalls die natürlichen Personen, die Staatsangehörige eines Mitgliedstaates der Europäischen Gemeinschaft sind, berechtigt, die sich aus der Niederlassungsfreiheit ergebenden Rechte in Anspruch zu nehmen. Damit sind die Angehörigen dritter Staaten ausgeschlossen, die lediglich über einen Wohnsitz in einem Mitgliedstaat verfügen. Eine Erweiterung erfährt die Gruppe der Berechtigten durch Art. 48 Abs. 1 EG, der

> „... die nach den Rechtsvorschriften eines Mitgliedstaates gegründeten Gesellschaften, die ihren satzungsmäßigen Sitz, ihre Hauptverwaltung oder ihre Hauptniederlassung innerhalb der Gemeinschaft haben, den natürlichen Personen [...], die Angehörige der Mitgliedstaaten sind[,]"

gleichstellt. Gesellschaften nehmen also nach dem Wortlaut des Art. 48 Abs. 1 EG im gleichen Umfang wie die natürlichen Personen an der europarechtlichen Niederlassungsfreiheit teil. Das bedeutet, daß sie grundsätzlich wie natürliche Personen das Recht haben, in einem anderen Mitgliedstaat unter Verwendung fester Einrichtungen eine selbständige Erwerbstätigkeit aufzunehmen und auszuüben[455] und sich dazu auch der in Art. 43 Abs. 1 Satz 2 EG genannten Formen zu bedienen. Auch wenn der EG-Vertrag eine Gleichstellung der Gesellschaften mit den natürlichen Personen vornimmt, so können sich doch aus der Tatsache, daß Gesellschaften im Gegensatz zur natürlichen Person keine lebenden Wesen, sondern rechtliche Konstrukte sind, Unterschiede in der Reichweite des Niederlassungsrechts ergeben. Auf die Reichweite des gesellschaftlichen Niederlassungsrechts wird deshalb nach Darstellung der Gleichstellungsvoraussetzungen eingegangen werden[456].

2. Gesellschaftsbegriff

Welche Rechtsgebilde „Gesellschaften" im Sinne dieser Norm sind, gibt Art. 48 Abs. 2 EG an, wo geregelt ist:

> „Als Gesellschaften gelten die Gesellschaften des bürgerlichen und des Handelsrechts einschließlich der Genossenschaften und die sonstigen juristischen Personen des öffentlichen und privaten Rechts mit Ausnahme derjenigen, die keinen Erwerbszweck verfolgen."

---

[455] Zur Definition der Niederlassungsfreiheit vgl. oben S. 106.

[456] Unten S. 114.

Der Wortlaut dieser Regelung legt durch die Formulierung „sonstige juristische Personen" den Schluß nahe, daß ausschließlich Gesellschaften, die juristische Personen sind, in den Genuß der Niederlassungsfreiheit kommen sollen. Eine solche Interpretation wird jedoch allgemein als zu eng angesehen, so daß auch die nicht mit Rechtsfähigkeit ausgestatteten Personengesellschaften als vom Anwendungsbereich der Art. 43 ff. EG umfaßt anzusehen sind[457]. Das Erfordernis der Verfolgung eines Erwerbszweckes durch die Gesellschaft steht im Einklang mit der Forderung nach einer entgeltlichen wirtschaftlichen Tätigkeit für die Anwendbarkeit der Niederlassungsfreiheit des Art. 43 EG. Es sind also jedenfalls die im Rahmen dieser Arbeit interessierenden Gesellschaftsformen GmbH, AG sowie KGaA für den (Regel-) Fall, daß sie einen Erwerbszweck verfolgen, typmäßig berechtigt, sich auf die Niederlassungsfreiheit zu berufen.

3. Staatsangehörigkeits- und Ansässigkeitsvoraussetzungen

Für die Zuerkennung der Niederlassungsfreiheit sind neben den genannten Voraussetzungen weitere, insbesondere im Hinblick auf die Ansässigkeit der Niederlassungswilligen, zu erfüllen. Eine Unterscheidung in den Voraussetzungen findet einmal zwischen Gesellschaften und natürlichen Personen auf der Subjektsebene, als auch zwischen den Formen der Niederlassung[458] auf Ebene des Niederlassungsvorganges statt.

a) Natürliche Personen

Natürliche Personen können nach Art. 43 Abs. 1 Satz 1 EG die primäre Niederlassungsfreiheit ausüben, wenn sie Staatsangehörige eines Mitgliedstaates der Europäischen Gemeinschaft sind. Die Ausübung der sekundären Niederlassungsfreiheit des Art. 43 Abs. 1 Satz 2 EG hingegen ist zusätzlich zum Staatsangehörigkeitserfordernis an die Ansässigkeit der natürlichen Personen in der Europäischen Gemeinschaft geknüpft[459].

---

457 *Troberg*, in: G/T/E, Art. 58 EGV Rnr. 2; *Hailbronner*, in: HandKomm EUV/EGV, Art. 58 EGV Rnr. 2; *Randelzhofer*, in: Grabitz/Hilf, EUV/EGV, Art. 58 EWGV Rnr. 3; *Roth*, in: Dauses, Handbuch EU-Wirtschaftsrecht, E.I Rnr. 55; *Bleckmann*, Europarecht, Rnr. 1609; *Everling*, Niederlassungsrecht, S. 33; *Maestripieri*, S. 135 f.

458 Primäre und sekundäre Niederlassungsfreiheit, dazu vorstehend unter II.

459 *Roth*, in: Dauses, Handbuch EU-Wirtschaftsrecht, E.I Rnr. 53; *Hailbronner*, in: HandKomm EUV/EGV, Art. 52 Rnr. 25; *Scheuer*, in: Lenz, EG-Vertrag, Art. 43 Rnr. 3; *Troberg*, in: G/T/E, Art. 52 Rnr. 87.

b) Gesellschaften

Im Gegensatz dazu richtet sich die Gleichbehandlung der Gesellschaften mit den natürlichen Personen und damit auch ihre Berechtigung zur Ausübung der Niederlassungsfreiheit gemäß Art. 48 Abs. 1 EG danach, ob sie „... nach den Rechtsvorschriften eines Mitgliedstaates gegründet ...“ wurden *und* „... ihren satzungsmäßigen Sitz, ihre Hauptverwaltung oder ihre Hauptniederlassung innerhalb der Gemeinschaft haben ...“. Damit ist zweierlei erforderlich: Die niederlassungswillige Gesellschaft muß erstens ihre Existenz aus dem Recht eines Mitgliedstaates herleiten, also unter Beachtung von dessen Regeln gegründet worden sein. Und zweitens muß sich eines der genannten Lokalkriterien innerhalb der Europäischen Gemeinschaft befinden.

aa) Gründungserfordernis

Ersteres ist relativ unproblematisch zu behandeln. Das Gründungserfordernis ist erfüllt, wenn bei der Gründung der fraglichen Personenvereinigung das für diese Fälle einschlägige Recht eines Mitgliedstaates vollumfänglich beachtet wurde, die Gesellschaft also wirksam nach dem Recht eines Mitgliedstaates entstanden ist und von diesem einmal als solche akzeptiert wurde[460]. Damit entsteht eine rechtliche Bindung an einen Mitgliedstaat, die eine solche auch an die Europäische Gemeinschaft vermittelt[461] und somit die Gewährung des Rechts auf Teilnahme an der Niederlassungsfreiheit aus dieser Sicht rechtfertigt.

bb) Ansässigkeitserfordernis

Hingegen verdient das zweite Kriterium ausführlichere Betrachtung. Der EG-Vertrag stellt drei Möglichkeiten der lokalen Verbindung zur Gemeinschaft bereit, die den Gesellschaften den Zugang zur Niederlassungsfreiheit ermöglichen: den satzungsmäßigen Sitz, die Hauptverwaltung sowie die Hauptniederlassung innerhalb der Gemeinschaft. Der satzungsmäßige Sitz ist der in der Satzung der Gesellschaft genannte Sitz[462], während die Hauptverwaltung der Ort ist, an dem die unternehmerische Leitung der Gesellschaft ausgeübt wird[463]. Damit entspre-

---

460 *Troberg*, in: G/T/E, Art. 58 EGV Rnr. 6; *Hailbronner*, in: HandKomm EUV/EGV, Art. 58 EGV Rnr. 5; *Randelzhofer*, in: Grabitz/Hilf, EUV/EGV, Art. 58 EWGV Rnr. 8; *Roth*, in: Dauses, Handbuch EU-Wirtschaftsrecht, E.I Rnr. 39; *Bleckmann*, Europarecht, Rnr. 1618.

461 *Roth*, in: Dauses, Handbuch EU-Wirtschaftsrecht, E.I Rnr. 35; *Hailbronner*, in: HandKomm EUV/EGV, Art. 58 EGV Rnr. 2.

462 *Hailbronner*, in: HandKomm EUV/EGV, Art. 58 EGV Rnr. 6; *Randelzhofer*, in: Grabitz/Hilf, EUV/EGV, Art. 58 EWGV Rnr. 11.

463 *Hailbronner*, aaO.; *Troberg*, in: G/T/E, Art. 58 EGV Rnr. 7; *Randelzhofer*, aaO.

chen diese beiden Sitzbegriffe den internationalgesellschaftsrechtlichen Begriffen des Satzungssitzes und des Verwaltungssitzes[464]. Die Hauptniederlassung einer Gesellschaft ist dort, wo sich die Sachmittel und Arbeitskräfte der Gesellschaft konzentrieren[465]. In der Regel werden die Hauptverwaltung und die Hauptniederlassung einer Gesellschaft an einem Ort zusammenfallen. Jedoch kann es insbesondere bei großen und sehr großen Unternehmen dazu kommen, daß neben einer Hauptverwaltung, die tatsächlich nur Verwaltungs- und Lenkungsaufgaben übernimmt, ein oder mehrere Produktionsstandorte bestehen, an denen keine oder nur marginale Verwaltungs- oder Leitungsaufgaben wahrgenommen werden, aber im Sinne der obigen Definition Sachmittel und Arbeitskräfte der Gesellschaft konzentriert sind.

Bestrebungen, für die Berechtigung der nach dem Recht eines Mitgliedstaates gegründeten Gesellschaften zur Ausübung der Niederlassungsfreiheit ein kumulatives Vorliegen der Merkmale „satzungsmäßiger Sitz" und „Hauptverwaltung" oder „Hauptniederlassung" zu fordern[466], sind erfolglos geblieben und angesichts des klaren Wortlautes auch nicht zu unterstützen. Daher ist nach dem Vertragstext alternativ eines dieser drei Merkmale für die Berechtigung der Gesellschaft zur Inanspruchnahme der Niederlassungsfreiheit ausreichend[467].

cc) Erfordernis einer „tatsächlichen und dauerhaften Verbindung mit der Wirtschaft eines Mitgliedstaates"

Folge dieser Alternativität der Lokalkriterien kann es sein, daß Gesellschaften mit lediglich fiktivem Sitz innerhalb der Europäischen Gemeinschaft als Berechtigte der Niederlassungsfreiheit auftreten können. Zur Verdeutlichung sei

---

464 *Roth*, in: Dauses, Handbuch EU-Wirtschaftsrecht, E.I Rnr. 59; *Eyles*, Niederlassungsrecht, S. 99; *Grothe*, Kapitalgesellschaft, S. 144. *Kruse*, Sitzverlegung, S. 62 sieht die Begriffe als „nicht unbedingt identisch" an, geht aber davon aus, daß sachlich durch „Hauptverwaltung" in Abgrenzung zum Satzungssitz der Verwaltungssitz gemeint ist.

465 *Hailbronner*, in: HandKomm EUV/EGV, Art. 58 EGV Rnr. 6; *Troberg*, in: G/T/E, Art. 58 EGV Rnr. 7; *Randelzhofer*, in: Grabitz/Hilf, EUV/EGV, Art. 58 EWGV Rnr. 11.

466 *Audinet*, JdDI 86 (1959), 982, 1016 führt aus: „On devrait lire: «ayant leur siège statutaire *et* leur administration centrale ou leur principal établissement à l'intérieur de la Communauté». La portée de l'alternative doit être réduite à ses deux derniers éléments. Cette interprétation ne nous paraît pas, d'ailleurs, absolument incompatible avec la lettre du texte, car la valeur exacte de la virgule figurant entre les mots «leur siège statutaire» et «leur administration centrale» peut prêter à discussion". Er unterstellt damit ein Redaktionsversehen der Verfasser des Vertrages, da man nicht davon ausgehen könne, daß es ausreichend sei, einen fiktiven Sitz innerhalb der Gemeinschaft zu haben, um am Niederlassungsrecht teilzuhaben.

467 *Randelzhofer*, in: Grabitz/Hilf, EUV/EGV, Art. 58 EWGV Rnr. 11; *Troberg*, in: G/T/E, Art. 58 EGV Rnr. 5; insofern unentschieden bei *Hailbronner*, in: HandKomm EUV/EGV, Art. Rnr. 6 f.

der Fall genannt, daß eine nach dem Recht des Vereinigten Königreiches gegründete Gesellschaft mit Satzungssitz in London und Verwaltungssitz sowie Hauptniederlassung in den Vereinigten Staaten von Amerika aufgrund des Wortlautes des Vertrages an der Niederlassungsfreiheit teilhaben kann. Sie wäre also berechtigt, ihre Hauptniederlassung oder ihre Hauptverwaltung (primäre Niederlassungsfreiheit) innerhalb der Europäischen Gemeinschaft zu begründen und zu betreiben.

Wegen der vom EG-Vertrag gewährten Gleichstellung der Gesellschaften mit den natürlichen Personen ist für die Begründung von Agenturen, Zweigniederlassungen und Tochtergesellschaften (sekundäre Niederlassungsfreiheit) jedoch – wie bei den natürlichen Personen auch – eine tatsächliche Ansässigkeit der Gesellschaft innerhalb der Europäischen Gemeinschaft erforderlich[468]. Es bedarf einer „... Tätigkeit in tatsächlicher und dauerhafter Verbindung mit der Wirtschaft eines Mitgliedstaates ...“[469]. Das obige Gesellschaftskonstrukt könnte sich also bei dem Wunsch, eine Zweigniederlassung bzw. eine Tochtergesellschaft innerhalb der EU zu gründen, nicht auf die Niederlassungsfreiheit berufen, da es lediglich seinen Satzungssitz in der EU und keine weitere Beziehung im Sinne einer Ansässigkeit zu dieser hat. Eine Ausdehnung dieses Erfordernisses auch für die Ausübung der primären Niederlassungsfreiheit ist hingegen aus dem Vertrag nicht entnehmbar und auch nicht geboten[470].

Eine nähere Konkretisierung der Einrichtungen oder Verhaltensweisen, die eine tatsächliche und dauerhafte Verbindung mit der Wirtschaft eines Mitgliedstaates begründen könnten, ist bisher nicht ersichtlich[471]. In der Literatur wird jedoch davon ausgegangen, daß diese durch Begründung einer Zweigniederlassung, durch Tätigung erheblicher Investitionen oder durch die Charakterisierung des Binnenmarktes als Hauptabsatzmarkt der Gesellschaft gegeben sein wird[472]. Andere Autoren sehen eine tatsächliche und dauerhafte Verbindung dann als gegeben an, wenn wirtschaftliche Tätigkeiten von einigem Gewicht von einer

---

468 Art. 48 Abs. 1 iVm 43 Abs. 1 Satz 1 EG. *Troberg*, in: G/T/E, Art. 58 EGV Rnr. 8.

469 *Rat der Europäischen Wirtschaftsgemeinschaft*, Allgemeines Programm zur Aufhebung der Beschränkungen der Niederlassungsfreiheit, ABl. EG 1962 36/62 vom 15.01.1962, Abschnitt 1.

470 So aber *Bleckmann*, Europarecht Rnr. 1619; *Oppermann*, Europarecht, Rnr. 1586 unter Berufung auf das Niederlassungsprogramm (vorige Fußnote). Ähnlich auch *Randelzhofer*, in: Grabitz/Hilf, EUV/EGV, Art. 58 EWGV Rnr. 14, der jedoch unter Berufung auf EuGH vom 10.07.1986 (*Segers*), Slg. 1986, 2375 davon ausgeht, daß dieses Kriterium generell obsolet sei (*Randelzhofer*, aaO. Rnr. 15/16). Dazu *Schnichels*, Niederlassungsfreiheit, S. 57. Wie hier *Roth*, in: Dauses, Handbuch EU-Wirtschaftsrecht, E.I Rnr. 60; *Troberg*, in: G/T/E, Art. 58 EGV Rnr. 8; *Hailbronner*, in: HandKomm EUV/EGV, Art. 58 EGV Rnr. 8; *Schnichels*, Niederlassungsfreiheit, S. 58; *Kruse*, Sitzverlegung, S. 64.

471 *Kruse*, Sitzverlegung, S. 64.

472 *Troberg*, in: G/T/E, Art. 58 EGV Rnr. 8.

dauerhaften und festen Einrichtung innerhalb der Gemeinschaft ausgehen[473]. Es ist darauf zu achten, daß das Ansässigkeitskriterium nicht durch zu geringe Anforderungen obsolet wird, aber auch nicht durch überzogene Anforderungen eine schier unüberwindliche Schwelle errichtet wird. Das Niederlassungsprogramm der Europäischen Wirtschaftsgemeinschaft[474] geht von der bereits genannten tatsächlichen, dauerhaften Verbindung mit der Wirtschaft eines Mitgliedstaates aus. Eine solche ist nicht schon durch die sehr großzügige Annahme *Trobergs* gegeben. Es ist vielmehr eine feste, dauerhafte Einrichtung in der Gemeinschaft zu fordern, von der aus wesentliche wirtschaftliche Betätigungen vorgenommen werden. Dies ist bei Vorhandensein eines Verwaltungssitzes oder einer Hauptniederlassung innerhalb der Gemeinschaft der Fall. Ist aber von den drei Lokalkriterien des EG-Vertrages lediglich der Satzungssitz innerhalb der Gemeinschaft belegen, wird die Feststellung, ob diese Anforderungen erfüllt sind, entscheidende Bedeutung für die Berechtigung der Gesellschaft haben. Diese muß daher in solchen Fällen einer besonders intensiven und kritischen Prüfung unterzogen werden.

IV. Kollisionsrecht im EG-Vertrag?

Heftig umstritten in der Literatur ist die Frage, ob Art. 48 Abs. 1 EG über die soeben dargestellten Wirkungen hinaus eine europarechtliche Kollisionsnorm darstellt, die als solche den nationalen Kollisionsregeln vorgehen würde[475]. Eine intensive Bearbeitung hat diese Frage insbesondere in den Mongraphien von

---

473 *Hailbronner*, in: HandKomm EUV/EGV, Art. 58 EGV Rnr. 10; *Eyles*, Niederlassungsrecht, S. 103.

474 *Rat der Europäischen Wirtschaftsgemeinschaft*, Allgemeines Programm zur Aufhebung der Beschränkungen der Niederlassungsfreiheit, ABl. EG 1962 36/62 vom 15.01.1962.

475 Für eine Bedeutung des Art. 48 Abs. 1 EG als (versteckte) Kollisionsnorm des Europarechts haben sich unter anderem ausgesprochen: *von Bar*, IPR I, Rnr. 170 a. E.; *Brödermann*, in: ders./Iversen, Rnr. 266 ff.; *Bungert*, EWS 1993, 315, 317; *Drobnig*, in: Europäisches Gemeinschaftsrecht und Internationales Privatrecht, 189, 195 f.; *Grasmann*, Rnr. 194; *Grothe*, Kapitalgesellschaft, S. 143 ff.; *Koppensteiner*, Unternehmen, S. 115 f.; *Timmermans*, RabelsZ 48 (1984) 1, 38 f. Gegen eine solche Bedeutung wenden sich *Bleckmann*, WiVerw 1987, 119, 123 f.; *Ebenroth/Eyles*, DB-Beilage 2/1988, 1, 13 f.; *dies.*, DB 1989, 363, 416; *Ebke*, ZGR 1987, 245, 258 geht beim damaligen Stand des Europäischen Gemeinschaftsrechts von einer nicht unmittelbaren Geltung des Beschränkungsverbotes in Art. 52, 58 EWGV (Art. 43, 38 EG) aus; *Eyles*, Niederlassungsrecht, S. 357 f.; *Großfeld*, IntGesR, Rnr. 121; *Hailbronner*, in: HandKomm EUV/EGV, Art. 58 EGV Rnr. 4; *Kruse*, Sitzverlegung, S. 219 f.; *Roth*, in: Dauses, Handbuch EU-Wirtschaftsrecht, E.I Rnr. 91; *Schnichels*, Niederlassungsfreiheit, S. 175 f.; *Schümann*, EuZW 1994, 269, 273.

Brödermann[476], *Kruse*[477] und *Schnichels*[478] erfahren. Eine ebenso intensive Bearbeitung an dieser Stelle wäre zwar möglich, würde jedoch nur wenig neue Erkenntnisse bringen. Meines Erachtens ist eine Auslegung des Art. 48 Abs. 1 EG als europarechtliche Kollisionsnorm keinesfalls aus dem Wortlaut und auch nicht nach Sinn und Zweck der Norm geboten. Vielmehr soll die Norm in Anerkennung der unterschiedlichen kollisionsrechtlichen Systeme der einzelnen Mitgliedstaaten die Gesellschaften festlegen, die in den Kreis der mit den natürlichen Personen Gleichgestellten aufgenommen werden. Eine eigenständige kollisionsrechtliche Bedeutung im Sinne einer europarechtlichen Kollisionsnorm ist zu diesem Zweck nicht erforderlich und auch gar nicht wünschenswert. Auch der EuGH hat Art. 48 Abs. 1 EG stets zur Ermittlung der „Staatsangehörigkeit" einer Gesellschaft verwendet. Der Gerichtshof prüft damit nur, ob die Gesellschaft in den Kreis der Berechtigten der Niederlassungsfreiheit gehört[479]. Eine kollisionsrechtliche Bedeutung kommt Art. 48 Abs. 1 EG daher nicht zu.

V. Niederlassungsfreiheit der Gesellschaften

Die oben[480] gegebene Definition der Niederlassungsfreiheit orientiert sich stark an natürlichen Personen. Das ist insofern verständlich, als den Gesellschaften im EG-Vertrag nicht in einer eigenständigen Norm die Niederlassungsfreiheit gewährt wird. Sie werden durch Art. 48 Abs. 1 EG für die Ausübung ihrer Niederlassungsfreiheit den natürlichen Personen gleichgestellt. Mit dieser Gleichstellung ist aber noch nichts darüber ausgesagt, ob das Niederlassungsrecht der Gesellschaften vollständig kongruent mit dem der natürlichen Personen ist. Unterschiede könnten sich aus den Andersartigkeiten der juristischen gegenüber den natürlichen Personen ergeben. Daher muß geklärt werden, welche Vorgänge sich bei einer Gesellschaft als Ausübung ihrer Niederlassungsfreiheit darstellen. An dieser Stelle soll jedoch noch keine Aussage darüber getroffen werden, ob sich aufgrund des Europäischen Gemeinschaftsrechts – und hier vor allem der Niederlassungsfreiheit – ein Recht zur Durchführung der nachfolgend beschriebenen Vorgänge ergibt. Der konkrete Inhalt des Niederlassungsrechts für die Gesellschaften wird später auch und vor allem im Hinblick auf die Rechtsprechung des EuGH geklärt werden[481].

---

476 In: ders./Iversen, Rnr. 96 ff.

477 Sitzverlegung, S. 195 ff.

478 Niederlassungsfreiheit, S. 169 ff.

479 Zuletzt EuGH 09.03.1999 (*Centros*), Slg. 1999, I-1459, 1491 Rnr. 20 und EuGH 16.07.1998 (*ICI*), Slg. 1998, I-4695, 4721 Rnr. 20; vgl. außerdem EuGH 28.01.1986 (*Kommission/Frankreich*), Slg. 1986, 273, 304 Rnr. 18.

480 S. 106.

481 Unten S. 158-160.

1. Sekundäre Niederlassung

Die sekundäre Niederlassungsfreiheit der Gesellschaften soll im Folgenden an erster Stelle betrachtet werden, da ihre Ausübung bedeutend weniger Probleme und Fragen aufwirft, als die der primären Niederlassungsfreiheit[482]. Diejenigen Gesellschaften, welche die Gleichstellungsvoraussetzungen des Art. 48 Abs. 1 EG erfüllen, können innerhalb der Gemeinschaft beliebig zusätzliche permanente Geschäftseinrichtungen errichten, solange sie nicht ihren Unternehmensschwerpunkt aus dem Herkunftsland verlagern[483]. Sie können daher Agenturen, Zweigniederlassungen und auch Tochtergesellschaften gründen, aber ebenso auch Einrichtungen, die nicht die sogenannte „Agenturschwelle“ erreichen[484]. Die sekundäre Niederlassungsfreiheit ist jedoch in der vorliegenden Arbeit nicht von zentralem Interesse. Hier geht es gerade um die primäre Niederlassungsfreiheit.

2. Primäre Niederlassung

Schwieriger erscheint eine Ermittlung der Vorgänge, die sich als Ausübung der primären Niederlassungsfreiheit von Gesellschaften darstellen. Für natürliche Personen bedeutet die primäre Niederlassungsfreiheit das Recht, eine selbständige Tätigkeit in einem Mitgliedstaat aufnehmen zu können oder den Schwerpunkt ihrer schon ausgeübten Tätigkeit dorthin zu verlegen[485]. Wegen der Gleichstellung der Gesellschaften mit den natürlichen Personen muß dieser Befund Ausgangspunkt für die Ermittlung der Vorgänge sein, die bei einer Gesellschaft die Ausübung der primären Niederlassungsfreiheit darstellen. Für eine die primäre Niederlassungsfreiheit betreffende örtliche Veränderung kommen bei Gesellschaften die drei Lokalkriterien Satzungssitz, Hauptverwaltung und Hauptniederlassung in Betracht. Diese können jeweils innerhalb der Gemeinschaft neu begründet werden oder vom bisherigen Ort innerhalb der Gemeinschaft an einen anderen Ort ebenfalls innerhalb der Gemeinschaft verlegt werden. Die Verlegung aus der Gemeinschaft heraus in einen Drittstaat ist dagegen kein Fall für das Niederlassungsrecht des EG-Vertrages.

---

482 So auch *Drobnig*, in: Europäisches Gemeinschaftsrecht und Internationales Privatrecht, S. 185, 188; *Schnichels*, Niederlassungsfreiheit, S. 43.

483 Zu dieser – über die Möglichkeiten in der Aufzählung des Art. 43 Abs. 1 Satz 2 EG hinausgehenden – Definition der sekundären Niederlassung vgl. *Hailbronner*, in: HandKomm EUV/EGV, Art. 58 EGV Rnr. 17.

484 *Roth*, in: Dauses, Handbuch EU-Wirtschaftsrecht, E.I Rnr. 36; *Hailbronner*, aaO. Rnr. 16.

485 *Troberg*, in: G/T/E, Art. 52 EGV Rnr. 14. Vgl. dazu oben S. 106 und die vorhergehende Herleitung dieser Definition.

a) Satzungssitz

Zunächst sollen die Möglichkeiten zur Begründung und Verlegung des Satzungssitzes innerhalb der Europäischen Gemeinschaft betrachtet werden.

aa) Erstmalige Begründung innerhalb der Europäischen Gemeinschaft

Unabdingbare Voraussetzung für die Berechtigung zur Berufung auf die Niederlassungsfreiheit ist nach den obigen[486] Darstellungen, daß die Gesellschaft nach dem Recht eines Mitgliedstaates wirksam – also unter Beachtung seiner zwingenden gesellschaftsrechtlichen Vorschriften – gegründet worden ist. Da jedoch kein Mitgliedstaat der Europäischen Gemeinschaft es gestattet, daß eine Gesellschaft nach seinem Recht wirksam gegründet wird, die nicht über mindestens einen Satzungssitz in diesem Staat verfügt, kann es zur erstmaligen Begründung eines Satzungssitzes innerhalb der Europäischen Gemeinschaft nur bei der Neugründung einer Gesellschaft kommen. Dieser Vorgang fällt jedoch nicht unter die Niederlassungsfreiheit der Gesellschaft, sondern unter die der Gesellschaft*er*[487] und ist daher hier irrelevant.

bb) Verlegung innerhalb der Gemeinschaft

Da auch der Satzungssitz einer Gesellschaft prinzipiell der Verlegung zugänglich ist, stellt sich die Frage, ob ein solcher Vorgang eine Form der Ausübung der Niederlassungsfreiheit wäre. In der Literatur wird vertreten, daß auch die Verlegung des Satzungssitzes ein von der Niederlassungsfreiheit geschützter Vorgang sei[488]. *Drobnig* macht seine Ausführungen zwar am Statutenwechsel fest, den er als unabdingbare Folge des Wechsels des Satzungssitzes sieht[489], trifft aber dadurch letztlich eine Aussage über die Verlegung des Satzungssitzes als dem Statutenwechsel nach seiner Konzeption zugrunde liegenden Vorgang. Dieser müsse von der Niederlassungsfreiheit umfaßt sein, da ansonsten eine „Auswanderung“ der Gesellschaft nicht möglich sei[490]. *Kruse* erkennt zwar die Möglichkeit einer isolierten Verlegung des Satzungssitzes an, sieht aber Probleme in der Tatsache, daß es sich um die Verlegung eines rein rechtlichen Kri-

---

486 S. 110.

487 *Hailbronner*, in: HandKomm EUV/EGV, Art. 58 EGV Rnr. 12.

488 *Drobnig*, in: Europäisches Gemeinschaftsrecht und Internationales Privatrecht, 185, 196 f. und 199 f.; *Kruse*, Sitzverlegung, S. 67.

489 In: Europäisches Gemeinschaftsrecht und Internationales Privatrecht, 185, 196 f. und 199 f. geht er vom Statutenwechsel aus, dem er die Verlegung des Sitzes (offenbar des Verwaltungssitzes) gegenüberstellt.

490 aaO., S. 199.

teriums ohne wirtschaftlichen Bezug handelt, die Niederlassungsfreiheit aber einen solchen Bezug fordere[491]. Sie löst dieses Problem, indem sie davon ausgeht, daß die Verlegung des Satzungssitzes nur an den Ort erfolgen werde, an dem schon eine Betriebsstätte besteht, womit der wirtschaftliche Bezug gegeben sei[492].

Hingegen lehnt *Schnichels* die Verlegung des Satzungssitzes als der Niederlassungsfreiheit unterfallenden Vorgang – auch und gerade bei gleichzeitigem Statutenwechsel – vollständig ab[493]. Er sieht die dafür notwendige wirtschaftliche Integration in den anderen Mitgliedstaat des neuen Sitzes durch den reinen Statutenwechsel als nicht gegeben an. Ebenso geht *Großfeld* davon aus, daß „… der Satzungssitz keine Niederlassung ist …“[494] und seine Verlegung daher nicht der Niederlassungsfreiheit unterfalle. Zweifelnd äußert sich *Behrens* zu dieser Frage[495].

Für eine zufriedenstellende Antwort auf die Frage muß zunächst nochmals die qualitative Einordnung des Satzungssitzes versucht werden. Dieser ist nicht mehr und nicht weniger als ein von den Gesellschaftern im Einklang mit der nationalen Rechtsordnung, die der Gesellschaft ihre Gestalt verleiht, gewählter und festgelegter fiktiver Ort. Er manifestiert sich in einer Registereintragung und ist – jedenfalls nach deutschem Recht – zwingende Voraussetzung für die konstitutive Eintragung. Damit ist der Satzungssitz zunächst ein rein rechtliches Konstrukt. Die Verlegung dieses rein rechtlichen Konstruktes ins Ausland kann grundsätzlich nicht als „Verlegung des Schwerpunktes der wirtschaftlichen Tätigkeit“ angesehen werden.

Eine andere Bewertung könnte der Vorgang allerdings durch die Tatsache erfahren, daß zumindest in den Staaten, die für ihr Kollisionsrecht die Gründungstheorie in mehr oder weniger reiner Form verwenden, die Verlegung des Satzungssitzes zum Wechsel des auf die Gesellschaft anwendbaren Rechts führt. Aber auch in den Sitztheorie-Staaten ist die Mit-Verlegung des Satzungssitzes erforderlich, wenn die Gesellschaft durch Wegzug oder Zuzug des Verwaltungssitzes ihr Gesellschaftsstatut ändert. Das Gesellschaftsstatut einer Gesellschaft bestimmt aber über das auf die Gesellschaft anwendbare Recht auch ihre rechtliche Gestalt und damit ihr Erscheinungsbild im Rechtsverkehr. Die rechtliche Gestalt einer Gesellschaft, der rechtliche Mantel, mit dem sich die Gesellschafter der Gesellschaft umgeben, ist auch ein wirtschaftlicher Faktor. Sie kann über die Organisationsform der Gesellschaft Einfluß auf den wirtschaftlichen Erfolg oder Mißerfolg einer Gesellschaft nehmen. Aus diesem Grunde könnte man die Verlegung des Satzungssitzes unter Wechsel des anwendbaren Rechts wegen

---

491 Sitzverlegung, S. 67.

492 *Kruse*, aaO.

493 Niederlassungsfreiheit, S. 42.

494 In: Staudinger, IntGesR, Rnr. 680.

495 EuZW 1992, 550.

der wirtschaftlichen Relevanz dieses Rechts doch als einen der Niederlassungsfreiheit unterfallenden Vorgang ansehen. Die feste Einrichtung ist der Satzungssitz selbst, der regelmäßig auch nicht nur kurzzeitig, sondern für eine gewisse Dauer verlegt werden wird.

Eine gewisse Ähnlichkeit dieser Frage besteht zu jener in der Rechtssache *Factortame II*[496]. Dort hatte der EuGH zu entscheiden, ob alleine die Registrierung eines Schiffes im Ausland ein niederlassungsrelevanter Vorgang sei. Der EuGH führt aus:

> „Die Registrierung eines Schiffes bedeutet somit nicht notwendigerweise eine Niederlassung im Sinne des Vertrages, insbesondere dann nicht, wenn das Schiff nicht zur Ausübung einer wirtschaftlichen Tätigkeit eingesetzt wird [...][497].
> Stellt das Schiff jedoch ein Mittel zur Ausübung einer wirtschaftlichen Tätigkeit dar, die eine feste Einrichtung in dem betreffenden Staat voraussetzt, so kann seine Registrierung von der Ausübung der Niederlassungsfreiheit *nicht losgelöst werden.*“[498]

Damit sagt der EuGH zunächst, daß die Registrierung des Schiffes im Ausland nicht an sich eine Ausübung der Niederlassungsfreiheit ist, sondern lediglich als Begleitrecht nicht von deren Ausübung losgelöst werden kann. Überträgt man diese Äußerungen auf den Satzungssitz, der ja zu seiner wirksamen Entstehung auch der Registrierung bedarf, und die Gesellschaft[499], so ergibt sich folgendes: Der Satzungssitz und die auf ihm beruhende Registereintragung sind keine Niederlassung im Sinne der Niederlassungsfreiheit, also unterfällt ihre Verlegung auch nicht diesem Recht. Wird er allerdings im Zuge der Begründung einer wirtschaftlichen Niederlassung im Ausland verlegt, so unterfällt seine Verlegung quasi als Begleitrecht der Niederlassungsfreiheit. Bei dieser Sichtweise ist allerdings nicht berücksichtigt, daß der Ort der Registrierung einer Gesellschaft im Gegensatz zu der eines Schiffes mannigfaltige Rechtswirkungen entfaltet. Der Registrierungsort eines Schiffes entscheidet offenbar darüber, welchem Land dieses Schiff zugeordnet wird. Insoweit ist noch Übereinstimmung gegeben. Wechselt ein Schiff jedoch seinen Registrierungsort von einem Land zu einem anderen, so bleibt seine Gestalt dieselbe. Wechselt eine Gesellschaft aber ihren Registrierungsort in ein anderes Land, so ändert sich ihre Rechtsform von einer des Wegzugsstaates in eine des Zuzugsstaates. Der Satzungssitz ist daher

---

496 EuGH 25.07.1991, Slg. 1991, I-3905.

497 EuGH 25.07.1991 (*Factortame II*), Slg. 1991, I-3905, 3965 Rnr. 21.

498 EuGH aaO., Rnr. 22 (Hervorhebung vom Verf.).

499 Wobei allerdings beachtet werden muß, daß es bei der Registrierung eines Schiffes nicht um dessen Niederlassungsfreiheit, sondern um die seines Eigners geht, während die Registrierung einer Gesellschaft im Falle der Verlegung des Satzungssitzes deren eigene Niederlassungsfreiheit betrifft.

in viel stärkerer Art und Weise mit dem rechtlichen und tatsächlichen Wesen der Gesellschaft verknüpft als der Registrierungsort eines Schiffes. Über die Einflußnahme auf die rechtliche Struktur ergeben sich aber auch Einflüsse auf die tatsächliche Struktur und damit die wirtschaftliche Tätigkeit der Gesellschaft. Wegen dieser Verbindung zwischen Satzungssitz und wirtschaftlicher Tätigkeit ist die Verlegung des Satzungssitzes – im Gegensatz zur Registrierung eines Schiffes – ein der Niederlassungsfreiheit unterfallender Vorgang.

Ein weiteres Indiz für die Betrachtung der Verlegung des Satzungssitzes als Niederlassungsvorgang ergibt sich aus der Rechtsprechung des Europäischen Gerichtshofes. In seiner Entscheidung „*Daily Mail*" hat er entschieden, daß die Unterschiede im nationalen Recht hinsichtlich der Möglichkeiten und Modalitäten der Verlegung des tatsächlichen oder des Satzungssitzes vom EWG-Vertrag bisher nicht gelöste Probleme seien und als solche einer Lösung im Wege der Rechtssetzung oder des Vertragsschlusses bedürften[500]. Zwar nimmt der Gerichtshof damit die Verlegung des Verwaltungs- und des Satzungssitzes gerade aus der Gewährleistung der Niederlassungsfreiheit heraus, doch ändert dies nichts daran, daß der EuGH die Verlegung des Satzungssitzes als Niederlassungsvorgang anzusehen scheint. Würde er die Verlegung des Satzungssitzes nicht als niederlassungsrechtlich relevanten Vorgang ansehen, wäre eine Erwähnung an dieser Stelle überflüssig. Denn ein Vorgang, der sich gar nicht als Ausübung der Niederlassungsfreiheit darstellt, muß auch nicht von deren Gewährleistung explizit ausgenommen werden, da er gar nicht der Niederlassungsfreiheit unterfällt. Aus den angeführten Gründen ist daher die Verlegung des Satzungssitzes ein der Niederlassungsfreiheit unterfallender Vorgang.

b) Hauptverwaltung

Auch die erstmalige Begründung und die Verlegung der Hauptverwaltung kommen als Niederlassungsvorgänge in Betracht.

aa) Erstmalige Begründung innerhalb der Europäischen Gemeinschaft

Bei der erstmaligen Begründung einer Hauptverwaltung in der Europäischen Gemeinschaft ist zu unterscheiden zwischen neu gegründeten Gesellschaften und Gesellschaften, die bereits nach dem Recht eines Mitgliedstaates gegründet sind, dort ihren Satzungssitz haben und ihre bestehende Hauptverwaltung erstmals in das Gebiet der Europäischen Gemeinschaft verlegen wollen.

Bei neu gegründeten Gesellschaften handelt es sich bei der Lokalisierung der Hauptverwaltung um einen mit der Gründung der Gesellschaft zusammenfallenden Akt. Die Entscheidung der Gesellschafter, von welchem Ort aus die

---

[500] EuGH 27.09.1988 (*Daily Mail*), Slg. 1988, 5483, 5512 Rnr. 23.

Geschäfte der Gesellschaft geführt werden sollen, begründet bereits einen solchen vorläufigen Ort der Hauptverwaltung zu einem Zeitpunkt, zu dem die Gesellschaft noch nicht entstanden ist. Damit unterfällt dieser Vorgang der Niederlassungsfreiheit der Gesellschafter und nicht der der Gesellschaft. Anders ist es für den Fall, in dem bereits eine Gesellschaft nach dem Recht eines Mitgliedstaates besteht und ihren Satzungssitz innerhalb der Europäischen Gemeinschaft hat. Verfügt diese Gesellschaft über eine Hauptverwaltung in einem Drittstaat und will sie diese erstmals auf dem Gebiet der Europäischen Gemeinschaft ansiedeln, so spricht meiner Ansicht nach nichts dagegen, diesen Vorgang als Anwendungsfall der Niederlassungsfreiheit anzusehen. Denn auch die Verwaltung eines Unternehmens ist eine wirtschaftliche Tätigkeit, die der Niederlassungsfreiheit unterfällt.

bb) Verlegung innerhalb der Gemeinschaft

Aus demselben Grund ist auch die Verlegung des Ortes der Hauptverwaltung von einem Staat der Europäischen Gemeinschaft in einen anderen ein Fall der Niederlassungsfreiheit[501].

c) Hauptniederlassung

Schließlich kommt als Niederlassungsvorgang auch die Begründung und Verlegung der Hauptniederlassung in Betracht.

aa) Erstmalige Begründung innerhalb der Europäischen Gemeinschaft

Die erstmalige Ansiedelung einer Hauptniederlassung innerhalb der Europäischen Gemeinschaft fällt sowohl bei der Neugründung einer Gesellschaft als auch bei der Umsiedelung dieses Merkmales aus einem Drittstaat unter die Niederlassungsfreiheit[502]. Die Existenz einer Hauptniederlassung ist weder Voraussetzung für das Entstehen einer Gesellschaft noch für deren Berechtigung zur Ausübung der Niederlassungsfreiheit, sofern die Gesellschaft nach dem Recht eines Mitgliedstaates gegründet ist und ihren Satzungssitz oder ihre Hauptver-

---

501 Dagegen will *Kilian*, Europäisches Wirtschaftsrecht, Rnr. 273 die identitätswahrende Verlegung des „Sitzes" (womit er vermutlich den Verwaltungssitz meint) ganz aus der Niederlassungsfreiheit herausnehmen, da die „Ansässigkeit" im Sinne des Art. 52 Abs. 2 Satz 2 EGV (Art. 43 Abs. 2 Satz 2 EG) einen Schwerpunkt der wirtschaftlichen Tätigkeit in einem Staat erfordere. Mit diesem – etwas pauschalen – Urteil verkennt er jedoch, daß auch dieser wirtschaftliche Schwerpunkt verlagert werden kann, ja sich sogar durch Markteinflüsse nahezu selbst verlagern kann.

502 Anders *Hailbronner*, in: HandKomm EUV/EGV, Art. 58 EGV Rnr. 12 sowie unter Berufung auf ihn *Kruse*, Sitzverlegung, S. 66.

waltung innerhalb der Europäischen Gemeinschaft hat[503]. Damit stellt sich die Ansiedelung der konzentrierten sachlichen und personellen Mittel der Gesellschaft nicht mehr als Ausübung der Niederlassungsfreiheit der Gesellschafter, sondern schon als der der Gesellschaft dar.

bb) Verlegung innerhalb der Gemeinschaft

Unzweifelhaft gilt dies auch für die Verlegung der Hauptniederlassung aus einem Mitgliedstaat in einen anderen als die klassische Form der Verlegung einer Niederlassung.

3. Identitätswahrung oder Identitätsverlust?

Ist die Verlegung der Gesellschaftssitze ein der Niederlassungsfreiheit unterfallender Vorgang, so ist als nächstes die Frage zu stellen, ob die Sitzverlegung mit einer Auflösung und Neugründung der Gesellschaft einhergehen darf oder ob niederlassungsrechtlich eine Existenzwahrung im Zuge der Sitzverlegung geboten ist. Der EG-Vertrag regelt in seinem Kapitel über die Niederlassungsfreiheit dieses Problem nicht ausdrücklich. Allerdings sind die Gesellschaften der Mitgliedstaaten in Art. 48 Abs. 2 EG als selbständige Berechtigte des Niederlassungsrechts genannt. Wird eine Gesellschaft im Zuge der Verlegung ihrer Sitze aufgelöst und abgewickelt, so geht der Rechtsträger des Niederlassungsrechts unter, während und weil er sein Niederlassungsrecht ausübt. Die Gründung einer neuen Gesellschaft im Ausland zur Aufnahme der Vermögenswerte und des Geschäftsbetriebes der aufgelösten Gesellschaft ist ein Niederlassungsvorgang ihrer Gesellschafter, aber nicht mehr der alten, ihre Sitze verlegenden Gesellschaft[504]. Ein mit der Sitzverlegung verbundener Auflösungszwang führt deshalb dazu, daß die Gesellschaften gerade *kein* eigenes und von dem ihrer Gesellschafter unabhängiges Niederlassungsrecht haben. Der Auflösungszwang bei Durchführung der Sitzverlegung ist deshalb mit der EG-vertraglichen Gewährleistung eines *eigenen* Niederlassungsrechts der Gesellschaften unvereinbar. Aus diesem Grund ist nicht die Auflösung der Gesellschaft im Wegzugsstaat und ihre Neugründung im Zuzugsstaat, sondern die Verlegung der Gesellschaftssitze unter Wahrung der Gesellschaftsidentität Ausfluß der Niederlassungsfreiheit[505].

---

503 EuGH 09.03.1999 (*Centros*), Slg. 1999, I-1459, 1490 Rnr. 17.

504 *Knobbe-Keuk*, ZHR 154 (1990), 325, 345; *Hailbronner*, in: HandKomm EUV/EGV, Art. 58 EGV Rnr. 12; *Schnichels*, Niederlassungsfreiheit, S. 155; *Eyles*, Niederlassungsrecht, S. 100.

505 So schon allgemein für die Sitzverlegung oben S. 14 f.

4. Rechtsformwahrung oder Rechtsformwechsel?

Mit der vorstehenden Aussage über die Identitätswahrung ist allerdings noch nicht gesagt, ob bei einer Sitzverlegung über die Grenzen eines Mitgliedstaates hinweg auch die Rechtsform der Gesellschaft gewahrt werden muß, oder ob diese Rechtsform geändert werden darf, also die Gesellschaft in eine ihrer alten Rechtsform vergleichbare Rechtsform des neuen Sitzstaates umgewandelt werden darf.

Die Frage der Identitätswahrung ist dagegen auf einer früheren Ebene angesiedelt. Auch wenn ein Identitätsverlust überhaupt nicht eintritt, so ist ein Rechtsformverlust dennoch möglich. Tatsache ist, daß nach den vorstehenden Ausführungen eine grenzüberschreitende Verlegung des Satzungssitzes schon aus materiellrechtlichen Gründen immer, eine grenzüberschreitende Verlegung des Verwaltungssitzes jedenfalls in den der Sitztheorie folgenden Staaten, einen Wechsel des auf die Gesellschaft anwendbaren Rechts mit sich bringt. Ein solcher Wechsel führt dann aber zu dem Problem, daß die Gesellschaft nicht mehr zu der Rechtsordnung gehört, die ihr die Rechtsform, die Rechtsfähigkeit und damit die Identität verliehen hat. Eine andere, neue Rechtsordnung müßte ihr diese oder eine andere Rechtsform verleihen. Dies kann nicht die bisherige Rechtsform sein, da die neue Rechtsordnung diese, auch bei möglicherweise bestehenden Ähnlichkeiten, nicht kennt oder nicht zur Verfügung stellt. So bleibt der zugezogenen Gesellschaft nur die Möglichkeit, die vergleichbare Rechtsform des Zuzugsstaates anzunehmen und zu diesem Zweck die Voraussetzungen der neuen Rechtsordnung zu erfüllen. Der Rechtsformwechsel ist der rechtswechselnden Sitzverlegung immanent und als solcher mangels einheitlicher, staatenübergreifender Rechtsformen nicht zu beanstanden.

5. Ergebnis

Als mögliche Vorgänge, durch die Gesellschaften ihr Niederlassungsrecht ausüben können, sind also zu nennen

- die Verlegung des Satzungssitzes einer bestehenden Gesellschaft innerhalb der Europäischen Gemeinschaft,
- die Verlegung der Hauptverwaltung in das Gebiet der Europäischen Gemeinschaft bei bereits existenten niederlassungsberechtigten Gesellschaften sowie deren Verlegung innerhalb des Gebietes der Europäischen Gemeinschaft im grenzüberschreitenden Verkehr,
- die erstmalige Begründung der Hauptniederlassung innerhalb der Europäischen Gemeinschaft bei bereits existenten niederlassungsberechtigten Gesellschaften sowie deren Verlegung innerhalb des Gebietes der Europäischen Gemeinschaft im grenzüberschreitenden Verkehr und schließlich

- die Gründung von Agenturen, Zweigniederlassungen, Tochtergesellschaften und von Repräsentanzen unterhalb der Agenturschwelle.

Die erstgenannten primären Niederlassungsvorgänge müssen ohne Auflösung der Gesellschaft und ohne Verlust ihrer Rechtspersönlichkeit ermöglicht werden. Hingegen können und werden diese Vorgänge einen Wechsel der Rechtsform der Gesellschaft nach sich ziehen.

VI. Niederlassungsfreiheit in der Rechtsprechung des EuGH

Im nachfolgenden Abschnitt soll die Rechtsprechung des EuGH zur Niederlassungsfreiheit der Gesellschaften chronologisch dargestellt werden. Aber auch die zur Niederlassungsfreiheit der natürlichen Personen ergangenen Urteile werden Berücksichtigung finden, sofern sie Auswirkungen auf die der Gesellschaften haben.

1. Entscheidung in der Rechtssache „*Fearon*"

In der Rechtssache „*Fearon*"[506] hatte der EuGH über eine Vorlagefrage des irischen Supreme Court zu entscheiden. Dieser befaßte den EuGH mit der Frage nach der Vereinbarkeit von Section 32 Abs. 3 des Land Act 1935 in der Fassung der Section 35 des Land Act 1965. Dort wurde der Irish Land Commission, die unter anderem für die Enteignung von Grundstücken zuständig ist, die Enteignung für den Fall, daß die Grundstückseigentümer auf dem Grundstück oder in dessen unmittelbarer Nähe wohnen, untersagt. Gehörten die Grundstücke einer juristischen Person, mußte das Wohnsitzerfordernis von den Inhabern eines „beneficial interest" an der Gesellschaft, also den Gesellschaftern, erfüllt werden[507]. Die Robert Fearon & Company Ltd., eine nach irischem Recht gegründete Gesellschaft, besaß ein Grundstück, das durch die Irish Land Commission enteignet werden sollte und wehrte sich gegen diese Maßnahme im Ausgangsrechtsstreit, der vor dem irischen Supreme Court geführt wurde. Die Gesellschaft berief sich auf die Verletzung ihrer in Art. 58 EWGV (Art. 48 EG) garantierten Niederlassungsfreiheit durch das die Enteignung unter bestimmten, bei der Fearon Ltd. nicht gegebeben, Voraussetzungen verhindernde Wohnsitzerfordernis.

Der EuGH setzte sich zunächst mit einem Standpunkt der Kommission auseinander, den diese in ihrer schriftlichen Erklärung vertreten hatte. Danach sollte die Niederlassungfreiheit der irischen Regelung bereits deshalb nicht entgegenstehen, weil nach Art. 222 EWGV (Art. 295 EG) die in den Mitgliedstaaten bestehenden Eigentumsordnungen durch den EWGV unberührt blieben. Die

---

[506] EuGH 06.11.1984, Slg. 1984, 3677.

[507] EuGH 06.11.1984 (*Fearon*), Slg. 1984, 3677, 3679.

fragliche Enteignungsregelung sei aber Teil der Eigentumsordnung und als solche nicht an den Vorschriften des EWGV zu messen[508]. Diese Argumentation verwarf der EuGH mit der Begründung, daß nach Art. 222 EWGV (Art. 295 EG) zwar die Regelung der Enteignung den Mitgliedstaaten obliege, diese aber dennoch bei der Regelung das Diskriminierungsverbot der Niederlassungsfreiheit beachten müßten[509].

Eine Prüfung der Frage an Art. 58 EWGV (Art. 48 EG) nahm der Gerichtshof aber dennoch nicht vor. Als Gesellschaft irischen Rechts könne sich die Fearon Ltd. gegenüber der Republik Irland nicht auf die Verletzung des Niederlassungsrechts berufen, das den Gesellschaften der anderen Mitgliedstaaten zuerkannt werde[510]. Allerdings prüfte der EuGH, ob durch die Regelung des Land Acts die Niederlassungsfreiheit der Gesellschafter der Fearon Ltd. beeinträchtigt wurde[511]. Die Gesellschafter hatten von ihrer Niederlassungsfreiheit durch Gründung der Gesellschaft in Irland Gebrauch gemacht. Der EuGH verneinte aber auch hier einen Verstoß gegen die Niederlassungsfreiheit. Das Wohnsitzerfordernis treffe die ausländischen Gesellschafter einer irischen Gesellschaft genauso wie irische Gesellschafter und wirke daher nicht diskriminierend[512]. Eine Verletzung der Niederlassungsfreiheit durch die fraglichen Regelungen des Land Act konnte daher nicht festgestellt werden.

Für das Niederlassungsrecht der Gesellschaften ist die Entscheidung insofern von Bedeutung, als der Gerichtshof streng zwischen der Niederlassungsfreiheit der Gesellschaften und der ihrer Gesellschafter unterschied. Zudem deutete der EuGH die Niederlassungsfreiheit als reines Diskriminierungsverbot, das als solches konsequenterweise von der irischen Gesellschaft auch nicht gegenüber ihrem Heimatstaat erfolgreich eingewandt werden konnte. Eine mögliche versteckte Diskriminierung[513] ausländischer Gesellschafter irischer Gesellschaften prüfte der EuGH nicht. Die versteckte Diskriminierung hätte darin gesehen werden können, daß ausländische Gesellschafter wegen ihres in der Regel im Ausland belegenen Wohnsitzes im Vergleich zu irischen Gesellschaftern in der Regel nie den Ausschluß der Enteignung für sich beanspruchen können. Allerdings ist zu beachten, daß das Erfordernis, auf dem Grundstück selbst oder im Umkreis von drei Meilen zu wohnen, eine sehr enge Voraussetzung darstellte, die auch für irische Gesellschafter nicht einfach zu erfüllen war. Daher kann nicht von einer (auch versteckten) Diskriminierung aus Gründen der Staatsange-

---

508 EuGH 06.11.1984 (*Fearon*), Slg. 1984, 3677, 3684 Rnr. 5.

509 EuGH 06.11.1984 (*Fearon*), Slg. 1984, 3677, 3685 Rnr. 7.

510 EuGH 06.11.1984 (*Fearon*), Slg. 1984, 3677, 3685 Rnr. 8.

511 EuGH 06.11.1984 (*Fearon*), Slg. 1984, 3677, 3685 Rnr. 9; der Gerichtshof geht davon aus, daß die Vorlagefrage auf diese Frage hinausläuft.

512 EuGH 06.11.1984 (*Fearon*), Slg. 1984, 3677, 3686 f. Rnr. 10.

513 Zur versteckten Diskriminierung grundlegend EuGH 28.04.1977 (*Thieffry*), Slg. 1977, 765, 777 Rnr. 13/14.

hörigkeit die Rede sein. Die fragliche irische Regelung war deshalb mit der Niederlassungsfreiheit zu vereinbaren und wurde vom EuGH nicht beanstandet.

2. Entscheidung in der Rechtssache „*Kommission/Frankreich*"

Mit der Entscheidung in der Rechtssache „*Kommission/Frankreich*"[514] konnte sich der EuGH dann erstmals zur Niederlassungsfreiheit der Gesellschaften äußern. Die Kommission klagte im Wege des Vertragsverletzungsverfahrens gegen die Französische Republik wegen einer angeblichen Verletzung der Niederlassungsfreiheit für Gesellschaften durch Regelungen im französischen Steuerrecht. Dieses verweigerte ausländischen Gesellschaften, die in Frankreich über eine Agentur oder Zweigniederlassung tätig geworden waren und über diese Agentur oder Zweigniederlassung Dividenden französischer Gesellschaften vereinnahmt hatten, unter Berufung auf Art. 158b CGI[515] eine Steuergutschrift nach Art. 158a CGI. Der sogenannte „avoir fiscal" wurde in Frankreich wohnhaften natürlichen Personen und juristischen Personen mit Sitz in Frankreich gewährt, um die Doppelbelastung ausgeschütteter Dividenden mit Steuern bei der ausschüttenden Gesellschaft und mit Einkommen- oder Körperschaftsteuer beim Empfänger zu kompensieren. Die Kommission rügte die Diskriminierung ausländischer Gesellschaften gegenüber französischen Gesellschaften und sah darin einen Verstoß gegen die Niederlassungsfreiheit[516]

Der Gerichtshof stellte zunächst die zentrale Bedeutung der Niederlassungsfreiheit, ihre unmittelbare Anwendbarkeit und den Umfang des Rechts für die Staatsangehörigen der Mitgliedstaaten fest[517]. Für die unter Art. 58 EWGV (Art. 48 EG) fallenden Gesellschaften leitete er aus dem Niederlassungsrecht der natürlichen Personen das Recht her, ihre Tätigkeit in einem anderen Mitgliedstaat durch eine Zweigniederlassung oder Agentur auszuüben[518]. Der Sitz der Gesellschaften diene der Bestimmung der Zugehörigkeit der Gesellschaft zu einer bestimmten Rechtsordnung und könne nicht als Anknüpfungspunkt einer ungleichen Behandlung verwendet werden, da sonst das Diskriminierungsverbot ausgehöhlt werde[519]. Die Niederlassungsformen der Agentur, Zweigniederlassung und Tochtergesellschaft seien zudem als zulässige Wahlmöglichkeiten gleichberechtigt und daher dürfe die freie Wahl zwischen ihnen nicht durch na-

---

514 EuGH 28.01.1986, Slg. 1986, 273; auch bekannt unter der Bezeichnung „avoir fiscal"-Entscheidung.

515 Code général des împots.

516 Zum Sachverhalt vgl. EuGH 28.01.1986 (*Kommission/Frankreich*), Slg. 1986, 273, 299 f. Rnr. 1-7.

517 EuGH 28.01.1986 (*Kommission/Frankreich*), Slg. 1986, 273, 302 Rnr. 13.

518 EuGH 28.01.1986 (*Kommission/Frankreich*), Slg. 1986, 273, 304 Rnr. 18.

519 EuGH aaO.

tionale Steuerregelungen eingeschränkt werden[520]. Alle weiteren Argumente und Rechtfertigungsversuche der Französischen Republik verwarf der EuGH, so daß der Klage der Kommission stattzugeben war.

Der Gerichtshof konnte in diesem Verfahren anläßlich einer steuerrechtlichen Beschränkung zum Niederlassungsrecht der Gesellschaften Stellung nehmen. Allerdings betreffen seine Ausführungen nur sekundäre Niederlassungsformen, nämlich die Zweigniederlassung, Agentur und Tochtergesellschaft. Ausführungen zur primären Niederlassungsfreiheit der Gesellschaften finden sich nicht und waren durch den Sachverhalt auch nicht angezeigt. Grundsätzlich hat der Gerichtshof in seiner Entscheidung aber festgestellt, wie die „Staatsangehörigkeit" von Gesellschaften bestimmt wird und daß alleine die „Ausländereigenschaft" einer Gesellschaft keine Ungleichbehandlung begründen darf.

3. Entscheidung in der Rechtssache „*Segers*"

Bei der Entscheidung in der Rechtssache „*Segers*" hat der EuGH Forderungen, die Berechtigung von Gesellschaften zur Ausübung der Niederlassungsfreiheit an über den Vertragstext hinausgehende Bezüge zu den jeweiligen Gründungsstaaten zu knüpfen, eine Absage erteilt. Er gewährt einer nach englischem Recht gegründeten und dort auch mit ihrem Satzungssitz befindlichen Gesellschaft, deren Verwaltung und Tätigkeit sich jedoch vollständig in den Niederlanden abspielten, aufgrund der insoweit eindeutigen Formulierung des Vertragstextes den Schutz der Niederlassungsfreiheit[521]. Unklar bleibt bei dieser Entscheidung, warum der EuGH trotz der Anwendung der Niederlassungsfreiheit der Gesellschaft das für die Berechtigung zur Ausübung der sekundären Niederlassungsfreiheit erforderliche Kriterium der Ansässigkeit innerhalb der Europäischen Gemeinschaft nicht geprüft hat[522].

4. Entscheidung in der Rechtssache „*Daily Mail*"

Die – wiederum zu einer steuerrechtlichen Frage – ergangene Entscheidung „*Daily Mail*"[523] brachte dann weitreichende, über den konkreten Fall hinausgehende Äußerungen zur Niederlassungsfreiheit von Gesellschaften.

---

520 EuGH 28.01.1986 (*Kommission/Frankreich*), Slg. 1986, 273, 305 Rnr. 22. Die Franzöische Republik hatte vorgetragen, die ausländischen Gesellschaften hätten ihre Geschäftstätigkeit in Frankreich über eine Tochtergesellschaft vornehmen können, die dann als französische Gesellschaft in den Genuß des „avoir fiscal" gekommen wäre.

521 EuGH 10.07.1986 (*Segers*), Slg. 1986, 2375, 2388 Rnr. 16.

522 Kritisch dazu *Hailbronner*, in: HandKomm EUV/EGV, Art. 58 EGV Rnr. 9.

523 Genauer: *The Queen ./. H. M. Treasury and Commissioners of Inland Revenue, ex parte Daily Mail and General Trust PLC*. Das Urteil vom 27.09.1988 ist veröffentlicht in EuGH Slg. 1988, 5483.

a) Sachverhalt

Kurz dargestellt ging es um folgenden Sachverhalt: Eine nach englischem Recht gegründete und in London registrierte[524] Gesellschaft[525] wollte den Sitz ihrer Geschäftsleitung[526], der als Anknüpfungspunkt für die Körperschaftsteuerpflicht in Großbritannien dient[527], in die Niederlande verlegen. Dies sollte geschehen, um wesentliche Teile des Gesellschaftsvermögens steuergünstig veräußern und so einen Rückkauf eigener Aktien finanzieren zu können. Bei bestehender Körperschaftsteuerpflicht in Großbritannien wäre aus der Vermögensveräußerung eine hohe Körperschaftsteuerschuld entstanden, die durch Realisierung der gebildeten stillen Rücklagen nach dem Wegzug in die Niederlande vermieden worden wäre. Ein Wegzug bedurfte nach englischem Steuerrecht[528] aber der Zustimmung des Schatzministeriums, die im Ausgangsfall nach längeren Verhandlungen verweigert worden war[529]. Der britische Fiskus hatte für die Erteilung der Zustimmung zur Bedingung gemacht, daß die zum Zeitpunkt des Wegzuges aus der Körperschaftsteuerpflicht vorhandenen stillen Rücklagen vor dem Wegzug versteuert werden[530]. Diese Forderung entsprach der bereits bekannnten[531] Wegzugsbesteuerung in Deutschland.

Die gesellschaftsrechtliche Lage stellte sich wie folgt dar: Eine in einem Gründungstheorie-Staat (Großbritannien) gegründete Gesellschaft will ihren Verwaltungssitz in einen anderen, ebenfalls der Gründungstheorie folgenden Mitgliedstaat der Europäischen Wirtschaftgemeinschaft (Niederlande) verlegen. Die beteiligten Gesellschaftsrechte standen diesem Wunsch aufgeschlossen ge-

---

524 Das sogenannte „registred office" entspricht im englischem Recht dem Satzungssitz.

525 Eine mit eigener Rechtspersönlichkeit ausgestattete „public limited company", vergleichbar der deutschen Aktiengesellschaft.

526 Das „central management and control".

527 Seit der Entscheidung im Falle *De Beers Consolidated Mines Ltd. v. Howe*, AC 1906, 455, 458, wo mit der Erwägung „Otherwise it might have its chief seat of management and its centre of trading in England under the protection of English law, and yet escape the appropriate taxation by the simple expedient of being registered abroad and distributing its dividends abroad." die steuerliche Anknüpfung an den Satzungs- und Registersitz abgelehnt wurde.

528 Section 482 (1) (a) des Income and Corporation Taxes Act 1970.

529 Die in voriger Fn. genannte Regelung ist mittlerweile durch Section 105 (6) des Finance Act 1988 aufgehoben worden. Man hat jedoch eine andere Lösung in der Form gefunden, daß nach Section 66 (1) des Finance Act 1988 auch die nach englischem Recht gegründeten, aber mit ihrem Verwaltungssitz im Ausland befindlichen Gesellschaften steuerlich in Großbritannien ansässig sind und somit der Körperschaftsteuer unterfallen. Es besteht also insofern eine dem deutschen Recht vergleichbare Lage, wenn auch das englische Gesellschaftsrecht weiterhin der Gründungstheorie folgt.

530 EuGH 27.09.1988 (*Daily Mail*), Slg. 1988, 5483, 5507 f. Rnr. 5 und 8.

531 Vgl. dazu oben S. 76.

genüber und knüpften daher an die Verlegung des Verwaltungssitzes keinen Rechtswechsel und somit auch keine negativen gesellschaftsrechtlichen Konsequenzen. Steuerrechtlich hingegen bestand von Seiten des britischen Steuerrechts eine Beschränkung, die den Wegzug behinderte oder sogar faktisch unmöglich machte.

b) Entscheidung des EuGH

Der EuGH formulierte zunächst die ihm vom *High Court* vorgelegte Frage um. Dieser hatte gefragt, ob

> „... es einem Mitgliedstaat durch die Artikel 52 bis 58 EWG-Vertrag [jetzt Art. 43 bis 48 EG] verwehrt [ist], einer juristischen Person, die ihre Geschäftsleitung in diesem Mitgliedstaat hat, zu verbieten, diese ohne vorherige Zustimmung in einen anderen Mitgliedstaat zu verlegen, sofern einer der folgenden Umstände oder auch beide vorliegen, nämlich
> a) die Zahlung von Steuern auf bereits eingetretene Gewinne möglicherweise unterbleibt,
> b) in dem Fall, daß die Gesellschaft ihre Geschäftsleitung verlegt, Steuern, die möglicherweise entstünden, wenn die Gesellschaft ihre Geschäftsleitung in diesem Mitgliedstaat behielte, nicht anfielen?“[532].

Der EuGH stellte jedoch fest, daß es „... der Sache nach darum [gehe], ob die Artikel 52 und 58 EWG-Vertrag [jetzt Art. 43 und 48 EG] einer Gesellschaft [...] das Recht gewähren, den Sitz ihrer Geschäftsleitung in einen anderen Mitgliedstaat zu verlegen“[533]. Der EuGH löste sich mit dieser Umformulierung bereits von der steuerrechtlichen Frage, die der Ausgangsfrage zugrunde lag. Er eröffnete sich damit die Möglichkeit, Ausführungen zu der mehr grundsätzlichen Frage zu machen, ob die Verlegung des Verwaltungssitzes von der Gewährleistung der Niederlassungsfreiheit umfaßt ist oder nicht.

Nach einer Wiederholung der Formel über die Bedeutung der Niederlassungsfreiheit und ihrer unmittelbaren Anwendbarkeit auf natürliche Personen und Gesellschaften[534] entschied der EuGH, daß die Niederlassungsfreiheit es neben ihrem Hauptzweck, der Vermeidung von Beschränkungen im Aufnahmestaat, auch dem Herkunftsstaat verbiete, den Wegzug von Gesellschaften zu behindern[535]. Dann folgten zunächst Bemerkungen zur Ausübung der sekundären Niederlassungsfreiheit, wobei der EuGH bezeichnenderweise davon aus-

---

532 EuGH 27.09.1988 (*Daily Mail*), Slg. 1988, 5483, 5508 Rnr. 9.
533 EuGH 27.09.1988 (*Daily Mail*), Slg. 1988, 5483, 5509 Rnr. 11.
534 EuGH 27.09.1988 (*Daily Mail*), Slg. 1988, 5483, 5510 Rnr. 15.
535 EuGH 27.09.1988 (*Daily Mail*), Slg. 1988, 5483, 5510 Rnr. 16.

ging, daß Gesellschaften „... im allgemeinen ...“[536] durch diese Niederlassungsform von ihrem Niederlassungsrecht Gebrauch machen. Die sekundäre Niederlassungsfreiheit wird von dem streitigen britischen Zustimmungserfordernis ebensowenig berührt wie die Übertragung der Vermögenswerte auf eine neu gegründete ausländische Gesellschaft.

In der Herleitung seines Standpunktes zur Ausübung der primären Niederlassungsfreiheit durch Verlegung des Verwaltungssitzes wies der EuGH zunächst darauf hin, daß Gesellschaften nach nationalem Recht gegründet werden und daher im Gegensatz zu natürlichen Personen in einer Art und Weise von diesem abhängig sind, daß sie jenseits der sie konstituierenden nationalen Rechtsordnung keine Realität haben[537]. Zwischen diesen nationalen Rechtsordnungen bestehen nach der Feststellung des Gerichtshofes erhebliche Unterschiede in den Anforderungen an die Verbindung der Gesellschaft mit dem sie konstituierenden Staat[538]. Unter Bezugnahme auf den Text des EWG-Vertrages stellte der EuGH fest, daß der Vertrag die Unterschiede in den nationalen Gesellschaftsrechten für so gewichtig erachte, daß er deren unterschiedliche Konzeption in Art. 58 Abs. 1 EWGV (Art. 48 Abs. 1 EG) billige und die Lösung der daraus entstehenden Probleme einem Abkommen nach Art. 220 EWGV (Art. 293 EG) oder einer Richtlinie nach Art. 54 Abs. 3 lit. g EWGV (Art. 44 Abs. 2 lit. g EG) zuweise[539].

In den folgenden drei Absätzen mit den Randnummern 23 bis 25 traf der EuGH drei – teilweise unterschiedliche – Aussagen zur Verlegung von Sitzen durch Gesellschaften. In Rnr. 23 ging der EuGH davon aus, daß durch die Zuweisung an Art. 220 EWGV (Art. 293 EG) oder Art. 54 Abs. 3 lit. g EWGV (Art. 44 Abs. 2 lit. g EG) die Unterschiede in den nationalen Rechtsordnungen als so beachtlich angesehen werden, daß die bei einer Verlegung des *satzungsmäßigen* <u>*oder*</u> *wahren* Sitzes einer Gesellschaft auftretenden Fragen durch das Niederlassungsrecht alleine nicht gelöst sind[540]. Dann nahm er aus diesem Grund die Verlegung des Sitzes der Geschäftsleitung *unter Bewahrung der Gesellschaftsidentität* aus dem Gewährleistungsbereich der Niederlassungsfreiheit heraus[541]. Und schließlich – im letzten Absatz zum ersten Teil der umformulierten Frage – ging der EuGH davon aus, daß Art. 52, 58 EWGV (Art. 43, 48 EG) schlichtweg überhaupt kein Recht gewähren, den Sitz der Geschäftsleitung in einen anderen Mitgliedstaat zu verlegen[542].

---

536 EuGH 27.09.1988 (*Daily Mail*), Slg. 1988, 5483, 5511 Rnr. 17.
537 EuGH 27.09.1988 (*Daily Mail*), Slg. 1988, 5483, 5511 Rnr. 19.
538 EuGH 27.09.1988 (*Daily Mail*), Slg. 1988, 5483, 5511 Rnr. 20.
539 EuGH 27.09.1988 (*Daily Mail*), Slg. 1988, 5483, 5512 Rnr. 21 f.
540 EuGH 27.09.1988 (*Daily Mail*), Slg. 1988, 5483, 5512 Rnr. 23.
541 EuGH 27.09.1988 (*Daily Mail*), Slg. 1988, 5483, 5512 Rnr. 24.
542 EuGH 27.09.1988 (*Daily Mail*), Slg. 1988, 5483, 5512 Rnr. 25.

In Anbetracht dieser Einschätzung war eine Auseinandersetzung mit dem zweiten Teil der umformulierten ersten Frage des *High Court*, nämlich der Zulässigkeit einer Beschränkung der Sitzverlegung aus steuerlichen Gründen, nicht mehr erforderlich[543]. Zur Anwendbarkeit der Richtlinie 73/148/EWG stellte der EuGH schließlich noch fest, daß diese nicht auf Gesellschaften, sondern lediglich auf natürliche Personen anwendbar und daher aus ihr ebenfalls kein Recht auf Sitzverlegung herleitbar sei[544].

c) Stellungnahme

Das „*Daily Mail*"-Urteil hat ein vielfaches Echo in der Literatur gefunden[545]. Nicht immer waren die sich erhebenden Stimmen zufrieden mit dem Urteil[546]. Schon die gezeigte Umformulierung der Vorlagefragen des *High Court* macht nachdenklich, weil sie eine Verlagerung des Schwerpunktes der Vorlagefrage aus dem steuerrechtlichen Bereich heraus vornimmt. Grundsätzlich ist der EuGH aber an die Vorlagefrage des nationalen Gerichtes gebunden, da dieses im Rahmen seiner Befugnis, über die Notwendigkeit und Erheblichkeit der gestellten Frage zu entscheiden, auch deren Inhalt und Umfang festlegt[547]. Jedoch nimmt der EuGH bei – nach seiner Ansicht – unklaren oder unscharf formulierten Vorlagefragen eine Umformulierung vor[548]. Aufgrund der Vorgehensweise des EuGH wurde in der Literatur der Vorwurf erhoben, der EuGH habe „... genau genommen eine andere Frage beantwortet als die, welche ihm gestellt

543 EuGH 27.09.1988 (*Daily Mail*), Slg. 1988, 5483, 5512 Rnr. 26.

544 EuGH 27.09.1988 (*Daily Mail*), Slg. 1988, 5483, 5513 Rnr. 28 f.

545 Besprechungen des Urteiles finden sich u. a. bei *Behrens*, IPrax 1989, 354; *ders.*, ZGR 1994, 1, 21; *Drobnig*, in: Europäisches Gemeinschaftsrecht und Internationales Privatrecht, S. 185; *Ebenroth/Eyles*, DB 1989, 363 und 413; *Ebenroth/Wilken*, JZ 1991, 1014, 1018 f.; *Großfeld/Luttermann*, JZ 1989, 386; *Großfeld/König*, RIW 1992, 433; *Knobbe-Keuk*, ZHR 154 (1990), 325; *Lever*, CMLR 1989, 327; *Meilicke*, RIW 1990, 449; *Sack*, JuS 1990, 352; *Sandrock*, RIW 1989, 505; *Sandrock/Austmann*, RIW 1989, 249; *van Thiel*, ET 1988, 357. In den Monographien von *Eyles*, Niederlassungsrecht, S. 348 ff. und *Schnichels*, Niederlassungsrecht, S. 157 ff. sowie im Lehrbuch *von Bar*, IPR II, Rnr. 631 ff. wird das Urteil außerdem ausführlich erwähnt.

546 Insbesondere die Begründung über Art. 220 Sp. 3 EWGV (Art. 293 Sp. 3 EG) bzw. Art. 54 Abs. 3 lit. g EWGV (Art. 44 Abs. 2 lit. g EG) wurde als Angriffspunkt entdeckt. So sieht *Kruse*, Sitzverlegung, S. 76 f. Art. 220 EGV (Art. 293 EG) als subsidiäre Regelung, während die Richtlinien nach Art. 54 Abs. 3 lit. g EGV (Art. 44 Abs. 2 lit. g EG) nur Erleichterungen bei der Ausübung von grundsätzlich *vorhandenen* Rechtspositionen bringen könnten. Ähnlich auch *Schnichels*, Niederlassungsfreiheit, S. 166. Für gänzlich verfehlt hält das Urteil *Knobbe-Keuk*, ZHR 154 (1990), 325, 330 ff.

547 *Wohlfahrt*, in: Grabitz/Hilf, EUV/EGV, Art. 177 EWGV Rnr. 31.

548 *Wohlfahrt*, in: Grabitz/Hilf, EUV/EGV, Art. 177 Rnr. 32 f.; *Hailbronner*, in: Hand-Komm EUV/EGV, Art. 177 Rnr. 9; *Bleckmann*, Europarecht, Rnr. 937.

war"[549] und habe damit wenig glücklich gehandelt[550]. Der EuGH hat die Frage des *High Court* aber nicht in eine völlig andere Richtung gelenkt oder gar in eine völlig andere Frage umformuliert. Mit seiner Umformulierung ist der Gerichtshof vielmehr auf einen vorgelagerten Aspekt eingegangen, der bei der Vorlagefrage des *High Court* als gegeben vorausgesetzt wurde. Das Erfordernis einer Zustimmung nationaler Behörden zum Wegzug einer juristischen Person kann nur dann einen Verstoß gegen die Niederlassungsfreiheit der Art. 43, 48 EG darstellen, wenn der beabsichtigte Wegzug überhaupt von der Gewährleistung der Niederlassungsfreiheit erfaßt wird. Deshalb erscheint es richtig, zunächst zu klären, ob die Verlegung der Geschäftsleitung der *Daily Mail plc* in die Niederlande ein vom Niederlassungsrecht garantierter Vorgang ist[551]. *Behrens* schlägt als Alternative vor, diese Frage offen zu lassen und statt dessen den Fall über die Feststellung der Vereinbarkeit der Wegzugsbeschränkung im britischen Steuerrecht mit Gemeinschaftsrecht zu lösen[552]. Dies wäre ein gangbarer Weg gewesen[553]. Allerdings tragen gerichtliche Entscheidungen, die essentielle Probleme einer Rechtsordnung offen lassen und statt dessen auf einer nachgelagerten Ebene ansetzen, nicht unbedingt zur Rechtsklarheit und Rechtssicherheit bei[554]. Zudem muß es dem Gerichtshof erlaubt sein, bei mehreren möglichen Lösungswegen den seiner Ansicht nach richtigen auszuwählen und seine Entscheidung auf dieser gewählten Lösung aufzubauen. Dies hat der Gerichtshof getan, indem er zunächst untersucht hat, ob die beabsichtigte Verlegung der Geschäftsleitung ein von der Niederlassungsfreiheit garantierter Vorgang ist. Auf

---

549 *Behrens*, IPrax 1989, 354, 357. Ähnlich *von Bar*, IPR II, Rnr. 633 und die dortige Fn. 137, sowie *Knobbe-Keuk*, ZHR 154 (1990), 325, 333, jeweils unter Verweis auf *Behrens*.

550 *Behrens*, aaO.

551 Generalanwalt *Darmon* hatte diesen Lösungsweg durch seine Schlußanträge vorgezeichnet. Er hatte in EuGH 27.09.1988 (*Daily Mail*), Slg. 1988, 5483, 5500 unter 3. die Frage aufgeworfen, ob die Verlegung der Geschäftsleitung der Niederlassungsfreiheit unterfalle. Der Generalanwalt sprach sich allerdings (aaO., S. 5502 f.) dafür aus, diese Frage bei entsprechender Einbettung der Gesellschaft in die wirtschaftliche Tätigkeit des Zuzugsstaates zu bejahen. Im Hinblick auf die Liquidation und Besteuerung in anderen Mitgliedstaaten bei Verlegung der Geschäftsleitung sah der Generalanwalt jedoch beim derzeitigen Stand des Gemeinschaftsrechts im britischen Zustimmungserfordernis und dem dahinter stehenden Wunsch nach einer Besteuerung der stillen Rücklagen keinen Verstoß gegen Europarecht (aaO., S. 5503).

552 aaO.

553 Ähnlich auch *Knobbe-Keuk*, EC Tax Review 1994, 72, 83.

554 In EuGH 09.03.1999 (*Centros*), Slg. 1999, I-1459, 1489 f. Rnr. 14 beschränkte sich der Gerichtshof auf die – in der Vorlagefrage vorgegebene – Frage der Sekundärniederlassungen. Dies hat dazu geführt, daß in der Literatur anhand der Tatbestandsangaben weitreichende Schlußfolgerungen zum Kollisionsrecht und zur primären Niederlassungsfreiheit gezogen wurden und eine kontroverse Diskussion über die Tragweite der Entscheidung einsetzte. Vgl. dazu unten S. 152.

diesem Lösungsweg hat der Gerichtshof eine Antwort auf die Vorlagefrage gefunden und ist somit seiner Aufgabe gerecht geworden.

In der weiteren Betrachtung erscheint die Argumentation des EuGH über Art. 220 Sp. 3 EWGV (Art. 293 Sp. 3 EG) bzw. Art. 54 Abs. 3 lit. g EWGV (Art. 44 Abs. 2 lit. g EG) durchaus angreifbar. In anderen Entscheidungen hat der Gerichtshof die Ausübung der Niederlassungsfreiheit nicht von dem vorherigen Erlaß von Richtlinien abhängig gemacht[555]. Zentraler Aspekt in der Argumentation des Gerichtshofes in der Entscheidung „*Daily Mail*" sind jedoch die Zusammenhänge zwischen den nationalen Gesellschaftsrechtsordnungen, der Existenz einer aufgrund dieser Rechtsordnung gegründeten Gesellschaft und die Unterschiede zwischen diesen Rechtsordnungen. Der Gerichtshof weist auf die „lebensnotwendige" Abhängigkeit der juristischen Personen von einer bestimmten Rechtsordnung hin, die in ihrer Inexistenz jenseits dieser Rechtsordnung zum Ausdruck kommt und betont zudem die Unterschiede zwischen den Mitgliedstaaten bei der Verknüpfung von Gesellschaften mit ihren Rechtsordnungen[556]. Es sind vor allem diese Unterschiede und ihre Auswirkungen im nationalen Gesellschaftsrecht, die den EuGH dazu veranlassen, die Sitzverlegung zunächst aus dem Gewährleistungsbereich der Niederlassungsfreiheit herauszunehmen. Die Unterschiede sind so gravierend, daß eine befriedigende Lösung der durch sie verursachten Probleme nicht dadurch erreichbar ist, daß per europäischem Judiz die Verlegung der Geschäftsleitung und des Satzungssitzes als Niederlassungsvorgang aufgrund Europäischen Rechts für zulässig erklärt werden. Der Gerichtshof sah die Folgen für die nationalen Rechtsordnungen als zu gravierend an, um zum damaligen Zeitpunkt die Sitzverlegung aufgrund der Niederlassungsfreiheit zu gewährleisten[557]. Die Einräumung der Möglichkeit zur Sitzverlegung erfordert in den Rechtsordnungen der Mitgliedstaaten ganz neue Rechtsinstitute und kann nicht dadurch erreicht werden, daß bestehende Rechtsinstitute einfach auf die Gesellschaften anderer Mitgliedstaaten erstreckt werden[558]. Eine so rücksichtsvolle Sichtweise ist im Hinblick darauf verständlich, daß den Urteilen des EuGH bei der Prüfung nationalen Rechts immer auch eine politische Komponente anhaftet und eine zu sehr in nationale Belange und Regelungen eingreifende Rechtsprechung auch Gegenreaktionen der Mitgliedstaaten auslösen könnte. Aus dieser Sichtweise heraus ist es verständlich, daß der

---

555 Vgl. die grundlegende Entscheidung EuGH 21.06.1974 (*Reyners*), Slg. 1974, 631, 652 Rnr. 29 sowie EuGH 09.03.1999 (*Centros*), Slg. 1999, I-1459, 1493 Rnr. 28.

556 EuGH 27.09.1988 (*Daily Mail*), Slg. 1988, 5483, 5511 Rnr. 19 f.

557 *Behrens*, IPrax 1989, 354, 359 spricht von „Gründen der rechtspolitischen Klugheit", die den Gerichtshof zu der Entscheidung veranlaßt haben könnten.

558 Eine Sitzverlegung über die Grenze eines Rechtsraumes hinweg ist ein qualitativ völlig anderer Vorgang als eine Sitzverlegung innerhalb eines Rechtsraumes. Auch in EuGH 09.03.1999 (*Centros*), Slg. 1999, I-1459, 1488 Rnr. 6 ging es „nur" darum, einer britischen Gesellschaft die grundsätzlich schon im dänischen Recht vorhandene Möglichkeit zur Eintragung einer Zweigniederlassung im Handelsregister zu eröffnen.

EuGH in diesem Fall die Ausübung der primären Niederlassungsfreiheit unter den Vorbehalt weiterer Rechtsangleichung stellt und so – im Gegensatz zu anderen Fällen – den nationalen Rechtsordnungen in ihrer Unterschiedlichkeit den Vorrang gegenüber dem Gemeinschaftsrecht eingeräumt hat.

Eine gewisse Unklarheit bringen die teilweise divergierenden Aussagen des EuGH in den Absätzen mit den Randnummern 23 bis 25 mit sich. Die erste Aussage des Gerichtshofes betrifft sowohl den Satzungs- als auch den Verwaltungssitz und impliziert durch die Formulierung, daß weder der eine noch der andere alleine auf Grund der Niederlassungsfreiheit von einem Mitgliedstaat in den anderen verlegt werden können[559]. Eine einschränkende Aussage findet sich im nächsten Absatz, wenn lediglich die Verlegung des Sitzes der Geschäftsleitung unter Bewahrung der Identität als Gesellschaft des Ausgangsstaates nicht durch die Niederlassungsfreiheit gewährleistet sein soll[560]. Wieder weitergehend ist die Formulierung, daß die Verlegung des Sitzes der Geschäftsleitung generell nicht vom Niederlassungsrecht umfaßt ist[561]. Als Antwort auf die (umformulierte) Vorlagefrage wäre letztere Aussage ausreichend gewesen. Der Widerspruch zwischen diesen Aussagen ist unübersehbar und kaum auflösbar. Geht man von den umgebenden Passagen der Urteilsgründe aus, so ist eher anzunehmen, daß der EuGH auch hier eine weitreichende Darstellung seiner Ansicht erreichen wollte. Die Probleme bei der Verlegung des Satzungssitzes von Gesellschaften sind nämlich wegen des in allen Rechtsordnungen damit verbundenen Rechtswechsels keinesfalls geringer als die der Verlegung des Sitzes der Geschäftsleitung. So ist die Aussage in Rnr. 25 in Zusammenhang mit der in Rnr. 23 zu sehen und anzunehmen, daß der EuGH generell die identitätswahrende Verlegung des Satzungs- und Verwaltungssitzes vom Niederlassungsrecht ausnehmen wollte.

Mögen die Beweggründe für diese Entscheidung rechtspolitischer Natur gewesen sein[562], sie steht als Entscheidung des höchsten Europäischen Gerichtes im gesellschafts- und steuerrechtlichen Raum und muß als bindende Rechtsprechung beachtet werden[563]. Die Herausnahme der Sitzverlegung aus dem Gewährleistungsbereich der Niederlassungsfreiheit ist für den EuGH eine Maß-

---

559 EuGH 27.09.1988 (*Daily Mail*), Slg. 1988, 5483, 5512 Rnr. 23.

560 EuGH 27.09.1988 (*Daily Mail*), Slg. 1988, 5483, 5512 Rnr. 24.

561 EuGH 27.09.1988 (*Daily Mail*), Slg. 1988, 5483, 5512 Rnr. 25.

562 So *Kruse*, Sitzverlegung, S. 76.

563 Ausschließlich dem EuGH ist gemäß den Gründungsverträgen die letztgültige Auslegung des Gemeinschaftsrechts zugewiesen, vgl. nur Art. 220 iVm 292 EG. Dazu auch *Wohlfahrt*, in: Grabitz/Hilf, EUV/EGV, Art. 177 EWGV Rnr. 71 ff.; *Krück*, in: G/T/E, Art. 177 EGV Rnr. 87 ff.; *Schweitzer/Hummer*, Europarecht, Rnr. 449; *Fischer*, Europarecht, § 7 Rnr. 29; *Oppermann*, Europarecht, Rnr. 718. Die Auslegung des Europarechts durch den EuGH ist im Rahmen des Anwendungsvorranges des Europäischen Rechts gegenüber dem nationalen Recht dann für die nationalen Gerichte und auch die Verwaltung bindend.

nahme auf Zeit, die bis zu einer weitergehenden Angleichung der Gesellschaftsrechte oder einer anderweitigen Rechtssetzung gültig ist. Dies zeigt sich insbesondere an der Formulierung, daß es „... beim derzeitigen Stand des Gemeinschaftsrechts ...“[564] den Gesellschaften europarechtlich nicht garantiert ist, ihren Sitz verlegen zu können. Diese Zeit war nach Ansicht des EuGH 1988 noch nicht gekommen. Ob der Gerichtshof diese Ansicht in seiner weiteren Rechtsprechung geändert hat, werden die weiteren Ausführungen zeigen. Für die weitere Untersuchung ist jedenfalls zu berücksichtigen, daß der Gerichtshof mit der Entscheidung in der Rechtssache „*Daily Mail*“ die Verlegung des Satzungssitzes und die des Verwaltungssitzes einer nach dem Recht eines Mitgliedstaates gegründeten Gesellschaft von der Gewährleistung der Niederlassungsfreiheit bis auf weiteres ausgeschlossen hat[565].

5. Entscheidung in der Rechtssache „*Factortame II*“

Bei seiner Entscheidung in der Rechtssache „*Factortame II*“ war der EuGH wieder mit einer gesellschaftsrechtlichen Frage im Bereich der Niederlassungsfreiheit befaßt. Es ging um eine britische Regelung, wonach die Eintragung von Schiffen in ein britisches Register mit Staatsangehörigkeitserfordernissen der Eigentümer verknüpft wurde. War der Eigentümer, Charterer, Manager und Betreiber eines Schiffes eine Gesellschaft, so mußte diese zu mindestens 75 % britischen Staatsangehörigen gehören, mindestens 75 % der Geschäftsführer mußten ebenfalls britische Staatsangehörige sein und die Gesellschafter und Geschäftsführer mußten zusätzlich ihren Wohnsitz in Großbritannien haben[566]. Damit wollte die britische Regierung verhindern, daß eigentlich ausländische Schiffe aus anderen Mitgliedstaaten der Europäischen Gemeinschaft[567] über eine Registrierung in Großbritannien als britische Schiffe gelten und so in den Genuß der britischen Fischfangquoten kommen[568]. Die Kläger des Ausgangsverfahrens – unter anderem die nach britischem Recht gegründete Kapitalgesellschaft Factortame Ltd. – wollten ihre Schiffe in Großbritannien registrieren lassen, was ihnen jedoch wegen Nichterfüllung der Staatsangehörigkeitskriterien verweigert wurde.

Der EuGH sah die schlichte Registrierung eines Schiffes nicht notwendigerweise als Ausübung der Niederlassungsfreiheit an[569]. Allerdings stelle die

---

564 EuGH 27.09.1988 (*Daily Mail*), Slg. 1988, 5483, 5512 Rnr. 25.

565 Zahlreiche Autoren haben sich dieser Rechtsprechung des EuGH angeschlossen bzw. sehen sie als Faktum an. Vgl. dazu neben den oben (S. 130 Fn. 545) Genannten *Kreuzer*, EuZW 1994, 73, 74.

566 EuGH 25.07.1991 (*Factortame II*), Slg. 1991, I-3905, 3959.

567 Konkret aus Spanien.

568 EuGH 25.07.1991 (*Factortame II*), Slg. 1991, I-3905, 3907 unter 2.).

569 EuGH 25.07.1991 (*Factortame II*), Slg. 1991, I-3905, 3965 Rnr. 21.

Registrierung des Schiffes einen Teil der Ausübung der Niederlassungsfreiheit dar, wenn eine beabsichtigte wirtschaftliche Tätigkeit nicht ohne diese Registrierung ausgeführt werden könne[570]. Da die Kläger des Ausgangsverfahrens eine wirtschaftliche Tätigkeit mit ihren Schiffen beabsichtigten, war die Registrierung ihres Schiffes in Großbritannien notwendig und daher die britische Regelung in den Augen des EuGH nicht mit der Gewährleistung der Niederlassungsfreiheit zu vereinbaren. Die Entscheidung enthält keine neuen konkreten Aussagen zu Umfang und Inhalt der (primären) Niederlassungsfreiheit von Gesellschaften innerhalb der Europäischen Gemeinschaft. Allerdings wird nochmals darauf abgestellt, daß die Berufung auf die Niederlassungsfreiheit nur bei Vorgängen mit wirtschaftlicher Komponente zielführend ist. Rein rechtliche Lokalisierungsvorgänge, wie die Registrierung eines Schiffes, sind nur dann von der Gewährleistung der Niederlassungsfreiheit umfaßt, wenn und soweit sie zur Ausübung einer wirtschaftlichen Tätigkeit in einem anderen Mitgliedstaat erforderlich sind[571].

6. Entscheidung in der Rechtssache „*Gebhard*"

Die Entscheidung des Gerichtshofes in der Rechtssache „*Gebhard*"[572] betrifft zwar ausschließlich die Niederlassungsfreiheit der natürlichen Personen, ist aber von weitreichender Bedeutung für die Niederlassungsfreiheit als Grundfreiheit insgesamt. Der EuGH hat nämlich mit diesem Urteil (endgültig[573]) auch für die Niederlassungsfreiheit den Schritt vom Diskriminierungsverbot zum Beschränkungsverbot getan.

a) Unterscheidung von Diskriminierungs- und Beschränkungsverboten

Die Grundfreiheiten des EG-Vertrages sind jedenfalls an die Mitgliedstaaten gerichtete Verbote, die Angehörigen anderer Mitgliedstaaten im Anwendungsbereich der Grundfreiheiten gegenüber den eigenen Staatsangehörigen durch Regelungen oder faktische Maßnahmen schlechter zu behandeln. Dieses Diskriminierungsverbot kommt grundsätzlich in Art. 12 EG sowie in dessen spezi-

---

570 EuGH 25.07.1991 (*Factortame II*), Slg. 1991, I-3905, 3965 Rnr. 22.

571 EuGH 25.07.1991 (*Factortame II*), Slg. 1991, I-3905, 3965 Rnr. 21 f.; vgl. zu den Parallelen zur Verlegung des Satzungssitzes einer Gesellschaft oben S. 118. Die Entscheidung wurde bereits dort in die Erläuterungen mit einbezogen, da die Herausnahme der Lokalisierung rein rechtlicher Kriterien aufgrund des Begriffes der Niederlassungsfreiheit erfolgte und im Kontext aufzuführen war.

572 EuGH 30.11.1995 (*Gebhard*), Slg. 1995, I-4165.

573 Starke Hinweise auf diese Betrachtungsweise gab es bereits vorher in der Rechtsprechung des Gerichtshofes, vgl. dazu das Urteil EuGH 31.03.1993 (Kraus), Slg. 1993, I-1663, 1697 Rnr. 32.

ellen Ausprägungen[574] im Vertrag zum Ausdruck und beinhaltet den Grundsatz der Inländergleichbehandlung. Es verlangt also, die Staatsangehörigen der EU-Mitgliedstaaten wie eigene Staatsangehörige zu behandeln[575]. Sowohl offene als auch sogenannte versteckte[576] Diskriminierungen werden von diesem Verbot erfaßt.

Nicht von einem solchen Diskriminierungsverbot erfaßt werden hingegen Beschränkungen der Niederlassungsfreiheit, die durch die unterschiedslose Anwendung nationaler Regelungen auf die Angehörigen des eigenen Staates und der anderen Mitgliedstaaten entstehen. Als solche können sich beispielsweise Regelungen darstellen, die die Ausübung von Tätigkeiten an die vorherige Ablegung von Prüfungen knüpfen. Ein weitergehendes Verständnis der Grundfreiheiten als Beschränkungsverbote führt dazu, daß alle Regelungen, welche die Ausübung der von den Grundfreiheiten verbürgten Rechte tatsächlich beschränken oder sogar verhindern, an diesem Maßstab gemessen werden müssen und nur dann zu halten sind, wenn sie aus im Allgemeininteresse liegenden Gründen gerechtfertigt sind[577].

Für die Niederlassungsfreiheit war lange Zeit ungeklärt, ob sie „nur" ein Diskriminierungsverbot oder auch ein Beschränkungsverbot enthält. Zu dieser Frage ist ein umfangreiches Schrifttum vorhanden[578]. Die nochmalige Aufarbei-

---

574 Insbesondere die Bestimmungen über die Freizügigkeit der Arbeitnehmer nach Art. 39 EG, die Niederlassungsfreiheit nach Art. 43 EG und den freien Dienstleistungsverkehr nach Art. 49 EG. Ein steuerliches Diskriminierungsverbot findet sich in Art. 90 EG.

575 *Fischer*, Europarecht, § 12 Rnr. 1; *Schnichels*, Niederlassungsfreiheit, S. 86 f.

576 Unter „versteckten Diskriminierungen" versteht man nationale Maßnahmen, die eine nachteilige Auswirkung nicht speziell an die Staatsangehörigkeit eines anderen Mitgliedstaates anknüpfen, aber doch ausschließlich oder vor allem Angehörige anderer Mitgliedstaaten benachteiligen. So schon EuGH 12.02.1974 (*Sotgiu*), Slg. 1974, 153, 164 f. Rnr. 11. Vgl. auch *Zuleeg*, in: G/T/E, Art. 6 EGV Rnr. 4; *Bleckmann*, Europarecht, Rnr. 1744.

577 *Fischer*, Europarecht, § 16 Rnr. 7 ff. zur Niederlassungsfreiheit.

578 Für ein Beschränkungsverbot erstmals grundlegend *Ebke*, ZGR 1987, 245, 258. Daneben *Behrens*, RabelsZ 52 (1988), 498, 511 f.; *ders.*, IPrax 1989, 354, 356 (unter Verweis auf das Urteil des EuGH in der Rechtssache „*Kommission/Frankreich*" vom 30.04.1986, Slg. 1986, 1475, 1485 f. Rnr. 11); *Everling*, GS Knobbe-Keuk, 607, 612 (im Hinblick auf die Entscheidung des EuGH in der Rechtssache „*Gebhard*" unter Aufgabe seiner vorigen Ansicht); *Geiger*, EG-Vertrag, Art. 52 EGV Rnr. 16 („punktuelles Beschränkungsverbot"); *Hailbronner*, in: HandKomm EUV/EGV, Art. 52 EGV Rnr. 14 a. E.; *Reher*, Gesellschaftsrecht, S. 118; *Roth*, RabelsZ 54 (1990), 63, 83; *Scheuer*, in: Lenz, EG-Vertrag, Art. 43 Rnr. 7 und 9, unter Hinweis auf die Neufassung des EG-Vertrages durch den Vertrag von Amsterdam; *Schnichels*, Niederlassungsfreiheit, S. 140 f.; *Steindorff*, EuR 1988, 19, 32; *Troberg*, in: G/T/E, Art. 52 EGV Rnr. 59. Für ein (weites) Diskriminierungsverbot *Classen*, EWS 1995, 97, 103; *Everling*, DB 1990, 1853, 1857 und 1859; *ders.*, FS von der Groeben, 111, 116 f.; *Groß*, EuZW 1994, 395, 397; *Randelzhofer*, in: Grabitz/Hilf, EUV/EGV, Art. 52 EWGV Rnr. 43 b. Differenzierend zwischen Berufsausübungsregelungen (Diskriminierungsverbot) und Zugang zur

Fortsetzung der Fußnote siehe folgende Seite

tung dieser Frage erscheint aus diesem Grunde und wegen der mittlerweile ergangenen Entscheidung des EuGH nicht erforderlich, weshalb im Folgenden lediglich kurz der Sachverhalt sowie die wesentlichen Entscheidungsgründe der Rechtssache „*Gebhard*" dargestellt werden sollen.

b) Sachverhalt

Der italienische Consiglio nazionale forense hatte dem EuGH eine Frage nach der Vereinbarkeit eines zur Umsetzung der Richtlinie 77/249/EWG[579] ergangenen italienischen Gesetzes mit der Richtlinie sowie eine Frage zur Auslegung der Richtlinie vorgelegt. Streitgegenstand war der Fall des deutschen Staatsangehörigen Reinhard Gebhard, der in Deutschland zur Führung der Bezeichnung „Rechtsanwalt" berechtigt war, jedoch schon seit langer Zeit seinen Beruf in Italien ausübte. Die Führung der Berufsbezeichnung „avvocato" wurde ihm in Italien verboten. Wegen der Ausübung einer dauerhaften Berufstätigkeit in Italien von einer eigenen Kanzlei aus und wegen der Verwendung der Bezeichnung „avvocato" leitete der Vorstand der Rechtsanwaltskammer Mailand ein Disziplinarverfahren gegen Herrn Gebhard ein, an dessen Ende ein sechsmonatiges Berufsverbot gegen ihn verhängt wurde. Herr Gebhard machte geltend, aufgrund der Richtlinie 77/249/EWG zur Ausübung der Anwaltstätigkeit in Italien von einer eigenen Kanzlei aus berechtigt zu sein. Diese Richtlinie regelt die Erbringung von Rechtsanwaltsleistungen in Form von Dienstleistungen. Ein Antrag auf Zulassung als Rechtsanwalt in Italien aufgrund der Richtlinie 89/48/EWG über die allgemeine Regelung zur Anerkennung der Hochschuldiplome, die eine mindestens dreijährige Berufsausbildung abschließen[580], sowie aufgrund seiner mindestens zehnjährigen Berufsausübung in Italien wurde von der Rechtsanwaltskammer nicht beschieden. Gegen die Entscheidung über das Berufsverbot klagte Herr Gebhard vor dem vorlegenden Gericht. Er wandte sich mit diesem Verfahren ausdrücklich auch gegen die Unterlassung einer Entscheidung über seinen Antrag auf Zulassung als Anwalt („avvocato") in Italien[581].

c) Entscheidung des EuGH

Der Gerichtshof prüfte zunächst sehr ausführlich, ob die Tätigkeit des Herrn Gebhard einen Anwendungsfall der Niederlassungsfreiheit oder der Dienstlei-

---

wirtschaftlichen Tätigkeit überhaupt (Beschränkungsverbot) *Roth*, GS Knobbe-Keuk, 729, 737 f.; *ders.*, in: Dauses, Handbuch EU-Wirtschaftsrecht, E.I Rnr. 71.

579 ABl. EG 1977 L 78/17.

580 ABl. EG 1989 L 19/16.

581 Zum ausführlichen Sachverhalt vgl. EuGH 30.11.1995 (*Gebhard*), Slg. 1995, I-4165, 4189-4191 Rnr. 3 bis 12.

stungsfreiheit darstellt[582]. Er kam zum Ergebnis, daß Herr Gebhard nicht als Dienstleister in Italien aufgetreten ist, sondern als Angehöriger eines Mitgliedstaates in stabiler und kontinuierlicher Weise eine Berufstätigkeit in einem anderen Mitgliedstaat ausgeübt und sich dazu eines Berufsdomiziles in diesem Staat bedient habe[583]. Damit ist der Anwendungsbereich der Richtlinie 77/249/EWG verschlossen, da diese gemäß ihres Art. 1 Abs. 1 nur für die in Form der Dienstleistung ausgeübte Tätigkeit des Rechtsanwaltes gilt. Das Recht zur Berufsausübung in der von Herrn Gebhard gewählten Form kann sich daher nicht aufgrund der Richtlinie oder des zu ihrer Ausführung ergangenen italienischen Gesetzes ergeben.

Mit dieser Feststellung ließ es der EuGH aber nicht bewenden. Er ging nun auf die Niederlassungsfreiheit ein und stellte fest, daß jeder Angehörige eines anderen Mitgliedstaates die Möglichkeit habe, sich zu Ausübung einer Tätigkeit, für die im Aufnahmestaat keine besonderen Voraussetzungen erforderlich sind, in diesem niederzulassen[584]. Bestehen jedoch besondere Anforderungen im Aufnahmestaat, so hat auch der Angehörige des anderen Mitgliedstaates diese grundsätzlich zu erfüllen[585]. Beschränken die nationalen Anforderungen die Ausübung der Niederlassungsfreiheit, seien sie aber nur zu rechtfertigen, wenn sie die vom EuGH aufgestellten vier Kriterien erfüllen, also

- in nichtdiskriminierender Weise angewandt werden,
- der Erreichung von zwingenden Zielen des Allgemeinwohles dienen,
- zur Verwirklichung des mit ihnen verfolgten Zieles geeignet sind und
- nicht über das hinausgehen, was zur Erreichung des Zieles erforderlich ist[586].

Weiterhin stellte der EuGH fest, daß die Mitgliedstaaten bei Anwendung dieser nationalen Vorschriften Kenntnisse und Qualifikationen berücksichtigen müssen, die der betroffene Unionsbürger in einem anderen Mitgliedstaat erworben hat[587].

d) Stellungnahme

Die Entscheidung des EuGH enthält umfangreiche und hilfreiche Aussagen zur Abgrenzung der Niederlassungsfreiheit von der Dienstleistungsfreiheit. Sie voll-

---

582 EuGH 30.11.1995 (*Gebhard*), Slg. 1995, I-4165, 4193 Rnr. 20-28.
583 EuGH 30.11.1995 (*Gebhard*), Slg. 1995, I-4165, 4195 f. Rnr. 28.
584 EuGH 30.11.1995 (*Gebhard*), Slg. 1995, I-4165, 4197 Rnr. 34.
585 EuGH 30.11.1995 (*Gebhard*), Slg. 1995, I-4165, 4197 Rnr. 35 f.
586 EuGH 30.11.1995 (*Gebhard*), Slg. 1995, I-4165, 4197 f. Rnr. 37.
587 EuGH 30.11.1995 (*Gebhard*), Slg. 1995, I-4165, 4198 Rnr. 38.

zieht aber vor allem für die Niederlassungsfreiheit endgültig den Schritt, der für die anderen Grundfreiheiten bereits getan worden war und sieht die Niederlassungsfreiheit nicht mehr länger „nur" als Diskriminierungsverbot, sondern nunmehr auch als Beschränkungsverbot an[588]. Nicht entschieden wurde hingegen vom EuGH die Frage, ob die von Herrn Gebhard eingeforderte Berechtigung zur Führung des Titels „avvocato" bereits aufgrund seines Niederlassungsrechts zu gewähren ist und ob aus diesem Grund die Verhängung des Berufsverbotes gegen ihn und die Nichtentscheidung über seinen Zulassungsantrag gegen die Niederlassungsfreiheit verstoßen. Eine Entscheidung über diese Frage war dem vorlegenden Gericht unter Beachtung der vom EuGH gegebenen Leitlinien vorbehalten. Dieses muß zunächst ermitteln, wie die Regelungen über die Zulassung zum Anwaltsberuf und insbesondere zur Führung des Titels „avvocato" in Italien ausgestaltet sind und ob es sich dabei um eine Beschränkung der Niederlassungsfreiheit handelt. Die Anwendung dieser Regelungen in nichtdiskriminierender Weise und die Verfolgung zwingender Allgemeininteressen in Form des Schutzes rechtssuchender Bürger vor unkundigen Beratern und des Funktionierens der Rechtspflege sind wohl gegeben. Zur Wahrung dieser Interessen geeignet dürften die Regelungen ebenfalls sein. Fraglich ist allerdings, ob eine Beschränkung der Berufsausübung des Anwaltes zur Erreichung der Ziele nicht über das erforderliche Maß hinausgeht. Zur Beantwortung dieser Frage müßte zunächst geklärt sein, von welchen Voraussetzungen die Zulassung zur Berufsausübung und zur Führung des Titels in Italien abhängig gemacht wird und ob in diesem Zusammenhang die vom EuGH geforderte Berücksichtigung der Kenntnisse und Qualifikationen des betroffenen Unionsbürgers vorgenommen wird. Anhaltspunkte dazu finden sich in der Entscheidung des EuGH nicht, so daß eine abschließende Stellungnahme hier nicht vorgenommen werden kann. Quintessenz der Entscheidung „*Gebhard*" ist damit die Betrachtung der Niederlassungsfreiheit als Beschränkungsverbot mit der Folge der Rechtfertigungsmöglichkeit von Beschränkungen nach den vom EuGH aufgestellten vier Kriterien.

7. Entscheidung in der Rechtssache „*Kommission/Italien*"

In dem von der Kommission gegen die Italienische Republik angestrengten Vertragsverletzungsverfahren nach Art. 169 Abs. 2 EGV (Art. 226 Abs. 2 EG) hatte sich der EuGH mit Regelungen zu befassen, die die Beklagte für die Ausübung der Tätigkeit des Wertpapiermaklers eingeführt hatte[589].

---

[588] Grundlegend dazu *Ebke*, der diese Sichtweise bereits in ZGR 1987, 245, 256 vertrat.

[589] EuGH 06.06.1996 (*Kommission/Italien*), Slg. 1996, I-2691.

a) Sachverhalt

Ein italienisches Gesetz über die Tätigkeit des Wertpapiermaklers in Italien[590] sah in Art. 2 Abs. 1 vor, daß die von Art. 1 Abs. 1 abschließend aufgeführten Tätigkeiten[591] nur durch bestimmte Wertpapiermaklergesellschaften ausgeübt werden dürfen. Diese mußten bestimmte Voraussetzungen erfüllen und wurden – natürlich nur nach Erfüllung der Voraussetzungen – zugelassen[592]. Insbesondere mußten sie nach Art. 3 Abs. 2 lit. a) des Gesetzes die Rechtsform einer Aktiengesellschaft oder Kommanditgesellschaft auf Aktien italienischen Rechts[593] besitzen, den Zusatz „Società di Intermediazione mobiliare" in ihrer Firma tragen und ihren Sitz in Italien[594] haben. Nach erfolglosem Vorverfahren erhob die Kommission Klage zum EuGH gegen die Italienische Republik wegen Verstoßes gegen ihre Pflichten aus Art. 52, 59 EGV (Art. 43, 49 EG).

b) Entscheidung des EuGH

Der EuGH wiederholte zunächst die schon aus der Entscheidung in der Rechtssache „*Gebhard*" bekannte Formulierung, wonach die Aufnahme und Ausübung selbständiger Tätigkeiten in den Mitgliedstaaten von der Einhaltung der im Allgemeininteresse liegenden Vorschriften abhängig gemacht werden dürfen und diese grundsätzlich auch von den Angehörigen der anderen Mitgliedstaaten beachtet werden müssen[595]. Danach stellte der Gerichtshof implizit fest, daß die genannten italienischen Regelungen die Makler der anderen Mitgliedstaaten an der Ausübung der Maklertätigkeit in Italien unter Nutzung bestimmter Niederlassungsformen, nämlich der Geschäftsstelle oder der Zweigniederlassung, hindern und ihnen zusätzliche Kosten aufbürden[596]. Er wandte sich sodann dem Vortrag der italienischen Regierung zu, wonach die Vorschriften über die Wertpapiermakler in den anderen Mitgliedstaaten mit denen in Italien vor allem im Hinblick auf Kapitalisierungsvorschriften nicht vergleichbar seien und wider-

---

590 Legge No. 1 vom 02.01.1991 betreffend „Disciplina dell'attività di intermediazione mobiliare e disposizioni sull'organizzazione dei mercati mobiliari", Gazzetta Ufficiale No. 3 vom 04.01.1991, im Folgenden als „Gesetz" bezeichnet. Dazu *Marchetti*, ZGR 1992, 545, 556 ff.

591 *Marchetti*, ZGR 1992, 545, 557.

592 Zuständig für die Zulassung ist die Commissione Nazionale per le Società e la Borsa (Consob).

593 Società per azioni oder società in accomandita per azioni.

594 *Marchetti*, ZGR 1992, 545, 557 stellt fest, daß „... die Ausübung der Tätigkeit vom Ausland aus [...] daher nicht erlaubt zu sein [scheint], auch wenn es sich dabei um EG-Gebiet handelt." Er zieht jedoch keine weiteren Schlüsse aus dieser Feststellung.

595 EuGH 06.06.1996 (*Kommission/Italien*), Slg. 1996, I-2691, 2723 f. Rnr. 10 f.

596 EuGH 06.06.1996 (*Kommission/Italien*), Slg. 1996, I-2691, 2724 Rnr. 11.

legte diese Ausführungen[597]. Auch das von der italienischen Regierung mit Kontrollerfordernissen gerechtfertigte Sitzerfordernis fand keine Gnade vor den Augen der europäischen Richter, die es zur Durchsetzung der angestrebten Ziele für nicht erforderlich hielten[598]. Die Berufung auf Art. 56 EGV (nach Änderung jetzt Art. 46 EG) durch die italienische Regierung zur Rechtfertigung der Beschränkung schließlich verwarf der EuGH mit der Aussage, daß bereits festgestellt sei, daß die Vorschriften zur Erreichung der Ziele der öffentlichen Ordnung nicht notwendig seien und somit nicht als im Sinne dieser Vorschrift gerechtfertigt angesehen werden können[599]. Aus diesem Grunde sah der EuGH den Vorwurf der Kommission, daß die Italienische Republik durch die Regelungen im Gesetz gegen ihre Verpflichtungen aus Art. 52 EGV (Art. 43 EG) verstoßen habe, als begründet an. Ein Verstoß gegen die Verpflichtungen aus Art. 59 EGV (nach Änderung jetzt Art. 49 EG) wegen des Erfordernisses einer Hauptniederlassung in Italien und der damit verbundenen Unmöglichkeit der Ausübung der Dienstleistungsfreiheit war zudem gegeben[600].

c) Stellungnahme

Zunächst ist zu klären, welche Beschränkungen die streitgegenständliche italienische Regelung überhaupt mit sich bringt. Sie fordert, daß zur Ausübung von Wertpapiermaklertätigkeiten eine italienische Gesellschaft gegründet wird, daß diese ihren „Sitz" in Italien hat, den Zusatz „SMI" in der Firma führt und daß die Gesellschafter und Geschäftsführer bestimmte Integritätskriterien aufweisen[601]. Damit verhindert der italienische Staat jedenfalls, daß ausländische Wertpapierhändler – seien sie natürliche Personen oder Gesellschaften – in Italien durch eine Zweigstelle ihres Hauptunternehmens tätig werden. Durch die Regelung wird außerdem verhindert, daß ausländische Wertpapierhändler ohne eine feste Einrichtung Leistungen in Italien erbringen, was jedoch unter das Kapitel der Dienstleistungsfreiheit fällt. Schließlich wird es, da das Gesetz die angesprochenen Tätigkeiten Gesellschaften vorbehält, allen natürlichen Personen unmöglich gemacht, über eine Einzelunternehmung Leistungen der genannten Art in Italien zu erbringen.

Der EuGH prüfte im vorliegenden Fall das italienische Sitzerfordernis für die Wertpapiermaklergesellschaften[602]. Die Rechtfertigungsprüfung nimmt der

597 EuGH 06.06.1996 (*Kommission/Italien*), Slg. 1996, I-2691, 2725 Rnr. 18.

598 EuGH 06.06.1996 (*Kommission/Italien*), Slg. 1996, I-2691, 2725 f. Rnr. 19 ff.

599 EuGH 06.06.1996 (*Kommission/Italien*), Slg. 1996, I-2691, 2726 f. Rnr. 26.

600 EuGH 06.06.1996 (*Kommission/Italien*), Slg. 1996, I-2691, 2728 Rnr. 31 ff.

601 Art. 2 Abs. 1 des Gesetzes.

602 In EuGH 06.06.1996 (*Kommission/Italien*), Slg. 1996, I-2691, 2725 Rnr. 19 und 2727 Rnr. 29 geht der Gerichtshof ausschließlich auf das Sitzerfordernis ein und erwähnt die

Fortsetzung der Fußnote siehe folgende Seite

Gerichtshof dabei nicht explizit anhand der in der Entscheidung „*Gebhard*" entwickelten Kriterien[603] vor, führt aber im Ergebnis genau diese Prüfung durch und läßt die Rechtfertigung an der fehlenden Erforderlichkeit des Sitzerfordernisses scheitern. Dies ergibt sich daraus, daß der Gerichtshof den Vortrag der italienischen Regierung, wonach ein Hauptsitz in Italien für eine wirksame Überwachung der Wertpapiermaklergesellschaften erforderlich sei[604], ablehnt und statt dessen auf andere Möglichkeiten für eine effektive Überwachung abstellt[605]. Zwar erkennt der EuGH die Geeignetheit einer solchen Anforderung zur Erreichung einer wirksamen Kontrolle an[606], lehnt aber innerhalb seiner weiteren Verhältnismäßigkeitsprüfung zu Recht die Erforderlichkeit der Maßnahme zur Wahrung des verfolgten Interesses ab. Denn es ist in der Tat nicht einsichtig, warum eine in anderen Mitgliedstaaten aufgrund vergleichbarer Rechtsvorschriften[607] tätige Maklergesellschaft nicht auch in Italien wirksam überwacht werden kann. Die vom EuGH angeführte Möglichkeit, die Stellung von Sicherheiten für im italienischen Hoheitsgebiet durchgeführte Geschäfte zu verlangen, ist dabei noch eine vergleichsweise strenge Anforderung und sollte eine ausreichende Sicherung auch des italienischen Geschäftsverkehrs bewirken können. Richtigerweise hat der EuGH daher das italienische Sitzerfordernis als unvereinbar mit der Niederlassungsfreiheit und der Dienstleistungsfreiheit angesehen.

Die Unvereinbarkeit dieses Sitzerfordernisses im italienischen Recht könnte auch Auswirkungen auf andere Sitzerfordernisse, wie beispielsweise das der Sitztheorie[608], haben. Der „sede legale"[609] ist nach wörtlicher Übersetzung der „rechtliche Sitz" der Gesellschaft. Dies deutet darauf hin, daß der vom Gesetz gemeinte Sitz ein aufgrund rechtlicher Kriterien gebildeter sein muß, weshalb es sich jedenfalls nicht um den Verwaltungssitz handelt. Eine andere Übersetzung für den „sede legale" ist der „gerichtlich eingetragene Sitz"[610]. Damit ist klar, daß der „sede legale" dem deutschen Begriff „Registersitz" der Gesellschaft entspricht. Das italienische Internationale Gesellschaftsrecht geht von einer Mischung aus Gründungs- und Sitztheorie in der Form aus, daß ausländische Gesellschaften mit Verwaltungssitz in Italien italienischem Recht unterstellt werden, während nach italienischem Recht gegründete Gesellschaften mit Regi-

---

Lauterkeitsanforderungen an die Gesellschafter und Geschäftsführer nicht, auf die es ihm offenbar nicht ankam.

603 Vgl. dazu oben S. 138.

604 EuGH 06.06.1996 (*Kommission/Italien*), Slg. 1996, I-2691, 2725 Rnr. 19.

605 EuGH 06.06.1996 (*Kommission/Italien*), Slg. 1996, I-2691, 2725 f. Rnr. 20-24.

606 EuGH 06.06.1996 (*Kommission/Italien*), Slg. 1996, I-2691, 2726 Rnr. 21.

607 EuGH 06.06.1996 (*Kommission/Italien*), Slg. 1996, I-2691, 2725 Rnr. 18.

608 Vgl. oben S. 24.

609 Art. 3 Abs. 2 lit. a Satz 1 des Gesetzes fordert, „la società deve essere costituita nella forma della società per azioni o in accomandita per azioni [...] e avere *sede legale* nel territorio dello Stato." (Hervorhebung vom Verf.).

610 *Troike-Strambaci/Helffrich-Mariani*, S. 1038.

stersitz in Italien auch bei Verwaltungssitz im Ausland weiterhin dem italienischen Recht unterstehen[611]. Mit der Forderung eines „sede legale" im italienischen Staatsgebiet bringt das Gesetz eigentlich nur eine sich aus dem italienische Gesellschaftsrecht ergebende Notwendigkeit nochmals zum Ausdruck. Denn ohnehin ist es notwendig, daß die Gesellschaft die Rechtsform der „società per azioni o in accomandita per azioni" aufweist[612]. Konstitutive Bedeutung kann dem Sitzerfordernis in dem fraglichen Gesetz daher nur dann zukommen, wenn mit diesen beiden Gesellschaftsformen nicht nur italienische Gesellschaften gemeint wären, sondern auch die entsprechenden ausländischen Gesellschaftsformen. Ziel der italienischen Regelung ist in jedem Fall die vollständige Unterwerfung des Leistungserbringers in Gestalt einer Gesellschaft unter italienisches Recht durch das genannte Sitzerfordernis und eigentlich schon durch das Rechtsformerfordernis. Damit ist aber die weitere Frage aufgeworfen, ob angesichts dieser Verknüpfung von Internationalem Gesellschaftsrecht und Gesetz die Unvereinbarkeit des Sitzerfordernisses im Gesetz eine über dieses hinausgehende Bedeutung für das gesamte Internationale Gesellschaftsrecht (jedenfalls in Italien) haben könnte. Das Gesetz trifft definitiv keine Aussage über die Möglichkeit der Verlegung einer ausländischen Maklergesellschaft nach Italien, weshalb aus der Entscheidung des EuGH für diese Frage jedenfalls keine direkten Antworten zu erwarten sind. Damit ist aber noch nicht klar, ob sich aus der Entscheidung „*Kommission/Italien*" Auswirkungen auf die Einschränkungen der Niederlassungsfreiheit von Gesellschaften ergeben, die der Gerichtshof in der Entscheidung „*Daily Mail*"[613] vorgenommen hat. Die Abhängigkeit der Gesellschaften von der nationalen Rechtsordnung hatte dort nämlich zu der Feststellung geführt, daß die Niederlassungsfreiheit den Gesellschaften nicht das Recht verleiht, gegen nationale Beschränkungen ihren Sitz ins EU-Ausland zu verlegen. Verstößt ein Sitzerfordernis gegen die Gewährleistung der Niederlassungsfreiheit, weil die mit ihm angestrebten Schutzwirkungen auch auf andere Weise zu erreichen sind, so steht zumindest die Möglichkeit einer Auswirkung im Raume, da sich die Sitzerfordernisse des Internationalen Gesellschaftsrechts ebenfalls auf Schutzinteressen berufen.

In der Rechtssache „*Kommission/Italien*" hat sich der EuGH jedoch ausschließlich mit der *sekundären* Niederlassungsfreiheit von ausländischen Wertpapiermaklern befaßt, die unter Verwendung einer Zweigniederlassung in Italien tätig werden wollen, während die Sitzverlegung jedoch gerade ein Fall der *primären* Niederlassung ist. Damit ergibt sich schon eine wesentliche Einschränkung der Reichweite der Entscheidung. Ein anderer, wesentlicher Aspekt ist außerdem, daß der EuGH ausdrücklich feststellt, daß die Rechtsstellung der Wertpapiermakler innerhalb der Europäischen Gemeinschaft durchaus vergleichbar

611 Vgl. dazu *Rahm*, S. 59 ff.

612 Art. 3 Abs. 2 lit a) des Gesetzes. Auch *Marchetti*, ZGR 1992, 545, 557.

613 Vgl. dazu oben S. 134.

ist[614]. Auf diesem Zustand baut dann auch eines der Argumente auf, die zur Ablehnung der Verhältnismäßigkeit der von der Kommission gerügten Vorschriften dienen. Der Entscheidung in der Rechtssache „*Daily Mail*" liegt hingegen gerade die Feststellung zugrunde, daß die Rechtsvorschriften der Mitgliedstaaten nicht hinreichend angeglichen seien und daher die den Sitz, beziehungsweise eigentlich dessen Verlegung, betreffenden nationalen Beschränkungen nicht an der Niederlassungsfreiheit zu messen seien. Damit sind die beiden Sachverhalte nicht vergleichbar, und zwar weder von der tatsächlichen Ausgangsbasis, noch von der Ausübungsform der Niederlassungsfreiheit her.

Aus der Unvereinbarkeit eines Sitzerfordernisses mit der europarechtlichen Niederlassungsfreiheit des Art. 43 EG in der Entscheidung des EuGH zur Rechtssache „*Kommission/Italien*" ergeben sich daher keine Auswirkungen auf den oben festgestellten Umfang der Niederlassungsfreiheit der Gesellschaften innerhalb der Europäischen Gemeinschaft nach der Entscheidung des EuGH in der Rechtssache „*Daily Mail*".

8. Entscheidung in der Rechtssache „*Futura und Singer*"

In der Rechtssache „*Futura Participations S. A. und Singer / Administration des contributions*"[615] ging es wiederum um einen steuerrechtlichen Sachverhalt, aufgrund dessen der luxemburgische Conseil d'État dem EuGH eine Frage vorgelegt hatte.

a) Sachverhalt

Eine französische Aktiengesellschaft, die Futura Participations S. A., betrieb in Luxemburg eine Zweigniederlassung namens Singer. Futura war mit ihren luxemburgischen Einkünften in Luxemburg beschränkt steuerpflichtig, erstellte aber keine separate Bilanz für die Zweigniederlassung Singer und führte auch keine separaten Bücher. Das luxemburgische Steuerrecht erlaubte diese Vorgehensweise und ermittelte den unter die luxemburgische Steuerpflicht fallenden Einkunftsbetrag durch Aufteilung der Gesamteinkünfte der Gesellschaft nach einem bestimmten Schlüssel. Die Futura S. A. wollte bei ihr entstandene Verluste in Form eines Verlustvortrages mit den so ermittelten Einkünften verrechnen, scheiterte aber mit diesem Begehren an einer entgegenstehenden luxemburgischen Steuervorschrift. Danach konnten Verlustvorträge nur berücksichtigt werden, wenn sie auf in Luxemburg erzielte Einkünfte entfallen und aufgrund einer den luxemburgischen Vorschriften genügenden Buchführung ermittelt wurden. Streitig waren damit zwei Fragen: nämlich einmal die Frage, ob es zu-

---

614 EuGH 06.06.1996 (*Kommission/Italien*), Slg. 1996, I-2691, 2725 Rnr. 18.

615 Künftig: *Futura*, EuGH 15.05.1997, Slg. 1997, I-2471.

lässig ist, Verluste steuerlich nur dann zu berücksichtigen, wenn sie im Steuerinland entstanden sind und andererseits die Frage, ob die Berücksichtigung dieser Inlandsverluste von der Führung den nationalen Vorschriften entsprechender Bücher abhängig gemacht werden darf.

b) Entscheidung des EuGH

Der EuGH erklärte zunächst das sogenannte steuerrechtliche Territorialitätsprinzip, das er als mögliche versteckte Diskriminierung ansah[616], für vereinbar mit der Niederlassungsfreiheit[617]. Danach ist es den Mitgliedstaaten nicht verwehrt, für die Berechnung der zu versteuernden Einkünfte nur die in ihrem Staatsgebiet erzielten Einnahmen und andererseits auch nur die aus in ihrem Staatsgebiet durchgeführten Tätigkeiten stammenden Verluste zu berücksichtigen. Der EuGH prüfte sodann die Regelung des luxemburgischen Steuerrechts, wonach Verlustvorträge aus der Tätigkeit von Zweigniederlassungen nur dann bei der Ermittlung des zu versteuernden Einkommens berücksichtigt werden können, wenn sie aufgrund einer in Luxemburg nach den dortigen Vorschriften erstellten Buchführung bei der Zweigniederlassung ermittelt wurden[618]. Dies sah der EuGH als „Beschränkung der Niederlassungsfreiheit einer Gesellschaft“[619] und stellte fest, daß diese Maßnahme daher grundsätzlich gegen Art. 52 EGV (Art. 43 EG) verstoße, sofern nicht eine Rechtfertigung durch ein legitimes Ziel, das durch zwingende Gründe des öffentlichen Wohles gerechtfertigt ist, in Betracht kommt, die Maßnahme zu dessen Erreichung geeignet ist und nicht über das hinausgeht, was hierzu erforderlich ist[620]. Während das Ziel einer wirksamen Besteuerung und Steuerüberwachung noch ein überwiegendes Allgemeininteresse darstellt[621] und die Maßnahme auch zur Verwirklichung dieses Zieles geeignet ist[622], geht sie jedoch über das hinaus, was zur Erreichung des Zieles erforderlich ist[623]. Der EuGH ging davon aus, daß es auch andere Möglichkeiten für die luxemburgischen Behörden gibt, klar und eindeutig die Höhe des möglichen Verlustvortrages festzustellen. Denn das luxemburgische Steuerrecht verzichtet

---

616 Die Formulierung des EuGH lautet „... enthält weder eine offene noch eine versteckte Diskriminierung ...“, 15.05.1997 (*Futura*), Slg. 1997, I-2471, 2499 Rnr. 22.
617 EuGH 15.05.1997 (*Futura*), Slg. 1997, I-2471, 2499 Rnr. 21 f.
618 EuGH 15.05.1997 (*Futura*), Slg. 1997, I-2471, 2499 Rnr. 23.
619 EuGH 15.05.1997 (*Futura*), Slg. 1997, I-2471, 2500 Rnr. 24.
620 EuGH 15.05.1997 (*Futura*), Slg. 1997, I-2471, 2500 Rnr. 26.
621 EuGH 15.05.1997 (*Futura*), Slg. 1997, I-2471, 2501 Rnr. 30 f.
622 EuGH 15.05.1997 (*Futura*), Slg. 1997, I-2471, 2502 Rnr. 32 ff.
623 EuGH 15.05.1997 (*Futura*), Slg. 1997, I-2471, 2503 Rnr. 36 ff., insbesondere Rnr. 40.

im konkreten Fall grundsätzlich auf die Führung von separaten Büchern und fordert diese nur für den Fall, daß Verlustvorträge geltend gemacht werden[624].

c) Stellungnahme

Erneut geht es um Beschränkungen, die eine Gesellschaft eines Mitgliedstaates bei der Ausübung ihrer sekundären Niederlassungsfreiheit erfahren hat. Während das Territorialitätsprinzip vom EuGH nicht beanstandet wird, sieht der Gerichtshof in dem Erfordernis einer inländischen Buchführung eine Beschränkung der Niederlassungsfreiheit, die spezifisch Gesellschaften anderer Mitgliedstaaten betrifft. Unter Anwendung der „*Gebhard*"-Kriterien versucht der EuGH dies zu rechtfertigen, scheitert aber an der Erforderlichkeit der Maßnahme. Das Urteil stärkt zwar wiederum die Position der Gesellschaften bei Wahrnehmung ihrer sekundären Niederlassungsfreiheit, bringt jedoch keine neuen Erkenntnisse für die primäre Niederlassungsfreiheit der Gesellschaften.

9. Entscheidung in der Rechtssache „*ICI*"

Die Entscheidung des EuGH in der Rechtssache „*Imperial Chemical Industries plc ./. Kenneth Hall Colmer (Her Majesty's Inspector of Taxes)*"[625] hatte wiederum einen steuerrechtlichen Streitfall zum Gegenstand.

a) Sachverhalt

Die britische Gesellschaft ICI plc hatte die Berücksichtigung von Verlusten einer anderen Gesellschaft bei der Ermittlung ihrer Steuerschuld verlangt. Die andere Gesellschaft war die Tochtergesellschaft einer Holdinggesellschaft, an der die ICI mit 49 %, eine weitere Gesellschaft mit 51 % beteiligt ist. Die ICI und die weitere Gesellschaft bildeten zu diesem Zweck ein Konsortium. Die Berücksichtigung der Verluste der „Enkelgesellschaft" bei ICI war im britischen Steuerrecht grundsätzlich vorgesehen, wurde jedoch im konkreten Fall durch die Tatsache verhindert, daß die zwischengeschaltete Holdinggesellschaft nicht ausschließlich Beteiligungen an Tochtergesellschaften mit steuerlicher Ansässigkeit im Vereinigten Königreich hielt, sondern auch solche an Gesellschaften in anderen Mitgliedstaaten oder Drittstaaten. Das mit dem Rechtsstreit befaßte House of Lords fragte den EuGH einerseits, ob sich durch die streitgegenständlichen Regelungen eine Beschränkung der Niederlassungsfreiheit ergebe und falls ja, ob diese möglicherweise gerechtfertigt sei.

---

624 EuGH 15.05.1997 (*Futura*), Slg. 1997, I-2471, 2504 Rnr. 41. Der Gerichtshof stellt insbesondere auf das Auskunftsverlangen gegenüber dem „Heimat"finanzamt ab.

625 EuGH 16.07.1998, Slg. 1998, I-4695, künftig kurz „*ICI*".

b) Entscheidung des EuGH

Nach kurzer Auseinandersetzung mit einem Zulässigkeitsproblem ging der EuGH auf die gestellten materiellen Fragen ein. Er wiederholte die schon bekannte Formel, wonach die direkten Steuern zwar in die Zuständigkeit der Mitgliedstaaten fallen, diese ihre Zuständigkeit jedoch unter Wahrung des Gemeinschaftsrechts ausüben müssen[626]. Sodann erklärte der Gerichtshof zur Niederlassungsfreiheit der Gesellschaften, daß diese das Recht haben, ihre Tätigkeit in anderen Mitgliedstaaten als dem ihrer Hauptniederlassung über Zweigniederlassungen oder Agenturen auszuüben[627]. Unter Wiederholung der Aussage aus der Entscheidung „*Daily Mail*" stellte der Gerichtshof erneut fest, daß die Niederlassungsfreiheit auch Behinderungen der Niederlassung in anderen Mitgliedstaaten durch den Staat der Hauptniederlassung verbietet[628]. Die Weigerung des britischen Steuerrechts, die Verluste anzuerkennen, wurde vom EuGH als diskriminierende Maßnahme qualifiziert, die sich gegenüber den Konsortien auswirke, die über eine Holdinggesellschaft von ihrer Niederlassungsfreiheit Gebrauch gemacht hätten[629]. Eine Rechtfertigung der Diskriminierung nahm der EuGH nicht an[630]. Daher war die britische Regelung im Hinblick auf die Niederlassungsfreiheit zumindest dann nicht zu halten, wenn die Geltendmachung von Verlusten schon für den Fall beschränkt wird, daß eine einzige Tochtergesellschaft ihren Sitz außerhalb des Vereinigten Königreiches, aber innerhalb der Europäischen Gemeinschaft hat. Gleiches dürfte für den Fall gelten, daß die Holdinggesellschaft nur an innerhalb der Gemeinschaft ansässigen Gesellschaften beteiligt ist[631]. Eine andere Bewertung nahm der EuGH für den Fall vor, daß die Holdinggesellschaft hauptsächlich Tochtergesellschaften aus Drittstaaten hat. Dann nämlich sollen die Vorschriften des EG-Vertrages über die Niederlassungsfreiheit der Versagung der Steuerermäßigung nicht entgegenstehen[632].

---

626 EuGH 16.07.1998 (*ICI*), Slg. 1998, I-4695, 4721 Rnr. 19. So die ständige Rechtsprechung des Gerichtshofes, vgl. nur EuGH 15.05.1997 (Futura), Slg. 1997, I-2471, 2499 Rnr. 19; 27.06.1996 (*Asscher*), Slg. 1996, I-3089, 3124 Rnr. 36; 11.08.1995 (*Wielockx*), Slg. 1995, I-2493, 2514 Rnr. 16; 14.02.1995 (*Schumacker*), Slg. 1995, I-225, 257 Rnr. 21.

627 EuGH 16.07.1998 (*ICI*), Slg. 1998, I-4695, 4721 Rnr. 20.

628 EuGH 16.07.1998 (*ICI*), Slg. 1998, I-4695, 4721 Rnr. 21.

629 EuGH 16.07.1998 (*ICI*), Slg. 1998, I-4695, 4722 Rnr. 23.

630 EuGH 16.07.1998 (*ICI*), Slg. 1998, I-4695, 4722 ff. Rnr. 24 ff., insbesondere Rnr. 30.

631 EuGH 16.07.1998 (*ICI*), Slg. 1998, I-4695, 4724 Rnr. 30 geht von einem Verstoß gegen die Niederlassungsfreiheit aus, sofern die Regelung fordert, daß ausschließlich oder hauptsächlich Beteiligungen an im Sitzstaat der Holdinggesellschaft ansässigen Gesellschaften vorliegen. Im Umkehrschluß muß dies bedeuten, daß eine Beteiligung an EU-Tochtergesellschaften grundsätzlich unschädlich sein muß.

632 EuGH 16.07.1998 (*ICI*), Slg. 1998, I-4695, 4724 f. Rnr. 33.

c) Stellungnahme

In dieser Entscheidung hatte der EuGH Gelegenheit, zu einer Diskriminierung von Gesellschaften aufgrund einer Lokalisation von Gesellschaftssitzen Stellung zu nehmen. Doch wie schon in der Entscheidung „*Kommission/Italien*“ ging es nicht um die primäre Niederlassungsfreiheit, sondern erneut um die sekundäre Niederlassungsfreiheit. Die Beschränkungen des britischen Steuerrechts wirkten sich auf Holdinggesellschaften aus, die von ihrer sekundären Niederlassungsfreiheit durch die Gründung von Tochtergesellschaften in anderen Mitgliedstaaten Gebrauch gemacht hatten. Die primäre Niederlassungsfreiheit stand also nicht zur Diskussion. Im Gegenteil, der EuGH beschränkte die Niederlassungsfreiheit der Gesellschaften in der Darlegung ihres Umfanges[633] wieder einmal auf die Gründung von Sekundärniederlassungen, hier sogar auf Zweigniederlassungen und Agenturen. Sowohl die Tochtergesellschaften als weitere Form der Sekundärniederlassung als auch die primäre Niederlassung fehlen. Es ist allerdings zuzugeben, daß der EuGH in diesem Urteil auch keinen Anlaß hatte, zur primären Niederlassungsfreiheit von Gesellschaften Stellung zu nehmen. Auch kann der Aufzählung aus ihrer Formulierung kein Hinweis auf eine abschließende Festlegung entnommen werden[634]. Bezeichnend ist aber doch, daß er diese Form der Ausübung der Niederlassungsfreiheit seit seiner Entscheidung in Sachen „*Daily Mail*“ geflissentlich zu übersehen scheint und nicht für einen radikalen Wandel in dieser Hinsicht sorgen will.

10. Entscheidung des EuGH in der Rechtssache „*Centros*“

In der Entscheidung des EuGH in der Rechtssache „*Centros*“ hat der EuGH eine Vorlagefrage des dänischen Højesteret bezüglich einer bei diesem anhängigen Streitsache entschieden.

a) Sachverhalt

Zwei dänische Staatsbürger hatten im Jahr 1992 die in England und Wales als „private limited company“[635] eingetragene Gesellschaft „Centros Ltd.“ mit einem (nicht einbezahlten) Kapital von 100 UKL gegründet[636] und strebten die

---

633 EuGH 16.07.1998 (*ICI*), Slg. 1998, I-4695, 4721 Rnr. 20.

634 Dagegen spricht auch, daß die Tochtergesellschaften zwar in Rnr. 20 nicht genannt werden, hingegen nur kurz danach unter Rnr. 22 ausdrücklich erwähnt werden.

635 Vgl. zu dieser Gesellschaftsform *Pennington*, in: Jura Europae – Gesellschaftsrecht, Vereinigtes Königreich, Nr. 90.10.

636 Die private companies des britischen Rechts können – wenn sie keine Geschäftstätigkeit in Großbritannien entfalten – gänzlich ohne Grundkapital gegründet werden, vgl. *Pen-*

Fortsetzung der Fußnote siehe folgende Seite

Eintragung einer Zweigniederlassung dieser Gesellschaft ins dänische Handelsregister an[637]. Der darauf gerichtete Antrag von 1992 wurde von der Erhvervs- og Selskabsstyrelse, der dänischen Zentralverwaltung für Handel und Gesellschaften[638], abgelehnt und diese Entscheidung auch im nachfolgenden erstinstanzlichen Gerichtsverfahren nicht aufgehoben. Die Ablehnung beruhte unter anderem auf der Feststellung, daß die Centros keine Geschäftstätigkeit in Großbritannien entfaltet habe, sie ihre gesamte Geschäftstätigkeit in Dänemark zu entfalten beabsichtige und nur zur Umgehung der (strengen) dänischen Regelungen über die Mindestkapitalisierung von Gesellschaften[639] gegründet worden sei. Der mit dem Rechtsmittel befaßte Højesteret legte dem EuGH die Frage vor, ob eine solche Weigerung, gestützt auf die angegebenen Gründe, mit der in Art. 52, 58 EGV (Art. 43, 48 EG) garantierten Niederlassungsfreiheit zu vereinbaren ist.

b) Entscheidung des EuGH

Der EuGH stellte seinen Erörterungen die leicht umformulierte Frage des Højesteret voran. Danach geht es im vorliegenden Fall darum, ob die Verweigerung der Eintragung einer Zweigniederlassung durch einen Mitgliedstaat zulässig ist, wenn die Gesellschaft in einem anderen Mitgliedstaat rechtmäßig errichtet worden ist und sich die Verweigerung auf die Tatsache stützt, daß sie in ihrem Errichtungsstaat keine Geschäftstätigkeit entfaltet, sondern vielmehr unter Umgehung der im Staat der Zweigniederlassung für dessen Gesellschaften geltenden Mindestkapitalisierungsregeln ausschließlich dort ihre Geschäftstätigkeit entfalten will[640].

---

nington, in: Jura Europae – Gesellschaftsrecht, Vereinigtes Königreich, Nr. 90.00 Anmerkung 15. Das Kapital der private company kann – wenn vorhanden – auch durch ein Versprechen zur künftigen Übertragung von Vermögensgegenständen oder zur Erbringung von Dienstleistungen erbracht werden, vgl. *Hohloch*, in: ders. EU-Handbuch Gesellschaftsrecht, Vereinigtes Königreich, Rnr. 136.

637 § 117 des dänischen Anpartsselskabslov vom 13.06.1973 (APSL), dem GmbH-Gesetz, enthielt eine Regelung, die es im EU-Ausland niedergelassenen Gesellschaften erlaubte, über eine Zweigniederlassung in Dänemark tätig zu werden. Es bestand offenbar zudem ein Eintragungserfordernis für diese Zweigniederlassungen, wie es in Deutschland etwa in § 13d Abs. 2 HGB normiert ist. Mittlerweile ist in § 68 APSL vom 22.05.1996 eine Verweisung auf das Aktienrecht bezüglich der Zweigniederlassungen ausländischer Gesellschaften vorhanden. Gemäß § 68 Abs. 1 Satz 2 APSL 1996 müssen die Zweigniederlassungen nach Abschnitt 12 des APSL 1996 angemeldet und eingetragen werden.

638 Im Folgenden kurz: Zentralverwaltung.

639 Bei Gründung einer dänischen GmbH hätten die Gesellschafter im Jahre 1992 gemäß § 1 Abs. 3 APSL ein Mindestkapital von 200.000 DKR aufbringen müssen.

640 EuGH 09.03.1999 (*Centros)*, Slg. 1999, I-1459, 1489 f. Rnr. 14.

Vor Eintritt in die eigentliche Erörterung der Rechtsfragen stellte der Gerichtshof fest, daß grundsätzlich die Möglichkeit bestanden hätte, dem Wunsch der Centros Ltd. bzw. der Eheleute Bryde bezüglich der Eintragung einer Zweigniederlassung nachzukommen, wenn die Centros im Vereinigten Königreich eine Geschäftstätigkeit entfaltet hätte[641]. Der von der dänischen Regierung vertretene Standpunkt, es handele sich wegen der ausschließlichen Beteiligung dänischer Staatsangehöriger an der Centros Ltd. um einen rein internen Sachverhalt, fand keine Gnade vor den Augen der Luxemburger Richter, die schlicht auf das Vorhandensein einer britischen Gesellschaft abstellen[642]. Das – von den Klägern des Ausgangsrechtsstreites nicht bestrittene – Vorhaben der Umgehung des dänischen Rechts hindert eine Einordnung des Sachverhaltes unter die Niederlassungsfreiheit ebenfalls nicht[643]. Der EuGH sah also auch bei einem möglichen Mißbrauch den Anwendungsbereich der Art. 52, 58 EGV (Art. 43, 48 EG) als eröffnet an.

Bei seiner Prüfung der Frage, ob eine Beschränkung der Niederlassungsfreiheit gegeben ist[644], wiederholte der Gerichtshof seine schon bekannte Rechtsprechung, wonach die unter die Voraussetzungen des Art. 58 EGV (Art. 48 EG) fallenden Gesellschaften ihre Tätigkeit in einem anderen Mitgliedstaat „... durch eine Agentur oder eine Zweigniederlassung oder eine Tochtergesellschaft ausüben ...“[645]. Da gerade das Tätigwerden durch eine Zweigniederlassung verhindert wurde, ist eine solche Beschränkung anzunehmen[646].

Damit eröffnete sich der Gerichtshof die Möglichkeit zur weiteren Untersuchung des Sachverhaltes. Diese beginnt mit der Frage, ob möglicherweise eine mißbräuchliche oder betrügerische Berufung auf die Niederlassungsfreiheit zur Umgehung des nationales Rechts gegeben ist[647], die nach der Rechtsprechung des Gerichtshofes nicht gestattet ist[648]. Jedoch ist bei einer solchen Argumentati-

---

641 EuGH 09.03.1999 (*Centros*), Slg. 1999, I-1459, 1490 Rnr. 15.

642 EuGH 09.03.1999 (*Centros*), Slg. 1999, I-1459, 1490 Rnr. 16 f. Gegen eine solche Bestimmung der Gesellschaftsnationalität aufgrund der ihrer Gesellschafter auch *Eyles*, Niederlassungsrecht, S. 88; *Troberg*, in: G/T/E, Art. 58 EGV Rnr. 1; *Randelzhofer*, in: Grabitz/Hilf, EUV/EGV, Art. 58 EWGV Rnr. 8; *Roth*, in: Dauses, Handbuch EU-Wirtschaftsrecht, E.I Rnr. 58.

643 EuGH 09.03.1999 (*Centros*), Slg. 1999, I-1459, 1490 Rnr. 17.

644 EuGH 09.03.1999 (*Centros*), Slg. 1999, I-1459, 1491 f. Rnr. 18-22.

645 EuGH 09.03.1999 (*Centros*), Slg. 1999, I-1459, 1491 Rnr. 20.

646 EuGH 09.03.1999 (*Centros*), Slg. 1999, I-1459, 1492 Rnr. 22.

647 Bereits unter Rnr. 18 hatte der Gerichtshof festgestellt, daß die Umgehungsabsicht nicht dazu führt, daß der Sachverhalt nicht als Niederlassungsvorgang *einzuordnen* ist. Im Gegensatz dazu geht es in Rnr. 24 ff. um die Frage, ob sich Centros aus diesem Grund nicht auf die Niederlassungsfreiheit *berufen* kann.

648 Der Gerichtshof verweist unter anderem auf seine Urteile EuGH 12.05.1998 (*Kefalas*), Slg. 1998, I-2843, 2869 Rnr. 20 (zum Gesellschaftsrecht) sowie EuGH 03.10.1990

Fortsetzung der Fußnote siehe folgende Seite

on nach Ansicht des Gerichtshofes zu beachten, welche Ziele das angeblich mißbräuchlich verwendete Gemeinschaftsrecht verfolgt und welche Verhaltensweisen es ermöglichen soll[649]. Sind diese identisch mit dem, was der Gemeinschaftsbürger tun will und wird gerade dieses Verhalten vom Mitgliedstaat aber als Mißbrauch bezeichnet, so kann dieses Argument nicht durchgreifen. Einen solchen Fall nahm der EuGH hier an, da die Niederlassungsfreiheit unmittelbar auf die Ermöglichung der Gründung von Gesellschaften und Zweigniederlassungen gerichtet ist[650] und die Eheleute Bryde durch die Gründung der Centros nichts anderes getan haben. Eine Motivforschung scheidet also aus, wenn genau das von der gemeinschaftsrechtlichen Regelung beabsichtigte Verhalten tatsächlich vorgenommen wird. Die Berufung auf die Niederlassungsfreiheit ist daher nicht ausgeschlossen mit der Konsequenz, daß die festgestellte Beschränkung mit der Niederlassungsfreiheit grundsätzlich unvereinbar ist[651].

Die beschränkende nationale Maßnahme könnte jedoch als solche gerechtfertigt sein, wobei der EuGH eine Rechtfertigungsmöglichkeit in Art. 56 EGV (Art. 46 EG) oder in zwingenden Gründen des Allgemeininteresses erblickte[652], die aus Art. 56 EGV (Art. 46 EG) jedoch sofort und ohne weitere Erörterung verwarf. Die Rechtfertigung über zwingende Gründe des Allgemeininteresses scheiterte bereits an der Tatsache, daß die nationale Maßnahme nicht zum Schutz der Gläubiger vor unterkapitalisierten Gesellschaften geeignet ist, da jede gering kapitalisierte britische Limited eine Zweigniederlassung in Dänemark errichten kann, sofern sie nur einen Geschäftsbetrieb im Vereinigten Königreich unterhält[653]. Weiterhin war die Erforderlichkeit nicht gegeben, da durch das Auftreten der Centros als Gesellschaft englischen Rechts der Rechtsverkehr hinreichend über die Nichtanwendbarkeit des dänischen GmbH-Gesetzes informiert ist und sich über die drohenden Gefahren informieren kann[654]. Als mildere Maßnahme kommt zudem die Stellung entsprechender Sicherheiten in Betracht[655]. Schlußpunkt der Erörterung des EuGH war die Feststellung, daß die Unzulässigkeit der Eintragungsverweigerung nicht dazu führt, daß der betroffene Mitgliedstaat nicht gegen Betrügereien unter Verwendung der konkreten Gestaltung vorgehen könnte – nur eben nicht dadurch, daß er die Eintragung der Zweigniederlassung gänzlich verhindert[656].

(*Bouchoucha*), Slg. 1990, I-3551, 3568 Rnr. 14 und EuGH 07.02.1979 (*Knoors*), Slg. 1979, 399, 410 Rnr. 25 zur Niederlassungsfreiheit.

649 EuGH 09.03.1999 (*Centros*), Slg. 1999, I-1459, 1493 Rnr. 25 unter Berufung auf EuGH 02.05.1996 (*Paletta*), Slg. 1996, I-2357, 2391 Rnr. 25.

650 EuGH 09.03.1999 (*Centros*), Slg. 1999, I-1459, 1493 Rnr. 26 f.

651 EuGH 09.03.1999 (*Centros*), Slg. 1999, I-1459, 1494 Rnr. 30.

652 EuGH 09.03.1999 (*Centros*), Slg. 1999, I-1459, 1495 Rnr. 34.

653 EuGH 09.03.1999 (*Centros*), Slg. 1999, I-1459, 1495 Rnr. 35.

654 EuGH 09.03.1999 (*Centros*), Slg. 1999, I-1459, 1495 Rnr. 36.

655 EuGH 09.03.1999 (*Centros*), Slg. 1999, I-1459, 1496 Rnr. 37.

656 EuGH 09.03.1999 (*Centros*), Slg. 1999, I-1459, 1496 Rnr. 38.

c) Stellungnahme

Sowohl der der Entscheidung zugrundeliegende Sachverhalt als auch die Entscheidung des Gerichtshofes sind in mehrfacher Hinsicht bemerkenswert. So sind in der Literatur auch zahlreiche Aufsätze und Besprechungen erschienen[657].

Einige Autoren sehen in ihren Stellungnahmen durch die „*Centros*“-Entscheidung das Ende der Sitztheorie gekommen[658], während ihr andere Autoren eine solche Aussage – m. E. zu Recht – nicht entnehmen[659]. Am Sachverhalt fällt vor allem auf, daß es sich bei der Verweigerung der Eintragung einer Zweigniederlassung um eine Maßnahme handelt, die typische Folge der Anwendung der Sitztheorie für das Internationale Gesellschaftsrecht *wäre*: Eine nach ausländischem Recht in einem Gründungstheorie-Staat (Großbritannien)

---

[657] Besprechungsaufsätze sind erschienen von *Ebke*, JZ 1999, 656; *Behrens*, IPrax 1999, 323; *Bungert*, DB 1999, 1841; *Freitag*, EuZW 1999, 267; *Geyrhalter*, EWS 1999, 201; *Göttsche*, DStR 1999, 1403; *Görk*, GmbHR 1999, 793; *Höfling*, DB 1999, 1206; *Kieninger*, ZGR 1999, 724; *Kindler*, NJW 1999, 1993; *Meilicke*, DB 1999, 627; *Roth*, ZIP 1999, 861; *Sandrock*, BB 1999, 1337; *Sonnenberger/Großerichter*, RIW 1999, 721; *Ulmer*, JZ 1999, 662; *Werlauff*, ZIP 1999, 867; *Zimmer*, ZHR 164 (2000), 23. Außerdem existieren die Urteilsanmerkungen von *Cascante*, RIW 1999, 450; *Dautzenberg*, FR 1999, 451; *Lange*, DNotZ 1999, 599; *Leible*, NZG 1999, 300; *Neye*, EWiR Art. 52 EGV 1/99, 259; *Risse*, MDR 1999, 752; *Sedemund/Hausmann*, BB 1999, 810; *Streinz*, JuS 1999, 810. Vgl. auch das Editorial von *Kegel*, EWS 1999, Heft 8, S. I.

[658] *Dautzenberg*, FR 1999, 451 f. („Sitztheorie den Todesstoß versetzt“); *Freitag*, EuZW 1999, 267, 268 und 269 f. (Deutschland bleibe „nur noch die Aufgabe der Sitztheorie“); *Geyrhalter*, EWS 1999, 201, 203; *Meilicke*, DB 1999, 627 f.; *Risse*, MDR 1999, 752 f.; *Sedemund/Hausmann*, BB 1999, 810 f. *Behrens*, IPrax 1999, 323, 324 sieht in dem Urteil eine Entscheidung des EuGH zu Gunsten einer kollisionsrechtlichen Wirkung des Art. 48 EG und damit für die Gründungstheorie. Zurückhaltender, aber doch in die gleiche Richtung gehend, sind die Stellungnahmen von *Cascante*, RIW 1999, 450 f.; *Göttsche*, DStR 1999, 1403, 1405; *Leible*, NZG 1999, 300, 301; *Neye*, EWiR Art. 52 EGV 1/99, 259; *Roth*, ZIP 1999, 861 f., der „prima facie“ (aaO., 863) davon ausgeht, daß die Sitztheorie im Verhältnis zu anderen EU-Staaten teilweise obsolet geworden sei; *Streinz*, JuS 1999, 810, 811. *Bungert*, DB 1999, 1841, 1842 f. sieht die Notwendigkeit, aufgrund der Entscheidung Konsequenzen im Sachrecht, aber nicht unbedingt im Kollisionsrecht, zu ziehen. *Sandrock*, BB 1999, 1337, 1341 („ist die Sitztheorie Rechtsgeschichte“) und *Höfling*, DB 1999, 1206, 1207 f. sehen die Entscheidung als Schritt hin zur sogenannten Überlagerungstheorie. *Kieninger*, ZGR 1999, 724, 731-733 kritisiert die Entscheidung als grundlegend falsch, da sie die Niederlassungsfreiheit unzulässig zu einer Rechtswahlfreiheit umdeute und deshalb der Grundlage im EG-Vertrag entbehre. Sie geht jedoch aaO., S. 741 davon aus, daß die Sitztheorie nach dieser Entscheidung vom EuGH nicht aufrechterhalten würde.

[659] *Ebke*, JZ 1999, 656, 660 legt mit überzeugenden Argumenten dar, daß auch nach „*Centros*“ die Sitztheorie mit der Niederlassungsfreiheit vereinbar ist. Ebenso *Kindler*, NJW 1999, 1993, 1996-1998; *Sonnenberger/Großerichter*, RIW 1999, 721, 726; *Lange*, DNotZ 1999, 599, 606; *Görk*, GmbHR 1999, 793, 796 f.

gegründete Gesellschaft begehrt die Eintragung einer Zweigniederlassung in einem der Sitztheorie folgenden Staat. Dieser verweigert ihr die internationalprivatrechtliche Anerkennung wegen des mit dem Gründungsrecht nicht übereinstimmenden Verwaltungssitzes und daher auch die Eintragung der Zweigniederlassung[660]. Umso mehr überrascht, daß es im vorliegenden Fall *nicht* um die Nichtanerkennung der Centros Ltd. geht, die ebenfalls die Nichteintragbarkeit einer Zweigniederlassung zur Folge gehabt hätte. Vielmehr verweist die Zentralverwaltung lediglich auf die Umgehung nationalen Rechts und die in Wahrheit beabsichtigte Begründung eines Hauptsitzes in Dänemark[661]. Ein Blick auf die internationalgesellschaftsrechtliche Konzeption Dänemarks klärt zwar über den Grund dieses Vorgehens auf, aber mindert die Verwunderung nicht unbedingt: *Dänemark folgt der Gründungstheorie*[662]. Auch der zweite beteiligte Staat, das Vereinigte Königreich folgt für sein Internationales Gesellschaftsrecht der Gründungstheorie[663]. Damit ist klar, daß eine Nichtanerkennung der im Vereinigten Königreich rechtmäßig gegründeten Centros Ltd. durch Dänemark nicht in Betracht kommt. Es drängt sich aber die Vermutung auf, daß sich Dänemark den teilweise ungeliebten Folgen der Gründungstheorie bezüglich der Mindestkapitalisierung durch Anwendung der genannten Umgehungsregel entziehen wollte und so ein gutes Stück der von der gründungstheoretischen Konzeption

---

660 Vgl. dazu den Beschluß des BayObLG vom 26.08.1998 in IPrax 1999, S. 364 f. Dort wollte eine im Handelsregister für England und Wales eingetragene Gesellschaft (Ltd.) die Eintragung einer Zweigniederlassung in Deutschland erreichen. Dies scheiterte daran, daß die Ltd. nur über einen Satzungssitz im Ausland verfügte und somit nach Ansicht des BayObLG nicht rechtsfähig war. Einen Verstoß gegen Art. 52, 58 EGV (Art. 43, 48 EG) konnte das Gericht darin nicht erkennen und hat deshalb unter Berufung auf die Entscheidung des EuGH in der Rechtssache „*Daily Mail*" auch eine Vorlage an den EuGH nicht für notwendig befunden. Bereits in BayObLGZ 1985, 272 hatte das Gericht den Fall der „Landshuter Druckhaus Ltd." zu entscheiden, die eine Zweigniederlassung in Deutschland eintragen lassen wollte, was ihr mangels einer Hauptniederlassung in England aber verweigert wurde. Dort gab das BayObLG auf S. 278 f. Hinweise für die weitere Behandlung der Ltd. für die untere Instanz und sprach sich auf S. 280 für deren Nichtanerkennung in Deutschland aus.

661 EuGH 09.03.1999 (*Centros)*, Slg. 1999, I-1459, 1488 Rnr. 7.

662 *Alsted/Hansen*, in: Hohloch, EU-Handbuch Gesellschaftsrecht, Dänemark, Rnr. 8; *Steiniger/Jacobsen*, in: Jura Europae – Gesellschaftsrecht, Dänemark, Nr. 70.80 Anm. 8; *Ebke*, JZ 1999, 656, 658; *Carsten*, in: Behrens, GmbH, Rnr. DK 49 f.; *Roth*, ZIP 1999, 861, 862; *Werlauff*, ZIP 1999, 867, 874. Dagegen nehmen *Sedemund/Hausmann*, BB 1999, 809, 810 und *Meilicke*, DB 1999, 627 zu Unrecht an, Dänemark folge der Sitztheorie. Auch *Dautzenberg*, FR 1999, 451 geht davon aus, daß die Sitztheorie durch den EuGH geprüft wurde. OGH NZG 2000, 36, 37 f. nimmt an, daß Dänemark – wie Österreich auch – der Sitztheorie folge und leitet deshalb aus der Entscheidung „*Centros*" eine Unvereinbarkeit von § 10 öIPRG mit der (sekundären) Niederlassungsfreiheit des EG-Vertrages her.

663 *Großfeld*, in: Staudinger, IntGesR, Rnr. 156; *Behrens*, in: ders., GmbH, Rnr. GB/NI/EI 59.

gewährten Rechtswahlfreiheit aufheben wollte. Eine Tatsache steht damit schon fest: der EuGH hatte in der Rechtssache „*Centros*" nicht über die Vereinbarkeit der Sitztheorie als vom EG-Vertrag anerkannter[664] Anknüpfungsregel mit Europäischem Recht, insbesondere der Niederlassungsfreiheit, zu entscheiden[665]. Kollisionsrechtliche Probleme konnten sich wegen der in beiden beteiligten Staaten angewandten Gründungstheorie nicht ergeben. Konsequenterweise enthält die Vorlagefrage deshalb auch die Formulierung, daß die Centros Ltd. nach dem Recht des Vereinigten Königreiches „... rechtmäßig errichtet worden ist und *besteht* ..."[666]. Angesichts dieser Ausgangslage mußte der EuGH sich mit kollisionsrechtlichen Fragen nicht beschäftigen und hat dies auch nicht getan[667]. Unmittelbare Aussagen speziell zur Sitztheorie lassen sich dem Urteil nicht entnehmen.

Die Argumentation des Gerichshofes bei der mißbräuchlichen Berufung auf das Gemeinschaftsrecht und auch bei der Rechtfertigung der festgestellten Beschränkung veranlaßt aber zu der Frage, ob sich mittelbare Auswirkungen auf die Anerkennung von Gesellschaften mit tatsächlichem Verwaltungssitz im Ausland durch der Sitztheorie folgende Staaten ergeben könnten. Denn immerhin billigt der Gerichtshof einem Staatsangehörigen eines Mitgliedstaates das Recht zu, Gesellschaften in dem Mitgliedstaat zu errichten, „... dessen gesellschaftsrechtliche[...] Vorschriften ihm die größte Freiheit lassen, und in anderen Mitgliedstaaten Zweigniederlassungen ..."[668] zu gründen. Diese Aussage könnte Anlaß zu der Annahme geben, daß ein Fall wie der zuletzt 1998 vom BayObLG entschiedene[669] in Zukunft anders zu entscheiden wäre. Dort wollte eine im Handelsregister für England und Wales eingetragene „private limited company" die Eintragung einer deutschen Zweigniederlassung ins Handelsregister erreichen und ist mit diesem Begehren letztinstanzlich vor dem BayObLG gescheitert, weil sie im Staat ihrer Gründung nur über einen statutarischen Sitz, nicht aber über einen Verwaltungssitz verfügte[670]. Das BayObLG begründete die Ein-

---

664 Vgl. die alternativen Anknüpfungspunkte in Art. 48 Abs. 1 EG.

665 Dagegen kommen *Sedemund/Hausmann*, BB 1999, 809, 810 und *Meilicke*, DB 1999, 627 über ihre (unrichtige) Annahme, Dänemark folge der Sitztheorie, gerade zu diesem Ergebnis. Unrichtig ist auch die Aussage von *Dautzenberg* in FR 1999, 451, die Sitztheorie habe zur Prüfung durch den EuGH angestanden.

666 EuGH 09.03.1999 (*Centros*), Slg. 1999, I-1459, 1489 Rnr. 13. Hervorhebung vom Verf.

667 *Ebke*, JZ 1999, 656, 658. *Behrens*, IPrax 1999, 323, 324 zieht hingegen aus der Entscheidung den – m. E. falschen – Schluß, daß der EuGH eine Beschränkung der Niederlassungsfreiheit aufgrund der *Nichtanerkennung* einer Gesellschaft zu prüfen hatte. Er beruft sich dazu auf Rnr. 21 des Urteils, wo sich aber keinerlei Hinweis auf eine Nichtanerkennung der Centros Ltd. in Dänemark findet.

668 EuGH 09.03.1999 (*Centros)*, Slg. 1999, I-1459, 1493 Rnr. 27.

669 BayObLG IPrax 1999, 364.

670 Bereits 1985 hatte das BayObLG einen Fall zu entscheiden, in dem eine britische Ltd. mit Verwaltungssitz in Deutschland eine Zweigniederlassung eintragen lassen wollte

Fortsetzung der Fußnote siehe folgende Seite

tragungsverweigerung mit der fehlenden rechtlichen Existenz der ausländischen Gesellschaft, wendet also die Sitztheorie an[671] und sah unter Hinweis auf die Entscheidung des EuGH in der Rechtssache „*Daily Mail*" sowie auf die fehlende Weiterentwicklung des europäischen Gesellschaftsrechts auch keine Notwendigkeit für eine erneute Vorlage an den EuGH[672]. Eine Übertragung der Ausführungen des Gerichtshofes[673] scheitert aber an der mangelnden Vergleichbarkeit der Fallkonstellationen: Der Gerichtshof hatte gerade *nicht* den Fall zu entscheiden, daß einer von einem Sitztheorie-Staat *nicht anerkannten* Auslandsgesellschaft die Eintragung einer Zweigniederlassung verweigert wurde, sondern einer *anerkannten* Auslandsgesellschaft unter Berufung auf eine Umgehung nationalen Rechts[674]. Damit ergeben sich aus der Entscheidung „*Centros*" keine Auswirkungen auf die Sitztheorie allgemein oder auf ihre Anwendung im Falle der Eintragung von Zweigniederlassungen EU-ausländischer Gesellschaften ins deutsche Handelsregister.

In Anbetracht des Sachverhaltes, der die Eintragung einer *Zweigniederlassung* zum Gegenstand hatte, ist zudem fraglich, ob sich aus der Entscheidung „*Centros*" Auswirkungen auf den Umfang der primären Niederlassungsfreiheit ergeben. Der Gerichtshof nennt jedenfalls als Möglichkeiten für Gesellschaften zur Aufnahme von Tätigkeiten in anderen Mitgliedstaaten im Einklang mit und unter Verweis auf seine ständige Rechtsprechung die Agentur, Zweigniederlassung und Tochtergesellschaft[675], und damit wiederum nicht eine primäre Niederlassungsform, sondern nur die sekundären Niederlassungsformen. Von *Kieninger* wurde vorgetragen, es handele sich bei der von Centros beabsichtigten Zweigniederlassung de facto um die Hauptniederlassung und damit nicht um einen Fall der sekundären, sondern der primären Niederlassungsfreiheit[676]. In der

---

(BayObLGZ 1985, 272). Auch in jenem Fall wurde unter Verweis auf die Nichtanerkennung der Gesellschaft die Eintragung abgelehnt.

671 BayObLG IPrax 1999, 364.

672 BayObLG IPrax 1999, 364, 365.

673 EuGH 09.03.1999 (*Centros*), Slg. 1999, I-1459, 1493 Rnr. 27.

674 Dagegen sieht *Bungert*, DB 1999, 1841, 1843 eine Übertragbarkeit als gegeben an, weil die Prüfungsfrage (Möglichkeit der Eintragung einer Zweigniederlassung) dieselbe sei. Dies mag so sein, ändert aber nichts daran, daß die der Frage zugrunde liegende Situation eine andere und deshalb eine Übertragung nicht möglich ist.

675 EuGH 09.03.1999 (*Centros*), Slg. 1999, I-1459, 1491 Rnr. 20.

676 ZGR 1999, 724, 729. Für die Autorin ergibt sich aus dieser Annahme, daß der EuGH durch seine Entscheidung die Niederlassungsfreiheit in unzulässiger Weise auf die erstmalige Begründung der Hauptniederlassung einer Gesellschaft in der Union ausgedehnt habe. Die Entscheidung werde daher nicht von der Gewährleistung der Niederlassungsfreiheit im EG-Vertrag getragen (S. 735). Als Fall der primären Niederlassungsfreiheit sehen die Centros-Konstellation auch *Leible*, NZG 1999, 298, 302 und *Freitag*, EuZW 1999, 267, 268. Letztgenannter Autor zieht daraus sogleich den Schluß (S. 268 f.), daß deshalb die identitätswahrende Sitzverlegung seit dem 09.03.1999 durch

Fortsetzung der Fußnote siehe folgende Seite

Tat hätte die Zweigniederlassung der Centros in Dänemark den einzigen Tätigkeitspunkt der Gesellschaft und damit deren Hauptniederlassung und wahrscheinlich auch – nach deutschen Maßstäben[677] – deren Verwaltungssitz dargestellt. Einige Autoren haben auch den Schluß gezogen, daß die Verlegung des Verwaltungssitzes durch die Entscheidung „*Centros*“ ermöglicht worden und damit die Entscheidung „*Daily Mail*“ überholt sei[678]. Allerdings ist hier zunächst die Vorlagefrage des dänischen Højesteret zu beachten. Darin geht das vorlegende Gericht davon aus, daß die Centros Ltd. eine Zweigniederlassung begründen wollte[679]. Der EuGH ist an diese Vorlagefrage des Højesteret gebunden[680]. Wendet man dagegen ein, daß der Gerichtshof sich nicht stets an die Vorlagefrage gehalten hat und auch in der Rechtssache „*Daily Mail*“ in seiner Entscheidung die Vorlagefrage umformuliert habe[681], so greift dieser Einwand nicht durch. Übernimmt der EuGH die Einschätzung des vorlegenden Gerichtes hinsichtlich einer bestimmten Rechtsfrage, so kann nicht im Nachhinein bei der Analyse der Entscheidung eine Änderung dieser Wertung vorgenommen werden, um auf diesem Wege andere Schlüsse aus der Entscheidung zu ziehen. Hätte der Højesteret eine Klärung dahingehend erreichen wollen, ob es sich im Centros-Fall um eine Zweigniederlassung oder eine Hauptniederlassung im Sinne des EG-Vertrages und somit um einen Fall der sekundären oder primären Niederlassungsfreiheit handelt, hätte er dies in eine Vorlagefrage kleiden können und müssen. Hätte sich der EuGH nicht an die Wertung des Højesteret halten wollen, hätte er dies in seiner Entscheidung zum Ausdruck gebracht[682]. Eine Umdeutung der Aussagen in der Entscheidung aufgrund einer eigenen Interpretation der Tatsachenbasis widerspricht der ausdrücklichen Annahme des EuGH und auch des vorlegenden Gerichtes und ist deshalb nicht möglich. Mit der vom Højesteret und Gerichtshof vorgenommenen unzweifelhaften Einordnung der Gründung einer Zweigniederlassung als sekundäre Niederlassungsform ist aber

---

Art. 58 EGV (Art. 48 EG) gewährleistet und die Entscheidung „*Daily Mail*“ hinfällig sei.

677 Vgl. zur Definition des Verwaltungssitzes oben S. 11.

678 *Freitag*, EuZW 1999, 267, 268 f.; *Geyrhalter*, EWS 1999, 201, 203 will dieses Ergebnis über die Anmeldung einer Zweigniederlassung erreichen, die faktisch den Verwaltungssitz darstellt; *Göttsche*, DStR 1999, 1403, 1405 für den Zuzug ausländischer Gesellschaften, aber nicht für den Wegzug deutscher Gesellschaften; *Risse*, MDR 1999, 752, 754.

679 EuGH 09.03.1999 (*Centros*), Slg. 1999, I-1459, 1489 Rnr. 13.

680 Vgl. schon oben S. 130.

681 Dazu oben S. 130.

682 Auch *Leible*, NZG 1999, 298, 301 spricht davon, daß der Gerichtshof die ihm vorgelegte Frage anhand der Sachverhaltsangaben derart korrigieren hätte müssen, daß sie sich auf die Gründung einer Hauptniederlassung bezogen hätte. Dies hindert *Leible* aber nicht daran, die Aussagen des Gerichtshofes trotz nicht vorgenommener Korrektur als Antwort auf die korrigierte Frage zu werten (aaO., 301 f.).

bereits ein wichtiger Punkt für die Frage der Tragweite des Urteils genannt: Erneut geht es in dieser Entscheidung nicht um Formen primärer Niederlassung von Gesellschaften, konkret die Sitzverlegung, sondern um Sekundärniederlassungen[683]. Die Primärniederlassung findet keine Erwähnung bei der Darlegung des Umfanges der Niederlassungsfreiheit der unter Art. 48 Abs. 1 EG fallenden Gesellschaften. Zur Frage der Möglichkeit einer Verlegung von Satzungs- oder Verwaltungssitz hat der EuGH weder direkt noch indirekt Stellung genommen[684]. Daß der EuGH mit der Entscheidung in Sachen „*Centros*" die „Sitzverlegung durch die Hintertür" durch Begründung einer Zweigniederlassung, die in Wahrheit die Hauptniederlassung darstellt, ermöglichen wollte, ist aus seinen Ausführungen nicht zu entnehmen[685]. Die fehlende Erwähnung der Entscheidung „*Daily Mail*" ist daher nur folgerichtig[686], und nicht etwa „erstaunlich"[687] oder „bemerkenswert"[688]. Hätte der EuGH seine „*Daily Mail*"-Rechtsprechung ändern oder gar vollständig aufgeben wollen, wäre diese Entscheidung mit Sicherheit in der Entscheidung „*Centros*" erwähnt worden. Daß dies nicht geschah, spricht dafür, daß die tatsächliche Konstellation der beiden Entscheidungen gänzlich unterschiedlich war oder jedenfalls vom Gerichtshof als gänzlich unterschiedlich angesehen wurde[689]. Dann aber darf die rechtliche Bewertung des Gerichtshofes nicht von der Ebene der sekundären Niederlassungsfreiheit auf die der primären Niederlassungsfreiheit übertragen werden.

Daß die Verweigerung der Eintragung einer Zweigniederlassung eine Beschränkung der (sekundären) Niederlassungsfreiheit darstellt, ist nahezu selbstverständlich und wurde vom Gerichtshof auch ohne größere Prüfung angenommen[690]. Die weiteren Ausführungen des EuGH sind im Hinblick auf die mögli-

---

683 *Ebke*, JZ 1999, 656, 658; *Zimmer*, ZHR 164 (2000), 23, 33; *Hoffmann*, ZHR 164 (2000), 43, 49. Auch OGH NZG 2000, 36 schränkt die in § 10 öIPRG verankerte Sitztheorie nur für die Gründung von Zweigniederlassungen ein.

684 So auch *Bungert*, DB 1999, 1841, 1843 und *Zimmer*, ZHR 164 (2000), 23, 41.

685 So aber *Leible*, NZG 1999, 298, 301 f., der diesen Schluß aus der Aussage des EuGH zur Harmonisierung des Gemeinschaftsrechts (EuGH 09.03.1999 (*Centros*), Slg. 1999, I-1459, 1493 Rnr. 28) zieht, die er als Abkehr von der Entscheidung „*Daily Mail*" sieht. Dies beruht auf der irrigen Annahme *Leibles*, daß die Aussagen des Gerichtshofes in der Entscheidung „*Centros*" auf die primäre Niederlassungsfreiheit zu beziehen seien.

686 *Ebke*, JZ 1999, 656, 658; *Kindler*, NJW 1999, 1993, 1998; *Görk*, GmbHR 1999, 793, 796 weist zudem zutreffend darauf hin, daß eine andere Sichtweise dem EuGH die „... ungeheuerliche Unterstellung mache[...], er habe seinen bisherigen leading case zum gesellschaftsrechtlichen Kollisionsrecht schlicht übersehen ...".

687 *Leible*, NZG 1999, 298, 301.

688 *Meilicke*, DB 1999, 627.

689 *Zimmer*, ZHR 164 (2000), 23, 33 verteidigt die Differenzierung des Gerichtshofes zwischen sekundären und primären Niederlassungsvorgängen.

690 EuGH 09.03.1999 (*Centros*), Slg. 1999, I-1459, 1492 Rnr. 21 f. *Ebke*, JZ 1999, 656, 659 stellt dazu fest, daß der Grund für die Beschränkung für den Gerichtshof insoweit

Fortsetzung der Fußnote siehe folgende Seite

cherweise mißbräuchliche Nutzung des Gemeinschaftsrechts von Bedeutung. Der Gerichtshof schneidet den Mitgliedstaaten diese Argumentation für den Fall ab, daß sie gerade die von den gemeinschaftsrechtlichen Regelungen beabsichtigte und erwünschte Verhaltensweise als Mißbrauch ansehen, und stärkt damit erneut das Gemeinschaftsrecht gegenüber dem nationalen Recht. Der Gerichtshof gesteht den Mitgliedstaaten allerdings zu, geeignete Maßnahmen zur Verhinderung oder Verfolgung von „Betrügereien" zu treffen[691]. Welche Maßnahmen dies im konkreten Fall sein könnten, läßt sich aus den Ausführungen des Gerichtshofes allerdings nicht entnehmen. Vorschläge für geeignete Maßnahmen finden sich insbesondere bei *Ulmer*[692]. Dieser kommt unter Annahme, daß die Eintragung von Zweigniederlassungen ausländischer Gesellschaften ohne Rücksicht auf deren Verwaltungssitz auch in Sitztheorie-Staaten möglich sein dürfte[693], nach Ermittlung der schutzbedürftigen „Betroffenen" insbesondere zu einer Durchgriffshaftung der Gesellschafter der ausländischen Rechtsform[694]. Diese dürfte angesichts der Äußerungen des EuGH zur Leistung von Sicherheiten durch ausländische Wertpapiermaklergesellschaften in der Entscheidung „*Kommission/Italien*"[695] zur Wahrung zwingender Erfordernisse des Allgemeininteresses geeignet, erforderlich und angemessen sein[696].

Ergebnis einer Analyse der Entscheidung des EuGH in der Rechtssache „*Centros*" ist also, daß der Gerichtshof in dieser Entscheidung weder die Sitztheorie für unvereinbar mit der europarechtlichen Niederlassungsfreiheit erklärt hat, noch seine in der Entscheidung „*Daily Mail*" vorgenommene Einschränkung der primären Niederlassungsfreiheit von Gesellschaften aufgehoben hat. Damit ändert sich auch durch „*Centros*" nichts an der Tatsache, daß der EuGH die Primärniederlassung von Gesellschaften bis auf weiteres nicht als einen Fall der gemeinschaftsrechtlichen Niederlassungsfreiheit ansieht.

VII. Bestand der Niederlassungsfreiheit der Gesellschaften

Wie ist es heute, gut elf Jahre nach der Entscheidung „*Daily Mail*", um die Niederlassungsfreiheit der Gesellschaften in der Europäischen Gemeinschaft bestellt? Sind die Gesellschaften „Niederlassungsberechtigte minderen Rechts"[697]? Die erstmalige Begründung des Satzungssitzes sowie des Sitzes der Hauptver-

---

ohne Belang sei und sich der Schwerpunkt der Ausführungen auf der Rechtfertigungsebene finde.

691 EuGH 09.03.1999 (*Centros*), Slg. 1999, I-1459, 1496 Rnr. 38.

692 JZ 1999, 662, 663 ff.

693 *Ulmer*, JZ 1999, 662.

694 *Ulmer*, JZ 1999, 662, 664 f.

695 EuGH 06.06.1996 (*Kommission/Italien*), Slg. 1996, I-2691, 2726 Rnr. 23.

696 *Ulmer*, JZ 1999, 662, 665.

697 *Behrens*, EuZW 1991, 97 und EuZW 1998, 353.

waltung innerhalb der Gemeinschaft sind keine der Niederlassungsfreiheit der Gesellschaft unterfallenden Vorgänge. Vielmehr betreffen diese die Niederlassungsfreiheit der Gesellschafter. Hingegen ist die Verlegung des Satzungs- und Verwaltungssitzes und die erstmalige Schaffung einer Hauptniederlassung ebenso wie deren Verlegung unter den Anwendungsbereich dieser Gewährleistung zu fassen. Bei den sekundären Niederlassungen genießen die Gesellschaften dieselben Rechte wie die natürlichen Personen, nämlich die Gründung von Zweigniederlassungen, Agenturen oder Tochtergesellschaften in einem anderen Mitgliedstaat.

In der Rechtsprechung des EuGH ergeben sich weitere Einschränkungen für die primäre Niederlassungsfreiheit der Gesellschaften aus der Tatsache, daß in der Entscheidung „*Daily Mail*" die Verlegung des Satzungs- und Verwaltungssitzes ausdrücklich „beim derzeitigen Stand"[698] der Angleichung des Gesellschaftsrechts aus der Gewährleistung der Niederlassungsfreiheit ausgenommen wurden. Damit waren die nationalen Regelungen, die sich – wie zum Beispiel die Implementierung der Sitztheorie im deutschen Kollisions- und Gesellschaftsrecht – in dieser Frage beschränkend auswirken, zumindest bisher nicht an der Niederlassungsfreiheit zu messen. Eine Änderung dieser Rechtsprechung des EuGH ist in der Zwischenzeit nicht erfolgt; sie war auch nicht zu erwarten oder gar erforderlich, weil sich bei der Rechtsangleichung des Gesellschaftsrechts in der Europäischen Gemeinschaft seit 1988 keine wesentlichen Neuerungen ergeben haben. Die wegweisenden Richtlinien auf dem Gebiet des Gesellschaftsrechts stammen aus der Zeit vor 1988[699], die in der Zwischenzeit vorgeschlagenen Richtlinien liegen größtenteils seit längerer Zeit auf Eis[700], ebenso wie das Vorhaben für die Schaffung einer einheitlichen europäischen Gesellschaftsform, der SE[701]. Die Aussagen des „*Daily Mail*"-Urteils zur primären Niederlassungsfreiheit der Gesellschaften sind daher nach wie vor gültig. Die Beschränkungen des deutschen Kollisions-, Gesellschafts- und Steuerrechts, die den Wegzug und Zuzug von Kapitalgesellschaften unattraktiv machen, sind im Hinblick auf die Niederlassungsfreiheit derzeit nicht zu beanstanden. Der EuGH hat aber in seiner Entscheidung zur Rechtssache „*Centros*" die Gelegenheit ergriffen, den Rat auf seine in Art. 44 EG normierten Möglichkeiten zur Harmonisierung des Gesellschaftsrechts hinzuweisen[702]. Daß dieser Hinweis nur „de-

---

698 EuGH 27.09.1988 (*Daily Mail*), Slg. 1988, 5483, 5512 Rnr. 25.

699 So zum Beispiel die zweite gesellschaftsrechtliche RL vom 12.12.1976, die dritte vom 09.10.1978 und die sechste vom 17.12.1982. Zum Stand des Europäischen Unternehmensrechts vgl. den Überblick von *Wiesner*, EuZW 1998, 619 ff.

700 Vor allem die wichtige fünfte gesellschaftsrechtliche RL über die Struktur der Aktiengesellschaften sowie die nicht minder bedeutende zehnte gesellschaftsrechtliche RL über die grenzüberschreitende Verschmelzung. Dazu auch *Ebke*, JZ 1999, 656, 661.

701 Diese ist jüngst erneut und möglicherweise endgültig gescheitert. Vgl. dazu oben S. 99 Fn. 409.

702 EuGH 09.03.1999 (*Centros*), Slg. 1999, I-1459, 1493 Rnr. 28.

zent"[703] war, sei unbestritten. Eine Möglichkeit, diesem Hinweis des Gerichtshofes Folge zu leisten, wäre die Verabschiedung der vierzehnten Richtlinie über die Sitzverlegung von Gesellschaften[704], die im folgenden Abschnitt Gegenstand der Untersuchung sein wird. Bei Wahrnehmung der sekundären Niederlassungsfreiheit durch die Gesellschaften hingegen steht der EuGH beschränkenden nationalen Regelungen äußerst kritisch gegenüber. Dies gilt sowohl bei gesellschafts- bzw. aufsichtsrechtlichen Beschränkungen wie in der dargestellten Rechtssache „*Kommission/Italien*", als auch bei steuerrechtlichen Beschränkungen.

Europäische Gesellschaften sind wegen der Beschränkung auf die sekundäre Niederlassungsfreiheit derzeit noch „Niederlassungsberechtigte minderen Rechts". Die Ausübung ihrer primären Niederlassungsfreiheit wird ihnen durch die kollisions- und gesellschaftsrechtlichen Regelungen der meisten Mitgliedstaaten verwehrt. Im Europäischen Recht ist der Vorrang der nationalen Kollisions- und Gesellschaftsrechte in Ermangelung einer substantiellen Harmonisierung derzeit noch anerkannt. Eine rechtssetzende Maßnahme, die diesen Zustand beheben könnte, ist bisher nicht getroffen worden. Diesem Zustand abhelfen könnte die geplante vierzehnte gesellschaftsrechtliche Richtlinie über die Sitzverlegung von Gesellschaften, die im folgenden Abschnitt Gegenstand der Untersuchung ist.

C. Entwurf einer vierzehnten Richtlinie auf dem Gebiet des Gesellschaftsrechts

Der soeben beschriebene Zustand ist für die im Binnenmarkt tätigen Unternehmen unbefriedigend, da ihnen eine Verlagerung ihrer Unternehmensschwerpunkte sehr schwer gemacht wird. Während produzierte Waren und Dienstleistungen fast grenzenlos gehandelt werden und viele Unternehmen sich im europäischen Wettbewerb behaupten müssen, ist es ihnen nahezu nicht möglich, durch einen Wechsel ihrer Lokalisierung günstigere Wettbewerbspositionen aus günstigeren Rahmenbedingungen zu erlangen. Zur Beendigung dieses unbefriedigenden Zustandes hat die Kommission der Europäischen Gemeinschaften am 22.04.1997 einen Vorentwurf für einen Richtlinienvorschlag[705] vorgelegt.

---

703 *Ebke*, JZ 1999, 656, 661.

704 Vorentwurf für einen Richtlinienvorschlag veröffentlicht in ZIP 1997, 1721. Abgedruckt im Anhang, S. 251-256. *Zimmer*, ZHR 164 (2000), 23, 42 sieht die Mitgliedstaaten durch die Entscheidung in der Rechtssache „*Centros*" zum Handeln bei der Sitzverlegungs-Richtlinie aufgefordert.

705 *Kommission*, ZIP 1997, 1721 und Anhang, S. 251-256. Vgl. dazu die Beiträge des 10. Bonner Europa-Symposions, abgedruckt in ZGR 1999 S. 1-164.

I. Vorgeschichte

Ausgehend von der nach der Entscheidung des EuGH in der Sache „*Daily Mail*“ bestehenden Rechtslage hatte die Kommission der Europäischen Gemeinschaften das Brüsseler K.P.M.G. European Business Centre mit der Anfertigung einer Studie über die Verlegung des Sitzes einer Gesellschaft von einem Mitgliedstaat in einen anderen beauftragt. Diese Studie wurde 1993 von der Kommission veröffentlicht[706]. Die Verfasser kommen darin zum Schluß, daß den Gesellschaften die identitätswahrende Sitzverlegung gestattet werden sollte, daß diese von der Niederlassungsfreiheit umfaßt ist und daß sowohl mit der Gründungs- als auch der Sitztheorie eine solche Sitzverlegung möglich, andererseits aber ein Nebeneinander der beiden Theorien nicht möglich ist[707]. Eine Umsetzung des Ergebnisses der Studie in einen Richtlinienvorschlag hätte dazu geführt, daß als Grundvoraussetzung für eine identitätswahrende Sitzverlegung zunächst eine Vereinheitlichung der kollisionsrechtlichen Anknüpfungspunkte innerhalb der Gemeinschaft durchgeführt werden hätte müssen – eine Vereinheitlichung, die nach Ansicht der Verfasser der Studie zu Gunsten der Gründungstheorie ausfallen sollte[708].

Die Kommission hat das Vorhaben einer Richtlinie über die „Verlegung des Sitzes eines in einem Mitgliedstaat ansässigen Unternehmens in einen anderen Mitgliedstaat“ zunächst in ihr Arbeitsprogramm 1996 aufgenommen[709]. In ihrem Vorentwurf für einen Richtlinienvorschlag vom April 1997 ging die Kommission dann – wie sogleich darzustellen sein wird – jedoch einen anderen Weg. Dieser Vorschlag wurde unter anderem auf der Konferenz über Binnenmarkt und Gesellschaftsrecht im Dezember 1997 diskutiert. Im Mai 1998 fand ein Symposion zu Fragen der grenzüberschreitenden Sitzverlegung an der Universität Bonn statt, bei dem die geplante vierzehnte Richtlinie zentraler Gegenstand der Beiträge und Diskussionen war[710].

---

706 *Kommission der Europäischen Gemeinschaften* (Hrsg.), Studie über die Verlegung des Sitzes einer Gesellschaft von einem Mitgliedstaat in einen anderen, Brüssel 1993.

707 *Kommission*, Studie, Zusammenfassung.

708 Sie bezeichnen die Harmonisierung zu Gunsten der Gründungstheorie als „einfache Lösung“ (*Kommission*, Studie, S. 27). Eine Lösung des Problems der Sitzverlegung über das Kollisionsrecht lehnt *Kreuzer*, EuZW 1994, 73, 76 ab. Er schlägt bereits zum damaligen Zeitpunkt die Lösung über das Sachrecht vor, will allerdings wegen der mit einer Richtlinie verbundenen Schwierigkeiten und Unwägbarkeiten eine dahingehende Verordnung (aaO., 77).

709 *Kommission*, Bulletin der EU, Beilage 1/96, S. 23.

710 Die Beiträge von *di Marco*, *Neye*, *K. Schmidt*, *Priester*, *Heinze*, *Hügel*, *Rajak*, *Wymeersch* und *Timmerman* sowie die Diskussionsberichte sind veröffentlicht im Tagungsband „Grenzüberschreitende Sitzverlegung in der EU, Referate im Rahmen des 10. Bonner Europa-Symposions“, Bonn 1998 und in ZGR 1999, S. 1-156.

II. Darstellung der Regelungen

Zunächst sind die im Vorentwurf für einen Richtlinienvorschlag enthaltenen Regelungen darzustellen.

1. Vorentwurf eines Richtlinienvorschlages April 1997

In den vorangestellten Erwägungen zu der an die Mitgliedstaaten gerichteten Richtlinie[711] legt die Kommission zunächst dar, aus welchen Gründen sie eine Richtlinienregelung anstrebt. Die Mitgliedstaaten sind nach Ansicht der Kommission angesichts der Größenordnung der in Betracht kommenden Vorgänge mit deren einzelstaatlicher Regelung überfordert. Aus diesem Grunde sei eine Regelung auf europäischer Ebene erforderlich. Der gegenwärtige Stand des Gemeinschaftsrechts erlaube es nicht, die nach dem Recht eines Mitgliedstaates gegründeten Gesellschaften bezüglich der Verlegung ihres Satzungs- und Verwaltungssitzes den natürlichen Personen gleichzustellen[712].

Nach Art. 1 der Richtlinie ist deren Anwendungsbereich die Verlegung des satzungsmäßigen oder tatsächlichen Sitzes von nach dem Recht eines Mitgliedstaates gegründeten Gesellschaften, die einen oder beide Sitze innerhalb der Gemeinschaft haben, in einen anderen Mitgliedstaat. Die beiden Sitzbegriffe werden in Art. 2 definiert. Der satzungsmäßige Sitz befindet sich an dem Ort, an dem die Gesellschaft eingetragen ist; der tatsächliche Sitz befindet sich am Ort der Hauptverwaltung, sofern die Gesellschaft auch an diesem Ort eingetragen ist. Die Verknüpfung von Sitz der Hauptverwaltung und Registereintragung, die im Widerspruch zu den Begründungserwägungen steht[713], wird unten[714] noch ausführlicher behandelt werden. Diese Regelungen haben einleitenden Charakter, stellen den Anwendungsbereich klar und geben die notwendigen Definitionen.

In Art. 3 der Richtlinie ergeht der Auftrag an die Mitgliedstaaten, die erforderlichen Regelungen zu schaffen, die es den in den Anwendungsbereich fallenden Gesellschaften erlauben, ohne Auflösung der alten Gesellschaft und ohne Gründung einer neuen juristischen Person die genannten Sitze in einen anderen

---

711 So Art. 16 des Vorentwurfes für einen Richtlinienvorschlag. Nachfolgend wird der Begriff „Richtlinie" im Interesse der sprachlichen Übersichtlichkeit trotz des vorläufigen Charakters des Vorentwurfes für einen Richtlinienvorschlag zu dessen Bezeichnung verwendet werden.

712 *Kommission*, ZIP 1997, 1721, 1723.

713 In der Begründung der Kommission wird der tatsächliche Sitz der Gesellschaft mit dem Verwaltungssitz gleichgesetzt, vgl. *Kommission*, ZIP 1997, 1721, A.I.1.b); 1722 A.III.1.b); 1723 A.VII.3. Eine Verknüpfung mit dem Registersitz ist nicht erkennbar und taucht nur in Art. 2 lit. b) auf.

714 S. 187.

Mitgliedstaat zu verlegen. Allerdings geht die Regelung davon aus, daß mit der Eintragung in das Gesellschaftsregister des neuen Sitzortes ein Wechsel des auf die Gesellschaft anwendbaren Rechts stattfindet. Dies ist die zentrale Norm der Richtlinie, durch die den Mitgliedstaaten die Pflicht zur Integration der Möglichkeit zur identitätswahrenden Sitzverlegung in ihre nationalen Sachrechte auferlegt wird. Art. 3 ist insofern eine Norm, die die Verleihung von subjektiven Rechten an die im Regelungsbereich der Richtlinie befindlichen Gesellschaften zum Ziel hat. Durch sie wird das bisher nicht gewährleistete primäre Niederlassungsrecht der Gesellschaften für die Sitzverlegung auf eine europarechtliche Grundlage gestellt.

Nach Art. 4 der Richtlinie ist vom Leitungsorgan der Gesellschaft ein Verlegungsplan aufzustellen und zu publizieren, der den neuen Sitz der Gesellschaft, die notwendigen Satzungsänderungen, die Form der Arbeitnehmermitbestimmung sowie den zeitlichen Rahmen für die Durchführung der Sitzverlegung darlegt. In dem gemäß Art. 5 erforderlichen Bericht der Leitungsorgane zur Sitzverlegung müssen die rechtlichen und wirtschaftlichen Aspekte der Sitzverlegung erörtert werden. Dieser Bericht muß den Gesellschaftern, Gläubigern und Arbeitnehmervertretern vor der über die Sitzverlegung entscheidenden Hauptversammlung[715] vorgelegt werden.

In Art. 6 der Richtlinie werden die Modalitäten der Beschlußfassung über die Sitzverlegung festgelegt. Der Beschluß muß – als Satzungsänderung selbstverständlich – von der Hauptversammlung gefaßt werden. Art. 6 Abs. 2 sieht eine qualifizierte Mehrheit von zwei Dritteln der abgegebenen Stimmen vor, sofern nicht nach nationalem Recht eine größere Stimmenzahl erforderlich ist. Nach Abs. 3 kann jedoch die einfache Mehrheit der abgegebenen Stimmen ausreichend sein, wenn mindestens die Hälfte des gezeichneten Kapitals der Gesellschaft bei der Beschlußfassung anwesend ist. Zum Schutz der einer Verlegung widersprechenden Minderheitsgesellschafter können – über diese Mindestzustimmungserfordernisse hinaus – nach Art. 7 zusätzliche Vorschriften erlassen werden. Die Sicherung der Gesellschaftsgläubiger stellt Art. 8 der Richtlinie klar. Danach können diese, soweit ihre Forderungen vor der Bekanntmachung des Verlegungsplanes entstanden sind, eine Sicherstellung nach dem bisher auf die Gesellschaft anwendbaren Recht verlangen.

Die durch Art. 4 f. der Richtlinie geforderten Verlegungspläne und -berichte sowie deren Publizierung stellen erste Schutzvorschriften für die von der Verlegung des Sitzes und dem damit einhergehenden Rechtswechsel betroffenen Personen dar. Eine eher die (Minderheits-) Gesellschafter schützende Norm ist Art. 6, in dem die Mindestanforderungen für die den Verlegungsbeschluß fassende Mehrheit der Haupt- oder Gesellschafterversammlung angege-

---

[715] Da die Richtlinie auch auf andere Gesellschaften als Aktiengesellschaften anwendbar sein soll, müßte für das deutsche Recht auch die Gesellschafterversammlung genannt werden.

ben werden. Eindeutig dem Schutz der Minderheitsgesellschafter dient Art. 7 mit seiner Möglichkeit zur Erhöhung der Schutzstandards zu ihren Gunsten. Schutzvorschrift für die Gesellschaftsgläubiger ist hingegen Art. 8, der die Möglichkeit zur Sicherstellung ihrer Forderungen vor Wegzug der Gesellschaft anordnet.

Die erforderlichen Formalien der Sitzverlegung werden in den Art. 9-12 geregelt. Nach Art. 9 wird in dem Land, aus dem die Gesellschaft ihren Sitz wegverlegt, eine Bescheinigung ausgestellt, die unwiderlegbar die Durchführung der notwendigen Schritte bestätigt. Für die Ausstellung dieser Bescheinigung ist das zuständige Gericht, ein Notar oder eine sonstige Behörde zuständig. Art. 10 gestattet die Eintragung des neuen Sitzes in das Gesellschaftsregister des neuen Sitzortes erst nach Vorlage der Bescheinigung nach Art. 9 sowie der Erfüllung der Eintragungsformalitäten im neuen Sitzstaat. Die Wirksamkeit der Sitzverlegung ergibt sich nach Art. 11 Abs. 1 mit der Eintragung ins Register des neuen Sitzstaates. Interessant für die der Sitztheorie folgenden Mitgliedstaaten ist Art. 11 Abs. 2, wonach die Eintragung einer Gesellschaft in das Gesellschaftsregister verweigert werden kann, wenn sich die Hauptverwaltung der Gesellschaft nicht im Mitgliedstaat des neuen Gesellschaftssitzes, hier also des Satzungs- und Registersitzes befindet. Nach der Eintragung im Register des neuen Sitzstaates kommt es dann zur Löschung der Gesellschaft im alten Sitzstaat nach Art. 11 Abs. 3, wobei nach Art. 11 Abs. 4 wiederum die Offenlegung dieser Vorgänge erforderlich ist. Dritten gegenüber soll der neue Sitz der Gesellschaft nach Art. 12 erst von dem Zeitpunkt an wirksam sein, in dem seine Eintragung regelgerecht bekanntgemacht wurde. Zusätzlich dazu können sich Dritte noch bis zu dessen Löschung auf den alten Sitz berufen, sofern die Gesellschaft nicht entsprechende Kenntnis vom neuen Sitz nachweist[716]. Schließlich werden in Art. 13 in Auflösung oder Liquidation befindliche Gesellschaften vom Anwendungsbereich der Richtlinie ausgenommen und in den Art. 14 bis 16 die Schlußbestimmungen eingeführt.

2. Weitere Enwicklungen

Schon kurz nach Vorlage des Vorentwurfes für einen Richtlinienvorschlag wurde auf einer Anhörung nationaler Sachverständiger die Ansicht vertreten, daß eine Begrenzung des Anwendungsbereiches der Richtlinie auf Kapitalgesellschaften vorzunehmen sei[717]. Diese Beschränkung wird von der Kommission in einem endgültigen Richtlinienentwurf wohl übernommen werden[718]. Als Begründung wird dazu vorgetragen, die Rechtsformen der Kapitalgesellschaften

716 Zu diesen Regelungen unten S. 190.

717 *Neye*, GmbHR 1997, R 181; *Wiesner*, EuZW 1998, 619, 621. *Hoffmann*, ZHR 164 (2000), 43, 59 f. geht von einer Beschränkung auf AG, KGaA und GmbH aus.

718 *Di Marco*, ZGR 1999, 3, 7.

seien innerhalb der Gemeinschaft bereits am weitestgehenden harmonisiert, so daß die Umwandlung in eine entsprechende Rechtsform im Land des neuen Sitzes am ehesten möglich sei[719]. Zudem verweist der Vorentwurf in Art. 4 Abs. 2, 6 Abs. 4 und 11 Abs. 4 auf die Richtlinie 68/151/EWG[720], welche die Publizitätsvorschriften für die wichtigsten europäischen Kapitalgesellschaftsformen harmonisiert hat. Die Publizitätsrichlinie ist in Deutschland aber nur auf die Kapitalgesellschaftsformen AG, KGaA und GmbH anwendbar[721], so daß auch deshalb eine Begrenzung auf diese Kapitalgesellschaften geboten erscheint.

Eine weitere interessante Einschränkung ist die der Anwendbarkeit der Richtlinie ausschließlich auf den Satzungssitz der Gesellschaften. Beim 10. Bonner Europa-Symposion wurde von einem Kommissionsmitarbeiter mitgeteilt, daß der endgültige Richtlinienvorschlag nur noch Regelungen für die Verlegung des Satzungssitzes und den damit verbundenen Rechtswechsel enthalten wird[722]. Die Verlegung des Verwaltungssitzes wird damit von der Richtlinie nur noch erfaßt werden, sofern sie im Zuge der Verlegung des Satzungssitzes notwendig ist, um die Forderungen des nationalen Kollisionsrechts im Zuzugs- oder Wegzugsstaat durch die Mitverlegung des Verwaltungssitzes zu erfüllen. Auf eine direkte Anfrage an die zuständige Generaldirektion XV teilte diese mit, daß diese Beschränkung auf die Verlegung des Satzungssitzes bereits als tragendes Prinzip des ersten Vorentwurfes vorgesehen war, in diesem aber aufgrund mißverständlicher Formulierung nicht als solches zum Ausdruck kam.

3. Verfahrensablauf

Der Ablauf eines Sitzverlegungsverfahrens nach Umsetzung der geplanten Richtlinie könnte sich wie folgt darstellen: Ausgangspunkt ist zunächst eine auf die Sitzverlegung gerichtete Willensbildung innerhalb der Leitungsgremien des Unternehmens, also des Vorstandes und des Aufsichtsrates, bei kleineren GmbH auch der Gesellschafterversammlung. Im Anschluß daran kann mit der Durchführung der notwendigen Verfahrensschritte begonnen werden. Zu Beginn des Verfahrens ist vom Vertretungsorgan der Gesellschaft[723] der Verlegungsplan nach Art. 4 der Richtlinie sowie der Verlegungsbericht nach Art. 5 zu erstellen

---

719 *Di Marco*, aaO; *Neye*, aaO.

720 Erste gesellschaftsrechtliche Richtlinie, ABl. EG 1968 Nr. L 65/8.

721 Vgl. Art. 1 der Richtlinie.

722 *Di Marco*, ZGR 1999, 3, 5 und 7.

723 In Deutschland der Vorstand der Aktiengesellschaft sowie der Geschäftsführer der Gesellschaft mit beschränkter Haftung.

und offenzulegen[724] bzw. den Adressaten nach Art. 5 Abs. 2[725] zugänglich zu machen. Zu diesem Zeitpunkt müssen also die rechtlichen Vorarbeiten für die Sitzverlegung bereits durchgeführt und abgeschlossen worden sein. Dies bedeutet, daß zwischen der Willensbildung innerhalb der Leitungsorgane des Unternehmens und der Erstellung und Publikation des Planes und Berichtes eine – je nach Schwierigkeitsgrad der rechtlichen Fragen und Anzahl der divergierenden Interessen innerhalb der Leitungsorgane – mehr oder weniger lange Zeit liegen wird.

Frühestens zwei Monate nach Bekanntmachung des Verlegungsplanes – womit die Bekanntmachung der Einreichung zum Handelsregister gemeint sein muß – kann eine Haupt- oder Gesellschafterversammlung über die Sitzverlegung als solche und die mit ihr verbundenen Satzungsänderungen entscheiden. Es müssen sowohl der in der Satzung genannte Sitz an den neuen Sitzort als auch die Satzung insgesamt an die rechtlichen Voraussetzungen im Zuzugsstaat angepaßt werden. Für diese Beschlüsse mit satzungsänderndem Charakter ist nach § 179 Abs. 2 AktG die Dreiviertelmehrheit des bei der Hauptversammlung anwesenden Kapitals bzw. nach § 53 Abs. 2 GmbHG die Dreiviertelmehrheit der abgegebenen Stimmen erforderlich. Die Beschlüsse müssen zudem nach § 130 Abs. 1 Satz 1 AktG und § 53 Abs. 2 GmbHG notariell beurkundet werden. Die Durchführung dieser notwendigen Formalitäten muß von einer dazu berufenen Stelle, die Richtlinie nennt hier ein Gericht, einen Notar oder eine Behörde, bestätigt werden. Bei Erteilung dieser Bestätigung muß die ordnungsgemäße Erfüllung der Wegzugsvoraussetzungen überprüft werden, so daß dies in Deutschland am ehesten vom Registergericht durchgeführt werden kann[726]. Zusätzlich sollte vor Erteilung dieser Bescheinigung sichergestellt werden, daß die Sicherheitsleistung zu Gunsten der eine solche fordernden Gläubiger nach Art. 8 Abs. 1 der Richtlinie erbracht wurde.

Bei den Satzungsänderungen stellt sich die Frage, inwiefern diese bereits vor Eintragung im Register des neuen Sitzstaates Wirksamkeit erlangen können oder sollen. Dies erscheint insofern problematisch, als bei sofortiger Wirksamkeit die Satzung nicht mehr im Einklang mit den deutschen Rechtsvorschriften stehen könnte, die nach wie vor Grundlage der Eintragung der Gesellschaft und damit ihrer Existenz und Rechtspersönlichkeit sind. Aus diesem Grunde ist es sinnvoll und notwendig, die Wirksamkeit der Satzungsänderungen einschließlich der Festlegung des neuen Sitzes aufschiebend auf den Zeitpunkt zu bedingen, in dem die Eintragung der Gesellschaft ins neue Register erfolgt[727]. Dies

---

724 Die Offenlegung des Verlegungsplanes nach Art. 4 der Richtlinie soll nach Art. 4 Abs. 2 gemäß der Richtlinie 68/151/EWG erfolgen, erfordert also die Einreichung zum Handelsregister sowie deren Bekanntmachung.

725 Die Gesellschafter, Gläubiger und Arbeitnehmervertreter der Gesellschaft.

726 So auch *Priester*, ZGR 1999, 36, 45.

727 Grundlegend dazu bereits *Behrens*, RIW 1986, 590, 593.

bedeutet, daß im Register des Wegzugsstaates eine dessen Rechtsordnung entsprechende Gesellschaft eingetragen ist und im Register des Zuzugsstaates eine Gesellschaft eingetragen wird, die dessen Anforderungen entspricht.

Ausgestattet mit einer an die neuen Verhältnisse angepaßten Satzung[728] sowie der Bescheinigung nach Art. 9 der Richtlinie kann die Gesellschaft, vertreten durch ihre Organe[729], um Eintragung im neuen Sitzstaat nachsuchen. Die Registerbehörde im neuen Sitzstaat wird bei Vorlage der Wegzugsbescheinigung die Einhaltung der Eintragungsvoraussetzungen am neuen Sitzort überprüfen. Hier kommt es darauf an, daß die Satzung der Gesellschaft den Regeln des Gesellschaftsrechts am neuen Sitzort entspricht und daß die sonstigen Anforderungen, wie zum Beispiel bezüglich der Kapitalisierung und Bilanzerstellung, eingehalten wurden[730]. Aus diesem Grund wird von der Registerbehörde eine „Verlegungsbilanz", in der die Vermögensverhältnisse der Gesellschaft entsprechend dem Bilanzrecht des Zuzugsstaates dargestellt sind, verlangt werden[731]. Möglicherweise kommt auch eine „Verlegungsprüfung" in Betracht. Sind diese Voraussetzungen erfüllt, erfolgt die Eintragung der Gesellschaft in neuer Rechtsform am neuen Sitzort. Wirksamkeit erlangt die Sitzverlegung mit dem Zeitpunkt der Eintragung im neuen Register.

Zur Vermeidung einer Doppeleintragung muß die Löschung der Gesellschaft im Register des Wegzugsstaates auf den Zeitpunkt der Eintragung im Zuzugsstaat zurückwirken – auch wenn die Sitzverlegung und der damit verbundene Rechtsformwechsel Dritten gegenüber nach Art. 12 Satz 1 erst wirksam werden, wenn die Eintragung erfolgt und bekanntgemacht ist. Die Rückwirkung der Löschung ist erforderlich, da ansonsten eine Gesellschaft mit zwei Registersitzen entstünde, die wegen der doppelten Eintragung auch über zwei Rechtsper-

---

728 Die angepaßte Satzung muß selbstverständlich in der Sprache des Zuzugsstaates abgefaßt sein, da ansonsten dort mit Sicherheit keine Registereintragung zu erreichen wäre. Fraglich bleibt, ob die Satzungsänderungsbeschlüsse bereits in der neuen Sprache gefaßt werden dürfen, da jedenfalls die Hauptversammlung der AG in deutscher Sprache abgehalten werden muß und fremdsprachliche Beschlüsse sich mit dieser Forderung nicht unbedingt vereinbaren lassen.

729 Hier muß zumindest die Frage erlaubt sein, ob die Vertretung der Gesellschaft sich – noch – nach altem Recht bestimmt oder schon nach dem Recht des neuen Sitzstaates. Konsequenterweise wird man wegen der Fortexistenz der Gesellschaft und der zu jenem Zeitpunkt noch bestehenden Rechtsformanbindung an den alten Sitzstaat von einer Vertretung nach altem Sitzrecht ausgehen müssen. *Priester*, ZGR 1999, 36, 48 f. geht von einer grundsätzlichen Diskontinuität in den Ämtern der Vertretungsorgane aus, nimmt jedoch „... bis zum Wirksamwerden der Sitzverlegung ..." eine fortbestehende Vertretungsbefugnis der bestellten Vertretungsorgane an.

730 Der Begriff der „Eintragungs*formalitäten*" in Art. 9 der Richtlinie ist nicht dahin zu verstehen, daß nur eine formelle Prüfung des Eintragungsantrages erfolgen dürfte, sondern in Richtung einer vollständigen Überprüfung im Hinblick auf die materiellrechtlichen Vorschriften des Zuzugsstaates. So auch *Priester*, ZGR 1999, 36, 46.

731 *Priester*, ZGR 1999, 36, 48.

sönlichkeiten verfügte – eine quasi schizophrene Gesellschaft also, die im Falle einer Sitzverlegung von Deutschland nach Frankreich für ein Durchgangsstadium sowohl deutsche AG als auch französische S. A. wäre. Daß dies ein unter allen Umständen zu vermeidender Zustand ist, versteht sich von selbst. Das endgültige Ende als Gesellschaft des Wegzugsstaates auch gegenüber Dritten kommt für die umgezogene Gesellschaft dann mit der Bekanntmachung der Eintragung der Sitzverlegung und der damit verbundenen Löschung im Handelsregister nach Art. 12 der Richtlinie.

III. Bewertung des Richtlinienentwurfes

Erste Stellungnahmen zum Richtlinienvorentwurf in der Literatur sind bisher rar geblieben[732]. Eine umfangreichere Behandlung fand der Vorentwurf für einen Richtlinienvorschlag beim genannten Symposion an der Universität Bonn. Dort wurde er durchweg positiv aufgenommen[733].

1. Rechtsgrundlage

Wie bereits dargestellt, ist die Setzung von Sekundärrecht von der Einräumung einer entsprechenden Kompetenz durch die Mitgliedstaaten abhängig[734]. Die Kommission hat als Norm des EG-Vertrages, die Parlament und Rat den Erlaß der vorgesehenen Richtlinie ermöglichen soll, Art. 54 EGV (nach Änderung jetzt Art. 44 EG) vorgesehen[735]. Im Gegensatz zu früheren Richtlinien stützt sie sich nicht mehr auf einen speziellen Absatz und Unterpunkt der Norm, sondern auf die Gesamtnorm. Dieses Vorgehen gibt insofern Anlaß zur Kritik, als es dem zum allgemeinen Rechtsgrundsatz des Europarechts erhobenen Prinzip der begrenzten Einzelermächtigung[736] zuwider läuft. Ein konsequent verstandenes System von Einzelermächtigungen kann gerade nicht zulassen, daß Rechtssetzungsakte auf allgemein umschreibende Normen gestützt werden, statt auf exakte Befugnistatbestände.

---

[732] *Schlenker*, Sitzverlegung, S. 2 erwähnt den Richtlinienvorentwurf kurz. *Bechtel* weist bereits im Vorwort seiner Arbeit darauf hin, daß der Vorentwurf erst nach Fertigstellung seiner Arbeit erschienen sei. Ausführlicher *Hoffmann*, ZHR 164 (2000), 43-66.

[733] Vgl. *Neye*, ZGR 1999, 13, 14. *Habersack*, Rnr. 63-65 stellt insbesondere auf die Beibehaltung der nationalen kollisionsrechtlichen Strukturen ab.

[734] Prinzip der begrenzten Einzelermächtigung, vgl. dazu oben S. 96.

[735] *Kommission*, ZIP 1997, 1721, 1723.

[736] *Zuleeg*, in: G/T/E, Art. 3b EGV Rnr. 2 ff.; *Huber*, Europäische Integration, § 10 Rnr. 6.

a) Spezialnorm Art. 293 Sp. 3 EG?

Vor Klärung der Frage, ob Art. 44 EG eine taugliche Grundlage für den Erlaß einer Richtlinie wie der vorgeschlagenen sein kann, ist allerdings zu klären, ob nicht eine andere Norm diesbezüglich vorrangig ist und deshalb eine Richtlinie auf Grund von Art. 44 EG ausschließen würde. So heißt es in Art. 293 EG:

> „*Soweit erforderlich*, leiten die Mitgliedstaaten untereinander Verhandlungen ein, um zugunsten ihrer Staatsangehörigen folgendes sicherzustellen:
> [...]
> - die gegenseitige Anerkennung der Gesellschaften im Sinne des Artikels 58 Absatz 2, *die Beibehaltung der Rechtspersönlichkeit bei Verlegung des Sitzes von einem Staat in einen anderen* und die Möglichkeit der Verschmelzung von Gesellschaften, die den Rechtsvorschriften verschiedener Mitgliedstaaten unterstehen; [...]"[737]

Die Formulierung des Art. 293 EG bringt zwei völlig verschiedene Deutungsmöglichkeiten für das enthaltene Kriterium der Erforderlichkeit mit sich. Dieses könnte als Vorbehalt zu Gunsten einer außervertraglichen Regelung durch die Mitgliedstaaten, falls diese eine solche Regelung für notwendig erachten sollten, oder als Vorbehalt innerhalb des Vertrages zu Gunsten anderer Rechtssetzungsnormen gesehen werden. In der ersten Deutungsvariante wäre die Norm dahingehend zu interpretieren, daß eine Rechtssetzung der Gemeinschaft auf den enumerierten Rechtsgebieten aufgrund anderer Vorschriften des EG-Vertrages ausgeschlossen ist, diese Rechtsgebiete also ausschließlich im Wege des Abkommens zwischen den Mitgliedstaaten geregelt werden dürfen[738].

---

[737] Hervorhebungen vom Verf.

[738] *Wuermeling*, S. 22 spricht sich für ein Konkurrenzverhältnis zwischen Art. 220 und 100 EWGV (Art. 293 und 94 EG) und wohl auch anderen Rechtssetzungsnormen wie Art. 54 EWGV (Art. 44 EG) aus, das bei einer Vereinheitlichung von Rechtsbereichen allerdings zu Gunsten von Art. 220 EWGV (Art. 293 EG) aufgehoben sein soll, während es für bloße Angleichungsmaßnahmen weiterbesteht; *Lutter*, NJW 1966, 273, 276 f. geht zwar von einer Spezialität gegenüber Art. 100 EWGV (Art. 94 EG) aus, sieht aber die Möglichkeit zur Rechtsangleichung nach Art. 54 Abs. 3 lit. g EWGV (Art. 44 Abs. 2 lit. g EG) als dennoch gegeben an; *Ebke*, RabelsZ 1998, 195, 221 sieht für den Bereich der Internationalen Fusionsrichtlinie (10. gesellschaftsrechtliche Richtlinie) durch Art. 293 EG Verhandlungen zwischen den Mitgliedstaaten sowie den Abschluß eines völkerrechtlichen Übereinkommens als Lösungsweg an und lehnt einen Erlaß dieser Richtlinie aufgrund des Art. 44 EG ab. Ebenso äußert sich auch *Hailbronner*, in: HandKomm EUV/EGV, Art. 54 EGV Rnr. 23. Für eine Spezialität des Art. 220 EWGV (Art. 293 EG) jedenfalls bezüglich der materiellen Gewährleistung der Niederlassungsfreiheit aus Art. 52, 48 EWGV (Art. 43, 39 EG) sprechen sich *Ebke*, ZGR 1987, 245, 252 f. und auch *Großfeld*, IPrax 1986, 351, 352 f. aus.

Andererseits ist jedoch auch eine Interpretation möglich, nach der eine Rechtssetzung nach Art. 293 EG nur dann geschehen soll, wenn die angestrebten Ziele nicht schon über die sonstigen Möglichkeiten der Gemeinschaft zur Rechtssetzung oder auch aus dem Primärrecht heraus erreicht werden können. Art. 293 EG hätte demnach subsidiären Charakter gegenüber den sonstigen Möglichkeiten der Gemeinschaft zur Rechtssetzung, also der Richtlinie und der Verordnung[739]. In diesem Fall kann noch differenziert werden, ob eine Rechtssetzung nach Art. 293 EG nur dann ausgeschlossen sein soll, wenn von anderen Rechtssetzungsmöglichkeiten tatsächlich Gebrauch gemacht wurde oder bereits dann, wenn nur die *Möglichkeit* zu einer Rechtssetzung nach anderen Vorschriften, hier insbesondere Art. 44 EG, besteht[740].

Der EuGH hat zur Auslegung des Art. 293 EG insofern Stellung genommen, als er eine unmittelbare Wirkung der dort beschriebenen Zielvorstellungen im Sinne materieller Rechte der Gemeinschaftsbürger ablehnt[741]. In seiner Entscheidung in der Rechtssache „*Daily Mail*" hat der EuGH jedenfalls die Herausnahme der Primärniederlassung von Gesellschaften aus dem Gewährleistungsbereich der Niederlassungsfreiheit damit begründet, daß bisher weder ein Abkommen nach Art. 220 EWGV (Art. 293 EG) zur Regelung der identitätswahrenden Sitzverlegung geschlossen wurde[742] noch eine Richtlinie nach Art. 54 Abs. 3 lit. g EWGV (Art. 44 Abs. 2 lit g EG) die bestehenden Unterschiede in den nationalen Gesellschaftsrechten ausreichend nivelliert habe[743]. Aus dieser Formulierung läßt sich entnehmen, daß der EuGH die streitgegenständlichen Fragen sowohl durch eine Richtlinie als auch durch ein Abkommen zwischen den Mitgliedstaaten als lösbar ansieht. Nach Ansicht des Gerichtshofes schließt also die Regelung in Art. 293 Sp. 3 EG eine Richtlinie nach Art. 44 Abs. 2 lit. g EG nicht aus. Wenn die Richtlinie aber nicht ausgeschlossen ist und das völker-

---

739 Ganz h. M., vgl. schon *Wohlfahrt*, in: ders./Everling/Gläsner/Sprung, EWG, Art. 220 EWG Anm. 1 sowie *Geiger*, EG-Vertrag, Art. 220 EGV Rnr. 1; *Kapteyn*, in: Smit/Herzog, Law of the EEC, Art. 220 Nr. 03; *Klein*, in: HandKomm EUV/EGV, Art. 220 Rnr. 5 f.; *Schwartz*, in: G/T/E, Art. 220 EGV Rnr. 2 und 50; *Schweitzer*, in: Grabitz/Hilf, EUV/EGV, Art. 220 EGV Rnr. 2; *Behrens*, 3. Bonner Europa-Symposion, 3, 20; *Eyles*, Niederlassungsrecht, S. 145 und 265; *Grothe*, Kapitalgesellschaft, S. 152 f.; *Schümann*, EuZW 1994, 269, 272; *Scherer*, S. 90. Für Subsidiarität – jedenfalls – im Verhältnis zu Art. 52, 58 EGV (Art. 43, 48 EG) spricht sich *Schnichels*, Niederlassungsfreiheit, S. 162 aus.

740 So *Behrens*, in: Dauses, Handbuch EU-Wirtschaftsrecht, E.III Rnr. 12; *Habersack*, Rnr. 14; *Timmermans*, RabelsZ 48 (1984), 1, 38 und 41.

741 In einer Entscheidung zu Art. 220 Sp. 1 EWGV (Art. 293 Sp. 1 EG), allerdings ohne explizite Beschränkung auf Sp. 1, so EuGH 11.07.1985 (*Mutsch*), Slg. 1985, 2681, 2694 Rnr. 11. Zuletzt für Art. 220 Sp. 2 EGV (Art. 293 Sp. 2 EG) EuGH 12.05.1998 (*Gilly*), Slg. 1998, I-2793, 2831 Rnr. 16 f.

742 EuGH 27.09.1988 (*Daily Mail*), Slg. 1988, 5483, 5512 Rnr. 21.

743 EuGH 27.09.1988 (*Daily Mail*), Slg. 1988, 5483, 5512 Rnr. 22.

rechtliche Abkommen nach Art. 293 EG ausdrücklich unter dem Vorbehalt der Erforderlichkeit steht, so liegt der Schluß nahe, dieses als subsidiäre Regelungsmöglichkeit anzusehen. Diese Annahme der Subsidiarität des Art. 293 EG im Verhältnis zu Art. 44 EG steht auch nicht im Widerspruch zur Argumentation des EuGH, wonach die Gewährleistung der primären Niederlassungsfreiheit aus Art. 43, 48 EG wegen der bestehenden Unterschiede in den Gesellschaftsrechten der Mitgliedstaaten beim derzeitigen Stand des Gemeinschaftsrechts nicht die Sitzverlegung umfaßt. Diese stellt zwar Art. 43, 48 EG unter den Vorbehalt weiterer Rechtssetzungsmaßnahmen, aber eben nach beiden möglichen Normen und nicht nur nach Art. 293 EG.

Ein weiterer Aspekt, der bei der Auslegung des Art. 293 EG berücksichtigt werden muß, ist eine Aussage zu dessen Entstehungsgeschichte: *Schwartz* trägt vor, daß die Norm erst kurz vor Abschluß der Arbeiten am Vertragstext in diesen aufgenommen worden sei, da zwischen den Delegationen der Mitgliedstaaten Unsicherheit in der Bewertung der Frage bestand, ob die in Art. 293 EG genannten Rechtsbereiche durch andere Rechtssetzungskompetenzen erfaßt würden[744]. Wenn Art. 293 EG aber eine „Sicherheitsnorm" ist, die nur möglicherweise bestehende Lücken in anderen Kompetenznormen schließen soll, dann spricht diese Tatsache für die Deutungsvariante, die von einer innervertraglichen Erforderlichkeit und nicht von einem Vorbehalt zu Gunsten der Mitgliedstaaten ausgeht. Auch ist zwischen den in Art. 293 EG genannten Rechtsbereichen und denjenigen, die einer Regelung durch eine Richtlinie oder Verordnung zugänglich sind, kein qualitativer Unterschied zu erkennen. Die internationale Sitzverlegung oder Fusion sind nicht von derart herausragender rechtlicher Problematik, daß im Gegensatz zur Koordinierung von gesellschaftlichen Schutzvorschriften nach Art. 44 Abs. 2 lit. g EG eine Regelung durch ein völkerrechtliches Abkommen mit naturgemäß größeren Einflußmöglichkeiten der Mitgliedstaaten angezeigt wäre. Ein Vorrang der Rechtssetzung nach Art. 293 EG vor den sonstigen Rechtssetzungsmöglichkeiten, der zur Durchsetzung einer Sonderstellung führen könnte, ist daher nicht anzunehmen. Die Rechtssetzung nach Art. 293 EG ist vielmehr subsidiär gegenüber anderen Rechtssetzungsmöglichkeiten des EG-Vertrages.

Fraglich ist noch der Umfang der Subsidiarität. Es erscheint nicht angebracht, einen völligen Ausschluß der Rechtssetzung nach Art. 293 EG schon deshalb anzunehmen, weil die *Möglichkeit* einer Rechtssetzung nach anderen Vorschriften besteht[745]. Durch eine solche Auslegung der Vorschrift wäre den Mitgliedstaaten auch bei von ihnen anerkanntem Bedarf nach Regelung eines in Art. 293 EG genannten Rechtsbereiches die Rechtssetzungsmöglichkeit über diese Norm verschlossen. Die Kommission könnte durch die Verweigerung eines Vorschlages für eine Richtlinie die Regelung des Rechtsbereiches verhin-

---

744 *Schwartz*, in: G/T/E, Art. 220 Rnr. 38.

745 So aber die auf S. 170 in Fn. 740 genannten Autoren.

dern[746]. Den Mitgliedstaaten sollte dann die Möglichkeit zur Regelung über ein völkerrechtliches Abkommen nach Art. 293 EG offen bleiben. Anders ist die Situation, wenn die Kommission bereits einen Vorschlag für eine Regelung im Sinne des Art. 251 Abs. 2 EG vorgelegt hat. Dann haben die Mitgliedstaaten über ihre Einwirkungsmöglichkeiten im Rat nach Art. 251 Abs. 2 EG die Gelegenheit, ihre Position in den Rechtssetzungsprozeß einzubringen und diesen gemeinsam mit dem Europäischen Parlament durchzuführen. Die Subsidiarität der Regelungsmöglichkeit des Art. 293 EG kann deshalb meines Erachtens erst gelten, wenn eine Regelung aufgrund anderer Rechtssetzungskompetenzen bereits getroffen oder ein Vorschlag für eine Regelung nach Art. 251 Abs. 2 EG vorgelegt wurde. Das hindert die Kommission aber gerade nicht daran, jederzeit einen Vorschlag für eine Richtlinie im Regelungsbereich des Art. 293 EG vorzulegen und damit den Rechtssetzungsprozeß einzuleiten.

Es ist also davon auszugehen, daß die Rechtssetzung nach Art. 293 EG subsidiär gegenüber der nach anderen Ermächtigungsnormen des EG-Vertrages ist, wenn bereits andere Rechtsakte erlassen wurden oder im Vorschlagsstadium sind. Die Rechtssetzung nach anderen Normen des EG-Vertrages wird dadurch gerade nicht ausgeschlossen, sie wirkt vielmehr begrenzend für die Rechtssetzungsmöglichkeit nach Art. 293 EG. Aus Art. 293 EG ergibt sich deshalb kein Hinderungsgrund für eine Richtlinie nach Art. 44 EG im Regelungsbereich des Art. 293 Sp. 3 EG.

b) Art. 44 EG als Rechtsgrundlage der Richtlinie

Mit der Zulässigkeit einer Rechtssetzung nach Art. 44 EG im von Art. 293 EG erfaßten Bereich ist aber noch nichts darüber ausgesagt, ob diese Norm tragfähige Grundlage für die vorgesehene Richtlinie sein kann. Art. 44 EG enthält zunächst einmal Grundsätze für die Arbeit der Kommission bei der Verwirklichung der Niederlassungsfreiheit innerhalb der Gemeinschaft. Eine gewisse Sonderstellung nimmt lit. g des Absatzes 2 ein, da diese Norm über ihren Charakter als Arbeitsgrundsatz hinaus eine eigene Rechtsgrundlage für die Rechtsangleichung darstellt[747].

---

[746] Die Rechtssetzung durch Richtlinie geschieht – jedenfalls im Bereich des Art. 44 EG – im Mitentscheidungsverfahren nach Art. 251 EG. Für den Beginn dieses Verfahrens ist nach Art. 251 Abs. 2 EG die Unterbreitung eines (Richtlinien-) Vorschlages der Kommission an das Europäische Parlament und den Rat erforderlich. Die Aufforderung des Rates an die Kommission nach Art. 208 EG zur Ausübung ihres Vorschlagsrechts entfaltet allenfalls eine politische, aber keine rechtliche Bindung. Vgl. *Oppermann*, Europarecht, Rnr. 320.

[747] *Troberg*, in: G/T/E, Art. 54 EGV Rnr. 24; *Hailbronner*, in: HandKomm EUV/EGV, Art. 54 EGV Rnr. 21.

Jedoch stützt die Kommission die vorzuschlagende Richtlinie – jedenfalls bisher – nicht auf diese spezielle Ermächtigungsvorschrift, sondern pauschal „insbesondere“ auf Art. 54 EGV (Art. 44 EG)[748]. Dieses Vorgehen wurde schon bei der verabschiedeten elften[749], zwölften[750] sowie beim Vorschlag für eine dreizehnte gesellschaftsrechtliche Richtlinie gewählt[751] und ist im Falle des Vorentwurfes für einen Vorschlag für eine vierzehnte Richtlinie daher kaum mit dem derzeitigen provisorischen Charakter des Textes zu begründen. Dieses Vorgehen ist vermutlich durch die Kritik an einer Überdehnung der Ermächtigungsgrundlage des Art. 44 Abs. 2 lit. g EG motiviert[752], kann jedoch nicht überzeugen. Besteht Unsicherheit darüber, ob diese Rechtssetzungsermächtigung die vorgesehenen Rechtsakte legitimiert, so ist es sicherlich nicht zielführend und angebracht, die Diskussion über diese Frage dadurch entschärfen zu wollen oder gänzlich auszuschalten, daß die Rechtsgrundlage nicht mehr exakt angegeben, sondern die Rechtsakte auf unklare und in ihrer Pauschalität keinesfalls legitimierende Normen gestützt werden. Die pauschale Nennung von Art. 44 EG als Rechtsgrundlage der vorgesehenen vierzehnten gesellschaftsrechtlichen Richtlinie ist daher abzulehnen.

c) Art. 44 Abs. 2 lit. g EG als Rechtsgrundlage

Eine Ermächtigung zum Erlaß der vierzehnten Richtlinie auf dem Gebiet des Gesellschaftsrechts könnte daher im Bereich des Niederlassungsrechts nur in Art. 44 Abs. 2 lit. g EG gefunden werden. Aus diesem Grunde ist zu untersuchen, ob die Norm die vorgesehene Richtlinie trägt. Art. 44 Abs. 2 lit. g EG hat folgenden Wortlaut:

> Der Rat und die Kommission erfüllen die Aufgaben, die ihnen auf Grund der obigen Bestimmungen übertragen sind, indem sie insbesondere
> [....]
> g) soweit erforderlich die Schutzbestimmungen koordinieren, die in den Mitgliedstaaten den Gesellschaften im Sinne des Artikels 48 Absatz 2 im Interesse der Gesellschafter sowie Dritter vorgeschrieben sind, um diese Bestimmungen gleichwertig zu gestalten;
> [...].

---

748 *Kommission*, ZIP 1997, 1721, 1723.
749 ABl. EG 1989 L 395/36.
750 ABl. EG 1989 L 395/40.
751 ABl. EG 1996 C 162/5.
752 Kritisch zu dieser Frage auch *Ebke*, RabelsZ 1998, 195, 221 sowie *Hailbronner*, in: HandKomm EUV/EGV, Art. 54 EGV Rnr. 23.

Die vorgesehene vierzehnte Richtlinie müßte also Schutzbestimmungen für Gesellschafter oder Dritte zu deren gleichwertiger Gestaltung koordinieren und dazu erforderlich sein, um auf Grundlage des Art. 44 Abs. 2 lit. g EG erlassen werden zu können.

aa) Gleichwertige Gestaltung von Schutzbestimmungen für Gesellschafter oder Dritte

Die Begriffe Schutzbestimmungen und Dritte werden vom EG-Vertrag in Art. 44 Abs. 2 lit. g EG lediglich in den Raum gestellt, aber nicht definiert, so daß bezüglich ihrer Auslegung erhebliche Unklarheiten bestehen[753]. Teilweise wird das gesamte Gesellschaftsrecht als angleichungsfähig angesehen, da jede in diesem Rechtsbereich angesiedelte Vorschrift einen Schutzzweck für Gesellschafter oder irgendwelche Dritte verfolge[754]. Die Kommission geht ebenso von einer Erfassung des gesamten Gesellschaftsrechts sowie darüber hinaus der von diesem tangierten Rechtsbereiche durch die Angleichungskompetenz aus[755]. Für eine sachliche Begrenzung der Angleichungskompetenz auf Bestimmungen mit Schutzcharakter spricht hingegen, daß die Verwendung des Begriffes „Schutzbestimmungen" ansonsten völlig sinnlos wäre[756]. Aus den zu koordinierenden gesellschaftsrechtlichen Rechtsvorschriften müssen sich nach verbreiteter Ansicht jedenfalls Hindernisse für die Niederlassung der Gesellschaften ergeben[757]. Auch für den Begriff der „Dritten" ist nicht klar, welche Personen gemeint sein

---

753 *Hailbronner*, in: HandKomm EUV/EGV, Art. 54 EGV Rnr. 24; *Troberg*, in: G/T/E, Art. 54 EGV Rnr. 27; *Randelzhofer*, in: Grabitz/Hilf, EUV/EGV, Art. 54 EWGV Rnr. 36.

754 *Bärmann*, S. 46 ff.; *Schön*, ZHR 160 (1996), 221, 225; *ders.*, ZGR 1995, 1, 14; *Troberg*, in: G/T/E, Art. 54 EGV Rnr. 27; *Habersack*, Rnr. 20.

755 ABl. EG 1970 C 48/8 in den einleitenden Erläuterungen zum Vorschlag der Kommission für eine zweite gesellschaftsrechtliche Richtlinie.

756 *Hailbronner*, in: HandKomm EUV/EGV, Art. 54 EGV Rnr. 24; *Randelzhofer*, in: Grabitz/Hilf, EUV/EGV, Art. 54 EWGV Rnr. 36; *Ebke*, RabelsZ 1998, 195, 221.

757 *Hailbronner*, in: HandKomm EUV/EGV, Art. 54 EGV Rnr. 23; *Ebke*, RabelsZ 1998, 195, 220. Eine leicht abweichende Meinung vertreten *Troberg*, in: G/T/E, Art. 54 EGV Rnr. 24 f. sowie *Randelzhofer*, in: Grabitz/Hilf, EUV/EGV, Art. 54 EWGV Rnr. 32 ff., die in der Vorschrift zwar eine konkret auf das Niederlassungsrecht bezogene Koordinierungsermächtigung sehen, aber wegen dessen weitreichender Rechtswirkungen auch eine darüber hinausgehende Wirkung annehmen. *Scheuer*, in: Lenz, EG-Vertrag, Art. 44 Rnr. 11 will die Vorschrift „im Rahmen der Niederlassungsfreiheit sehen", aber über eine weite Definition der Schutzbestimmungen auch die Anwendung auf andere Bereiche eröffnen. Eine Entschärfung dieses – immer noch nicht unumstrittenen – Problems durch ein konsequent angewandtes Subsidiaritätsprinzip sieht *Lutter*, Unternehmensrecht, S. 10 f. Die Kommission bevorzugt dagegen eine auch die sonstigen Ziele des EG-Vertrages einbeziehende Auslegung der Norm.

könnten. Insbesondere an der Frage, ob auch die Arbeitnehmer der Gesellschaften und damit auch die Regelungen über deren Mitbestimmung im Unternehmen erfaßt werden, scheiden sich die Geister[758].

Der EuGH hat 1997 die Gelegenheit ergriffen, zur Auslegung des Art. 54 Abs. 3 lit. g EGV (Art. 44 Abs. 2 lit. g EG) Stellung zu nehmen. In seiner Entscheidung in der Rechtssache C-97/96[759] erteilt der Gerichtshof zunächst der Ansicht, daß sich Art. 44 Abs. 2 lit. g EG ausschließlich auf die Beseitigung von Niederlassungshindernissen beziehe, eine Absage, indem er die Norm auch im Zusammenhang mit Art. 3 lit. h EG sieht, der eine Rechtsangleichung zur Erreichung eines funktionierenden Gemeinsamen Marktes ermöglicht[760]. Wiederum nicht geklärt hat der EuGH den Inhalt des Begriffes „Schutzbestimmungen". Hingegen hat der EuGH zur Frage, wer als Dritter im Sinne der Norm anzusehen ist, dahingehend Stellung genommen, daß dies jedenfalls nicht *nur* die Gläubiger der Gesellschaft sind[761]. Die sehr weitgehende Formulierung des Gerichtshofes legt es nahe, daß möglicherweise sogar jedermann, der ein beliebig geartetes Interesse an der Gesellschaft behauptet, als von den Schutzbestimmungen erfaßte Person in Betracht kommt[762]. Bei der Ermittlung des geschützten Personenkreises ist aber zu berücksichtigen, daß *schutzbedürftiger* Dritter nicht jedermann sein kann. Schutzbedürftigkeit setzt nämlich bereits eine rechtliche Beziehung zu einer Gesellschaft im Sinne des Art. 44 Abs. 2 lit. g EG voraus. Dem schutzbedürftigen Interesse steht auf der anderen Seite in aller Regel ein Interesse der Gesellschaft gegenüber, nur in begrenztem Umfang beschränkenden Schutzbestimmungen unterworfen zu werden. Zwischen diesen Positionen ist ein Ausgleich nötig, der die Annahme, „Dritter" im Sinne des Art. 44 Abs. 2 lit. g EG sei jedermann, ausschließt. Es erscheint sinnvoll, den Personenkreis der

---

758 Dagegen – ohne Begründung – *Randelzhofer*, in: Grabitz/Hilf, EUV/EGV, Art. 54 EWGV Rnr. 35. Für eine differenzierte Betrachtung – die jedenfalls die Mitbestimmung ausnimmt – spricht sich *Hailbronner*, in: HandKomm EUV/EGV, Art. 54 EGV Rnr. 25 aus. *Eyles*, Niederlassungsrecht, S. 138 äußert sich hingegen nicht zur Einbeziehung der Arbeitnehmer, nennt aber die Mitbestimmung explizit als regelbare Materie. Für eine Einbeziehung der Arbeitnehmer und damit der Mitbestimmungsregeln *Troberg*, in: G/T/E, Art. 54 EGV Rnr. 27 und 35; *Kapteyn/VerLoren van Themaat*, S. 745.

759 EuGH 04.12.1997 (*Daihatsu*), Slg. 1997, I-6843.

760 EuGH 04.12.1997 (*Daihatsu*), Slg. 1997, I-6843, 6864 Rnr. 18.

761 EuGH 04.12.1997 (*Daihatsu*), Slg. 1997, I-6843, 6864 Rnr. 20.

762 EuGH 04.12.1997 (*Daihatsu*), Slg. 1997, I-6843, 6864 Rnr. 19, es sei in Art. 54 Abs. 3 lit. g EGV (Art. 44 Abs. 2 lit. g EG) „... vom Ziel des Schutzes der Interessen Dritter ganz allgemein die Rede, ohne daß insoweit einzelne Gruppen unterschieden oder ausgeschlossen würden". Diese möglicherweise uferlose Erweiterung wird von *Schön*, JZ 1998, 194, 195 und *Luttermann* EuZW 1998, 264, 267 kritisiert. *Crezelius*, ZGR 1999, 252, 259 f. vertritt unter Berufung auf den EuGH die Ansicht, daß jeder Interessierte vom Begriff des Dritten im Sinne des Art. 44 Abs. 2 lit. g EG erfaßt werde. Ausführlich zur möglichen Interpretation des Begriffes „Dritte" *Luttermann*, EuZW 1998, 264, 266 f.

„Dritten" im Sinne des Art. 44 Abs. 2 lit. g EG auf diejenigen Personen zu begrenzen, die ein berechtigtes rechtliches oder wirtschaftliches Interesse an der Gesellschaft und ihrem Tätigwerden nachweisen können[763]. Damit ist die Problematik zwar zu einem Teil von der Frage, wer „Dritter" ist, auf die Frage, was ein „berechtigtes Interesse" ist, verlagert. Es dürfte aber unmöglich sein, im Hinblick auf die nahezu unendlich vielen Möglichkeiten, wie außerhalb des Gesellschafterkreises einer Gesellschaft stehende Personen mit dieser in (schutzbedürftigen) Kontakt geraten können, eine erschöpfende Aufzählung der schutzbedürftigen Personen zu erreichen[764]. Daher muß hier eine gewisse Unbestimmtheit bleiben, die durch die Beschränkung auf Personen mit einem berechtigten rechtlichen oder wirtschaftlichen Interesse schon deutlich geringer ausfällt als beim „Dritten".

Unter Berücksichtigung der Rechtsprechung des EuGH zeigt sich, daß Art. 44 Abs. 2 lit. g EG eine weitreichende Ermächtigung zur Angleichung des Gesellschaftsrechts sowie der damit zusammenhängenden Rechtsbereiche ist[765]. Nicht nur die Beseitigung von Niederlassungshindernissen – die im Falle der Sitzverlegungs-Richtlinie überdies unproblematisch gegeben wären – sondern auch die Rechtsangleichung zur Erreichung eines funktionierenden Gemeinsamen Marktes ist als Beweggrund anerkannt. Daß der EuGH in seiner „*Daihatsu*"-Entscheidung[766] erneut nicht zur Frage des Inhaltes der „Schutzbestimmungen" Stellung genommen hat, spricht dafür, daß er dieses Merkmal nicht als gewichtig erachtet[767] und deshalb in der Tat das gesamte Gesellschaftsrecht der Angleichungskompetenz des Art. 44 Abs. 2 lit. g EG unterfällt[768]. Der als „Dritte" im Sinne des Art. 44 Abs. 2 lit. g EG geschützte Personenkreis ist auf die Personen zu begrenzen, die ein berechtigtes rechtliches oder wirtschaftliches Interesse an der Gesellschaft nachweisen können.

Die vierzehnte Richtlinie soll in den nationalen Rechtsordnungen der Mitgliedstaaten die Voraussetzungen dafür schaffen, daß die primäre Niederlas-

---

763 Generalanwalt *Cosmas*, in: EuGH 04.12.1997 (*Daihatsu*), Slg. 1997, I-6843, 6850 Rnr. 16 geht davon aus, daß ein „rechtliches Interesse" zur Geltendmachung der streitgegenständlichen Offenlegungspflichten notwendig sei.

764 Ebenso Generalanwalt *Cosmas*, in: EuGH 04.12.1997 (*Daihatsu*), Slg. 1997, I-6843, 6850 Rnr. 15.

765 *Habersack*, Rnr. 20 sieht es als „weitgehend anerkannt" an, daß nach Art. 44 Abs. 2 lit. g EG das gesamte Gesellschaftsrecht Gegenstand der Angleichung sein kann.

766 EuGH 04.12.1997 (*Daihatsu*), Slg. 1997, I-6843.

767 *Schön*, JZ 1998, 194, 195. Auch *Habersack*, Rnr. 21 stellt fest, daß der EuGH auf den Begriff der Schutzvorschriften überhaupt nicht eingehe. Allerdings ist darauf hinzuweisen, daß die in der Rechtssache „*Daihatsu*" streitgegenständliche Norm aus dem Bereich der Publizitätsvorschriften auch bei einer engen Auslegung des Begriffes eindeutig eine Schutzvorschrift im Sinne des Art. 44 Abs. 2 lit. g EG ist und mithin eine Auseinandersetzung an dieser Stelle auch nicht unbedingt notwendig war.

768 Vgl. dazu die in Fn. 754 genannten Autoren.

sungsfreiheit der Gesellschaften nicht mehr länger an nationalen Niederlassungshindernissen scheitert[769]. Zu diesem Zweck sollen in den nationalen Rechtsordnungen einerseits Mechanismen geschaffen werden, welche die Sitzverlegung ermöglichen und soll andererseits ein einheitliches Schutzniveau für Gesellschafter und Gläubiger der Gesellschaft geschaffen werden. Nach den vorstehenden Ausführungen können sowohl die Regelungen zur Ermöglichung der Sitzverlegung als gesellschaftsrechtliche Regelungen, als auch die Schutzregelungen der Richtlinie auf Grundlage des Art. 44 Abs. 2 lit. g EG erlassen werden. Auch das verfolgte Ziel der Beseitigung eines Niederlassungshindernisses ist demnach vom Anwendungsbereich des Art. 44 Abs. 2 litg. g EG gedeckt. In dieser Hinsicht bestehen keine Bedenken gegen den Erlaß der vierzehnten Richtlinie aufgrund von Art. 44 Abs. 2 lit. g EG.

bb) Erforderlichkeit

Die Zuweisung einer Rechtssetzungskompetenz an die Europäische Gemeinschaft wird von Art. 44 Abs. 2 lit. g EG unter den Vorbehalt der Erforderlichkeit gestellt[770]. Die Erforderlichkeit ist im Hinblick auf die mit der Rechtsangleichung verfolgten Ziele zu beurteilen[771]. Unter Berücksichtigung der vom Gerichtshof hergestellten Verbindung zwischen Art. 54 Abs. 3 lit. g EGV (Art. 44 Abs. 2 lit. g EG) und Art. 3 lit. h EG[772] müssen diese Ziele ihrerseits dem Funktionieren des Gemeinsamen Marktes[773] dienen. Ziel der vierzehnten gesellschaftsrechtlichen Richtlinie ist nach der Begründung der Kommission die Beseitigung von Hindernissen für die primäre Niederlassung von Gesellschaften[774]. Element eines Gemeinsamen Marktes[775] ist auch die Möglichkeit für Gesellschaften, innerhalb dieses grenzenlosen Marktgebietes ihren Gesellschaftssitz zu verlegen, ohne daß dabei ein Zwang zur Auflösung der Gesellschaft besteht oder diese Auflösung gar automatisch vorgenommen wird. Die Beseitigung beste-

---

769 *Kommission*, ZIP 1997, 1721, 1722 unter IV.

770 Das Subsidiaritätsprinzip des Art. 5 EG regelt hingegen im Bereich der Rechtssetzung die Ausübung *gewährter* Kompetenzen. Vgl. dazu unten S. 180.

771 *Behrens*, in: Dauses, Handbuch EU-Wirtschaftsrecht, E.III Rnr. 6; *Müller-Graff*, NJW 1993, 13, 17 („normzweckorientierte Erforderlichkeit").

772 EuGH 04.12.1997 (*Daihatsu*), Slg. 1997, I-6843, 6864 Rnr. 18.

773 *Zuleeg* hat in: G/T/E, Art. 3 EGV Rnr. 8 darauf hingewiesen, daß in Art. 3 lit. h EG eigentlich der Begriff „Binnenmarkt" verwendet sein müßte. Zur (möglichen) Divergenz der Begriffe „Gemeinsamer Markt" und „Binnenmarkt" vgl. *Streinz*, Europarecht, Rnr. 948-954, der den Binnenmarkt als Teilmenge des Gemeinsamen Marktes sieht.

774 *Kommission*, ZIP 1997, 1721, 1722.

775 Nach *Bleckmann*, Europarecht, Rnr. 2112 der in Art. 14 Abs. 2 EG genannte einheitliche Binnenmarkt, der durch die Grundfreiheiten und die gemeinsamen Politiken bestimmt wird. Vgl. auch *Langeheine*, in: Grabitz/Hilf, EUV/EGV, Art. 100a EGV Rnr. 20-23.

hender Niederlassungshindernisse in diesem Bereich dient deshalb dem Funktionieren des Gemeinsamen Marktes im Sinne des Art. 3 lit. h EG.

Die Möglichkeit der Primärniederlassung für Gesellschaften ergibt sich grundsätzlich bereits aus dem EG-Vertrag, ist aber derzeit aufgrund der Rechtsprechung des EuGH wegen bestehender Unterschiede in den Rechtsordnungen der Mitgliedstaaten „suspendiert"[776]. Wird in die national unterschiedlich geprägten Rechtsordnungen zur Beseitigung eines bestehenden Niederlassungshindernisses ein gemeinsamer Mechanismus eingefügt und gleichzeitig ein einheitliches Schutzniveau für dessen Nutzung geschaffen, so beseitigt diese Maßnahme das bestehende Niederlassungshindernis. Die geplante vierzehnte Richtlinie ist deshalb eine geeignete Maßnahme zur Erreichung des von der Kommission vorgegebenen Zieles.

Mit dieser Feststellung ist das Erforderlichkeitskriterium des Art. 44 Abs. 2 lit. g EG allerdings noch nicht erschöpft. Die Erforderlichkeitsprüfung einer Maßnahme beinhaltet über diese schlichte Eignungsprüfung hinaus auch und vor allem, daß Alternativmaßnahmen in Erwägung gezogen und ebenfalls auf ihre Eignung hin überprüft werden. Wird deren Eignung verneint, ist die beabsichtigte Maßnahme erforderlich. Bei Beurteilung einer Rechtssetzungsmaßnahme der Gemeinschaft kommen als Alternativmaßnahmen insbesondere mitgliedstaatliche Rechtssetzungsmaßnahmen in Betracht. Im Hinblick darauf hat *Behrens* das Erforderlichkeitskriterium des Art. 44 Abs. 2 lit. g EG dahingehend definiert, daß geprüft werden müsse, ob zur Erreichung gleichwertiger oder einheitlicher gesellschaftsrechtlicher Rahmenbedingungen für die Unternehmen der Gemeinschaft eine Rechtssetzung durch die Mitgliedstaaten ausreichend oder eine Rechtssetzung auf Gemeinschaftsebene notwendig ist[777].

Für die vorliegende vierzehnte gesellschaftsrechtliche Richtlinie bedeutet dies, daß zur Erreichung des Zieles der Rechtsangleichung, nämlich der Beseitigung der Schranken für die primäre Niederlassungsfreiheit in den nationalen Gesellschaftsrechtsordnungen, eine Rechtssetzung auf europäischer Ebene notwendig sein müßte. Es könnte argumentiert werden, daß die Schaffung von Normen, welche die Verlegung des Satzungs- und Verwaltungssitzes über die Grenzen eines Staates hinweg ermöglichen, von jedem Mitgliedstaat in eigener Verantwortung geschaffen werden *können*, eine Regelung durch eine Richtlinie deshalb nicht erforderlich sei. Doch mit der formalen Berücksichtigung des

---

776 Vgl. zum Umfang der primären Niederlassungsfreiheit oben S. 122 sowie zu den Folgen der Rechtsprechung des Gerichtshofes S. 158-160.

777 *Behrens*, FS Mestmäcker, 831, 838. Das Erforderlichkeitskriterium des Art. 44 Abs. 2 lit. g EG wird in der Kommentarliteratur weitgehend ignoriert. *Troberg*, in: G/T/E, Art. 54 Rnr. 27 sieht einen „Ermessensrahmen" und *Randelzhofer*, in: Grabitz/Hilf, EUV/EGV, Art. 54 EWGV Rnr. 36 beschränkt sich auf den Hinweis, die „Erforderlichkeit" müsse beachtet werden. Die Aufsätze von *Buck*, in: Hrbek, S. 73 ff.; *Schön*, ZGR 1995, 1 ff. und *Müller-Graff*, ZHR 159 (1995), 34 ff. befassen sich nahezu ausschließlich mit dem Verhältnis zum Subsidiaritätsprinzip des Art. 5 Abs. 2 EG.

rechtlichen Könnens wäre jede Richtlinienregelung ausgeschlossen, da die Richtlinie nur Vorgaben für die Umsetzung in nationale Regelungen macht, deren Möglichkeit also voraussetzt[778]. Bei der Frage der Erforderlichkeit einer Richtlinie im Sinne des Art. 44 Abs. 2 lit. g EG darf deshalb die Frage nach dem rechtlichen Können der Mitgliedstaaten keine Rolle spielen, sondern muß neben der Funktionalität einer möglichen unkoordinierten nationalen Regelung die Wahrscheinlichkeit des Zustandekommens einer solchen Maßstab für die Antwort auf die Erforderlichkeitsfrage sein. Hinsichtlich der Funktionalität ist zu beachten, daß die Problematik der grenzüberschreitenden Sitzverlegung einen Bezug zu mindestens zwei Rechtsordnungen aufweist. Es ist ein Zusammenspiel zwischen Wegzugs- und Zuzugsstaat erforderlich, um eine Auflösung der Gesellschaft aus Anlaß des Wegzuges oder eine Nichtanerkennung aus Anlaß des Zuzuges zu verhindern[779]. Diese Situation macht es notwendig, daß die Gesellschaftsrechtsordnungen *aller* Mitgliedstaaten Mechanismen aufweisen, die den Zuzug von Gesellschaften aus anderen Mitgliedstaaten und den Wegzug eigener Gesellschaften in andere Mitgliedstaaten ermöglichen. Diese Mechanismen müssen zudem so sicher ineinander greifen, daß es auch während des Verlegungsvorganges nicht zur Nichtanerkennung der Gesellschaft kommen kann. Angesichts der Komplexität der Materie und der bestehenden Unterschiede in den nationalen Gesellschaftsrechten ist das eine Aufgabe, die alleine durch unkoordinierte Rechtssetzung der Mitgliedstaaten nicht in den Griff zu bekommen ist[780]. Es bedarf aus Gründen der Funktionalität der Regelungen einer Koordinierung der Rechtssetzung auf Gemeinschaftsebene in Form einer einheitlichen Vorgabe zur Ausgestaltung des nationalen Rechts. Daneben ist eine Regelung der grenzüberschreitenden Sitzverlegung auf nationaler Ebene aus eigenem Antrieb der Mitgliedstaaten, ganz abgesehen von den funktionalen Problemen einer solchen Lösung, mehr als unwahrscheinlich. Die Mitgliedstaaten haben von der in Art. 293 Sp. 2 EG erwähnten Möglichkeit eines völkerrechtlichen Abkommens zur Regelung der Materie seit nunmehr über vierzig Jahren keinen Gebrauch gemacht und es ist nicht ersichtlich, daß sich diese Haltung in Zukunft ändern könnte. Die umstrittene Frage, ob ein kollektives Handeln der Mitgliedstaaten in Form eines Abkommens bei der Erforderlichkeitsprüfung überhaupt Berücksichtigung finden müßte[781], kann für die vierzehnte Richtlinie dahinstehen. Alleine die Möglichkeit eines solchen Abkommens kann die Erforderlich-

---

778 Zu weitgehend ist m. E. die Formulierung *Langguths* in: Lenz, EG-Vertrag, Art. 5 Rnr. 24 auch angesichts seiner einschränkenden Ausführungen in Rnr. 25.

779 Vgl. schon oben S. 14.

780 Auch *Ebke*, Int'l Lawyer 31 (1997), 961, 981 erkennt an, daß eine von den Mitgliedstaaten ausgehende unkoordinierte Rechtsangleichung unzureichende Ergebnisse liefern kann. Gerade bei der grenzüberschreitenden Sitzverlegung ist es aber erforderlich, daß die Rechtsordnungen ohne Reibungsverluste ineinandergreifen.

781 Vgl. dazu *Schön*, ZGR 1995, 1, 26 f. sowie zur Subsidiarität der Norm oben S. 169-172.

keit einer Richtlinienregelung nicht ausschließen. Berücksichtigung könnten hier allenfalls unmittelbar bevorstehende oder geltende Abkommen finden[782]. Aus diesen Gründen ist im Bereich der grenzüberschreitenden Sitzverlegung innerhalb der Europäischen Gemeinschaft eine gesellschaftsrechtliche Regelung auf nationaler Ebene nicht ausreichend, sondern eine Regelung auf Gemeinschaftsebene im Wege der Rechtsangleichung erforderlich.

cc) Ergebnis

Art. 44 Abs. 2 lit. g EG ist taugliche Rechtsgrundlage für die geplante vierzehnte gesellschaftsrechtliche Richtlinie über die grenzüberschreitende Sitzverlegung.

2. Subsidiarität

Das durch den Vertrag von Maastricht in Art. 5 Abs. 2 EG eingeführte Subsidiaritätsprinzip verankert ein Zurücktreten der Europäischen Gemeinschaft zu Gunsten der Mitgliedstaaten, wenn diese die von der Gemeinschaft angestrebten Ziele in qualitativ gleicher Weise durch eigene Maßnahmen erreichen können[783]. Durch das Subsidiaritätsprinzip werden der Gemeinschaft weder Kompetenzen genommen, noch verliehen[784]. Die Norm stellt vielmehr eine zusätzliche Schranke der Kompetenzen der Europäischen Gemeinschaft[785] (auch) bei der Rechtssetzung dar, die als solche beachtet werden muß. Die Dogmatik des Subsidiaritätsprinzipes ist noch nicht ausdifferenziert. Eine begriffliche Klärung des Inhaltes und vor allem auch der Grenzen wird zukünftig Aufgabe des EuGH sein[786], wobei allerdings Zweifel daran erlaubt sind, daß es in naher Zukunft zu einem diesbezüglichen Judiz kommen dürfte[787]. Die Mitgliedstaaten haben mit dem Vertrag von Amsterdam das „Protokoll über die Anwendung der Grundsätze der Subsidiarität und der Verhältnismäßigkeit" beschlossen[788]. Das Subsidiaritätsprotokoll ist ausweislich der Nummer II.7 der Schlussakte zum Vertrag von

---

782 *Schön*, aaO.; *Schima*, S. 114.

783 *Zuleeg*, in: G/T/E, Art. 3b EGV Rnr. 19; *von Bogdandy/Nettesheim*, in: Grabitz/Hilf, EUV/EGV, Art. 3b EGV Rnr. 33.

784 *Everling*, FS Stern, 1227, 1232. Ebenso Nr. 3 des Subsidiaritätsprotokolles, in: G/T/E, Annex, S. 120.

785 *Zuleeg*, in: G/T/E, Art. 3b EGV Rnr. 17 f.; *von Bogdandy/Nettesheim*, in: Grabitz/Hilf, EUV/EGV, Art. 3b EGV Rnr. 19; *Jarass*, AöR 121 (1996), 173, 192. *Everling*, FS Stern, 1227, 1231 geht von einer Kompetenzausübungsregel für die Gemeinschaft aus.

786 So auch *von Bogdandy/Nettesheim*, in: Grabitz/Hilf, EUV/EGV, Art. 3b EGV Rnr. 21.

787 Ausführlich zum Subsidiaritätsprinzip die Monographien von *Calliess* und *Lecheler* sowie *Kahl*, AöR 118 (1993), 414 ff.; *Jarass*, AöR 121 (1996), 173 ff.; *Müller-Graff*, ZHR 159 (1995), 34 ff.

788 Im Folgenden: Subsidiaritätsprotokoll. Abgedruckt in: G/T/E, Annex, S. 119-122.

Amsterdam[789] von den Vertretern der Mitgliedstaaten angenommen worden und somit nach Art. 311 EG als Primärrecht Bestandteil des EG-Vertrages. Es soll gemäß seiner Präambel die Kriterien für die Anwendung der Grundsätze präzisieren und deren strikte Beachtung und kohärente Anwendung durch alle Organe gewährleisten.

a) Anwendbarkeit auf die gesellschaftsrechtliche Rechtsangleichung

Es ist umstritten, ob das Subsidiaritätsprinzip des Art. 5 Abs. 2 EG auf die Rechtsangleichung im Gesellschaftsrecht überhaupt Anwendung findet. Zu einer negativen Beantwortung dieser Frage gelangt man, wenn die Rechtsangleichung im Gesellschaftsrecht in die ausschließliche Kompetenz der Europäischen Gemeinschaft gestellt wird, weil Art. 5 Abs. 2 EG dann aufgrund seines Wortlautes keine Anwendung findet[790]. Eine ausschließliche Zuständigkeit der Gemeinschaft bedeutet, daß die Mitgliedstaaten in diesem Bereich von der Rechtssetzung auf nationaler und völkerrechtlicher Ebene ausgeschlossen sind[791]. Der EG-Vertrag enthält allerdings keine expliziten Normen über die Verteilung der Zuständigkeiten zwischen der Gemeinschaft und den Mitgliedstaaten[792]. Ausschließliche Kompetenzen der Gemeinschaft bestehen aber beispielsweise für den Außenhandel sowie die Fischerei- und Agrarpolitik[793].

Nach Ansicht der Europäischen Kommission besteht für die gesamte Gesetzgebung im Bereich des Binnenmarktes eine ausschließliche Gemeinschafts-

---

789 Abgedruckt in: G/T/E, Annex, S. 127-131.

790 Art. 5 Abs. 2 EG lautet: „In den Bereichen, die *nicht in ihre ausschließliche Zuständigkeit fallen*, wird die Gemeinschaft nach dem Subsidiaritätsprinzip nur tätig, ..." (Hervorhebung vom Verf.).

791 EuGH 19.03.1993 (*Gutachten 2/91*), Slg. 1993, I-1061, 1076 f. Rnr. 8-12, insbesondere Rnr. 8; 11.11.1975 (*Gutachten 1/75*), Slg. 1975, 1355, 1363 f. *Müller-Graff*, ZHR 159 (1995), 34, 59 und ihm folgend *Reher*, Gesellschaftsrecht, S. 31 definieren eine Zuständigkeit dann als ausschließlich, wenn „... die Gemeinschaft allein zuständig sein soll und die Mitgliedstaaten nicht zum Handeln befugt sind", erreichen damit aber nicht mehr als eine bloße Umschreibung des Begriffes „ausschließlich". EuGH 19.03.1993 (*Gutachten 2/91*), Slg. 1993, I-1061, 1077 Rnr. 9 gibt für die ausschließlichen Zuständigkeiten keine Definition, sondern leitet diese einerseits aus dem Vertrag und andererseits aus dem Umfang der Handlungen der Gemeinschaftsorgane auf einem bestimmten Rechtsgebiet ab.

792 *Schön*, ZGR 1995, 1, 20; *Müller-Graff*, ZHR 159 (1995), 34, 59; *Lambers*, EuR 1993, 229, 235.

793 *Lambers*, EuR 1993, 229, 235; *Schön*, ZGR 1995, 1, 20; *Pipkorn*, EuZW 1992, 697, 699 für gemeinsame Handels- und Fischereipolitik. *Calliess*, S. 79 f. sieht weitere ausschließliche Kompetenzen der Gemeinschaft u. a. für die Währungspolitik seit dem 01.01.1999 aufgrund der Art. 105-111 EG.

kompetenz[794]. Wegen der unbestreitbaren Relevanz des Gesellschaftsrechts für den Binnenmarkt wäre auch die Rechtsangleichung in diesem Gebiet von der ausschließlichen Gemeinschaftskompetenz erfaßt und das Subsidiaritätsprinzip daher auf gesellschaftsrechtliche Rechtsangleichungsmaßnahmen der Gemeinschaft nicht als Prüfungsmaßstab anwendbar. Diese Ansicht der Kommission ist, m. E. zu Recht, auf breite Ablehnung gestoßen[795]. Würde man der Kommission folgen, bestünde für den gesamten – nahezu uferlosen[796] – Bereich der binnenmarktrelevanten Rechtssetzung eine ausschließliche Kompetenz der Gemeinschaft. Der Anwendungsbereich des Subsidiaritätsprinzipes würde einen der hauptsächlichen Tätigkeitsbereiche der Gemeinschaft, nämlich die Verwirklichung des Binnenmarktes, überhaupt nicht betreffen. Die Anwendung des Art. 5 Abs. 2 EG wäre eine Ausnahme, die Norm quasi „totes" Recht. Sinn und Zweck des Subsidiaritätsprinzipes liegen aber gerade in einer Beschränkung der gemeinschaftlichen Kompetenzen zugunsten der Mitgliedstaaten[797]. Diese Funktion könnte Art. 5 Abs. 2 EG in der von der Kommission angenommenen Auslegung nicht erfüllen, weil seine Anwendung auf alle binnenmarktrelevanten Maßnahmen und damit auf die größte Zahl der Gemeinschaftsmaßnahmen ausgeschlossen wäre. Eine ausschließliche Zuständigkeit der Gemeinschaft kann deshalb in Ablehnung der Ansicht der Kommission nicht anerkannt werden. Das Subsidiaritätsprinzip ist deshalb auch auf die Rechtsangleichungsmaßnahmen der Gemeinschaft im gesellschaftsrechtlichen Bereich anzuwenden.

b) Folgen für die gesellschaftsrechtliche Rechtsangleichung

Die Wirkungen des Subsidiaritätsprinzipes bei der Rechtsangleichung im Gesellschaftsrecht wurden wegen der Vorwirkung[798] der Erforderlichkeitsprüfung in Art. 44 Abs. 2 lit. g EG als gering bis nicht existent angesehen. Die Erforder-

---

[794] KOM-Dok. (1993) 545 endg. Aus der Literatur ebenso *Pipkorn*, EuZW 1992, 697, 699; *Müller-Graff*, ZHR 159 (1995), 34, 71.

[795] Empfehlungen des *Ausschusses für Fragen der Europäischen Union* des Bundesrates, BR-Drs. 84/1/1994, S. 2 Nr. 5-8; *Ebke*, Int'l Lawyer 31 (1997), 961, 979; *Everling*, FS Stern, 1227, 1234 f.; *Schön*, ZHR 160 (1996), 221, 229; *ders.*, ZGR 1995, 1, 22; *Calliess*, S. 76 f.; *ders.*, EuZW 1995, 693, 700; *von Bogdandy/Nettesheim*, in: Grabitz/Hilf, EUV/EGV, Art. 3b EGV Rnr. 30.

[796] *Calliess*, S. 76 hat auf die Beliebigkeit des Kriteriums der Binnenmarktrelevanz hingewiesen und geht davon aus, daß sich ein Binnenmarktbezug nahezu in jedem Fall begründen lasse.

[797] *Lecheler*, 64 f.; *Zuleeg*, in: G/T/E, Art. 3b EGV Rnr. 18; *Lambers*, EuR 1993, 229, 232.

[798] Die Erfüllung der Voraussetzungen der Kompetenznorm Art. 44 Abs. 2 lit. g EG ist Voraussetzung für den Einstieg in die Prüfung der Kompetenz*ausübung* anhand des Subsidiaritätsprinzipes.

lichkeitsprüfung nehme bereits die bei der Subsidiaritätsprüfung nötigen Prüfungsschritte vor[799].

Die Präzisierung der Subsidiaritätsprüfung durch das Subsidiaritätsprotokoll könnte allerdings zu einer schärferen Abgrenzbarkeit der Erforderlichkeitsprüfung von der Subsidiaritätsprüfung geführt haben. Die Leitlinien für die Subsidiaritätsprüfung sehen vor, daß eine Maßnahme der Gemeinschaft im Hinblick auf das Subsidiaritätsprinzip dann gerechtfertigt ist, wenn

- der betreffende Bereich transnationale Aspekte aufweist, die durch Maßnahmen der Mitgliedstaaten nicht ausreichend geregelt werden können;
- alleinige Maßnahmen der Mitgliedstaaten oder das Fehlen von Gemeinschaftsmaßnahmen gegen die Anforderungen des Vertrages verstoßen oder auf sonstige Weise die Interessen der Mitgliedstaaten erheblich beeinträchtigen würden und
- Maßnahmen auf Gemeinschaftsebene wegen ihres Umfanges und ihrer Wirkungen im Vergleich zu Maßnahmen auf der Ebene der Mitgliedstaaten deutliche Vorteile mit sich bringen würden[800].

Überschneidungen mit der Erforderlichkeitsprüfung im Rahmen der Ermächtigungsgrundlage des Art. 44 Abs. 2 lit. g EG lassen sich bereits aus der Formulierung unschwer erkennen. Jedenfalls die erste Voraussetzung, wonach eine mitgliedstaatliche Regelung als solche nicht ausreichend sein muß, ist in der dortigen Prüfung bereits enthalten und muß – um überhaupt das Subsidiaritätsprinzip prüfen zu können – für die Rechtsangleichung aufgrund von Art. 44 Abs. 2 lit. g EG bejaht worden sein[801]. Eine erneute Behandlung bei der Subsidiaritätsprüfung kann daher unterbleiben.

Näherer Betrachtung bedarf hingegen die zweite Leitlinie. Sie verlangt für die Zulässigkeit einer Gemeinschaftsmaßnahme, daß ausschließlich mitgliedstaatliche Maßnahmen oder das Fehlen von Gemeinschaftsmaßnahmen Anforderungen des Vertrages nicht genügen oder die Interessen der Mitgliedstaaten erheblich beeinträchtigen würden. Als Anforderung des Vertrages, die durch ein Fehlen der vierzehnten Richtlinie betroffen sein würde, kommt hier das in Art. 3 lit. h EG festgeschriebene Funktionieren des Gemeinsamen Marktes in Betracht. Dieses müßte im Teilbereich der primären Niederlassungsfreiheit für Gesellschaften ohne eine Rechtssetzungsmaßnahme der Gemeinschaft nicht gegeben

---

799 *Ebke*, Int'l Lawyer 31 (1997), 961, 980 geht von grundsätzlicher Übereinstimmung der Prüfungen aus, nimmt aber eine weitergehende Effektivitätsprüfung bei Art. 3b Abs. 2 EGV (Art. 5 Abs. 2 EG) an; *Reher*, S. 37 f.; *Schön*, ZHR 160 (1996), 221, 230; *ders.*, ZGR 1995, 1, 23; *Habersack*, Rnr. 23; *Lutter*, Unternehmensrecht, S. 11; *Behrens*, FS Mestmäcker, 831, 837 f.; *Müller-Graff*, FS Börner, 303, 331 geht von einer Prüfung der Subsidiarität im Rahmen der Ermächtigungsgrundlage aus; *Buck*, in: Hrbek, 73, 80.

800 Nr. 5 des Subsidiaritätsprotokolles, in: G/T/E, Annex, S. 120.

801 Vgl. dazu oben S. 178.

sein. Damit zeigt sich aber erneut eine Parallelität zu den im Rahmen der Erforderlichkeitsprüfung des Art. 44 Abs. 2 lit. g EG angestellten Überlegungen: Ist die Richtlinie zur Erreichung der mit Art. 44 Abs. 2 lit. g EG verfolgbaren Ziele des Art. 3 lit. h EG erforderlich, ist für die Überlegung der zweiten Leitlinie des Subsidiaritätsprotokolles kein Raum mehr. Denn bereits im Rahmen der Erforderlichkeitsprüfung des Art. 44 Abs. 2 lit. g EG wurde festgestellt, daß die Richtlinie zum Funktionieren des Gemeinsamen Marktes notwendig ist[802].

Und auch für die bei Prüfung der dritten Leitlinie anzustellenden Untersuchungen besteht jedenfalls für die vierzehnte Richtlinie kein Raum, wenn die Erforderlichkeitsschwelle des Art. 44 Abs. 2 lit. g EG überwunden wurde. Denn die Frage, ob eine Rechtssetzungsmaßnahme der Gemeinschaft in ihrer Wirkung deutliche Vorteile gegenüber einer mitgliedstaatlichen Maßnahme hat, wurde bereits dort zu Gunsten der Gemeinschaftsmaßnahme beantwortet[803].

c) Ergebnis

Auch aus dem in Art. 5 Abs. 2 EG normierten und durch das Subsidiaritätsprotokoll präzisierten Subsidiaritätprinzip ergeben sich keine Hindernisse für die geplante vierzehnte gesellschaftsrechtliche Richtlinie.

3. Verhältnismäßigkeit

Bei der Rechtssetzung durch die Europäische Gemeinschaft ist neben dem Prinzip der Subsidiarität im Verhältnis zu den Mitgliedstaaten außerdem der Grundsatz der Verhältnismäßigkeit zu beachten. Dieser war vom EuGH zunächst für die Akte der Gemeinschaft und der Mitgliedstaaten gegenüber dem einzelnen Bürger anerkannt[804]. Jedenfalls seit der Änderung des EG-Vertrages durch den Vertrag von Maastricht und der damit verbundenen Einführung des Art. 5 EG ist allerdings klar, daß der Grundsatz der Verhältnismäßigkeit von der Gemeinschaft auch gegenüber den Mitgliedstaaten zu beachten ist[805]. Auch das Verhältnismäßigkeitsprinzip des Art. 5 Abs. 3 EG stellt eine Schranke für die Ausübung der Kompetenzen der Europäischen Gemeinschaft dar[806].

Die Formulierung des Art. 5 Abs. 3 EG, wonach „[d]ie Maßnahmen der Gemeinschaft [...] nicht über das für die Erreichung der Ziele dieses Vertrages

---

802 Vgl. oben 177-180.

803 Vgl. oben S. 179.

804 *Zuleeg*, in: G/T/E, Art. 3b EGV Rnr. 29; *von Bogdandy/Nettesheim*, in: Grabitz/Hilf, EUV/EGV, Art. 3b EGV Rnr. 48.

805 *Zuleeg*, in: G/T/E, Art. 3b EGV Rnr. 30; *von Bogdandy/Nettesheim*, in: Grabitz/Hilf, EUV/EGV, Art. 3b EGV Rnr. 48; *Jarass*, AöR 121 (1996), 173, 193.

806 *Von Bogdandy/Nettesheim*, in: Grabitz/Hilf, EUV/EGV, Art. 3b EGV Rnr. 43; *Jarass*, AöR 121 (1996), 173, 192 f.

erforderliche Maß hinaus[gehen]", weist darauf hin, daß jedenfalls für den Bereich der Rechtssetzung auch im Grundsatz der Verhältnismäßigkeit ein Stück der Subsidiarität der gemeinschaftlichen Maßnahmen gegenüber den mitgliedstaatlichen Maßnahmen zum Ausdruck kommt[807]. Jedoch beschränkt sich die Aussage der Norm nicht alleine auf die Verhältnismäßigkeit der Gemeinschaftsrechtssetzung im Verhältnis zur Rechtssetzungskompetenz der Mitgliedstaaten, sondern stellt darüber hinaus Anforderungen an die Norm selbst[808]. Das bedeutet, daß auch das durch den Rechtssetzungsakt geschaffene Recht den Vorgaben des Verhältnismäßigkeitsprinzipes genügen muß. Die Konkretisierung des Grundsatzes der Verhältnismäßigkeit gestaltet sich bisher schwierig, jedoch läßt sich auch hier eine dreistufige Prüfung der Geeignetheit, Erforderlichkeit und Angemessenheit des Mittels durchführen[809]. Es stellt sich die Frage, ob die von der Kommission beabsichtigte Richtlinienregelung eine geeignete, erforderliche und angemessene Regelung im Hinblick auf die verfolgten Ziele, nämlich die Durchsetzung der primären Niederlassungsfreiheit auch für die europäischen (Kapital-) Gesellschaften, ist.

Zur Geeignetheit[810] ist festzustellen, daß die Richtlinie in der vorgelegten Entwurfsform jedenfalls einen Mechanismus vorsieht, der einer Gesellschaft die Sitzverlegung – wenn auch unter Wechsel ihres Statuts und erst nach Erfüllung gewisser Voraussetzungen – ermöglicht. Insofern ist die Richtlinie geeignetes Mittel.

Im Rahmen der Erforderlichkeit ist zu prüfen, ob dieses Ziel nicht auch gleich wirksam durch ein anderes Mittel, das die Rechtsposition der Mitgliedstaaten und auch die der betroffenen Gesellschaften in geringerem Umfang beeinträchtigt, möglich wäre[811]. Mit der Richtlinie strebt die Kommission die Angleichung der nationalen Sachrechte dergestalt an, daß diese künftig eine Möglichkeit zur identitätswahrenden Sitzverlegung bieten und das entsprechende Verfahren vorsehen müssen. Eine andere Möglichkeit wäre die zusätzliche Angleichung der nationalen Kollisionsrechte zu Gunsten der Gründungstheorie gewesen. Damit hätte die Möglichkeit bestanden, daß zumindest der Verwaltungssitz der Gesellschaft zwischen den Mitgliedstaaten frei verlegbar gewesen und

---

807 *Zuleeg*, in: G/T/E, Art. 3b EGV Rnr. 29.

808 *Von Bogdandy/Nettesheim*, in: Grabitz/Hilf, EUV/EGV, Art. 3b EGV Rnr. 46; *Jarass*, AöR 121 (1996), 173, 193.

809 *Von Bogdandy/Nettesheim*, in: Grabitz/Hilf, EUV/EGV, Art. 3b EGV Rnr. 50 f., 55; *Jarass*, AöR 121 (1996), 173, 193.

810 Der Gerichtshof überprüft die Geeignetheit einer Maßnahme nur eingeschränkt auf grobe Fehler und offensichtliche Ungeeignetheit, so *von Bogdandy/Nettesheim*, in: Grabitz/Hilf, EUV/EGV, Art. 3b EGV Rnr. 50; *Lenaerts/van Ypersele*, CdDE 30 (1994), 3, 55.

811 *Zuleeg*, in: G/T/E, Art. 3b EGV Rnr. 31; *von Bogdandy/Nettesheim*, in: Grabitz/Hilf, EUV/EGV, Art. 3b EGV Rnr. 51; *Jarass*, AöR 121 (1996), 172, 193; *Lenaerts/van Ypersele*, CdDE 30 (1994), 3, 56 f.

es nicht einmal zum Statutenwechsel gekommen wäre. Dies würde jedoch einen weitergehenden Eingriff in die nationalen Rechtsordnungen bedeuten und wäre aus diesem Grund jedenfalls aus deren Sicht nicht erforderlich[812]. Die Kommission hat diese Problematik bei ihren Vorarbeiten zum vorliegenden Vorentwurf erkannt und sich deshalb gegen eine Harmonisierung des Kollisionsrechts entschieden[813]. Für die Gesellschaften stellt die vorgesehene Richtlinie zunächst keine Belastung von Rechtspositionen dar, sondern eine Verbesserung, da ihnen die Möglichkeit zur Ausübung ihrer primären Niederlassungsfreiheit verschafft wird. Die Belastungen durch das auferlegte Verfahren hingegen sind im Hinblick auf die zu berücksichtigenden Schutzinteressen beim gegenwärtigen Zustand der Gesellschaftsrechtsordnungen in den Mitgliedstaaten unabdingbar und somit auch erforderlich.

Die – wiederum nur sehr eingeschränkt geprüfte[814] – Verhältnismäßigkeit im engeren Sinne ist als Abwägung zwischen dem zu erwartenden Erfolg und den eingesetzten Mitteln und mit ihnen verbundenen Belastungen zu prüfen[815]. Dabei ist insbesondere der hohe Stellenwert der Niederlassungsfreiheit zu berücksichtigen, den diese als eine der Grundfreiheiten des Vertrages besitzt. Zudem ist zu berücksichtigen, daß die Ausübung der primären Niederlassungsfreiheit den Gesellschaften in Art. 48 EGV grundsätzlich gewährt wird. Demgegenüber steht eine nur mäßige Belastung der Mitgliedstaaten dadurch, daß sie durch die Richtlinie zur Schaffung der rechtlichen Rahmenbedingungen zur Ausübung der primären Niederlassungsfreiheit verpflichtet werden. Die geforderten Regelungen greifen zwar in das nationale Gesellschaftsrecht ein, aber gleichzeitig werden verfahrens- und materiellrechtliche Sicherungen geschaffen, die den Eingriff in verhältnismäßigen Grenzen halten. Bei Abwägung des zu erwartenden Erfolges und der zu erwartenden Belastungen überwiegt deshalb der Erfolg, so daß die geplante Sitzverlegungs-Richtlinie auch verhältnismäßig ist. Der in Art. 5 Abs. 3 EG normierte Grundsatz der Verhältnismäßigkeit steht somit der vorgesehenen vierzehnten Richtlinie auf dem Gebiet des Gesellschaftsrechts nicht entgegen.

4. Ziel erreicht?

Was bringt die geplante vierzehnte gesellschaftsrechtliche Richtlinie den Gesellschaften der Europäischen Gemeinschaft an zusätzlichen Freiheiten? Setzt sie die oben[816] ermittelten, grundsätzlich zustehenden Rechte effektiv in durchsetzbare Rechtspositionen um? Die bisherige Diskussion über die Sitzverlegung

---

812 Und überdies angesichts politischer Widerstände auch kaum durchsetzbar.

813 *Kommission*, ZIP 1997, 1721, 1722 unter V.

814 *Von Bogdandy/Nettesheim*, in: Grabitz/Hilf, EUV/EGV, Art. 3b EGV Rnr. 55.

815 *Von Bogdandy/Nettesheim*, in: Grabitz/Hilf, EUV/EGV, Art. 3b EGV Rnr. 56.

816 S. 158.

nährte sich im Wesentlichen aus den Unterschieden in den kollisionsrechtlichen Konzeptionen. Die Verlegung des Verwaltungssitzes stand im Vordergrund, und wenn eine solche vorgenommen werden sollte, war zentrale Frage die nach der Vermeidung eines Rechtswechsels. Denn der Rechtswechsel war das Problem, das in aller Regel die materiellen Gesellschaftsrechte zur Auflösung der Gesellschaft veranlaßte. Der vorgelegte Richtlinienvorentwurf geht einen neuen, ganz anderen Weg. Nicht eine Angleichung der Internationalen Gesellschaftsrechte, etwa auf eine europaweit geltende Gründungstheorie, ist vorgeschlagen, sondern eine Beibehaltung der nationalen Kollisionsrechte[817]. Da damit ein Rechtswechsel zwangsläufig in Kauf genommen wird, muß dieser in einer Art und Weise abgefangen werden, daß seinetwegen zukünftig keine Auflösung der Gesellschaften mehr notwendig ist, sondern die identitätswahrende Umwandlung in eine Rechtsform des Zuzugsstaates möglich wird. Eine solche Umwandlung der Rechtsform erfordert nicht nur eine Verlegung des Verwaltungssitzes, sondern auch die des Satzungs- bzw. Registersitzes zur Erlangung der Rechtspersönlichkeit nach neuem Sitzrecht. Mit der Inkaufnahme des Rechtswechsels ist die Verlegung des Satzungssitzes daher in den Vordergrund getreten.

Damit ist bereits ein wichtiger Punkt dargelegt: die geplante Richtlinie berücksichtigt nominell[818] sowohl die Verlegung des Satzungssitzes als auch die des Verwaltungssitzes. Eine wichtige Einschränkung ergibt sich jedoch aus der Einbeziehung der Begründungserwägungen der Kommission zum vorgelegten Vorentwurf: die isolierte Verlegung des Sitzes der Hauptverwaltung zwischen zwei der Gründungstheorie folgenden Staaten ist kein Sitzverlegungsvorgang und unterfällt daher auch nicht der Richtlinie[819]. Anders ist dies bei Beteiligung eines der Sitztheorie folgenden Staates entweder als Wegzugs- oder als Zuzugsstaat. Hierbei ist das Richtlinienverfahren notwendig. Der Unterschied liegt in dem im ersten Fall im Gegensatz zum zweiten Fall nicht erforderlichen Rechtswechsel. Die Kommission erkennt einen Regelungsbedarf nur für den Fall, daß ein Rechtswechsel stattfindet und sieht die geplante Richtlinie daher nur für die *rechtswechselnde Sitzverlegung* vor. Fast scheint es, als sähe die Kommission überhaupt nur diese als Sitzverlegungsvorgang an.

Auffällig ist die Verknüpfung des Sitzes der Hauptverwaltung mit dem Registersitz in Art. 2 lit. b) der Richtlinie, zumal in lit. a) der satzungsmäßige Sitz alleine steht. Verständlich wird dies im Hinblick auf die vorstehende Konzeption einer rechtswechselnden Sitzverlegung. Die Kommission stellt mit dieser Definition in Art. 2 nicht nur die Begriffe für die nachfolgenden Artikel klar, sondern gibt gleichzeitig an, welche Sitze in Abhängigkeit von der internationalgesellschaftsrechtlichen Konzeption verlegt werden müssen, um eine richtlinien-

817 Vgl. auch *Hoffmann*, ZHR 164 (2000), 43, 51.

818 In Art. 1 des Richtlinienvorentwurf wird „... die Verlegung des satzungsmäßigen *oder* tatsächlichen Sitzes ...“ einer Gesellschaft als Regelungsgegenstand genannt.

819 *Kommission*, ZIP 1997, 1721, 1722 unter A.III.1.a).

relevante Sitzverlegung vorzunehmen. Verlegungen des Verwaltungssitzes zwischen der Gründungstheorie folgenden Staaten sind gänzlich ausgenommen, da sie ohnehin keine gesellschafts- oder kollisionsrechtlichen Probleme aufwerfen[820] und daher keiner weiteren Regelung bedürfen. Die Verlegung des Satzungssitzes zwischen der Gründungstheorie folgenden Staaten ist allerdings nach deren Kollisionsrecht mit einem Rechtswechsel behaftet und bedarf aus diesem Grunde der Regelung durch die Richtlinie und der Unterwerfung unter das vorgesehene Verfahren[821].

Bei Sitzverlegungen unter Beteiligung eines der Sitztheorie folgenden Staates ist zur Vornahme eines Rechtswechsel der Verwaltungssitz zu verlegen, was dann wegen des Rechtsformwechsels auf eine Rechtsform des Zuzugsstaates auch eine Verlegung des Satzungssitzes erforderlich macht. Eine isolierte Verlegung des Satzungssitzes über die Grenze hinweg scheitert in diesen Staaten an deren materiellem Gesellschaftsrecht, da eine Eintragung ausländischer Sitze nicht möglich ist[822]. Somit stellt die Verknüpfung des Verwaltungs- mit dem Registersitz für diese Staaten eine Ausprägung der internationalgesellschaftsrechtlichen und gesellschaftsrechtlichen Notwendigkeiten dar[823]. Eine explizite Regelung dieser Notwendigkeit in Art. 2 lit. b) kann also allenfalls zur Klarstellung beitragen.

Diese Funktion erfüllt Art. 2 lit. b) jedoch keinesfalls. Im Gegenteil, die Regelung wirft Nebelkerzen und ist aus sich heraus ohne Kenntnis der Entwurfsbegründung kaum verständlich. Die Kommission sollte für einen endgültigen Entwurf entweder vollständig von einer derartigen Regelung absehen oder aber eine klarstellende Formulierung finden, die diese Bezeichnung auch verdient. Äußerungen der Kommissionsmitarbeiter zum derzeitigen Entwicklungsstand des endgültigen Richtlinienentwurfes deuten darauf hin, daß es zu einer expliziten Beschränkung des Anwendungsbereiches der Richtlinie auf die Verlegung des Satzungssitzes kommen könnte, und die Verlegung des Verwaltungssitzes nur noch in den Fällen zu berücksichtigen wäre, in denen dies wegen der Beteiligung eines Sitztheorie-Staates notwendig ist[824]. Inwiefern eine isolierte Verlegung des Verwaltungssitzes nach Einführung der Möglichkeit zur Verle-

---

820 Wohl aber steuerrechtliche Probleme.

821 Auf die besonderen Probleme der Gründungstheorie-Staaten mit der richtlinienkonformen Verlegung des Satzungssitzes weist *Hoffmann*, ZHR 164 (2000), 43, 55 f. hin.

822 Die Eintragung ins nationale Gesellschaftsregister erfordert einen Satzungssitz im jeweiligen Land, vgl. für Deutschland statt vieler *Kraft*, in: Kölner Kommentar zum AktG, § 5 Rnr. 4.

823 Art. 3 ist nicht dahin zu verstehen, daß die Gesellschaften unabhängig von der kollisionsrechtlichen Konzeption der beteiligten Staaten ein Wahlrecht haben, den Verwaltungssitz *oder* den Satzungssitz zu verlegen. Vielmehr muß der die Richtlinie umsetzende Mitgliedstaat die seinem Kollisionsrecht entsprechende Alternative bei der Umsetzung wählen. Ebenso *Hoffmann*, ZHR 164 (2000), 43, 52.

824 *Di Marco*, ZGR 1999, 3, 5 und 7.

gung des Satzungssitzes, wenn auch unter Inkaufnahme eines Rechtswechsels, noch von Interesse sein wird, ist eine andere Frage. Denn in der Regel war und ist es so, daß durch die Verlegung des Verwaltungssitzes die – zumindest teilweise – Unterstellung der Gesellschaft unter eine andere Rechtsordnung angestrebt wird[825]. Wenn der zuvor nicht identitätswahrend verlegbare Satzungssitz verlegt werden kann und diese Verlegung zu einer vollständigen und umfassenden Unterstellung unter das ausländische Recht führt, dann könnte das Interesse an einer isolierten Verlegung des Verwaltungssitzes schwinden.

Bei einer Umsetzung der Richtlinie in nationales Recht muß auch dafür gesorgt werden, daß im Zuge einer Sitzverlegung keine Durchgangsstadien entstehen, in denen die Gesellschaft in zwei Registern eingetragen ist[826]. Dies kann durch die Rückwirkung der Löschungseintragung auf den Zeitpunkt der Neueintragung im Zuzugsregister erfolgen. Ein ähnliches Problem entsteht auch für den Fall, daß die Verlegung des Verwaltungssitzes nicht zeitlich mit der Verlegung des Satzungssitzes zusammenfällt, sondern diesem vorausgeht oder nachfolgt[827]. Das könnte zur Konsequenz haben, daß – bei vorausgehender Verwaltungssitzverlegung – die Gesellschaft im der Sitztheorie folgenden Wegzugsstaat aufgelöst werden müßte und im der Sitztheorie folgenden Zuzugsstaat nicht anerkannt würde. Bei nachfolgender Verwaltungssitzverlegung würde die Eintragung des neuen Satzungssitzes im der Sitztheorie folgenden Zuzugsstaat abgelehnt. Die Auflösung der Gesellschaft und ihre Nichtanerkennung im Zuzugsstaat kann nicht der richtige Weg sein und würde vermutlich auch nicht ernsthaft erwogen werden, wenn tatsächlich eine richtlinienkonforme Sitzverlegung bevorsteht. Ein gangbarer Weg ist die vorausgehende Verlegung des Verwaltungssitzes unter der Prämisse, daß eine kurze Frist zum Nachzug des Satzungssitzes[828] und somit zur Legitimation der an sich rechtswidrigen Lage gesetzt wird. Für eine gewisse Zeit muß der Zuzugsstaat dann akzeptieren, daß eine Gesellschaft ausländischer Rechtsform mit einem Verwaltungssitz auf seinem Gebiet existiert und anerkannt wird, während der Wegzugsstaat sanktionslos akzeptieren muß, daß „seine“ Gesellschaft ihren Verwaltungssitz bereits in den neuen

---

825 In der Rechtssache „*Daily Mail*“ wollte die britische plc durch die Verlegung des Verwaltungssitzes in die Niederlande die Anwendbarkeit britischen Steuerrechts umgehen und sich dem niederländischen Steuerrecht unterstellen.

826 Vgl. oben S. 167.

827 Dazu könnte es insbesondere aufgrund logistischer Probleme kommen, denn die Verlegung des tatsächlichen Verwaltungssitzes ist im Gegensatz zur Verlegung des Satzungssitzes ein realer Umzugsvorgang, der nicht innerhalb einer „juristischen Sekunde“ durchgeführt werden kann.

828 Da der Nachzug des Satzungssitzes vom Handeln des Registergerichtes abhängig ist, wäre hier auf die Stellung des Eintragungsantrages nach Art. 10 f. der Richtlinie abzustellen.

Sitzstaat verlegt hat[829]. Während dieser Übergangszeit muß die Gesellschaft ihren bisherigen ausländischen Rechtsformzusatz in ihrer Firma führen und den laufenden Sitzverlegungsvorgang durch einen geeigneten Firmenzusatz[830] offenlegen. Daß die Gesellschaft ihre richtlinienkonforme Sitzverlegung überhaupt betreibt und nicht nur ihren tatsächlichen Verwaltungssitz unter dem Deckmantel einer angeblichen Sitzverlegung verlegen will, läßt sich durch die Vorlage der Bestätigung über die Erfüllung der Verlegungsvoraussetzungen im Wegzugsstaat nach Art. 9 der Richtlinie sicherstellen. Daß die Gesellschaft die Ausstellung dieser Bescheinigung vor Verlegung ihres tatsächlichen Verwaltungssitzes abwarten muß, ist ihr zumutbar.

Nicht ganz nachvollziehbar erscheint die in Art. 12 Satz 1 getroffene Regelung über die Wirksamkeit des neuen Sitzes gegenüber Dritten im Verhältnis zu Art. 11 Abs. 1 der Richtlinie. Aus Art. 12 Satz 1 könnte geschlossen werden, daß die Sitzverlegung als solche gegenüber Dritten erst mit Bekanntmachung ihrer Eintragung im Handelsregister Wirksamkeit erlangt[831], während sie im Innenverhältnis gegenüber den Gesellschaftern nach Art. 11 Abs. 1 schon mit Eintragung wirksam wird[832]. Das würde bedeuten, daß die Gesellschaft im Innen- und Außenverhältnis jeweils vollständig nach unterschiedlichen Rechtsordnungen zu beurteilen ist, solange die Eintragung des neuen Sitzes noch nicht bekanntgemacht ist. Bei dieser Annahme wird allerdings der in Art. 11 Abs. 1 verwendete Begriff „Sitzverlegung" mit dem in Art. 12 Satz 1 verwendeten Begriff „Sitz" gleichgesetzt. Das ist nicht zwingend und angesichts des eindeutigen Wortlautes von Art. 11 Abs. 1 auch nicht geboten. Dort wird gerade *nicht* die Wirksamkeit der Sitzverlegung im Innenverhältnis geregelt, sondern die Wirksamkeit der Sitzverlegung ohne jegliche Einschränkung.

Ohne Aufspaltung der Wirksamkeit der Sitzverlegung kommt man aus, wenn die Regelung des Art. 12 Satz 2 der Richtlinie auch den Zeitraum bis zur Bekanntmachung der Neueintragung erfaßt. Das führt zu dem sachgerechten Ergebnis, daß sich der Rechtsverkehr so lange auf den alten Sitz und damit die alte Rechtslage berufen *kann*, wie ihm der neue Sitz und die bereits wirksame Sitzverlegung nicht bekannt waren[833] und auch nicht wegen der amtlichen Bekanntmachung hätten bekannt sein müssen. Mit diesem Vorgehen wird zwar möglicherweise die durch die grundsätzlich wirksame Sitzverlegung eingetrete-

---

829 *Hoffmann*, ZHR 164 (2000), 43, 54 sieht dieses Durchgangsstadium als für die Gesellschaft unvermeidbar an.

830 Beispielsweise in Anlehnung an die Kapitalgesellschaft „in Gründung" die Kapitalgesellschaft „in Sitzverlegung".

831 Die Gesellschaft könnte den Zeitpunkt der Wirksamkeit nach dieser Regelung auch nicht dadurch vorverlegen, daß sie Dritte selbst über die Sitzverlegung und deren Eintragung im Handelsregister informiert.

832 So *Hoffmann*, ZHR 164 (2000), 43, 60.

833 Ein Zustand, dem die sitzverlegende Gesellschaft etwa durch Mitteilungen an ihre Geschäftspartner bereits *vor* der offiziellen Bekanntmachung abhelfen kann.

ne Rechtslage zu Gunsten der alten Rechtslage ignoriert, doch ist dieses Ergebnis durch den Vertrauensschutz für den Rechtsverkehr gerechtfertigt. Es ist der Lösung über eine Aufspaltung der Wirksamkeit der Sitzverlegung im Innen- und Außenverhältnis vorzuziehen. Die Kommission sollte die in ihren Wirkungen kaum mit Art. 11 Abs. 1 korrespondierende Regelung in Art. 12 Satz 1 aufgeben und statt dessen den Anwendungsbereich des Art. 12 Satz 2 auf den Zeitraum vor Bekanntmachung der neuen Eintragung erweitern.

Anhand der obigen[834] Darstellung eines Sitzverlegungsverfahrens ist zu erkennen, daß es sich bei den vorgesehenen Anforderungen um ein relativ kompliziertes Verfahren mit zahlreichen Offenlegungspflichten und Beteiligungsrechten handelt. Insbesondere die Erstellung des Verlegungsplanes und des zugehörigen Verlegungsberichtes wird nicht ohne die Inanspruchnahme hochspezialisierter Berater möglich sein. Weiterhin wird durch die in Art. 6 vorgesehenen Fristen eine zeitliche Hürde errichtet. Die Sicherung der Gläubiger nach Art. 8 ist ein angemessenes Mittel zur Durchsetzung berechtigter Forderungen. Eine in diesem Zusammenhang aber dringend klärungsbedürftige Frage ist die nach der Behandlung bestehender Dauerschuldverhältnisse. Insbesondere für Miet- und noch viel mehr für Arbeitsverträge stellt sich die Frage, wie sich die Formulierung „... bis zum Zeitpunkt der Bekanntmachung des Verlegungsplanes entstanden sind ...“ auf die noch nicht fälligen, aber im Fortbestand des Dauerschuldverhältnisses angelegten, Ansprüche auswirkt. Geht man davon aus, daß eine Forderung in dem Zeitpunkt entstanden ist, in dem ihr Rechtsgrund gelegt ist[835], könnte sich ein nahezu grenzenloser Sicherungsbedarf nicht zuletzt aufgrund der möglichen Forderungen aus Dauerschuldverhältnissen ergeben[836]. Der Richtlinienvorentwurf formuliert insofern einen Spielraum für den nationalen Gesetzgeber, wenn er von einer „... angemessene[n] Sicherheit ...“ spricht. Bei einer Umsetzung der vierzehnten Richtlinie in das nationale Recht sollte der deutsche Gesetzgeber daher im Interesse der Praktikabilität eine ausgewogene Lösung für dieses Problem suchen.

Die Schwierigkeit des vorgeschlagenen Verfahrens sind ein Resultat der nicht unerheblichen Unterschiede in den nationalen Gesellschaftsrechten. Diese sind noch so erheblich, daß die grundlegende Einschätzung des EuGH, wonach eine freie Sitzverlegung der europäischen Gesellschaften wegen dieser Unterschiede nicht möglich ist, immer noch Gültigkeit beansprucht[837]. Die Sitzverlegung dennoch zu ermöglichen, entspricht daher nahezu der Quadratur des Krei-

---

834 S. 165.

835 Vgl. für die handelsrechtliche Nachhaftung der ausgeschiedenen Gesellschafter einer Personengesellschaft nach § 128 HGB BGHZ 55, 267, 269 f. sowie BAGE 70, 73.

836 Zum Beispiel für die Anmietung von Büroflächen durch langjährige Mietverträge bzw. bei Beschäftigung tausender Arbeitnehmer. Speziell für die Arbeitnehmer könnte sich eine Entzerrung der Situation aus dem Konkursausfallgeld-System ergeben.

837 Dazu oben S. 158.

ses. Ein Verfahren, daß einerseits die Unterschiede in den nationalen Gesellschaftsrechten berücksichtigt und andererseits größtmögliche Freiheit gewährt, kann aus diesem Grunde nicht einfacher ausgestaltet werden. Natürlich wäre es wünschenswert, durch eine vorherige Angleichung der europäischen Gesellschaftsrechte[838] ein weniger abgesichertes Verfahren zur Sitzverlegung zu ermöglichen. Jedoch ist eine Niederlassungsfreiheit, die unter dem Vorbehalt der Erfüllung gewisser Voraussetzungen steht, immer noch besser als der derzeitige Zustand, in dem die primäre Niederlassungsfreiheit für Gesellschaften nicht existiert.

Schwierig bleibt nach wie vor die Frage der unternehmerischen[839] Mitbestimmung. Zu dieser äußert sich der Richtlinienvorentwurf nur in Art. 4 Abs. 1 lit. c). Dort wird festgelegt, daß im Verlegungsplan die Form der Arbeitnehmermitbestimmung angegeben sein muß, wenn die Arbeitnehmer bereits vor der Sitzverlegung in den Gesellschaftsorganen vertreten waren. Der gezielte[840] Verzicht auf eine nähere Regelung erklärt sich aus dem Fehlen einer europäischen Lösung für die zahlreichen Probleme in diesem von politischen Widerständen und nationalen Bedenken geprägten Rechtsbereich. Die Kommission scheint eine Befassung mit diesem Thema bis zu einer Einigung über die Mitbestimmungsregelungen für die Europäische Aktiengesellschaft zurückstellen und die für diese gefundenen Lösungen dann auf die Sitzverlegung übertragen zu wollen[841]. Bisher läßt sich lediglich sagen, daß die Anwendbarkeit des deutschen Mitbestimmungsgesetzes an das Vorhandensein einer deutschen Gesellschaftsform anknüpft, somit also mit dem Wechsel in eine ausländische Gesellschaftsform die deutsche Mitbestimmung endet[842]. Eine Erstreckung deutscher Mitbestimmungsregeln auf ausländische Gesellschaftsformen im Bereich der unternehmerischen Mitbestimmung ist außerdem schon aus rechtstechnischen Grün-

---

838 EuGH 09.03.1999 (*Centros*), Slg. 1999, I-1459, 1493 Rnr. 28 hat erneut auf die Möglichkeit des Rates zur Vervollständigung der Harmonisierung der Rechtsvorschriften im Gesellschaftsrecht hingewiesen.

839 Nicht nur die unternehmerische, also die Beteiligung der Arbeitnehmer an der Führung des Gesamtunternehmens, sondern auch die betriebliche Mitbestimmung, die Beteiligung der Arbeitnehmer an der Führung einer Betriebsstätte, ist problematisch. Allerdings ergeben sich wegen der weitgehenden Loslösung der betrieblichen Mitbestimmung von der Unternehmensform keine so gravierenden Probleme. Vgl. *Großfeld/Erlinghagen*, JZ 1993, 217 ff.; *Ebenroth/Sura*, ZHR 144 (1980), 610 ff.

840 *Heinze*, ZGR 1999, 54, 55.

841 *Heinze*, ZGR 1999, 54, 62. Die Verabschiedung der Verordnung über die Europäische Aktiengesellschaft ist jedoch am 25.05.1999 wegen Differenzen in der Mitbestimmungsfrage möglicherweise endgültig gescheitert, vgl. S. 99 Fn. 409. Aus dieser Richtung dürften daher derzeit kaum Impulse oder gar Lösungen zu erwarten sein.

842 *Großfeld*, IntGesR, Rnr. 511.

den ausgeschlossen[843]. Das bedeutet, daß mit der Zustimmung der Leitungsgremien der wegzugswilligen deutschen Kapitalgesellschaft zur Sitzverlegung und deren tatsächlicher Ausführung die Arbeitnehmer ihrer bisherigen Mitbestimmungsrechte verlustig gehen. Die ursprüngliche deutsche Gesellschaft ist ja nach Eintragung ihrer „Nachfolgerin" im ausländischen Register gemäß Art. 11 Abs. 3 der Richtlinie gelöscht worden. Rein rechtlich ist der Verlust der Mitbestimmungsmöglichkeiten im Rechtsformwechsel der Gesellschaft begründet. Als solcher ist er grundsätzlich legal und sogar notwendig. Dies würde natürlich zu einer Unterspülung der Fundamente des deutschen Mitbestimmungsmodelles führen – und die Flucht aus der deutschen Mitbestimmung könnte ein weiteres Argument *für* die Entscheidung zur Vornahme einer Sitzverlegung sein[844]. Ob eine solche Entwicklung begrüßenswert ist, hängt von der grundsätzlichen Einstellung gegenüber der Mitbestimmung ab. Wer sie befürwortet, wird schon die Schaffung einer Möglichkeit zur Sitzverlegung ablehnen, wenn diese (auch) die Flucht aus der Mitbestimmung ermöglicht oder jedenfalls Maßnahmen zur Sicherung der Mitbestimmung im Fall einer Sitzverlegung fordern. Wer eine Mitbestimmung jedenfalls auf dem hohen deutschen Niveau ablehnt, wird hingegen für eine größtmögliche Freiheit der Sitzverlegung ohne mitbestimmungsbedingte Hindernisse sein. Läßt man die Sitzverlegung ohne mitbestimmungsrechtliche Sicherungsmaßnahmen zu, könnte angesichts zahlreicher Sitzverlegungen in Länder mit weniger hohen Mitbestimmungsstandards möglicherweise sogar eine Änderung der deutschen Rechtslage erreichbar sein. Wendet man dagegen ein, daß Großunternehmen kaum ihren Sitz ins Ausland verlegen werden, um der deutschen Mitbestimmung zu entfliehen, so mag dies für eine reine Sitzverlegung richtig sein. Verwendet man die Möglichkeit zur Sitzverlegung aber zur Vorbereitung einer anderen gesellschaftsrechtlichen Transaktion, beispielsweise einer Verschmelzung von Gesellschaften[845], so bietet es sich an, die Sitzverlegung in ein Land vorzunehmen, dessen Mitbestimmungsregeln weniger

---

[843] Sonst käme es dazu, daß eine ausländische Gesellschaftsform ihre Leitungsgremien nach den Regeln der deutschen Mitbestimmung besetzen müßte – eine nahezu undenkbare Vorstellung.

[844] *Ulmer*, JZ 1999, 662, 663 sieht es als „schwer vorstellbar" an, daß bei einer Unternehmensgründung in mitbestimmungsrelevanten Dimensionen eine ausländische Gesellschaft mit Satzungssitz im Ausland und Verwaltungssitz im Inland gegründet werde. Ob sich diese Einschätzung im Hinblick auf einen immer näher zusammenrückenden europäischen Kapitalmarkt halten läßt, ist m. E. fraglich. Wenn schon bei Kleinaktionären die Vorbehalte gegenüber Gesellschaftsformen aus den EU-Mitgliedstaaten immer geringer werden, könnte bald der Gründung einer Gesellschaft im mitbestimmungsfreien EU-Ausland nicht einmal mehr ein psychologischer Widerstand der Aktionäre entgegenstehen.

[845] Vgl. dazu die Darstellung der alternativen Möglichkeiten bei der „Fusion" der Hoechst AG mit der Rhône-Poulenc S. A. bei *Hoffmann*, NZG 1999, 1077, 1078-1081.

restriktiv sind und das Unternehmen damit für (internationale) Anleger interessanter machen.

Ein weiterer – vermutlich mit annähernd gleicher Brisanz versehener – Problembereich ist die Besteuerung bei einer Sitzverlegung. Sollte es auch für die richtlinienkonforme Sitzverlegung bei einer Wegzugsbesteuerung bleiben, so wären die neu eingeführten Möglichkeiten zur Ausübung der primären Niederlassungsfreiheit nutzlos. Falls sich dies im Zuge der weiteren Erläuterungen bewahrheiten sollte, so wäre dringend eine Lösung für die steuerrechtliche Frage zu finden.

Es bleibt festzustellen, daß aufgrund der geplanten vierzehnten Richtlinie für die europäischen Kapitalgesellschaften mit der Möglichkeit zur identitätswahrenden, aber formwechselnden Verlegung des Satzungssitzes, der falls nötig vom tatsächlichen Verwaltungssitz „begleitet" wird, erstmals die Möglichkeit zur Ausübung der primären Niederlassungsfreiheit vorhanden wäre. Konnte der EuGH in seinem Urteil in der Rechtssache „*Daily Mail*" die primäre Niederlassungsfreiheit der Gesellschaften wegen der bestehenden Unterschiede in den nationalen Gesellschaftsrechtsordnungen noch nicht anerkennen, so harmonisiert die geplante vierzehnte Richtlinie diese nationalen Rechtsordnungen gezielt, indem sie zur Einführung der die Sitzverlegung ermöglichenden Normen verpflichtet. Die sich aus der Gewährleistung der Niederlassungsfreiheit ergebenden Rechtspositionen werden effektiv im nationalen Recht verankert und der Vorbehalt des EuGH zu Gunsten der nationalen Rechtsordnungen bei der Ausübung der primären Niederlassungsfreiheit ausgeräumt. Der Verzicht auf die Angleichung der Kollisionsrechte ist im Rahmen des Subsidiaritätsprinzipes angezeigt und bedingt gleichzeitig den Verzicht auf die Einführung einer europaweiten Möglichkeit zur isolierten Verlegung des Verwaltungssitzes. Für eine Nutzbarkeit der neuen Möglichkeiten müssen allerdings begleitend auch im Mitbestimmungsrecht und im Steuerrecht europarechtliche Eingriffe erfolgen, da sie ohne solche flankierenden Maßnahmen totes Recht sind.

IV. Angleichungsbedarf im deutschen Recht aufgrund der vierzehnten gesellschaftsrechtlichen Richtlinie

Die nachfolgenden Ausführungen sollen aufzeigen, welcher Angleichungsbedarf sich im deutschen Kollisions-, Gesellschafts- und Steuerrecht unmittelbar aufgrund der Verabschiedung einer dem vorliegenden Vorentwurf entsprechenden Richtlinie ergeben würde.

1. Kollisionsrecht

Da die vorgesehene Richtlinie nicht das Ziel verfolgt, das nationale Kollisionsrecht der Mitgliedstaaten anzugleichen und somit eine Entscheidung zu Gunsten einer der im Internationalen Gesellschaftsrecht vertretenen Theorien herbeizuführen, ergeben sich hier keine grundsätzlichen Änderungen. Es gilt also im deutschen Kollisionsrecht weiterhin der oben[846] festgestellte Befund, daß auf eine Gesellschaft das am Ort ihres tatsächlichen Verwaltungssitzes geltende Recht anzuwenden ist. Daher ändert sich auch nichts an der Tatsache, daß eine ausländische Gesellschaft, die ohne Durchführung des nach der Richtlinie vorgesehenen Verfahrens und ohne Erfüllung der dann im Sachrecht geregelten Voraussetzungen für eine identitätswahrende Sitzverlegung ihren Verwaltungssitz ins Inland verlegt, per kollisionsrechtlicher Entscheidung nicht mehr als Gesellschaft ausländischen Rechts anerkannt werden kann und mangels Erfüllung der materiellrechtlichen Voraussetzungen auch nicht deutsche Gesellschaft sein kann. Die ipso iure-Anerkennung[847] der vom ausländischen Recht verliehenen Gesellschaftseigenschaft und auch der Rechtsfähigkeit wird also weiterhin an der vom Kollisionsrecht festgestellten fehlenden Anwendbarkeit ausländischen Rechts scheitern. Nur für den möglichst kurzen Übergangszeitraum, in dem nach den obigen Ausführungen[848] der Verwaltungssitz bis zum Nachzug des Satzungssitzes bereits in Deutschland als Zuzugsstaat vorhanden ist, wäre die Rechtsfähigkeit einer ausländischen Gesellschaft mit Verwaltungssitz in Deutschland anzuerkennen. Ebenso dürfte eine wegziehende deutsche Gesellschaft nicht mit Auflösung und Abwicklung bestraft werden, wenn sie eine Sitzverlegung ernsthaft betreitb und in deren Verlauf ihren Verwaltungssitz bereits in den neuen Sitzstaat verlegt hat. Trotz dieser Änderungen während der Übergangszeiträume bleibt der kollisionsrechtliche status quo auch nach Verabschiedung und Umsetzung einer vierzehnten Richtlinie auf dem Gebiet des Gesellschaftsrechts weitestgehend erhalten.

---

846 S. 27.

847 Dazu oben S. 20.

848 S. 189.

2. Gesellschaftsrecht

Die Auswirkungen der Richtlinie auf das deutsche Gesellschaftsrecht hingegen werden ungleich größer sein. Angesichts der bisherigen Rechtslage in Deutschland müssen weniger bestehende Normen geändert, als vielmehr völlig neue Rechtsinstitute in Gesetzesform gefaßt werden.

a) Richtliniengesetz

Die notwendigen Neuregelungen können durch Einbettung der Sitzverlegungsnormen in bereits vorhandene Gesetze erfolgen oder durch ein neues, alleine die Sitzverlegung von Kapitalgesellschaften betreffendes Gesetz. Die Regelung der Materie in einem speziellen Gesetz zur Umsetzung der vierzehnten Richtlinie erscheint vorzugswürdig, da sich in den vorhandenen Gesetzen keine zu ändernden Regelungen finden, so daß eine Neukodifikation erforderlich ist. Eine solche wird aber sinnvollerweise eher in einem separaten Gesetz stattfinden, wo auf diesem Wege eine hoffentlich kompakte Regelung zu erreichen sein wird[849].

Wird das vorgesehene Verfahren[850] durchgeführt, stellt sich die rechtliche Lage wie folgt dar: Bei Beteiligung Deutschlands als kollisionsrechtlich der Sitztheorie folgendem Staat ist sowohl beim Wegzug aus als auch beim Zuzug nach Deutschland die kombinierte Verlegung von Satzungssitz und Verwaltungssitz erforderlich. Beim Zuzug einer ausländischen Kapitalgesellschaft nach Deutschland wird diese nach Anpassung ihres Gründungsdokumentes ins deutsche Register eingetragen und fortan als deutsche Aktiengesellschaft oder Gesellschaft mit beschränkter Haftung mit Verwaltungssitz und Satzungssitz in Deutschland existieren[851]. Beim Wegzug einer deutschen Gesellschaft ins Ausland geschieht dies nach Anpassung an die ausländische Rechtsordnung entsprechend. Eine Änderung der deutschen Vorschriften über den Sitz einer Gesell-

---

849 Ein „Richtliniengesetz" hält auch *K. Schmidt*, ZGR 1999, 20, 31 f. gegenüber der Einbettung der Vorschriften in das UmwG für vorzugswürdig. Sein Vorschlag einer Gesamtkodifikation der Sitzverlegung im Zusammenhang mit der grenzüberschreitenden Verschmelzung im UmwG erscheint *K. Schmidt* (aaO.) derzeit zu gewagt. Für eine isolierte Umsetzung der Richtlinie auch *Hoffmann*, ZHR 164 (2000), 43, 62.

850 S. 165.

851 *K. Schmidt*, ZGR 1999, 20, 32 hält einen „cross over" zwischen den Gesellschaftsformen für möglich, wonach eine im ausländischen Recht der deutschen GmbH entsprechende Kapitalgesellschaft beim Zuzug nach Deutschland hier die Rechtsform einer AG wählt. Gegen eine solche „Umwandlung" im Zuge des Umzuges spricht nichts, wenn die Gesellschafter diese mittragen und die Voraussetzungen für die Gründung der jeweiligen Gesellschaft erfüllt werden. Ob die Prüfung sich auf die Voraussetzungen einer GmbH oder AG bzw. der entsprechenden ausländischen Gesellschaftsformen bezieht, ist im Zuzugsstaat ebenso unerheblich, wie im Wegzugsstaat die Frage, welche Voraussetzungen die Gesellschaft anläßlich ihrer Sitzverlegung erfüllen will.

schaft, dessen Registereintragung und die Zuständigkeiten in diesem Bereich ist nicht erforderlich. Das Richtliniengesetz hätte zwar vorrangig gesellschaftsrechtliche Inhalte, dürfte allerdings über die Kodifikation der Notwendigkeit zur gemeinsamen Verlegung von Satzungs- und Verwaltungssitz erstmals[852] eine gesetzliche Festlegung auf die Sitztheorie mit sich bringen.

b) Sitzverlegung ohne Beachtung des Richtlinienverfahrens

Wie schon im Kollisionsrecht ergeben sich keine Änderungen an der eingangs geschilderten Rechtslage für den Fall, daß eine ausländische Gesellschaft ihren Satzungs- oder Verwaltungssitz ohne Beachtung des in der Richtlinie vorgesehenen Verfahrens nach Deutschland verlegt. Die Eintragung des Satzungssitzes ins deutsche Register wird ihr als ausländische Gesellschaft verweigert werden, während die Verlegung des Verwaltungssitzes dazu führt, daß die Personenvereinigung als nicht voll rechtsfähige oHG oder GbR behandelt wird. Die Verlegung des Satzungssitzes einer deutschen Gesellschaft wird in diesem Fall weiterhin nicht möglich sein. Die Verlegung des Verwaltungssitzes ohne Beachtung des erforderlichen Verfahrens wird weiterhin die Zwangsauflösung der Gesellschaft zur Folge haben, wenn es auch aus Gründen der Verhältnismäßigkeit erforderlich sein wird, die Gesellschaft zur Durchführung des geregelten Verfahrens aufzufordern und den Vorgang so zu legalisieren.

3. Steuerrecht

Die geplante vierzehnte gesellschaftsrechtliche Richtlinie enthält keine steuerrechtlichen Regelungen. Es liegen derzeit auch keine Vorschläge für eine steuerliche Begleitregelung zur Richtlinie vor. Aus diesem Grund bleiben die steuerrechtlichen Regelungen in den einzelnen Mitgliedstaaten grundsätzlich unangetastet. Eine Änderung steuerlicher Regelungen *unmittelbar* aufgrund der geplanten vierzehnten Richtlinie ist daher nicht erforderlich.

V. Steuerliche Folgen der Sitzverlegung nach Umsetzung der vierzehnten Richtlinie

Nach einer Umsetzung der geplanten vierzehnten Richtlinie in deutsches Recht können sich aber für die ihre Sitze verlegenden Gesellschaften steuerrechtliche Folgen sowohl bei der Steuerpflicht und Steuerpflichtart, als auch in Form einer Besteuerung aus Anlaß des Sitzverlegungsvorganges ergeben. Zur Zeit besteht

---

[852] Nach *von Bar*, IPR II, Rnr. 620 ist bereits im Zustimmungsgesetz zum Übereinkommen über die gegenseitige Anerkennung von Gesellschaften und juristischen Personen (oben Fn. 81) eine Entscheidung zu Gunsten der Sitztheorie enthalten, vgl. dazu oben Fn. 83.

bereits in Gestalt des § 12 Abs. 1 KStG eine Norm, welche die steuerliche Behandlung des Wegzuges unbeschränkt körperschaftsteuerpflichtiger Kapitalgesellschaften regelt. Im Rahmen der Darstellung der derzeitigen Rechtslage in Deutschland wurde darauf hingewiesen, daß diese Regelungen wegen der gesellschaftsrechtlichen Unmöglichkeit einer Sitzverlegung und der vorrangigen Liquidationsbesteuerung derzeit einen äußerst geringen Anwendungsbereich haben[853]. Wird jedoch auf gesellschaftsrechtlicher Ebene die Sitzverlegung ermöglicht, so könnten diese steuerrechtlichen Regelungen bei Nutzung der neuen Möglichkeiten greifen. Bei der Darstellung der steuerrechtlichen Folgen soll davon ausgegangen werden, daß eine richtlinienkonforme Sitzverlegung durchgeführt wird. Es soll also ohne Auflösung der Gesellschaft entweder ein Zuzug mit Wechsel in eine deutsche Rechtsform oder ein Wegzug mit Wechsel in eine ausländische Rechtsform erfolgen.

1. Auswirkungen der Sitzverlegung nach der vierzehnten Richtlinie auf die Steuerpflicht und deren Art

Es besteht die Möglichkeit, daß die Kapitalgesellschaft durch ihre Sitzverlegung gänzlich aus der deutschen Steuerpflicht herausfällt oder daß ein Wechsel von der unbeschränkten zur beschränkten Steuerpflicht bzw. in umgekehrter Richtung erfolgt.

a) Wegzug einer Kapitalgesellschaft aus Deutschland

Bei der Verlegung der Sitze einer Kapitalgesellschaft aus Deutschland heraus ändert sich deren Rechtsform von einer Rechtsform deutschen Rechts in eine solche ausländischen Rechts. Damit entfällt eine Körperschaftsteuersubjektfähigkeit nach § 1 Abs. 1 Nr. 1 KStG[854], es kommt aber eine Körperschaftsteuersubjektfähigkeit nach § 1 Abs. 1 Nr. 4 KStG als sonstige juristische Person des (ausländischen) privaten Rechts in Betracht. Die unbeschränkte Körperschaftsteuerpflicht scheitert aber jedenfalls daran, daß die Gesellschaft ausländischer Rechtsform nach ihrer Sitzverlegung weder Geschäftsleitung noch statutarischen Sitz im Sinne des § 1 Abs. 1 KStG in Deutschland hat. Aus diesem Grund hat die Sitzverlegung jedenfalls ein Ausscheiden aus der unbeschränkten Körperschaftsteuerpflicht[855] im Sinne des § 1 KStG zur Folge. Wegen der alter-

---

853 Vgl. dazu oben S. 77 f.

854 Im Bereich des § 1 Abs. 1 Nr. 1 KStG besteht eine strenge Anbindung des Steuerrechts an die zivilrechtlichen Gesellschaftsformen, so daß hier eine Einordnung ausländischer Gesellschaften nicht in Betracht kommt. *Rengers,* in: Blümich, § 1 KStG Rnr. 61.

855 Die bis zur wirksamen Sitzverlegung bestehende deutsche Kapitalgesellschaft war nach § 1 KStG als Körperschaftsteuersubjekt im Sinne des § 1 Abs. 1 Nr. 1 KStG wegen ihres in Deutschland befindlichen Satzungs- und Verwaltungssitzes unbeschränkt körper-

Fortsetzung der Fußnote siehe folgende Seite

nativen Anknüpfung der unbeschränkten Steuerpflicht an den Satzungssitz oder den mit dem tatsächlichen Verwaltungssitz identischen Sitz der Geschäftsleitung stellt sich hier nicht die Problematik des eventuellen Auseinanderfallens von Satzungs- und Verwaltungssitz während einer Übergangszeit, in der die Sitzverlegung rein technisch durchgeführt wird und in der möglicherweise der Satzungs- und der Verwaltungssitz bzw. der Sitz der Geschäftsleitung der Gesellschaft auseinanderfallen.

Ob die ausländische Gesellschaft gänzlich aus der deutschen Steuerpflicht ausscheidet, richtet sich danach, ob noch eine deutsche inländische Einkunftsquelle vorhanden ist[856]. Ist dies der Fall, und ergibt der Typenvergleich zwischen der ausländischen Gesellschaftsform und den deutschen Kapitalgesellschaften eine Übereinstimmung[857], so besteht auch nach der Sitzverlegung für die inländischen Einkünfte die beschränkte Körperschaftsteuerpflicht nach § 2 Nr. 1 KStG. Bestehen wegen einer kompletten Verlegung sowohl der Sitze als auch der tatsächlichen Einrichtungen keinerlei Bezugspunkte zu Deutschland mehr, scheidet die Gesellschaft dagegen vollkommen aus der deutschen Körperschaftsbesteuerung aus.

b) Zuzug einer Kapitalgesellschaft nach Deutschland

Umgekehrt spielt sich dieser Vorgang bei der Sitzverlegung einer ausländischen Kapitalgesellschaft nach Deutschland ab. War die ausländische Kapitalgesellschaft bereits vor der Sitzverlegung aufgrund des Typenvergleiches als Körperschaftsteuersubjekt anzusehen und bestand vor dem Rechtsformwechsel auf eine deutsche Kapitalgesellschaft eine Einkunftsquelle in Deutschland etwa in Form einer Betriebsstätte, so wechselt mit Wirksamkeit der Sitzverlegung die Steuerpflichtart von der beschränkten Körperschaftsteuerpflicht in die unbeschränkte Körperschaftsteuerpflicht. Dies deshalb, weil es sich nunmehr bei dem Körperschaftsteuersubjekt um eine der in § 1 Abs. 1 Nr. 1 KStG aufgezählten Kataloggesellschaften handelt, die außerdem sowohl mit dem Satzungssitz als auch mit dem Sitz der Geschäftsleitung in Deutschland ansässig ist. Hatte die ausländische Gesellschaft vor ihrer Sitzverlegung kein wirtschaftliches Standbein in

---

schaftsteuerpflichtig und unterlag als solche – vorbehaltlich abweichender Regelungen in DBA – mit ihren gesamten Welteinkünften der deutschen Besteuerung. Vgl. dazu oben S. 60.

856 In Betracht kommen insbesondere Betriebsstätten oder inländische Grundstücke der Gesellschaft.

857 *Rengers*, in: Blümich, § 1 KStG Rnr. 142. Jedenfalls die Kapitalgesellschaftsformen der Mitgliedstaaten der Europäischen Union sind den deutschen Kapitalgesellschaftsformen – auch ohne Verabschiedung und Umsetzung der „Strukturrichtlinie" – so ähnlich, daß der Typenvergleich für sie positiv ausfallen wird. Vgl. dazu die Übersicht bei *Frotscher*, in: ders./Maas, KStG, § 1 Rnr. 43.

Deutschland, so begründet sich mit Wirksamwerden der Sitzverlegung und des Rechtsformwechsels erstmals die unbeschränkte Körperschaftsteuerpflicht in Deutschland.

2. Auswirkungen der Sitzverlegung nach der vierzehnten Richtlinie auf die Besteuerung

Aus den dargestellten Änderungen in der Steuerpflicht und -art können sich weitere Konsequenzen für die Besteuerung der Kapitalgesellschaft in Deutschland ergeben. In dieser Untersuchung wird ausschließlich auf die sich aus der Sitzverlegung der Gesellschaft direkt ergebenden Konsequenzen eingegangen. Nicht behandelt wird die Verlagerung von Vermögensgegenständen der Gesellschaft ins Ausland, wenn also nicht nur die Gesellschaft als solche ihren Sitz verlegt, sondern auch deren Vermögen über die Grenze verlagert wird. In diesem Fall können sich ebenfalls – möglicherweise negative – steuerliche Konsequenzen ergeben. Diese sind jedoch nicht durch die Sitzverlegung an sich, sondern durch einen weiteren, autonomen Verlagerungsvorgang veranlaßt und daher hier aus Raumgründen nicht zu erörtern[858].

a) Wegzug einer Kapitalgesellschaft aus Deutschland

Zu klären sind dagegen die Steuerfolgen des Wegzuges einer Kapitalgesellschaft aus Deutschland und damit aus der deutschen Besteuerungshoheit.

aa) Liquidationsbesteuerung

Die Liquidationsbesteuerung nach § 11 KStG bzw. § 16 EStG kommt im Falle einer Sitzverlegung in Übereinstimmung mit dem nach der vierzehten Richtlinie vorgesehenen Verfahren nicht mehr direkt zur Anwendung. Die Gesellschaft wird nicht mehr zwangsweise aufgelöst und abgewickelt.

bb) Wegzugsbesteuerung

Auch wenn die Liquidationsbesteuerung nicht direkt anwendbar ist, so bleibt doch noch die Wegzugsbesteuerung nach § 12 Abs. 1 KStG als über der Gesellschaft schwebendes steuerliches Damoklesschwert. Wurde es bei der Darstellung der derzeitigen Rechtslage noch deutlich, daß sich ein Anwendungsbereich

---

[858] Insoweit sei auf die Arbeit von *Kempka* verwiesen, die sich speziell mit diesem Thema im Verhältnis von Stammhaus und Betriebsstätte befaßt. Vgl. außerdem *Fischer/Warneke*, S. 293 ff.

für § 12 Abs. 1 KStG nur schwer finden läßt[859], so könnte sich dies wegen des Wegfalles der Liquidation und damit auch der vorrangigen Liquidationsbesteuerung geändert haben.

(1) Voraussetzungen des § 12 Abs. 1 Satz 1 KStG

§ 12 Abs. 1 Satz 1 KStG sieht als Voraussetzung für die entsprechende Anwendung des § 11 KStG die Verlegung von Sitz oder Geschäftsleitung oder beiden Merkmalen ins Ausland, sowie das dadurch bedingte Ausscheiden aus der unbeschränkten Steuerpflicht in Deutschland vor. Mit einer richtlinienkonformen Verlegung des Satzungssitzes und des Verwaltungssitzes ins Ausland ist die erste Voraussetzung des § 12 Abs. 1 Satz 1 KStG erfüllt. Durch diesen Vorgang ist die Gesellschaft auch aus der unbeschränkten Steuerpflicht in Deutschland ausgeschieden. Damit sind die Tatbestandsvoraussetzungen des § 12 Abs. 1 Satz 1 KStG erfüllt und es kommt zur entsprechenden Anwendung des § 11 KStG.

(2) Ermittlung des Sitzverlegungs-Endvermögens

Sitzverlegungs-Endvermögen ist nach § 12 Abs. 1 Satz 2 KStG „... der gemeine Wert des vorhandenen Vermögens". Dieses ist als Abwicklungs-Endvermögen im Sinne des § 11 KStG bei dessen entsprechender Anwendung anzusetzen. Bei der Ermittlung des Sitzverlegungs-Endvermögens sind grundsätzlich alle Vermögenswerte der Gesellschaft zu berücksichtigen. Dieser Grundsatz gilt aber nur insoweit, als er nicht durch vorrangige Regelungen der Doppelbesteuerungsabkommen über die Verteilung der Besteuerungsrechte und des nationalen Steuerrechts über Steuerbefreiungen eingeschränkt ist. Werden bestimmte Einkünfte in Deutschland steuerfrei gestellt[860] oder weisen die Doppelbesteuerungsabkommen das Besteuerungsrecht bezüglich der Gewinne aus der Veräußerung eines Vermögensgegenstandes einem anderen Staat zu[861], so fließt der Wert dieser Vermögensgegenstände auch nicht in das für die deutsche Wegzugsbesteuerung maßgebliche Sitzverlegungs-Endvermögen ein.

Konkret bedeutet das in Anlehnung an die obigen[862] Ausführungen, daß stille Rücklagen in ausländischen Grundstücken, in ausländischen Betriebsstätten sowie in unter die Befreiungsregelung des § 8b Abs. 2 KStG fallenden aus-

---

859 Vor allem wegen der vorrangigen Anwendbarkeit der Liquidationsbesteuerung nach § 11 KStG auf die wegen der Sitzverlegung zu liquidierende Gesellschaft. Vgl. dazu oben S. 77.

860 Vgl. oben S. 64-67 insbesondere zu § 8b KStG.

861 Vgl. oben S. 67-72.

862 S. 64-72.

ländischen Gesellschaftsanteilen nicht der deutschen Wegzugsbesteuerung unterliegen. Der Wegzugsbesteuerung unterliegen hingegen alle im inländischen Anlage- und Umlaufvermögen bestehenden stillen Rücklagen, alle passivischen stillen Rücklagen und die stillen Rücklagen in ausländischen Gesellschaftsanteilen, die – beispielsweise wegen Nichterreichen der Mindestbeteiligungsquote von 10 % – nicht unter die Befreiungsregelung des § 8b Abs. 2 KStG fallen.

(3) Ermittlung des Sitzverlegungs-Gewinnes

Das unter Beachtung dieser Vorgaben ermittelte Sitzverlegungs-Endvermögen wird dem Betriebsvermögen des der Sitzverlegung vorangehenden Wirtschaftsjahres[863] gegenübergestellt. Die Differenz zwischen beiden Vermögen ist der zu besteuernde Sitzverlegungsgewinn der Gesellschaft[864]. Damit wird auch der im laufenden Geschäftsjahr vor dem Ausscheiden aus der unbeschränkten Steuerpflicht entstandene laufende Unternehmensgewinn der Gesellschaft als Sitzverlegungs-Gewinn besteuert.

b) Zuzug einer Kapitalgesellschaft nach Deutschland

Wie schon bei der Sitzverlegung aus Deutschland heraus kommt es auch bei der richtlinienkonformen Sitzverlegung nach Deutschland nicht mehr zu einer Auflösung und Abwicklung der Gesellschaft im Ausland und es ist auch keine Neugründung der Gesellschaft im Inland erforderlich. Allerdings führt der Zuzug jedenfalls zum Eintritt in die unbeschränkte Körperschaftsteuerpflicht in Deutschland, unter Umständen aus einer bereits bestehenden beschränkten Körperschaftsteuerpflicht heraus. Der Eintritt in die unbeschränkte Körperschaftsteuerpflicht fordert von der zugezogenen Gesellschaft in nunmehr deutscher Rechtsform die Erstellung einer Eröffnungsbilanz, in der die Werte der Vermögensgegenstände grundsätzlich mit ihren Teilwerten anzusetzen sind[865]. Eine Einstellung mit den geringeren Auslandsbuchwerten würde im Falle einer Veräußerung des Vermögensgegenstandes zu einem unverdienten Steuerzufluß an den deutschen Fiskus führen. Steuerlich nachteilige Folgen ergeben sich – wenn man nicht bereits die Steuerpflicht in Deutschland als eine solche ansieht – aus der Sitzverlegung nicht. Falls bereits wegen der Existenz einer Betriebsstätte eine beschränkte Steuerpflicht in Deutschland besteht, hat dieser Wechsel für die zuziehende Gesellschaft wiederum keine negativen steuerlichen Folgen. Im

---

863 *Dötsch*, in: ders./Eversberg/Jost/Witt, KStG, § 12 Rnr. 27.

864 *Dötsch*, in: ders./Eversberg/Jost/Witt, KStG, § 12 Rnr. 31. Ein Beispiel für die Durchführung einer Sitzverlegungsbesteuerung findet sich bei *Cattelaens/Gottstein/Stegmüller/Zenthöfer*, KöSt, Rnr. 712 ff.

865 *Frotscher*, in: ders./Maas, KStG, § 12 Rnr. 30.

Falle einer richtlinienkonformen Sitzverlegung besteht wegen der Identität des ausländischen Rechtsträgers mit der zugezogenen Gesellschaft inländischer Rechtsform auch nicht das Problem einer möglichen Besteuerung der in der Betriebsstätte vorhandenen stillen Rücklagen nach § 12 Abs. 2 Alt. 3 KStG[866], da keine Übertragung auf einen anderen Rechtsträger vorliegt.

3. Fazit

Bei einer richtlinienkonformen Sitzverlegung aus Deutschland ins EU-Ausland werden die stillen Rücklagen einer Kapitalgesellschaft besteuert, soweit sie nach Doppelbesteuerungsabkommen und deutschem Steuerrecht der deutschen Besteuerung unterliegen. Im Falle eines Zuzuges ausländischer Kapitalgesellschaften nach Deutschland ergeben sich aus dem deutschen Steuerrecht keine negativen Konsequenzen. Allgemein ist davon auszugehen, daß sich aus einem Zuzugsvorgang keine oder nur sehr geringe negative Konsequenzen ergeben, da die Zuzugsstaaten durch die Sitzverlegung ein weiteres Steuersubjekt in ihre Steuerhoheit aufnehmen und auch mit dessen Steuerzahlungen rechnen können. Im Gegensatz dazu ist beim Wegzug von Kapitalgesellschaften nicht nur in Deutschland damit zu rechnen, daß der jeweilige Fiskus im letzten möglichen Zeitpunkt vor dem Ausscheiden aus der Steuerpflicht eine Besteuerung der stillen Rücklagen versuchen wird. Insofern ist die deutsche Rechtslage Allgemeingut[867]. Da jeder Zuzug in ein Land aber gleichzeitig einen Wegzug aus einem anderen Land darstellt, kann alleine aus der Tatsache, daß es in Deutschland nicht zu einer Steuerbelastung kommt, noch keine „Entwarnung" für die nach Deutschland zuziehende Gesellschaft gegeben werden, da immer noch eine Besteuerung im Wegzugsstaat im Raum steht. Die stattfindende Wegzugsbesteuerung wirkt als Hindernis für den Umzug der Gesellschaft, da sie zur Begleichung der entstehenden Steuerschuld die Aufbringung erheblicher finanzieller Mittel erfordert, denen kein zeitgleicher oder zumindest zeitnaher Mittelzufluß bei der Gesellschaft gegenübersteht. Dieses Hindernis ist auf seine Vereinbarkeit mit dem Europäischen Gemeinschaftsrecht hin zu überprüfen.

---

866 Vgl. dazu oben S. 88.

867 *Merkt*, RabelsZ 59 (1995), 545, 561; *Eyles*, Niederlassungsrecht, S. 341; inzident *Bellstedt*, RIW 1988, 883, 886. Der streitgegenständliche Sachverhalt in der vom EuGH entschiedenen Rechtssache „*Daily Mail*" (Slg. 1988, 5483) beruhte auf einer Weigerung der britischen Finanzverwaltung, einer plc ohne vorherige Erfüllung ihrer steuerlichen Verpflichtungen aus den stillen Rücklagen die Genehmigung zur Sitzverlegung zu erteilen. Zur Wegzugsbesteuerung im belgischen Recht *Wymeersch*, ZGR 1999, 126, 143 f.

VI. Vereinbarkeit der steuerlichen Konsequenzen mit Europäischem Recht

Mit Umsetzung der vierzehnten Richtlinie ins nationale Recht entsteht bei der Sitzverlegung von Gesellschaften eine völlig neue Situation. Die kollisionsrechtliche Anknüpfung an den Verwaltungssitz im Rahmen der Sitztheorie ist nach wie vor europarechtskonform[868] und auch die aufgrund der geplanten vierzehnten Richtlinie eingeführten gesellschaftsrechtlichen Anforderungen[869] werden einer europarechtlichen Prüfung am Maßstab der Grundfreiheiten standhalten[870]. Eine wesentlich komplexere Situation ergibt sich jedoch im Steuerrecht. Dort ist § 12 KStG bisher faktisch ohne Anwendungsbereich[871], erlangt aber nach Umsetzung der vierzehnten Richtlinie bei Nutzung der neu geschaffenen Möglichkeiten Bedeutung. Aus den vorstehenden Erläuterungen ergibt sich, daß das deutsche Steuerrecht bei Nutzung der von der geplanten vierzehnten Richtlinie vorgesehenen Möglichkeiten zur Sitzverlegung eine Wegzugsbesteuerung durchführt. Darin könnte eine nicht zu rechtfertigende und somit gegen Gemeinschaftsrecht verstoßende Beschränkung der deutschen Kapitalgesellschaften bei der Ausübung ihrer Niederlassungsfreiheit[872] liegen.

1. Europarecht als Maßstab für nationales Steuerrecht

Vor einer Prüfung der Vereinbarkeit deutscher steuerrechtlicher Regelungen mit Europäischem Recht ist zunächst die Frage zu klären, ob dieses überhaupt Maßstab nationalen Steuerrechts ist. Dabei ist zwischen direkten und indirekten Steuern zu unterscheiden. Für die indirekten[873] Steuern ist wegen deren weitrei-

---

[868] Dies ist vor allem aufgrund der bereits ausführlich behandelten EuGH-Entscheidung in der Rechtssache „Centros“ nicht unumstritten. Dazu zuletzt noch einmal *Kindler*, in: MüKo, IntGesR, Rnr. 366-372. Ausführlich zu den EuGH-Entscheidungen „*Daily Mail*“ und „*Centros*“ und zur Diskussion oben S. 126-134 und S. 148-158.

[869] Zum Beispiel der Zwang zur Annahme einer Rechtsform des Zuzugsstaates oder die Verpflichtung zur Sicherung der Gläubiger nach Art. 8 der Richtlinie.

[870] Vgl. insbesondere zur Sicherung der Gläubiger der Gesellschaft EuGH 09.03.1999 (*Centros*), Slg. 1999, I-1459, 1496 Rnr. 38.

[871] Vgl. oben S. 77-80.

[872] Die Verlegung des Satzungs- und Verwaltungssitzes ist eine Form der Ausübung der Niederlassungsfreiheit, die nach einer Umsetzung der geplanten vierzehnten Richtlinie in nationales Recht auch ausgeübt werden kann. Vgl. dazu oben S. 116 und S. 120 (grundsätzlich) sowie S. 186 (zur Umsetzung dieses Rechts durch die Richtlinie).

[873] Indirekte Steuern sind nach *Tipke/Lang*, § 8 Rnr. 20 solche Steuern, bei denen Steuerschuldner und Steuerträger auseinanderfallen, die also vom Steuerschuldner auf einen anderen Steuerträger überwälzt werden. Klassisches und vom Aufkommen her wichtigstes Beispiel dafür ist die Umsatzsteuer, die vom Steuerschuldner (Veräußerer der Ware

Fortsetzung der Fußnote siehe folgende Seite

chender Bedeutung für den Warenverkehr im gemeinsamen Binnenmarkt in Art. 93 EG ein Harmonisierungsauftrag enthalten, der insbesondere durch die sechste Richtlinie zur Harmonisierung der Rechtsvorschriften der Mitgliedstaaten über die Umsatzsteuer[874] ausgefüllt wurde. Die direkten[875] Steuern hingegen unterliegen nach dem EG-Vertrag keinem Harmonisierungsauftrag[876]. Auch ohne einen solchen besteht für die Gemeinschaft allerdings die Möglichkeit, im Rahmen der Voraussetzungen des Art. 94 EG Harmonisierungen auf dem Gebiet der direkten Steuern vorzunehmen[877]. Verabschiedete Richtlinien auf dem Gebiet der direkten Steuern sind bisher die Fusionsrichtlinie[878] und die Mutter-Tochter-Richtlinie[879]. Außerdem wurde ein Übereinkommen über die Beseitigung von Doppelbesteuerungen bei Gewinnberichtigungen im Konzern[880] geschlossen. Weitere Richtlinien sind vorgeschlagen, so zum Beispiel bezüglich der Besteuerung von Zinserträgen[881], jedoch bisher nicht verabschiedet. Wegen der von den Mitgliedstaaten befürchteten erheblichen Eingriffe in nationale Hoheitsrechte ist die Durchsetzung von Richtlinien in diesem Bereich extrem schwierig. Außerhalb des Regelungsbereiches dieser Maßnahmen verbleibt die Regelungshoheit über die direkten und indirekten Steuern vollständig bei den nationalen Steuergesetzgebern. Dies ändert jedoch nichts an der Tatsache, daß sich diese nationale Steuergesetzgebung am Europarecht messen lassen muß[882]. Der EuGH prüft die Vereinbarkeit mit den Regelungen des EG-Vertrages im

---

bzw. Erbringer der Dienstleistung) auf den Verbraucher bzw. Empfänger überwälzt wird.

874 Richtlinie 77/388 vom 17.05.1977, ABl. EG 1977 L 145/1.

875 Direkte Steuern sind nach *Tipke/Lang*, § 8 Rnr. 20 solche Steuern, bei denen Steuerschuldner und Steuerträger identisch sind, bei denen also eine Überwälzung im Allgemeinen nicht stattfindet. Dabei handelt es sich vor allem um die Steuern auf das Einkommen der natürlichen Personen und Körperschaften nach EStG bzw. KStG.

876 *Knobbe-Keuk*, Steuerrecht, § 8 b I (S. 335); *Jacobs*, S. 110; *Brinkmann*, S. 23.

877 *Knobbe-Keuk*, aaO; *Jacobs*, aaO.; *Brinkmann*, S. 24, der zusätzlich noch die Harmonisierungsmöglichkeiten nach Art. 44 Abs. 2 lit. g EG und Art. 308 EG nennt.

878 RL 90/434 vom 23.07.1990, ABl. EG 1990 L 225/1.

879 RL 90/435 vom 23.07.1990, ABl. EG 1990 L 225/6.

880 Übereinkommen vom 23.07.1990, ABl. EG 1990 L 225/10. Dieses stellt zusammen mit den beiden vorgenannten Richtlinien das sogenannte „Dreierpaket“ dar.

881 Vorschlag der Kommission, KOM-Dok. (1998) 295 endg. Die Verabschiedung scheiterte zuletzt an der Haltung der britischen Regierung, die umfangreiche Ausnahmen für den Londoner Eurobond-Markt verlangt. Vgl. die Artikel „EU-Zinsbesteuerung vorerst gescheitert“ in *Frankfurter Allgemeine Zeitung* Nr. 289 vom 11.12.1999, S. 13 und „Binnenmarkt- und Steuerbeschlüsse vertagt“ in *Frankfurter Allgemeine Zeitung* Nr. 297 vom 21.12.1999, S. 28.

882 Das Steuerrecht unterliegt wie jede nationale Rechtsnorm dem seit der grundlegenden Entscheidung des EuGH vom 15.07.1964 in der Rechtssache *Costa/ENEL* (Slg. 1964, 1251, 1269, 1270 f.) anerkannten Vorrang des Gemeinschaftsrechts vor dem nationalen Recht.

Allgemeinen und insbesondere mit seinen Grundfreiheiten. Der Gerichtshof formuliert:

> „Die direkten Steuern fallen zwar in die Zuständigkeit der Mitgliedstaaten, doch müssen diese ihre Zuständigkeit unter Wahrung des Gemeinschaftsrechts ausüben."[883]

Daher ist auch § 12 KStG als Regelung des nationalen Steuerrechts über die Besteuerung der stillen Rücklagen von Kapitalgesellschaften aus Anlaß ihres Wegzuges ins Ausland auf die Vereinbarkeit mit Europarecht zu prüfen.

Neben den eigentlichen nationalen Steuerregelungen müssen auch die zwischen den Mitgliedstaaten[884] geschlossenen Doppelbesteuerungsabkommen und deren Umsetzung ins nationale Recht europarechtlichen Vorgaben genügen. Der Vorrang des Europarechts ergibt sich für die zwischen den Mitgliedstaaten *vor* Inkrafttreten des EG-Vertrages oder ihrem Beitritt abgeschlossenen Doppelbesteuerungsabkommen und deren nationale Umsetzungsmaßnahmen bereits aus dem *lex posterior derogat legi priori*-Grundsatz[885]. Dieser Vorrang bezieht sich nicht nur auf das Primärrecht, sondern auch auf das auf dessen Grundlage ergangene Sekundärrecht und führt zur Unanwendbarkeit des früheren Abkommensrechts und des nationalen Umsetzungsrechts insofern, als es Europarecht widerspricht[886]. *Nach* Inkrafttreten des EG-Vertrages oder dem Beitritt abgeschlossene Doppelbesteuerungsabkommen und deren nationale Umsetzungsmaßnahmen sind auf ihre Vereinbarkeit mit primärem und sekundärem Gemein-

---

883 Ständige Rechtsprechung, vgl. nur EuGH 16.07.1998 (*ICI*), Slg. 1998, I-4695, 4721 Rnr. 19 unter Verweis auf zahlreiche weitere Entscheidungen. So auch die allgemeine Auffassung in der Literatur, vgl. nur *Birkenfeld*, StuW 1998, 55, 59; *Voß*, StuW 1993, 155, 164; *Tipke/Lang*, § 2 Rnr. 58; *Jacobs*, S. 110 und 115; *Knobbe-Keuk*, Steuerrecht, § 8 b III (S. 351 f.).

884 Für Abkommen mit Drittstaaten gilt Art. 307 EG, wonach *vor* Inkrafttreten des EG-Vertrages oder dem Zeitpunkt des Beitrittes abgeschlossene Abkommen durch die Regelungen des EG-Vertrages zwar unberührt bleiben (Abs. 1), die Mitgliedstaaten aber alle geeigneten Mittel zur Behebung von Unvereinbarkeiten mit dem Gemeinschaftsrecht anwenden (Abs. 2). *Nach* Inkrafttreten des EG-Vertrages oder dem Zeitpunkt des Beitrittes abgeschlossene Abkommen mit Drittstaaten müssen jedoch europarechtlichen Vorgaben insoweit genügen, als sich aus dem Abkommen eine sogenannte gemeinschaftsrechtliche Relevanz ergibt. Vgl. dazu *Schaumburg*, Internationales Steuerrecht, Rnr. 16.46; *Scherer*, S. 138 f.; *ders.*, in: Debatin/Wassermeyer, vor Art. 1 OECD-MA Rnr. 86, 102; *Vogel*, DBA, Einl. Rnr. 140-142.

885 Normiert in Art. 30 Abs. 3, 59 WÜRV.

886 EuGH 27.02.1962 (*Kommission/Italien*), Slg. 1962, 5, 23; *Scherer*, S. 54 f.; ohne Differenzierung zwischen Alt- und Neuverträgen *Vogel*, DBA, Einl. Rnr. 143.

schaftsrecht[887] hin zu untersuchen und bei Unvereinbarkeit mit diesem nicht anwendbar[888].

2. Grundfreiheit

Als Prüfungsmaßstab für die deutsche Wegzugsbesteuerung kommt die europarechtliche Niederlassungsfreiheit in Betracht. Diese gewährt grundsätzlich das Recht, eine wirtschaftliche Tätigkeit unter Verwendung von festen Einrichtungen in einem anderen Mitgliedstaat auf eine unbestimmte Zeit auszuüben[889]. Nach dem Recht eines Mitgliedstaates der Europäischen Gemeinschaft gegründete Gesellschaften sind nach Art. 48 Abs. 1 EG den natürlichen Personen unter bestimmten Voraussetzungen gleichgestellt. Aufgrund dieser Gleichstellung hätten die Gesellschaften das Recht, im Rahmen ihrer primären Niederlassungsfreiheit ihren Satzungs- und Verwaltungssitz innerhalb der Gemeinschaft zu verlegen[890]. Ein Hindernis für die Ausübung der primären Niederlassungsfreiheit ergibt sich allerdings aus der Rechtsprechung des Europäischen Gerichtshofes in der Rechtssache „*Daily Mail*“[891], da der EuGH ihre Niederlassungsfreiheit auf die Ausübung der sekundären Niederlassungsfreiheit durch Gründung von Tochtergesellschaften und Zweigniederlassungen reduzierte und an diesem Judiz seither nichts geändert hat[892]. Die vom EuGH zur Begründung dieser Einschränkung angeführten Unterschiede in den nationalen Gesellschaftsrechten werden durch die geplante vierzehnte Richtlinie so weit angeglichen, daß sie einer Zulassung der Verlegung des Satzungs- und Verwaltungssitzes nicht mehr

---

887 *Scherer*, S. 110; *ders.*, in: Debatin/Wassermeyer, vor Art. 1 OECD-MA Rnr. 101; *Vogel*, DBA, Einl. Rnr. 143; *Schaumburg*, Internationales Steuerrecht, Rnr. 16.46; *Lang*, in: Gassner/ders./Lechner, 25, 27; *Wassermeyer*, in: Lehner, Steuerrecht im Europäischen Binnenmarkt, 151, 156. Bei der von *Scherer*, in: Debatin/Wassermeyer, vor Art. 1 OECD-MA Rnr. 101 zitierten abweichenden Ansicht von *Voß*, in: Dauses, Handbuch EU-Wirtschaftsrecht, J Rnr. 77 handelt es sich wohl um ein Mißverständnis, da eine dahingehende Aussage *Voß*' aaO. nicht ersichtlich ist.

888 *Scherer*, in: Debatin/Wassermeyer, vor Art. 1 OECD-MA Rnr. 87; *Vogel*, DBA, Einl. Rnr. 143 sieht sie als „nicht gültig“ an; *Wassermeyer*, in: Lehner, Steuerrecht im Europäischen Binnenmarkt, 151, 156 geht von einer unmittelbaren Veränderung des Abkommensrechts durch das Gemeinschaftsrecht aus.

889 Im Ergebnis so EuGH 25.07.1991 (*Factortame II*), Slg. 1991, I-3905, 3965 Rnr. 20 sowie 04.10.1991 (*Kommission/Großbritannien*), Slg. 1991, I-4585, 4614 Rnr. 21. Vgl. dazu ausführlich oben S. 101.

890 Zu diesem Recht vgl. oben S. 115.

891 EuGH 27.09.1988 (*Daily Mail*), Slg. 1988, 5483.

892 EuGH 16.07.1998 (*ICI*), Slg. 1998, I-4695, 4721 Rnr. 20: „... für ... Gesellschaften ... das Recht verbunden, ihre Tätigkeit in dem betreffenden Mitgliedstaat durch eine Zweigniederlassung oder Agentur auszuüben“. Die Entscheidung des EuGH in der Rechtssache „*Centros*“ hat an dieser Lage nichts geändert, vgl. dazu die Ausführungen oben S. 148-158.

im Wege stehen können[893]. Damit steht *nach Umsetzung* der vierzehnten Richtlinie einer Ausübung der grundsätzlich von der Niederlassungsfreiheit umfaßten primären Niederlassungsfreiheit auch für Gesellschaften nichts mehr entgegen. Daher ist die europarechtliche Niederlassungsfreiheit aus Art. 43, 48 EG diejenige Grundfreiheit, die von einer möglicherweise vorliegenden Beschränkung der Sitzverlegung durch steuerrechtliche Vorschriften betroffen wäre.

Daneben könnte auch die Kapitalverkehrsfreiheit betroffen sein, für die in Art. 56 Abs. 1 EG ein Beschränkungsverbot normiert ist. Dies wäre dann der Fall, wenn es durch die oder im Zusammenhang mit der Sitzverlegung zu Kapitalverschiebungen kommt, die unter die Kapitalverkehrsfreiheit fallen und steuerlich belastet werden. Eine umfassende und abschließende Definition der von der Kapitalverkehrsfreiheit erfaßten Vorgänge findet sich weder im EG-Vertrag noch in der bisherigen Rechtsprechung des Gerichtshofes[894]. In der Literatur wird Kapitalverkehr im Sinne des Art. 56 Abs. 1 EG als einseitige Werteübertragung in Form von Sach- oder Geldkapital von einem Mitgliedstaat in einen anderen angesehen, die regelmäßig eine Vermögensanlage darstellt[895]. Nach Ansicht des EuGH ist ein Kapitaltransfer dann unter die Kapitalverkehrsfreiheit zu fassen, wenn es in „erster Linie um die Anlage und die Investition des betreffenden Kapitals geht“[896]. Zwar ergeben sich bei Niederlassungsvorgängen im Ausland Gemengelagen von Kapitalverkehr und Niederlassungsfreiheit durch die in der Regel notwendigen Vermögenstransfers in Verbindung mit der Begründung einer Niederlassung[897], doch ist bei der Sitzverlegung der Niederlassungsvorgang deutlich als separater Vorgang gegenüber den möglicherweise notwendigen Kapitaltransfers abgrenzbar. Dieser Niederlassungsvorgang ist aber auch dann unter die Niederlassungsfreiheit zu fassen, wenn gleichzeitig Kapitaltransfers stattfinden sollten[898]. Der in Art. 43 Abs. 2 EG normierte Vorrang der Kapitalverkehrsfreiheit gegenüber der Niederlassungsfreiheit gilt nur für die möglicherweise im Zusammenhang mit dem Niederlassungsvorgang entstehenden

---

893 Dazu oben S. 186.

894 EuGH 16.03.1999 (*Trummer und Mayer*), Slg. 1999, I-1661, 1678 Rnr. 20. Der Gerichtshof verweist allerdings in in Rnr. 21 darauf, daß Art. 73b EGV (Art. 56 EG) den Inhalt des Art. 1 der Richtlinie 88/361 übernommen habe. Die in Anhang 1 zu dieser Richtlinie für den Kapitalverkehr gegebene Nomenklatur habe „Hinweischarakter für die Definition des Begriffes des Kapitalverkehrs, […] wobei die in ihr enthaltene Aufzählung […] nicht erschöpfend …“ sei.

895 *Kiemel*, in: G/T/E, Art. 73b Rnr. 1; ähnlich *Weber*, in: Lenz, EG-Vertrag, Art. 56 Rnr. 5; *Bröhmer*, in: Calliess/Ruffert, Art. 56 Rnr. 5; *Bleckmann*, Europarecht, Rnr. 1181 f.; *Streinz*, Europarecht, Rnr. 764. *Geiger*, EG-Vertrag, Art. 73b Rnr. 3 sieht darin alle finanziellen Transaktionen, die nicht direkt durch den Waren- und Dienstleistungsverkehr bedingt sind.

896 EuGH 31.01.1984 (*Luisi und Carbone*), Slg. 1984, 377, 404 Rnr. 21.

897 *Bleckmann*, Europarecht, Rnr. 1726.

898 *Bleckmann*, Europarecht, Rnr. 1727.

Kapitaltransfers selbst, führt aber nicht zur Erfassung des Niederlassungsvorganges durch die Kapitalverkehrsfreiheit. Die Wegzugsbesteuerung des § 12 KStG knüpft gerade *nicht* an einen Transfer von Sach- oder Geldkapital aus Deutschland ins Ausland an, sondern an die Sitzverlegung einer Kapitalgesellschaft als Niederlassungsvorgang. Diese Sitzverlegung hat, da die Kapitalgesellschaft als Rechtsträger nach Art. 3 Satz 2 der geplanten Richtlinie nicht aufgelöst wird, unmittelbar keine Übertragung von Kapital von einem Rechtsträger auf einen anderen zur Folge. Vielmehr bleiben im Idealfall die wesentlichen Vermögensgegenstände der Kapitalgesellschaft an ihrem angestammten Ort, während die Leitungsfunktionen oder der Satzungssitz „transferiert" werden. Aus diesen Gründen ist nicht die Kapitalverkehrsfreiheit der Art. 56-60 EG, sondern die Niederlassungsfreiheit der Art. 43-48 EG die von einer Wegzugsbesteuerung bei der Sitzverlegung betroffene Grundfreiheit.

3. Beschränkung

Eine Prüfung der Wegzugsbesteuerung des § 12 Abs. 1 KStG am Maßstab der europarechtlichen Niederlassungsfreiheit macht es erforderlich, die Beschränkungswirkung der Wegzugsbesteuerung zu untersuchen.

a) Beschränkungen der Niederlassungsfreiheit

Der EG-Vertrag bezeichnet die „Beschränkungen der freien Niederlassung" zwar in Art. 43 Abs. 1 EG als – nach Maßgabe der folgenden Bestimmungen – verboten, gibt aber keine Definition für die Beschränkungen. Der EuGH hat die Auffassung vertreten, daß unter Beschränkungen nationale Maßnahmen zu verstehen seien, die die Ausübung der durch den Vertrag garantierten grundlegenden Freiheiten behindern oder weniger attraktiv machen[899]. Ein so weit verstandener Beschränkungsbegriff bringt in Verbindung mit dem spätestens durch die Entscheidung „*Gebhard*" vollzogenen Ausbau der Niederlassungsfreiheit zum umfassenden Beschränkungsverbot[900] mit sich, daß quasi alle nationalen Regelungen über die Zulassung zu wirtschaftlichen Tätigkeiten und darüber hinaus auch alle Ausübungsregelungen für diese am Maßstab der Niederlassungsfrei-

---

[899] So EuGH 31.03.1993 (*Kraus*), Slg. 1993, I-1663, 1697 Rnr. 32 sowie EuGH 30.11.1995 (*Gebhard*), Slg. 1995, I-4165, 4197 Rnr. 37.

[900] EuGH 30.11.1995 (*Gebhard*), Slg. 1995, I-4165. Vgl. dazu oben S. 135. Mit dem Urteil des EuGH vom 31.03.1993 (Kraus), Slg. 1993, I-1663, 1697 Rnr. 32 war dies an sich bereits vorgegeben. Dem Urteil „*Kraus*" wurde diese Bedeutung jedoch nicht beigemessen. Nach *Borries*, EuZW 1997, 446 ist im Hinblick auf die Entscheidung „*Futura*" davon auszugehen, daß der EuGH das Verständnis der Niederlassungsfreiheit als Beschränkungsverbot mittlerweile zur „generellen Doktrin" erhoben hat.

heit zu messen sind[901]. Denn alleine aus der Unterschiedlichkeit der Zulassungs- und Ausübungsregeln in den einzelnen Mitgliedstaaten der Gemeinschaft ergeben sich Hindernisse für die Ausübung der Niederlassungsfreiheit[902]. Die Einordnung aller dieser Regelungen als Beschränkungen würde dazu führen, daß sie dem Beschränkungsverbot der Niederlassungsfreiheit unterfallen. Sie wären als solche grundsätzlich verboten, aber möglicherweise zu rechtfertigen.

Diese Situation erinnert an die bei der Warenverkehrsfreiheit des Art. 28 EG[903]. Der EuGH hatte als Beschränkungen des freien Warenverkehrs[904] „... jede Handelsregelung der Mitgliedstaaten, die geeignet ist, den innergemeinschaftlichen Handel unmittelbar oder mittelbar, tatsächlich oder potentiell zu behindern"[905], angesehen. Diese ebenfalls sehr weitgehende Definition der sogenannten „*Dassonville*"-Formel wurde in der Folgezeit zunächst mit einer Rechtfertigungsmöglichkeit für die beschränkenden Regelungen versehen[906], wonach diese für eine Vereinbarkeit mit der Garantie der Warenverkehrsfreiheit zwingenden Erfordernissen des Allgemeininteresses zu dienen bestimmt sein müssen[907]. In seiner Entscheidung „*Keck*" hat der EuGH dann „... bestimmte Verkaufsmodalitäten ..." vom Anwendungsbereich der Dassonville-Formel ausgenommen, soweit diese sich auf aus den Mitgliedstaaten importierte Waren nicht stärker behindernd auswirken als auf inländische Produkte[908]. Der EuGH unterscheidet in diesem Urteil zwischen produktbezogenen Regelungen einerseits sowie handels- oder vertriebsbezogenen Regelungen andererseits und stellt darauf ab, ob die fragliche nationale vertriebsbezogene Regelung eine Wirkung entfaltet, die sich hinderlich auf den Markt für Produkte aus anderen Mitgliedstaaten auswirkt. Im Endeffekt müßte dies zu einer Zersplitterung des Binnenmarktes in nationale Märkte führen[909].

---

901 *Everling*, GS Knobbe-Keuk, 607, 619 f.; *Goffin*, CdDE 1996, 723, 738.

902 *Goffin*, CdDE 1996, 723, 728; *Klinke*, ZGR 1998, 212, 215.

903 So auch *Roth*, GS Knobbe-Keuk, 729, 739.

904 In der Terminologie der Warenverkehrsfreiheit handelt es sich um Maßnahmen gleicher Wirkung wie mengenmäßige Einfuhrbeschränkungen.

905 EuGH 11.07.1974 (*Dassonville*), Slg. 1974, 837, 852 Rnr. 5. Vom Namen der Angeklagten des Ausgangsstrafverfahrens (die Brüder Dassonville) wurde in der Folgezeit für diese Definition der Begriff der „Dassonville-Formel" des EuGH geprägt.

906 EuGH 20.02.1979 (*Rewe – Cassis de Dijon*), Slg. 1979, 649. Die Entscheidung ist besser bekannt unter dem Namen der Ware, um die es im Ausgangsrechtsstreit ging – ein von der deutschen Rewe AG importierter französischer Likör mit dem Namen „Cassis de Dijon".

907 EuGH 20.02.1979 (*Rewe – Cassis de Dijon*), Slg. 1979, 649, 662 Rnr. 8.

908 EuGH 24.11.1993 (*Keck*), Slg. 1993, I-6097, 6131 Rnr. 16.

909 *Schnichels*, Niederlassungsfreiheit, S. 72; *Eberhartinger*, EWS 1997, 43, 49.

Die mittlerweile recht ausdifferenzierte Rechtsprechung des EuGH zur Warenverkehrsfreiheit hat auch Bedeutung für die Niederlassungsfreiheit[910]. Das wird auch daran deutlich, daß der EuGH beim Ausbau der Niederlassungsfreiheit zum Beschränkungsverbot bereits von Anfang an die Rechtfertigung von Beschränkungen in Anlehnung an die Cassis-Formel zuläßt[911] – ein für den freien Warenverkehr erst in späteren Entscheidungen vollzogener Schritt. Dies könnte zu dem Gedanken führen, den Beschränkungsbegriff der Niederlassungsfreiheit ebenso wie den der Warenverkehrsfreiheit im Sinne der „*Keck*"-Rechtsprechung einzuschränken.

Bei der Niederlassungsfreiheit geht es nicht um den Handel mit Waren zwischen den Mitgliedstaaten. Die Erbringung von Leistungen steht ebenfalls nicht im Vordergrund. Insofern ist die Differenzierung zwischen produkt- und vertriebsbezogenen Maßnahmen nicht unverändert auf die Niederlassungsfreiheit übertragbar. Die Niederlassungsfreiheit ist die Grundfreiheit, die den Berechtigten die Möglichkeit zur umfassenden Eingliederung in die Wirtschaft eines anderen Mitgliedstaates durch Aufnahme und Ausübung einer selbständigen Tätigkeit in diesem anderen Mitgliedstaat bringen soll[912]. Ob diese Freiheit von einem bestehenden wirtschaftlichen Unternehmen aus durch Begründung einer Zweigniederlassung oder Tochtergesellschaft oder durch dessen Verlagerung oder von Grund auf durch Neugründung eines Unternehmens geschieht, ist zunächst unerheblich. Paßt man den obigen Beschränkungsbegriff auf diese Sachlage an, so läge eine Beschränkung des Schutzbereiches der Niederlassungsfreiheit vor, wenn eine mitgliedstaatliche Maßnahme die Aufnahme und Ausübung einer Geschäftstätigkeit beschränkt und dadurch eine Zersplitterung des an sich Gemeinsamen Marktes in nationale Märkte ausgelöst wird[913]. Statt des „Marktes" sollte bei der Niederlassungsfreiheit allerdings besser vom „Niederlassungs-

---

910 *Ebke*, ZGR 1987, 245, 258; *Ebenroth/Eyles*, DB-Beilage 2/1988, 1, 14; *Everling*, GS-Knobbe-Keuk, 607, 621; *Großfeld*, Unternehmensrecht, S. 14 f.; *ders.*, Grundfragen des Internationalen Unternehmensrechts, S. 16 ff.; *Knobbe-Keuk*, DB 1990, 2573; *Bleckmann*, Europarecht, Rnr. 1655; *Heinrich*, S. 155; *Schnichels*, Niederlassungsfreiheit, S. 117. *Roth*, FS Großfeld, 929 sieht zwar eine Tendenz in der Rechtsprechung des EuGH, die Grundfreiheiten konvergent auszulegen, betrachtet allerdings die Frage nach einer Übertragung der Rechtsprechung zur Warenverkehrsfreiheit auf die anderen Grundfreiheiten als „schief gestellt" (930). EuGH 09.03.1999 (*Centros*), Slg. 1999, I-1459, 1492 Rnr. 24 beruft sich ausdrücklich auf die im Bereich der anderen Grundfreiheiten ergangenen Entscheidungen zur mißbräuchlichen Nutzung des Gemeinschaftsrechts.

911 EuGH 31.03.1993 (*Kraus*), Slg. 1993, I-1663, 1697 Rnr. 32; EuGH 30.11.1995 (*Gebhard*), Slg. 1995, I-4165, 4198 Rnr. 37. Es ist erforderlich, daß die nationale Maßnahme in nichtdiskriminierender Weise aus zwingenden Erfordernissen des Allgemeininteresses angewandt wird, zur Wahrung dieser Interessen geeignet ist und nicht über das hinausgeht, was zur Erreichung dieser Ziele erforderlich ist.

912 Zur Definition und deren Herleitung vgl. oben S. 101-106.

913 *Schnichels*, Niederlassungsfreiheit, S. 117; *Eberhartinger*, EWS 1997, 43, 49.

raum" die Rede sein. Auch wenn sich die Entscheidung für oder gegen einen Unternehmensstandort nach Marktkriterien richtet, also das beste Angebot den Zuschlag erhält und die Nachfrage nach Standorten andererseits das Angebot der einzelnen Standorte bestimmt, handelt es sich dabei doch nicht um den klassischen Markt für Waren. In einem ideal ausgestalteten Gemeinsamen Markt, also einem Wirtschaftsraum ohne jegliche Grenzen, wären die Möglichkeiten zur Ausübung der Niederlassungsfreiheit unbegrenzt. Es bestünde ein einheitlicher Niederlassungsraum, in dem zumindest die wesentlichen rechtlichen Rahmenbedingungen einheitlich ausgestaltet sind. Derzeit ist durch die Niederlassungsfreiheit ein solcher einheitlicher Niederlassungsraum weder für die natürlichen Personen und noch viel weniger für die Gesellschaften gegeben. Für die Primärniederlassung der Gesellschaften bestehen derzeit nur nationale Niederlassungsräume. Die geplante vierzehnte gesellschaftsrechtliche Richtlinie bedeutet aber einen großen Schritt nach vorne auf dem Weg zu einem einheitlichen Niederlassungsraum. Auf die Freiheit der Niederlassung wirken also solche nationalen Maßnahmen beschränkend, die eine Abschottung der nationalen Niederlassungsräume gegeneinander bewirken und so dem Entstehen eines einheitlichen Niederlassungsraumes entgegenwirken oder – um wieder zur vorstehenden Aussage zurückzukehren – die eine Zersplitterung des einheitlichen Niederlassungsraumes in nationale Niederlassungsräume bewirken.

Wann eine solche Zersplitterung vorliegt, ist allerdings noch klärungsbedürftig[914]. Eine Aufteilung in nationale Niederlassungsräume kann in diesem Zusammenhang nur bedeuten, daß es den Niederlassungswilligen durch mitgliedstaatliche Maßnahmen unmöglich oder unattraktiv gemacht wird, ihre Niederlassungsfreiheit auszuüben und daß somit die nationalen Grenzen auch die Grenzen der individuellen wirtschaftlichen Betätigung durch feste Einrichtungen sind. Damit ist allerdings nicht viel gewonnen. Vielmehr kommt die Prüfung zurück auf die Frage, ob die mitgliedstaatliche Maßnahme die Ausübung der Niederlassungsfreiheit in einem Maße behindert, daß dies zu einer Nationalisierung des Gemeinsamen Marktes führt. Dies stellt ein wertendes Kriterium dar, über das unterschiedslos anwendbare Maßnahmen, die nur eine unerhebliche Beschränkung der Niederlassungsfreiheit mit sich bringen, aus dem Garantiebereich der Niederlassungsfreiheit ausgeschieden werden können. Sie stellen gar nicht erst eine Beschränkung dar und sind als solche auch nicht an der Niederlassungsfreiheit zu messen. Dieser Ansatz wird bestätigt von der Entscheidung des EuGH in der Rechtssache „*Semeraro Casa Uno*"[915]. Der Gerichtshof hat dort eine Regelung über die Öffnungszeiten von Einzelhandelsgeschäften mit der Begründung, daß deren „... beschränkende Wirkungen [...] zu ungewiß und zu

---

914 Auch *Schnichels*, Niederlassungsfreiheit, S. 180 geht bei seiner Prüfung der Sitztheorie schließlich ohne weitere Erläuterung davon aus, daß sie zur Marktzersplitterung führe und aus diesem Grund eine Beschränkung der Niederlassungsfreiheit darstelle.

915 EuGH 20.06.1996, Slg. 1996, I-2975.

mittelbar ..." seien, um die Niederlassungsfreiheit zu behindern[916], nicht an deren Maßstab gemessen.

Es ist anzunehmen, daß nationale Regelungen, welche die Neu-Niederlassung von Berechtigten aus anderen Mitgliedstaaten vollständig verhindern, stets Beschränkungen sind. Ebenso sind Regelungen, die eine Neu-Niederlassung be-, aber nicht verhindern, Beschränkungen[917]. Schwierigste Gruppe sind die Regelungen, die sich auf die spätere Tätigkeit der Niederlassung behindernd auswirken. Bei dieser Gruppe ist eine sehr sorgfältige Prüfung bereits der Beschränkungsfrage notwendig, die einer weiteren Ausdifferenzierung durch die Rechtsprechung des EuGH bedarf. Das genannte Urteil „*Semeraro Casa Uno*" zeigt erste Ansätze in dieser Richtung. Der EuGH differenziert zwischen Regelungen, die die Bedingungen für die Niederlassung betreffen und den streitgegenständlichen Betriebsregelungen, die hier im Hinblick auf die Niederlassungsfreiheit untersucht werden[918]. Nur bei letzteren nimmt der EuGH die Prüfung vor, ob die Auswirkungen auf die Niederlassungsmöglichkeiten hinreichend sicher und unmittelbar sind. Im Umkehrschluß daraus kann angenommen werden, daß bei ersteren Regelungen stets von einer Beschränkung der Niederlassungsfreiheit ausgegangen werden muß. Beschränkungen der Niederlassungsfreiheit sind also solche nationalen Maßnahmen, die Bedingungen für die Niederlassung an sich aufstellen oder aber sonstige Regelungen über die Art der Niederlassung und ihren Betrieb, die bei wertender Betrachtung eine solch intensive und unmittelbare Behinderung der Niederlassungsberechtigten darstellen, daß sie zu einer Zersplitterung des einheitlichen Niederlassungsraumes im Gemeinsamen Markt in nationale Niederlassungsräume führen.

b) Beschränkungen in der Rechtsprechung des EuGH zum Steuerrecht

Zahlreiche Entscheidungen des EuGH behandeln die Vereinbarkeit nationaler Steuerregeln mit Europäischem Recht und insbesondere den Grundfreiheiten. Auf dem hier interessierenden Gebiet der direkten Steuern und der Niederlassungsfreiheit sind sowohl Entscheidungen zur Niederlassungsfreiheit der natürlichen Personen als auch zu der von Gesellschaften ergangen.

Bei der Prüfung von Regelungen der mitgliedstaatlichen Einkommensteuergesetze auf deren Vereinbarkeit mit der Niederlassungsfreiheit der natürlichen Personen ging es vor allem um die abweichende Besteuerung von Gebietsfremden durch höhere Steuersätze[919], die Versagung von Abzugsmöglichkeiten[920]

---

916 EuGH 20.06.1996 (*Semeraro Casa Uno*), Slg. 1996, I-2975, 3009 Rnr. 32.

917 Damit ist wohlgemerkt noch keine Aussage über die endgültige Europarechtswidrigkeit der Maßnahme getroffen, da immer noch eine Rechtfertigung in Betracht kommt.

918 EuGH 20.06.1996 (*Semeraro Casa Uno*), Slg. 1996, I-2975, 3009 Rnr. 32.

919 EuGH 27.06.1996 (*Asscher*), Slg. 1996, I-3089, 3127 Rnr. 49.

920 EuGH 11.08.1995 (*Wielockx*), Slg. 1995, I-2493, 2516 Rnr. 22.

oder die Nichtgewährung von Steuererstattungen[921]. Aus deutscher Sicht besonders hervorzuheben ist dabei das Urteil des EuGH in der Rechtssache „*Schumacker*“, mit dem der Gerichtshof – allerdings aufgrund der Arbeitnehmerfreizügigkeit des damaligen Art. 48 EGV (Art. 39 EG) – die steuerliche Gleichbehandlung von in ihrem Beschäftigungsstaat nur beschränkt Steuerpflichtigen, die den ganz überwiegenden Teil ihrer Einkünfte im Beschäftigungsstaat erzielen, einforderte[922].

Steuerrechtliche Probleme von Gesellschaften beschäftigten den Gerichtshof bisher ausschließlich im Zusammenhang mit sekundären Niederlassungsformen[923]. Dies ist wenig verwunderlich, weil die Ausübung der primären Niederlassungsfreiheit der Gesellschaften derzeit noch europarechtlich „suspendiert“ ist[924]. Schon in der Entscheidung in der Rechtssache „*Kommission ./. Frankreich*“[925] stellte der EuGH eine steuerliche Ungleichbehandlung von ausländischen Versicherungsgesellschaften, die über eine Zweigniederlassung in Frankreich tätig waren, mit französischen Versicherungsgesellschaften fest[926]. Eine versteckte Diskriminierung im Steuerverfahrensrecht betraf die Rechtssache „*Commerzbank*“[927], in der der Gerichtshof eine Unvereinbarkeit des britischen Steuerrechts mit den Art. 52, 58 EWGV (Art. 43, 48 EG) feststellte[928]. Eine nicht gerechtfertigte versteckte Diskriminierung stellte der EuGH auch in der Rechtssache „*Halliburton*“ fest. Im dortigen Ausgangsfall sollte eine niederländische Gesellschaft Grunderwerbsteuer bezahlen, weil sie von einer zum selben Konzern gehörenden deutschen Gesellschaft deren Betriebsstätte in den Niederlanden mit dem zugehörigen Grund und Boden erworben hatte. Dieser Vorgang wäre von der Grunderwerbsteuer befreit gewesen, wenn Verkäuferin eine ebenfalls niederländische Gesellschaft gewesen wäre. Der EuGH sah darin eine unzulässige Benachteiligung der Gesellschaften aus anderen Mitgliedstaaten, die über eine abhängige Betriebsstätte in den Niederlanden tätig geworden waren[929]. Eine Beschränkung der Niederlassungsfreiheit stellt es nach der Rechtsprechung des Gerichtshofes auch dar, wenn eine Gesellschaft in ihrem „Heimatstaat“ dadurch benachteiligt wird, daß der Abzug von Verlusten, die bei Tochtergesell-

---

921 EuGH 08.05.1990 (*Biehl*), Slg. 1990, I-1779, 1793 Rnr. 14.

922 EuGH 14.02.1995 (*Schumacker*), Slg. 1995, I-225, 263 Rnr. 47.

923 Die Ausgangsfrage in der Rechtssache „*Daily Mail*“ war zwar steuerrechtlicher Natur, doch ist der Gerichtshof bei seiner Entscheidung nicht zur steuerrechtlichen Problematik vorgedrungen. Vgl. dazu oben S. 126-134.

924 Vgl. dazu oben S. 158-160.

925 EuGH 28.01.1986, Slg. 1986, 273 ff. Vgl. dazu bereits oben S. 125 f.

926 EuGH 28.01.1986 (*Kommission ./. Frankreich*), Slg. 1986, 273, 303 Rnr. 16.

927 Gesellschaften, die steuerlich nicht in Großbritannien ansässig waren, wurde für die Steuererstattungsansprüche ihrer britischen Zweigniederlassungen kein Zinszuschlag gezahlt.

928 EuGH 13.07.1993 (*Commerzbank*), Slg. 1993, I-4017, 4043 f. Rnr. 15, 18 f.

929 EuGH 12.04.1994 (*Halliburton*), Slg. 1994, I-1137, 1157 Rnr. 19 f.

schaften in anderen Mitgliedstaaten entstanden sind, verweigert wird[930]. Die Entscheidung des EuGH in der Rechtssache „*Baxter*" wendet den Schutz der Niederlassungsfreiheit auch auf eine französische Sonderabgabe an, die von Arzneimittelfirmen zu entrichten war. Bei der Ermittlung der Bemessungsgrundlage für diese Sonderabgabe waren bei Zweigniederlassungen ausländischer Firmen Forschungsausgaben abziehbar, wenn die Forschung in Frankreich durchgeführt worden war. Der EuGH sah darin eine versteckte Diskriminierung, da Gesellschaften aus anderen Mitgliedstaaten häufig ihre Forschung in ihrem Herkunftsstaat durchführen und so von einer Reduktion der Bemessungsgrundlage ausgeschlossen werden[931].

Frühere Regelungen des deutschen Steuerrechts waren Gegenstand der Entscheidung in der Rechtssache „*Saint Gobain*"[932]. Dort ging es um die Frage, ob es mit der Niederlassungsfreiheit der Art. 52, 58 EGV (Art. 43, 48 EG) vereinbar ist, Zweigniederlassungen ausländischer Gesellschaften steuerliche Vergünstigungen zu verweigern, die deutschen Tochtergesellschaften einer ausländischen Gesellschaft gewährt worden wären. Der EuGH hatte sich mit Regelungen des deutschen Steuerrechts[933] und der von Deutschland abgeschlossenen Doppelbesteuerungsabkommen[934] zu befassen, die die Gewährung des sogenannten Schachtelprivilegs und der Anrechnung im Ausland bezahlter Körperschaftsteuer an die unbeschränkte Steuerpflicht in Deutschland knüpften und somit beschränkt steuerpflichtige Betriebsstätten ausländischer Gesellschaften von der Gewährung dieser Vergünstigungen ausschlossen[935]. Nach Ansicht des EuGH stellt es einen Verstoß gegen die Niederlassungsfreiheit dar, wenn Zweigniederlassungen und Tochtergesellschaften von Gesellschaften aus anderen Mitgliedstaaten ungleich behandelt werden, da auf diese Weise die Wahlfreiheit zwischen den beiden Formen der Sekundärniederlassung eingeschränkt ist[936]. Bedeutsam ist dabei die vom EuGH – innerhalb der Rechtfertigungsprüfung – getroffene Feststellung, daß die Mitgliedstaaten auch verpflichtet sind, den in ihrem Hoheitsgebiet über sekundäre Niederlassungsformen tätigen Ge-

---

930 EuGH 16.07.1998 (*ICI*), Slg. 1998, I-4695, 4721 f. Rnr. 21-23. In der Entscheidung EuGH 18.11.1999 (*X AB und Y AB*), EWS 2000, 23, 25 Rnr. 26 bestätigt der EuGH unter Verweis auf die Entscheidungen *ICI* und *Daily Mail* diese Sichtweise.

931 EuGH 08.07.1999 (*Baxter*), BB 2000, 23, 25 Rnr. 13-15.

932 EuGH 21.09.1999 (*Saint Gobain*), EuZW 2000, 16.

933 § 26 Abs. 2 KStG über die indirekte Anrechnung der im Ausland gezahlten Körperschaftsteuer und § 102 Abs. 2 BewG über die Nichteinbeziehung von Beteiligungen an ausländischen Gesellschaften in das vermögensteuerpflichtige Gewerbekapital.

934 Art. XV des DBA-USA vom 22.07.1954 in der Fassung des Protokolls vom 17.09.1965 und Art. 24 des DBA-Schweiz vom 11.08.1971 in der Fassung des Protokolls vom 30.11.1978.

935 Mittlerweile ist durch § 8b Abs. 4 KStG bzw. die Neufassung des § 26 Abs. 7 KStG eine Änderung dieses Zustandes im Sinne der Rechtsprechung des EuGH eingetreten.

936 EuGH 21.09.1999 (*Saint Gobain*), EuZW 2000, 16, 19 Rnr. 42 f.

sellschaften anderer Mitgliedstaaten die Vergünstigungen der Doppelbesteuerungsabkommen zu gewähren, die den eigenen Gesellschaften aus diesen Doppelbesteuerungsabkommen zukommen[937].

Bei der Analyse dieser Entscheidungen des EuGH zeigt sich, daß durch die Niederlassungsfreiheit für die Sekundärniederlassungen ein umfangreicher Schutz vor steuerlichen Benachteiligungen gewährleistet wird. Dieser Schutz verhindert sowohl die steuerliche Bevorzugung bestimmter Sekundärniederlassungsformen gegenüber anderen als auch die Schlechterstellung von Sekundärniederlassungen mitgliedstaatlicher Gesellschaften gegenüber nationalen Gesellschaften. Er beinhaltet seit der Entscheidung „*Saint Gobain*" auch die Einbeziehung sekundärer Niederlassungen in die Vergünstigungen, die nationalen Gesellschaften in den mit Drittstaaten geschlossenen Doppelbesteuerungsabkommen gewährt werden[938]. Als weiteres Element verhindert die Niederlassungsfreiheit auch eine Schlechterstellung der Gesellschaften, die über sekundäre Niederlassungsfreiheit in anderen Mitgliedstaaten tätig werden, in ihrem Heimatstaat.

c) Anwendung auf die Wegzugsbesteuerung

Bei der Wegzugsbesteuerung handelt es sich allerdings um eine steuerliche Konsequenz, die an einen *primären* Niederlassungsvorgang anknüpft. Mit ihr stellt der Heimatstaat einer Gesellschaft ein faktisches Wegzugshindernis auf, da die Vornahme einer Sitzverlegung zu erheblichen finanziellen Belastungen führen wird. Die durch eine Umsetzung der vierzehnten Richtlinie in nationales Recht entstehende Möglichkeit zur innergemeinschaftlichen Sitzverlegung und damit zur Ausübung der Niederlassungsfreiheit ist erneut – dann allerdings durch das Steuerrecht – nicht nur be-, sondern faktisch verhindert. Die Wegzugsbesteuerung führt dazu, daß die Grenzen des Anwendungsbereiches des nationalen Steuerrechts gleichzeitig zu Grenzen der Sitzverlegung werden. Eine solche Maßnahme führt zu einer Abschottung der nationalen Niederlassungsräume gegeneinander.

Allerdings handelt es sich bei der Wegzugsbesteuerung um eine Maßnahme des Heimatstaates der wegzugswilligen Gesellschaft, während der Zuzug im neuen Sitzstaat gerade – eine der deutschen entsprechende Rechtslage in diesem Staat vorausgesetzt – keine beschränkenden Wirkungen hat. Art. 43 Abs. 1 EG spricht vom Verbot der „... Beschränkungen der freien Niederlassung von Staatsangehörigen eines Mitgliedstaates *im Hoheitsgebiet eines anderen Mitgliedstaates* ..."[939] und damit eben gerade *nicht* von solchen im Ausgangsstaat.

---

[937] EuGH 21.09.1999 (*Saint Gobain*), EuZW 2000, 16, 20 Rnr. 58-60.

[938] Daraus läßt sich nach *Heydt*, EuZW 2000, 33 ein Verbot der Doppelbesteuerung im Binnenmarkt ableiten.

[939] Hervorhebung vom Verf.

Ebenso statuiert Art. 43 Abs. 2 EG (insbesondere) eine Behandlung entsprechend den Regelungen des Aufnahmestaates für dessen eigene Staatsangehörige. Berufen sich Niederlassungsberechtigte auf die Niederlassungsfreiheit bei Beschränkungen durch den Staat der Niederlassung, hat der EuGH dann auch die Anwendbarkeit Europäischen Rechts auf den nationalen Sachverhalt abgelehnt[940].

Aus der Rechtsprechung des EuGH zu steuerrechtlichen Behinderungen der Sekundärniederlassung durch den Heimatstaat von Gesellschaften und zur Behinderung der Primärniederlassung durch den Wegzugsstaat[941] läßt sich allerdings eindeutig entnehmen, daß auch eine steuerliche Wegzugsschranke als Beschränkung am Maßstab der Niederlassungsfreiheit zu messen ist. Denn die in Art. 43 ff. EG gewährten Rechte wären „... sinnentleert, wenn der Herkunftsstaat Unternehmen verbieten könnte, auszuwandern, um sich in einem anderen Mitgliedstaat niederzulassen“[942]. Die Bestimmungen über die Niederlassungsfreiheit verbieten es „... auch, daß der Herkunftsstaat die Niederlassung seiner Staatsangehörigen oder einer nach seinem Recht gegründeten Gesellschaft, die im übrigen der Definition des Artikels 58 des Vertrages [Art. 48 EG] entspricht, in einem anderen Mitgliedstaat behindert“[943]. Die Wegzugsbesteuerung des § 12 Abs. 1 KStG im dargestellten Umfang[944] ist daher als Beschränkung der Niederlassungsfreiheit durch den Wegzugsstaat nach Art. 43 EG grundsätzlich verboten.

4. Rechtfertigung

Diese Beschränkung könnte jedoch gerechtfertigt und somit niederlassungsrechtlich nicht zu beanstanden sein. Eine Rechtfertigung nach Art. 46 Abs. 1 EG kommt nicht in Betracht, weil die Wegzugsbesteuerung einerseits keine Sonderregelung für Ausländer enthält[945] und andererseits kein Grund der öffentlichen

---

940 EuGH 16.02.1995 (*Aubertin u.a.*), Slg. 1995, I-301, 316 Rnr. 9. EuGH 26.01.1993 (*Werner*), Slg. 1993, I-429, 470 Rnr. 16 f. stellt fest, daß sich ein deutscher Staatsangehöriger, der zwar in den Niederlanden wohnt, aber sein Einkommen nahezu ausschließlich in Deutschland erzielt, mangels eines grenzüberschreitenden Bezuges nicht auf die europarechtliche Niederlassungsfreiheit berufen kann.

941 EuGH 18.11.1999 (*X AB und Y AB*), EWS 2000, 23, 25 Rnr. 26 und EuGH 16.07.1998 (*ICI*), Slg. 1998, I-4695, 4721 f. Rnr. 21-23 jeweils zur Sekundärniederlassung im Steuerrecht, sowie EuGH 27.09.1988 (*Daily Mail*), Slg. 1988, 5483, 5510 Rnr. 16 zur Primärniederlassung von Gesellschaften.

942 EuGH 27.09.1988 (*Daily Mail*), Slg. 1988, 5483, 5510 Rnr. 16.

943 EuGH 18.11.1999 (*X AB und Y AB*), EWS 2000, 23, 25 Rnr. 26 und EuGH 16.07.1998 (*ICI*), Slg. 1998, I-4695, 4721 Rnr. 21.

944 S. 203.

945 Art. 46 Abs. 1 rechtfertigt ausweislich seines Wortlautes Regelungen, „... die eine Sonderregelung für Ausländer vorsehen...“.

Ordnung, Sicherheit oder Gesundheit ersichtlich ist, der zur Rechtfertigung der Wegzugsbesteuerung des § 12 Abs. 1 KStG herangezogen werden könnte. Eine Rechtfertigung ist nach der Rechtsprechung des EuGH deshalb nur möglich, wenn die Beschränkung

(1) unterschiedslos auf Inländer sowie EU-Ausländer anzuwenden ist,
(2) aufgrund zwingender Erfordernisse des Allgemeininteresses besteht,
(3) geeignet ist, die Verwirklichung des verfolgten Zieles zu gewährleisten und
(4) nicht über das hinausgeht, was zur Erreichung des Zieles erforderlich ist[946].

Der EuGH nimmt eine Prüfung vor, ob die unterschiedslos anwendbare Maßnahme im Hinblick auf die verfolgten Ziele verhältnismäßig ist[947]. Diese Verhältnismäßigkeitsprüfung ist die bereits aus dem nationalen Recht bekannte Verhältnismäßigkeitsprüfung und umfaßt die Geeignetheit, Erforderlichkeit und die Angemessenheit der Beschränkung im Hinblick auf die verfolgten Ziele[948].

a) Unterschiedslos anwendbare Maßnahme

Voraussetzung für die Rechtfertigung einer Beschränkung der Niederlassungsfreiheit durch überwiegende Allgemeininteressen ist deren unterschiedslose Anwendbarkeit auf Staatsangehörige des beschränkenden Mitgliedstaates und auf solche der anderen Mitgliedstaaten. Handelt es sich hingegen um offen diskriminierende Maßnahmen, so sind diese den (strengeren) Voraussetzungen der Art. 45, 46 EG zu unterwerfen[949]. Versteckte Diskriminierungen hat der EuGH hingegen ebenfalls an den genannten vier Kriterien auf ihre mögliche Rechtfer-

---

946 EuGH 11.05.1999 (*Plus*), EuZW 1999, 439, 440 Rnr. 19; EuGH 09.03.1999 (*Centros*), Slg. 1999, I-1459, 1495 Rnr. 34; EuGH 15.05.1997 (*Futura*), Slg. 1997, I-2471, 2500 Rnr. 26; EuGH 30.11.1995 (*Gebhard*), Slg. 1995, I-4165, 4198 Rnr. 37.

947 Zur Terminologie des EuGH für seine Verhältnismäßigkeitsprüfung vgl. *Schwarze*, Europäisches Verwaltungsrecht, S. 831, sowie S. 805 ff. zur Verhältnismäßigkeitsprüfung im Rahmen der Niederlassungsfreiheit.

948 Verhältnismäßigkeit im engeren Sinne. Zu den Bestandteilen dieser Verhältnismäßigkeitsprüfung vgl. *Schwarze*, Europäisches Verwaltungsrecht, S. 831 ff.

949 EuGH 29.04.1999 (*Royal Bank of Scotland*), Slg. 1999, I-2651, 2676 Rnr. 32 für Art. 56 EGV (Art. 46 EG). Auch Generalanwalt *Alber*, in: EuGH 29.04.1999 (*Royal Bank of Scotland*), Slg. 1999, I-2651, 2660 f. Rnr. 38 f. geht davon aus, daß offene Diskriminierungen grundsätzlich einer Rechtfertigung nicht zugänglich seien. Eine Ausnahme muß insofern aufgrund des Vertragstextes für die in den genannten Artikeln normierten Fälle gelten. Eine Rechtfertigung spezieller, nur Ausländer betreffender Vorschriften über Art. 46 EG erkennen auch *Roth*, in: Dauses, Handbuch EU-Wirtschaftsrecht, E.I Rnr. 72 und 77 sowie *Jarass*, EuR 1995, 202, 221, an.

tigung hin geprüft[950]. Mit dem Erfordernis der unterschiedslosen Anwendbarkeit soll daher sichergestellt werden, daß offen diskriminierende Maßnahmen ausschließlich über die besonderen Rechtfertigungsgründe der Art. 45, 46 EG gerechtfertigt werden.

Die Kategorien der offenen und versteckten Diskriminierung und der Beschränkung sind aber auf Maßnahmen wie die Wegzugsbesteuerung nicht sinnvoll anwendbar. Die Wegzugsbesteuerung ist gerade *nicht* der „übliche“ Fall der Niederlassungsbeschränkung, in der ein Aufnahmestaat die Niederlassung anderer Staatsangehöriger ver- oder behindert[951]. Vielmehr geht es um eine Beschränkung, die der *Heimatstaat* eines EU-Bürgers oder einer EU-Gesellschaft vornimmt, falls diese als Niederlassungswillige von ihrer Niederlassungsfreiheit Gebrauch machen wollen[952]. Eine offene Diskriminierung der Staatsangehörigen anderer Mitgliedstaaten steht in diesem Fall gar nicht zur Diskussion, da spezifisch die eigenen Staatsangehörigen betroffen sind. Zur ausschließlichen Anwendbarkeit der Art. 45, 46 EG kann es in diesen Fällen nicht kommen. Das Kriterium der unterschiedslosen Anwendbarkeit auf Angehörige des eigenen und anderer Mitgliedstaaten ist deshalb für Beschränkungen durch den Heimatstaat der Niederlassungswilligen ohne Bedeutung. *Daß* die Beschränkungen durch den Heimatstaat der Niederlassungswilligen der Rechtfertigung durch zwingende Gründe des Allgemeininteresses unterliegen, hat der EuGH bereits entschieden und dabei konsequenterweise auf die Prüfung der unterschiedslosen Anwendbarkeit verzichtet[953].

---

950 EuGH 15.05.1997 (*Futura*), Slg. 1997, I-2471, 2500 Rnr. 24 klassifiziert eine Regelung zunächst als Beschränkung, um dann in Rnr. 26 festzustellen, daß es sich um eine „... Voraussetzung, die spezifisch Gesellschaften mit Sitz in einem anderen Mitgliedstaat trifft, ...“ handelt – der klassische Fall einer versteckten Diskriminierung. Anschließend unterwirft er diese nationale Regelung den Punkten (2) bis (4) der dargestellten Prüfung. Auch EuGH 16.07.1998 (*ICI*), Slg. 1998, I-4695, 4723 Rnr. 28 prüft eine Rechtfertigung der streitgegenständlichen britischen Steuervorschrift, die zu einer Ungleichbehandlung von britischen Konsortialgesellschaften mit auch ausländischen gegenüber solchen mit nur inländischen Tochtergesellschaften geführt hatte, durch zwingende Erfordernisse des Allgemeininteresses, lehnt das Vorliegen solcher Gründe als Motivation der Regelung dann aber ab.

951 Daher auch die Formulierung in Art. 43 Abs. 1 Satz 1 EG: „Die Beschränkungen der freien Niederlassung von Staatsangehörigen eines Mitgliedstaates im Hoheitsgebiet eines anderen Mitgliedstaates sind [...] verboten.“

952 Vgl. die vorstehenden Ausführungen zur Beschränkung, S. 216.

953 EuGH 16.07.1998 (*ICI*), Slg. 1998, I-4695, 4722 ff. Rnr. 22-30. In Rnr. 24 spricht der Gerichtshof zwar von einer „Ungleichbehandlung“, die eine offene oder versteckte Diskriminierung bedeuten würde. Ungleich behandelt werden aber nach Rnr. 22 und 23 nicht britische und EU-ausländische Gesellschaften, sondern nur britische Gesellschaften mit ausländischen Tochtergesellschaft im Vergleich zu anderen britischen Gesellschaften mit nur britischen Tochtergesellschaften. Eine Diskriminierung der EU-

Fortsetzung der Fußnote siehe folgende Seite

b) Zwingende Erfordernisse des Allgemeininteresses als Motivation

Erste Voraussetzung der eigentlichen Rechtfertigungsprüfung ist, daß die Beschränkung durch zwingende Gründe des Allgemeininteresses gerechtfertigt ist[954]. Der Begriff der „Rechtfertigung“ wird an dieser Stelle im Sinne einer Motivation der Regelung und nicht im Sinne einer echten Rechtfertigung verstanden[955].

aa) Motivation der Wegzugsbesteuerung

Der Beweggrund für die Wegzugsbesteuerung des § 12 Abs. 1 KStG ist die (möglicherweise begründete) Furcht des Fiskus davor, daß durch den Wegzug der unbeschränkt steuerpflichtigen Kapitalgesellschaft die gebildeten stillen Rücklagen bei Realisierung nicht in Deutschland versteuert werden, da die Gesellschaft in Deutschland überhaupt nicht mehr oder doch nur noch beschränkt steuerpflichtig ist[956]. Da die stillen Rücklagen unter der deutschen Besteuerungshoheit gebildet wurden und die auf diese Wertdifferenzen geschuldete Steuer nach der Konzeption der stillen Rücklagen nur gestundet ist, die Wirtschaftsgüter also mit den in ihnen bestehenden stillen Rücklagen in Deutschland steuerverstrickt sind[957], geht der deutsche Fiskus von einem berechtigten Steueranspruch aus, dessen Vereitelung durch die Wegzugsbesteuerung verhindert werden muß. Ob dieses Interesse ein zwingendes Allgemeininteresse ist, wird zu klären sein.

---

ausländischen Tochtergesellschaften steht nicht im Raum, da die steuerlich negativen Folgen bei den britischen Muttergesellschaften entstehen.

954 EuGH 09.03.1999 (*Centros*), Slg. 1999, I-1459, 1495 Rnr. 34; EuGH 15.05.1997 (*Futura*), Slg. 1997, I-2471, 2500 Rnr. 26; EuGH 30.11.1995 (*Gebhard*), Slg. 1995, I-4165, 4198 Rnr. 37.

955 Vgl. dazu die Prüfung des EuGH in seiner Entscheidung vom 15.05.1997 (*Futura*), Slg. 1997, I-2471, 2501 Rnr. 31.

956 *Dötsch*, in:ders./Eversberg/Jost/Witt, KStG, § 12 Rnr. 1; *Freericks*, in: Bühler, § 12 KStG Rnr. 1; *Frotscher*, in: ders./Maas, KStG, § 12 Rnr. 1 f.; *Hofmeister*, in: Blümich, § 12 KStG Rnr. 3; *Hübl*, in: Herrmann/Heuer/Raupach, KStG, § 12 Rnr. 3; *Knobbe-Keuk*, Steuerrecht, § 25 I 3 a (S. 937); *Streck*, KStG, § 12 Anm. 1; *Tipke/Lang*, § 11 Rnr. 81; *Wassermeyer*, in: Schöberle/Hofmeister, KStG, § 12 Rnr. 1. Ebenso BFH BStBl. II 1974, 255, 256 allerdings zur Betriebsstättenregelung des damaligen § 16 Abs. 2 KStG (jetzt § 12 Abs. 2 KStG).

957 Vgl. zur Ver- und Entstrickung von Wirtschaftsgütern sowie der stillen Rücklagen oben S. 53.

bb) Bestimmung der „zwingenden Erfordernisse des Allgemeininteresses“

Klärungsbedürftig erscheint, was als „zwingendes Erfordernis des Allgemeininteresses“ im Sinne der Rechtsprechung des EuGH anzusehen ist. Von *Everling* wurde dargelegt, daß diese tragenden Gründe des Allgemeininteresses nicht abstrakt zu umschreiben seien[958]. Es handele sich jedoch um solche Gründe, die nach rechtsstaatlichen Grundsätzen allgemeinen Zielen und nicht individuellen Vorteilen dienen, die objektiv nachvollziehbar und nicht willkürlich sind[959]. *Jarass* geht davon aus, daß „... beliebige Allgemeinwohlbelange verfolgt werden ...“ können[960]. Diese Formulierungen sind bei der Beantwortung der Frage, ob ein solches Allgemeininteresse Grund für eine bestimmte nationale Beschränkung war, kaum hilfreich, geben sie doch allenfalls vage Orientierungspunkte an. In steuerrechtlichen Publikationen wurde das Problem dahingehend gelöst, daß das Interesse eines Staates, die unter seinem Steuerregime gebildeten stillen Rücklagen im letztmöglichen Zeitpunkt seiner Besteuerung zu unterwerfen, unproblematisch und leider ohne Begründung als Grund des Allgemeininteresses anerkannt wird[961].

Äußerungen in der Rechtsprechung des Gerichtshofes könnten den Schluß nahelegen, daß als Gründe des Allgemeininteresses nur die in Art. 46 EG genannten angesehen werden können. In der Entscheidung vom 16.07.1998 (*ICI*) geht der Gerichtshof davon aus, daß „... die [...] Steuermindereinnahmen nicht zu den in Artikel 56 des Vertrages [Art. 46 EG] genannten Gründen gehören und daher nicht als zwingender Grund des Allgemeininteresses anzusehen sind, der zur Rechtfertigung einer mit Artikel 52 des Vertrages [Art. 43 EG] grundsätzlich unvereinbaren Ungleichbehandlung angeführt werden kann“[962]. Damit wären rechtfertigende Allgemeininteressen nur die in Art. 46 EG genannten Gründe. In derselben Entscheidung nimmt der EuGH von einem solchen restriktiven Ansatz jedoch Abstand, indem er außerdem die sogenannte Kohärenz einer Steuerrechtsordnung als möglichen, aber im entschiedenen Fall nicht gegebenen, Rechtfertigungsgrund einer Beschränkung anerkennt[963]. Diese Kohärenz ist ein in Art. 46 EG nicht genannter Rechtfertigungsgrund, so daß die einschränkende Sichtweise vom Gerichtshof nicht verfolgt wird.

---

958 GS Knobbe-Keuk, 607, 621.

959 *Everling*, aaO.

960 EuR 1995, 202, 224.

961 *Knobbe-Keuk*, DB 1991, 298, 300; *Schlenker*, S. 111.

962 EuGH 16.07.1998 (*ICI*), Slg. 1998, I-4695, 4723 Rnr. 28 (die genannten Normen beziehen sich auf den EGV). Die fraglichen Steuermindereinnahmen entstanden bei der (von der streitgegenständichen britischen Regelung verbotenen) Berücksichtigung von Verlusten einer nicht in Großbritannien ansässigen Tochtergesellschaft bei der Muttergesellschaft.

963 EuGH 16.07.1998 (*ICI*), Slg. 1998, I-4695, 4723 Rnr. 29.

Unter der „Kohärenz einer Steuerrechtsordnung" versteht der EuGH deren grundsätzlich zu respektierende innere Stimmigkeit. Dies bedeutet, daß der Gerichtshof bei der Entscheidung über die Vereinbarkeit belastender und damit beschränkender nationaler Steuerregelungen mit Europäischem Recht untersucht, ob eine solche Regelung derart untrennbar mit einer anderen, in der Regel begünstigenden Norm verbunden ist, daß die isolierte Unvereinbarkeitserklärung der beschränkenden Regelung eine nicht hinzunehmende Unstimmigkeit der nationalen Steuerrechtsordnung zur Folge hätte[964]. In den Rechtssachen „*Bachmann*"[965] und „*Kommission ./. Belgien*"[966] wirkte die Kohärenz einer Steuerrechtsordnung bisher zum einzigen Mal rechtfertigend. In weiteren steuerrechtlichen Entscheidungen des EuGH wurde sie zwar als möglicher Rechtfertigungsgrund angesehen, hatte aber jeweils keine rechtfertigende Wirkung[967].

Ein weiterer, vom EuGH anerkannter Grund des Allgemeininteresses ist außerdem die Wirksamkeit der nationalen Steueraufsicht[968]. Der Gerichtshof beruft sich in der Entscheidung zur Rechtssache „*Futura*" explizit auf seine Rechtsprechung zur Warenverkehrsfreiheit bei der Klärung der Frage, ob ein solcher Grund des Allgemeininteresses vorliegt[969]. Im Rückgriff auf diese Rechtsprechung zeigt sich, daß jedenfalls die „wirksame steuerliche Kontrolle" ein solches Allgemeininteresse darstellt[970]. Ebenfalls als zwingendes Allgemeininteresse dürfte die Vermeidung einer Steuerumgehung durch die Steuerpflichtigen anzusehen sein[971]. Geprüft, aber letztlich doch verworfen, wurde vom EuGH auch das Interesse des Staates an einer Sicherung seines Haushaltsaufkommens[972].

cc) Kohärenz einer Steuerrechtsordnung

Mit seinen Entscheidungen in den Rechtssachen „*Bachmann*"[973] und „*Kommission ./. Belgien*"[974] hat der EuGH erstmals die Kohärenz einer Steuerrechtsord-

---

964 Ausführlich zur Kohärenz einer Steuerrechtsordnung sogleich im folgenden Abschnitt.

965 EuGH 28.01.1992 (*Bachmann*), Slg. 1992, I-249 ff.

966 EuGH 28.01.1992 (*Kommission ./. Belgien*), Slg. 1992, I-305 ff.

967 EuGH 14.02.1995 (*Schumacker*), Slg. 1995, I-225, 261 Rnr. 40; EuGH 11.08.1995 (*Wielockx*), Slg. 1995, I-2493, 2516 f. Rnr. 23 und 25; EuGH 14.11.1995 (*Svensson und Gustavsson*), Slg. 1995, I-3955, 3977 Rnr. 16-18. Außerdem die bereits genannte Entscheidung „*ICI*", Slg. 1998, I-4695, 4723 Rnr. 29.

968 EuGH 15.05.1997 (*Futura*), Slg. 1997, I-2471, 2501 Rnr. 31.

969 EuGH aaO.

970 EuGH 22.02.1979 (*Rewe – Cassis de Dijon*), Slg. 1979, 649, 662 Rnr. 8. Für die Kapitalverkehrsfreiheit EuGH 14.12.1995 (*Sanz de Lera*), Slg. 1995, I-4821, 4837 Rnr. 20. Vgl. dazu die Anmerkung von *Ebke*, WuB I H 4. – 1.96.

971 EuGH 16.07.1998 (*ICI*), Slg. 1998, I-4695, 4722 f. Rnr. 26.

972 EuGH 14.11.1995 (*Svensson und Gustavsson*), Slg. 1995, I-3955, 3977 Rnr. 15.

973 EuGH 28.01.1992 (*Bachmann*), Slg. 1992, I-249 ff.

974 EuGH 28.01.1992 (*Kommission ./. Belgien*), Slg. 1992, I-305 ff.

nung als ein Beschränkungen der Grundfreiheiten rechtfertigendes Allgemeininteresse anerkannt[975]. Beide Entscheidungen betrafen eine Regelung des belgischen Einkommensteuergesetzes[976], in der die Abziehbarkeit von Versicherungsbeiträgen von den steuerpflichtigen Einkünften davon abhängig gemacht wurde, daß die Versicherungsgesellschaft in Belgien ansässig war[977]. Während es im Vertragsverletzungsverfahren „*Kommission ./. Belgien*" ausschließlich um die Abziehbarkeit von Beiträgen zu Alters- und Todesfallversicherungen[978] ging, betraf das Vorlageverfahren des belgischen Cour de Cassation in der Sache „*Bachmann*" zusätzlich auch die Abziehbarkeit von Beiträgen zu Kranken- und Invaliditätsversicherungen. Die Aussagen des Gerichtshofes zur Kohärenz der belgischen Steuerrechtsordnung sind in beiden Entscheidungen zumindest ihrem Sinn nach identisch[979] und beziehen sich auch in der Entscheidung Bachmann zunächst nur auf die Beiträge zur Alters- und Todesfallversicherung[980].

Nach Art. 54 CIR und dessen Nachfolgeregelung in Art. 12 Abs. 2 Nr. 1 und Art. 13 Abs. 1 Nr. 1 des Gesetzes vom 07.12.1988[981] war Voraussetzung der Abziehbarkeit von Beiträgen zu Alters- und Todesfallversicherungen vom Einkommen, daß die Beiträge an eine in Belgien ansässige Versicherungsgesellschaft gezahlt worden waren. Der Gerichtshof sah darin eine gegen Art. 48 EWGV (Art. 39 EG) verstoßende versteckte Diskriminierung ausländischer Arbeitnehmer, da diese aufgrund vorheriger Tätigkeiten in ihrem Heimatstaat eher bei dort ansässigen Versicherungsgesellschaften versichert und somit von der Inanspruchnahme der Abzugsmöglichkeit ausgeschlossen waren[982]. Im Rahmen der Rechtfertigungsprüfung berücksichtigte der EuGH allerdings, daß nach

---

975 EuGH 28.01.1992 (*Bachmann*), Slg. 1992, I-249, 282 ff. Rnr. 21-28; 28.01.1992 (*Kommission ./. Belgien*", Slg. 1992, I-305, 319 ff. Rnr. 14-21.

976 Code des impôts sur les revenus, abgekürzt CIR.

977 Im deutschen EStG bestand bis einschließlich VZ 1992 eine entsprechende Regelung in § 10 Abs. 2 Nr. 2, wonach die Versicherungsbeiträge an Unternehmen gezahlt sein mußten, „... die ihren Sitz oder ihre Geschäftsleitung im Inland haben ...". Mit Wirkung ab VZ 1993 ist § 10 Abs. 2 EStG im Hinblick auf die Entscheidung „*Bachmann*" dahingehend geändert worden, daß laut Nr. 2 lit. a Sitz oder Geschäftsleitung des Versicherungsunternehmens in einem Mitgliedstaat der Europäischen Gemeinschaft liegen müssen.

978 (Kapital-)Lebensversicherungen.

979 Vgl. EuGH 28.01.1992 (*Bachmann*), Slg. 1992, I-249, 282 f. Rnr. 21-27 sowie EuGH 28.01.1992 (*Kommission ./. Belgien*), Slg. 1992, I-305, 319 f. Rnr. 14-20.

980 EuGH 28.01.1992 (*Bachmann*), Slg. 1992, I-249, 284 Rnr. 30 gibt dem *Cour de Cassation* auf, die Anwendbarkeit des Kohärenzgedankens auch auf die Beiträge zur Kranken- und Invaliditätsversicherung zu prüfen. Dies ist abzulehnen, weshalb die Regelung über die Nichtabziehbarkeit dieser Beiträge nicht gerechtfertigt sein dürfte.

981 Zitiert nach EuGH 28.01.1992 (*Kommission ./. Belgien*), Slg. 1992, I-305, 316 Rnr. 4.

982 EuGH 28.01.1992 (*Kommission ./. Belgien*), Slg. 1992, I-305, 317 Rnr. 7 und EuGH 28.01.1992 (*Bachmann*), Slg. 1992, I-249, 279 Rnr. 9.

Art. 32bis CIR[983] Versicherungsleistungen dann als steuerfreie Einkünfte angesehen werden, wenn für sie der in Art. 54 CIR vorgesehene Abzug nicht erfolgt ist. Im Umkehrschluß ist daraus zu entnehmen, daß die Versicherungsleistungen ansonsten als steuerpflichtiges Einkommen gelten[984]. Zwischen der Abzugsfähigkeit der Versicherungsbeiträge und der späteren Steuerpflicht erkennt der Gerichtshof einen inneren Zusammenhang, eine Kohärenz. Der Zusammenhang besteht darin, daß der aus dem Abzug entstehende momentane Steuerverlust durch die spätere Besteuerung der Versicherungsleistungen ausgeglichen wird[985]. Diese Regelungen bedingen sich durch die Anordnung von momentaner Schmälerung der Steuerschuld und späterer Aufholung des Steuerverlustes gegenseitig und sind so untrennbar verbunden. Sie stellen eine in sich kohärente Einheit dar, was den EuGH daran hinderte, alleine die belastende Komponente der Nichtabziehbarkeit der Versicherungsbeiträge für unvereinbar mit Europäischem Recht zu erklären. Der Gerichtshof betont auch, daß die Ausgestaltung der Steuerrechtsordnung, und damit des inneren Zusammenhanges von Steuerregelungen, Sache des einzelnen Mitgliedstaates sei[986], was dazu führt, daß die Entscheidung des belgischen Staates grundsätzlich zu akzeptieren ist. Da andere, weniger belastende Maßnahmen zur Wahrung der Kohärenz für den EuGH nicht ersichtlich sind[987], war die beschränkende Regelung in Art. 54 CIR bzw. Art. 12 f. des Gesetzes vom 07.12.1988 durch zwingende Gründe des Allgemeininteresses gerechtfertigt und europarechtlich nicht zu beanstanden[988].

In den Entscheidungen „*Kommission ./. Belgien*" und „*Bachmann*" hat der Gerichtshof den Rechtfertigungsgrund der Kohärenz einer Steuerrechtsordnung nicht über den konkreten Sachverhalt hinaus ausgestaltet. Aus dem entschiedenen Einzelfall kann zunächst nur geschlossen werden, daß der Gerichtshof ein legitimes Interesse des belgischen Fiskus anerkennt, bei einem teilweisen Verzicht auf die Besteuerung der Erwerbseinkünfte in Höhe der gezahlten Versiche-

---

983 In der Rechtssache „*Bachmann*" war der 1976 eingeführte Art. 32bis CIR nur auf das letzte Jahr des streitigen Zeitraumes von 1973 bis 1976 anwendbar (vgl. daher EuGH 28.01.1992 (*Bachmann*), Slg. 1992, I-249, 284 Rnr. 29), während er im Vertragsverletzungsverfahren „*Kommission ./. Belgien*" als geltendes Recht voll berücksichtigt wurde.

984 Anders als im deutschen Steuerrecht, wo nach § 20 Abs. 1 Nr. 6 EStG die Kapitalerträge aus Lebensversicherungsverträgen unter bestimmten Voraussetzungen, aber doch unabhängig vom Nichtabzug der Beiträge vom Gesamtbetrag der Einkünfte, steuerfrei gestellt werden.

985 EuGH 28.01.1992 (*Kommission ./. Belgien*), Slg. 1992, I-305, 319 Rnr. 15; EuGH 28.01.1992 (*Bachmann*), Slg. 1992, I-249, 282 Rnr. 22.

986 EuGH 28.01.1992 (*Kommission ./. Belgien*), Slg. 1992, I-305, 319 Rnr. 16; EuGH 28.01.1992 (*Bachmann*), Slg. 1992, I-249, 282 Rnr. 23.

987 EuGH 28.01.1992 (*Kommission ./. Belgien*), Slg. 1992, I-305, 320 Rnr. 17-20; EuGH 28.01.1992 (*Bachmann*), Slg. 1992, I-249, 283 Rnr. 24-27.

988 EuGH 28.01.1992 (*Kommission ./. Belgien*), Slg. 1992, I-305, 320 f. Rnr. 21; EuGH 28.01.1992 (*Bachmann*), Slg. 1992, I-249, 283 f. Rnr. 28.

rungsbeiträge die späteren Leistungen der Versicherung zu besteuern[989]. Die Entscheidung des Mitgliedstaates für eine solche Ausgestaltung seines Steuerrechts ist seine eigene Sache[990] und als solche vom Gerichtshof daher grundsätzlich nicht zu beanstanden. In der Rechtssache „*Schumacker*“ erwähnt der EuGH die Kohärenz einer Steuerrechtsordnung lediglich als möglichen Rechtfertigungsgrund, verwirft diesen Ansatz aber ohne nähere Ausführungen[991].

Eine Konkretisierung brachte hingegen die Entscheidung in der Rechtssache „*Wielockx*“[992]. Kläger im Ausgangsfall zu diesem Vorabentscheidungsverfahren war ein in den Niederlanden selbständig tätiger und in Belgien lebender belgischer Staatsangehöriger. Dieser wollte den nach niederländischem Steuerrecht für inländische Steuerpflichtige[993] möglichen Abzug einer sogenannten „Altersrücklage“ vom Gewinn seines Unternehmens auch für sich erreichen. Dies wurde ihm mit der Begründung, er sei ausländischer Steuerpflichtiger[994], von der niederländischen Finanzverwaltung verweigert. Nach Artikel 48 Abs. 3 des niederländischen Einkommensteuergesetzes von 1964[995] können Zuführungen an die Altersrücklage durch ausländische Steuerpflichtige nicht von derem in den Niederlanden zu versteuerndem Einkommen abgezogen werden[996]. Die niederländischen Regelungen sahen ferner vor, daß die Renten oder die einmalige Leistung aus dieser Altersrücklage bei Auflösung vom Empfänger zu versteuern waren. Herr Wielockx hingegen hätte aufgrund des belgisch-niederländischen Doppelbesteuerungsabkommens die Leistungen aus dieser Altersrücklage als Rentenzahlungen ausschließlich in Belgien versteuern müssen, während die Einkünfte aus seiner selbständigen Tätigkeit in den Niederlanden steuerpflichtig waren. Die niederländische Regierung stellte sich auf den Standpunkt, daß die gewährten Steuervergünstigungen mit der späteren Versteuerung der Leistungen aus der Altersrücklage zusammenhängen und daher ein Fall der Kohärenz einer Steuerregelung gegeben sei. Deshalb müsse die Abziehbarkeit der Zuführung zur Altersrücklage vom Gewinn des Unternehmens bei ausländischen Steuerpflichtigen ausgeschlossen sein[997].

---

989 EuGH 28.01.1992 (*Bachmann*), Slg. 1992, I-249, 282 Rnr. 23.

990 EuGH 28.01.1992 (*Bachmann*), Slg. 1992, I-249, 282 Rnr. 23.

991 EuGH 14.02.1995 (*Schumacker*), Slg. 1995, I-225, 261 Rnr. 40.

992 EuGH 11.08.1995 (*Wielockx*), Slg. 1995, I-2493.

993 Ein Steuerpflichtiger gilt als „inländischer“, wenn er seinen Wohnsitz in den Niederlanden hat. Dieser Status entspricht in Deutschland der unbeschränkten Steuerpflicht.

994 Ein Status, der der beschränkten Steuerpflicht in Deutschland entspricht.

995 Zitiert nach EuGH 11.08.1995 (*Wielockx*), Slg. 1995, I-2493, 2511 Rnr. 7.

996 Auch nicht im Hinblick auf die durch EuGH 14.02.1995 (*Schumacker*), Slg. 1995, I-225 ff. veranlaßte Berücksichtigung persönlicher Verpflichtungen und außergewöhnlicher Belastungen, wenn mindestens 90 % der Welteinkünfte in den Niederlanden steuerpflichtig sind.

997 Vgl. zum Sachverhalt EuGH 11.08.1995 (*Wielockx*), Slg. 1995, I-2493, 2510-2512 Rnr. 2-11.

Der EuGH ist diesem Standpunkt nicht gefolgt. Nach seiner Ansicht konnte sich die niederländische Regierung zur Rechtfertigung der Regelung nicht auf die Kohärenz ihrer Steuerregelungen berufen. Der Abschluß eines Doppelbesteuerungsabkommens, das die Verteilung der steuerbaren Einkünfte auf die Vertragsstaaten in einer bestimmten Art und Weise regele, habe zur Folge, daß sich die Frage der Kohärenz weg von der Person des betroffenen Steuerpflichtigen auf die Abkommensebene verlagere. Es gehe nicht mehr um die Wahrung der persönlichen Kohärenz bei Herrn Wielockx, sondern um die Kohärenz unter Berücksichtigung aller vom Abkommen betroffenen Personen[998]. Auf dieser Ebene sei die Kohärenz dadurch gewährt, daß die Niederlande zwar nicht die an ausländische Steuerpflichtige gezahlten Renten – aus beliebigen Quellen – besteuern können, im Gegenzug aber die von inländischen Steuerpflichtigen empfangenen Renten – wiederum aus beliebigen, auch ausländischen Quellen – besteuern[999]. Hinter dieser Rechtsprechung des Gerichtshofes steht der Gedanke, daß ein Staat nicht einerseits auf die Besteuerung von bestimmten Einkünften generell verzichten kann, um dann aber für bestimmte Steuerpflichtige diesen Verzicht zu unterlaufen. Das wäre nämlich die Folge, da es für Personen wie Herrn Wielockx äußerst unattraktiv oder sogar unmöglich gemacht wird, in den Niederlanden nach dem DBA-Niederlande/Belgien nicht steuerpflichtige Einkünfte aus der Altersrücklage zu erwerben und sie statt dessen gezwungen werden, in den Niederlanden steuerpflichtige Einkünfte aus einem Gewerbebetrieb zu erzielen.

In der Entscheidung der Rechtssache „*Svensson und Gustavsson*"[1000] hat der EuGH zwar angedeutet, daß möglicherweise alle Steuervergünstigungen in Verbindung mit einem anderweitigen Steuererhebungstatbestand einer Prüfung auf Kohärenz zugänglich sind[1001], hat jedoch zwischen diesen beiden Tatbeständen einen *unmittelbaren Zusammenhang* gefordert[1002]. Er geht insofern davon aus, daß die Steuervergünstigung und die spätere Steuerbelastung bei ein und dem-

---

998 EuGH 11.08.1995 (*Wielockx*), Slg. 1995, I-2493, 2516 Rnr. 24.

999 EuGH 11.08.1995 (*Wielockx*), Slg. 1995, I-2493, 2517 Rnr. 25.

1000 EuGH 14.11.1995 (*Svensson und Gustavsson*), Slg. 1995, I-3955.

1001 EuGH 14.11.1995 (*Svensson und Gustavsson*), Slg. 1995, I-3955, 3977 Rnr. 16-18. Wollte der Gerichtshof die Anwendbarkeit auf die Fälle des Abzugs von Versicherungsbeiträgen und der Besteuerung der späteren Versicherungsleistungen bzw. ähnlicher „Versorgungsfälle" beschränken, hätte es des nachfolgenden Kriteriums des unmittelbaren Zusammenhanges nicht bedurft. Bestätigt wurde diese Einschätzung in der Entscheidung EuGH 16.07.1998 (*ICI*), Slg. 1998, I-4695, 4723 Rnr. 29, wo auch der Abzug von Tochtergesellschaftsverlusten bei den Einkünften der Muttergesellschaft als möglicher Fall der Kohärenz geprüft wurde.

1002 EuGH 14.11.1995 (*Svensson und Gustavsson*), Slg. 1995, I-3955, 3977 Rnr. 18.

selben Steuerpflichtigen eintreten müssen[1003]. Diese Rechtsprechung wurde in der Entscheidung „*ICI*“ bestätigt[1004].

Die „Erfindung“ der Kohärenz eines Steuersystemes als möglicher Rechtfertigungsgrund für Beschränkungen der Niederlassungsfreiheit ist in der Literatur auf Kritik gestoßen[1005]. Schon die erste Kritik entzündete sich an der Tatsache, daß der EuGH nicht ausreichend berücksichtigt habe, daß der Wegfall der Möglichkeit zur Besteuerung der ausgezahlten Renten auf dem Abschluß von Doppelbesteuerungsabkommen durch Belgien beruhe[1006]. Diese Kritik ist auch in der Folgezeit nicht verstummt[1007]. Allerdings wurde anerkannt, daß der EuGH mit seiner Entscheidung in der Rechtssache „*Wielockx*“ diesen Mangel beseitigt hat[1008]. Es besteht aber immer noch der Vorwurf, daß es sich bei der Kohärenz eines Steuersystems um eine „Leerformel“ handele[1009] und daß der Gerichtshof in seinen späteren Entscheidungen fast schon entschuldigend auf die Entscheidung „*Bachmann*“ verweise und so eingestehe, daß die Anerkennung des Kohärenzgedankens ein Fehler gewesen sei[1010].

dd) Anerkennung der Kohärenz eines Steuersystems als Allgemeininteresse?

Angesichts solch harscher Kritik in der Literatur erscheint es fraglich, ob die Kohärenz eines Steuersystemes als zwingendes Erfordernis des Allgemeininteresses anzuerkennen ist, und – was wichtiger erscheint – ob das hinter der deutschen Wegzugsbesteuerung stehende staatliche Interesse an der Besteuerung der stillen Rücklagen in diesem Rechtfertigungsgrund zu verorten ist. Dabei steht der Betrachter einer Rechtsprechung des EuGH gegenüber, auf die zunächst das Adjektiv „unausgegoren“ zutraf. Insbesondere ist nicht sofort klar zu erkennen, inwiefern sich die vom EuGH gegenläufig entschiedenen Fälle „*Bachmann*“

1003 So auch *Roth*, CMLR 1996, 569, 587; *Saß*, FS Debatin, 381, 388.

1004 EuGH 16.07.1998 (*ICI*), Slg. 1998, I-4695, 4723 Rnr. 29.

1005 *Berlin*, RTDE 1992, 289, 338 ff.; *Dassesse*, BJ 1992, 257 ff.; *Hinnekens/Schelpe*, EC Tax Review 1992, 58, 60 f.; *Knobbe-Keuk*, EC Tax Review 1994, 74, 75 sowie insbesondere 80 f.; *Roth*, CMLR 1995, 569, 585 und 587; *Steichen*, FS Debatin, 417, 448 f.; *Thömmes*, GS Knobbe-Keuk, 795, 827 ff. *Fosselard*, CdDE 1993, 472, 488 bedauert zwar das Ergebnis der Entscheidung, hält diese aber für „... à notre avis regrettable“ und fordert statt dessen (aaO., 500) eine Regelung durch den Rat.

1006 *Hinnekens/Schelpe*, EC Tax Review 1992, 58, 61; *Knobbe-Keuk*, EC Tax Review 1994, 74, 80 f.

1007 *Steichen*, FS Debatin, 417, 448 f.; *Thömmes*, GS Knobbe-Keuk, 795, 827 ff.

1008 *Thömmes*, GS Knobbe-Keuk, 795, 830 f.

1009 *Thömmes*, GS Knobbe-Keuk, 795, 831. *Voß*, in: Dauses, Handbuch EU-Wirtschaftsrecht, J. Rnr. 26 sieht es als nicht vorhersehbar an, wann steuerrechtliche Beschänkungen im Hinblick auf die Kohärenz einer Steuerrechtsordnung Bestand haben könnten.

1010 *Roth*, CMLR 1996, 569, 585, insbesondere die dortige Fn. 61.

bzw. „*Kommission ./. Belgien*" und „*Wielockx*" unterscheiden[1011]. Streitgegenstand war jeweils eine steuerrechtliche Regelung, welche die Abziehbarkeit von Beträgen vom zu versteuernden Einkommen damit verknüpfte, daß die sich aus diesen Beträgen später ergebenden Leistungen im Abzugsstaat steuerpflichtig waren. Ein Unterschied ist darin erkennbar, daß Herr Bachmann im Gegensatz zu Herrn Wielockx in dem Staat ansässig war, in dem er den Abzug der Beträge begehrte[1012]. Wegen dieser Ansässigkeit des Herrn Bachmann hätte Belgien grundsätzlich das Recht gehabt, von ihm empfangene Rentenleistungen bei Auszahlung zu besteuern – egal ob sie von einer ausländischen oder inländischen Versicherung gezahlt wurden[1013]. Voraussetzung dafür wäre gewesen, daß Herr Bachmann auch zum Zeitpunkt des Leistungsempfanges in Belgien ansässig ist. Der EuGH vermutet allerdings, daß Herr Bachmann nach Abschluß seiner Tätigkeit wieder in seinen Heimatstaat zurückkehren und so die Besteuerungsmöglichkeit Belgiens im Rahmen seiner persönlichen Einkommensteuer vereiteln wird[1014]. Auf diesem Wege würde der belgische Staat einen Steueranspruch verlieren, den er ohne den Wegzug des Steuerpflichtigen gehabt hätte. Daher sieht es der EuGH als gerechtfertigt an, daß entweder die Beträge nicht vom Einkommen abgezogen werden können, oder aber an belgische Versicherungsgesellschaften gezahlt werden müssen, die der belgischen Steuerkontrolle unterliegen[1015].

Im Falle von Herrn Wielockx hingegen bestand mangels Ansässigkeit in den Niederlanden nie ein Anspruch der Niederlande auf die Besteuerung der von ihm empfangenen Rentenzahlungen[1016]. Die Niederlande hatten im Doppelbe-

---

1011 So auch *Steichen*, FS Debatin, 417, 448.

1012 Herr Bachmann lebte in Belgien. Diese Tatsache wird in der Entscheidung des Gerichtshofes zu Art. 48 EWGV (Art. 39 EG) selbst nicht erwähnt, kommt jedoch im Sitzungsbericht des Richters *J. C. Moitinho de Almeida*, Slg. 1992, I-249, 250 zum Ausdruck. Herr Wielockx lebte zwar ebenfalls in Belgien, verlangte aber von den Niederlanden den Abzug.

1013 Vgl. Art. 21 OECD-MA für sonstige Einkünfte, unter den auch Leistungen aus einer privaten Kapitallebensversicherung fallen.

1014 EuGH 28.01.1992 (*Bachmann*), Slg. 1992, I-249, 280 Rnr. 11.

1015 *Knobbe-Keuk* weist in EC Tax Review 1994, 74, 80 auf ein mögliches Mißverständnis des EuGH hin, der ihrer Ansicht nach davon ausging, daß die Steuerpflicht für die ausgezahlten Beträge bei der in Belgien befindlichen Gesellschaft liege und nicht beim Empfänger. Es ist in der Tat fraglich, wie – unter Berücksichtigung des deutsch-belgischen Doppelbesteuerungsabkommens – eine Besteuerung der Leistungen einer belgischen Versicherung in Belgien erfolgen sollte, wenn der Leistungsempfänger in Deutschland ansässig und das Besteuerungsrecht für von ihm empfangene Versicherungsleistungen Deutschland zugewiesen ist.

1016 Aus den Schlußanträgen von Generalanwalt *Léger* in EuGH 11.08.1995 (*Wielockx*), Slg. 1995, I-2493, 2504 f. Nr. 52-55 ergibt sich, daß der Generalanwalt davon ausgeht, daß die von Herrn Wielockx aus der Altersrücklage zu empfangende Rentenzahlung in seinem Ansässigkeitsstaat Belgien zu versteuern wäre. Generalanwalt *Léger* wendet auf

Fortsetzung der Fußnote siehe folgende Seite

steuerungsabkommen mit Belgien auf die Besteuerung der Rentenzahlungen aus beliebigen Quellen an Nichtansässige verzichtet und statt dessen das umfassende Besteuerungsrecht hinsichtlich der von Ansässigen empfangenen Rentenzahlungen erhalten. Durch diesen Verzicht war ein Zusammenhang zwischen der Abzugsmöglichkeit der in die Altersrücklage eingestellten Beträge und der späteren Leistungen aus dieser Rücklage gar nicht gegeben. Die Kohärenz des niederländischen Steuerrechts war an dieser Stelle bereits durch den Verzicht auf die Rentenbesteuerung im Doppelbesteuerungsabkommen mit Belgien aufgegeben. Vielmehr hätten sich die Niederlande durch die Besteuerung der in die Altersrücklage eingestellten Beträge unter Verweis auf die Steuerfreiheit der späteren Leistungen einen Steueranspruch verschafft, der ihnen nach dem Doppelbesteuerungsabkommen mit Belgien deshalb nicht zustand, weil die von Herrn Wielockx empfangenen Rentenleistungen nicht in den Niederlanden zu versteuern gewesen wären.

Knobbe-Keuk hat diese Situation zum Anlaß genommen, „[t]he Court's slippery „coherence" concept …"[1017] auf seinen nach ihrer Ansicht gerechtfertigten Kern zu reduzieren. Dazu greift sie vor allem auf die Rechtsprechung des EuGH in Sachen „*Daily Mail*" zurück, wo die richtige[1018] Entscheidung nach ihrer Ansicht hätte lauten müssen, daß die nationale steuerliche Wegzugsbeschränkung durch das legitime Interesse des Wegzugsstaates an der Sicherung der Besteuerung von stillen Rücklagen gerechtfertigt ist[1019]. In Verbindung mit der Entscheidung „*Bachmann*" kommt sie zu der Erkenntnis:

> „[R]estrictions on the fundamental freedoms of the Treaty by national tax provisions may be justified by the general interest of the Member State concerned to ensure its taxation rights. However, the general interest of the Member State in designing a tax system that effectively

---

die Zahlung die den Art. 18 bzw. 21 OECD-MA entsprechenden Art. 18 und 22 des DBA-Belgien/Niederlande an. Nach deutscher Auslegung des OECD-MA dürften die Zahlungen aus der Altersrücklage im Falle von Herrn Wielockx eher als nachträgliche Einkünfte aus selbständiger Arbeit im Sinne des Art. 14 Abs. 1 OECD-MA anzusehen sein. Dies hätte zur Folge, daß die Besteuerung im Staat der ehemaligen wirtschaftlichen Betätigung, also in den Niederlanden, vorzunehmen wäre (*Vogel*, DBA, Art. 14 OECD-MA Rnr. 16). Da der Generalanwalt und der Gerichtshof (EuGH 11.08.1995 (*Wielockx*), Slg. 1995, I-2493, 2516 Rnr. 24 unter Verweis auf die Ausführungen des Generalanwaltes) erkennbar aber von einer Einordnung unter Art. 18 bzw. 22 des DBA-Belgien/Niederlande ausgehen, ist diese tatsächliche Ausgangsbasis für die Analyse hinsichtlich der Kohärenz einer Steuerrechtsordnung hinzunehmen.

1017 EC Tax Review 1994, 72, 84.

1018 Sie weist in EC Tax Review 1994, 72, 82 erneut darauf hin, daß der Gerichtshof eine andere als die ihm gestellte Frage nach der Vereinbarkeit der steuerlichen Wegzugsregelung mit der Niederlassungsfreiheit beantwortet hat. Dazu oben S. 130 f.

1019 *Knobbe-Keuk*, EC Tax Review 1994, 72, 83.

ensures and enforces the taxation of income can only be recognized within the limits set by the tax treaties.“[1020]

In der Entscheidung „*Wielockx*“ hat der EuGH den damit geforderten Schritt hin zur Berücksichtigung der Doppelbesteuerungsabkommen getan und so durch Herstellung der Kohärenz seiner eigenen Rechtsprechung gleichzeitig die Möglichkeit zu einer umfassenderen Aussage eröffnet, die – und darin ist *Knobbe-Keuk* zuzustimmen – letztlich hinter dem steuerrechtlichen Kohärenzprinzip steht. Diese Aussage besteht in der Annahme, daß es ein als Rechtfertigungsgrund für Beschränkungen der Grundfreiheiten wirkendes Allgemeininteresse der Mitgliedstaaten gibt, ihre *bestehenden* Besteuerungsrechte zu wahren, auch wenn sie vorübergehend auf die Durchsetzung dieser Besteuerungsrechte verzichtet haben[1021]. Der vom EuGH geforderte unmittelbare Zusammenhang zwischen der gewährten Steuervergünstigung und der späteren Aufholung dieser Vergünstigung[1022] ist eine fast schon selbstverständliche Voraussetzung. Dadurch wird sichergestellt, daß Vergünstigung und spätere Belastung in ein und derselben steuerpflichtigen (natürlichen oder juristischen) Person bzw. dem möglichen Rechtsnachfolger zusammentreffen. Mit dem aufgezeigten Verständnis des rechtfertigenden Allgemeininteresses wäre eine andere Interpretation, welche die Aufholung des Steuerverzichtes bei anderen Steuerpflichtigen beinhalten würde, geradezu unvereinbar.

Aus der Analyse der Rechtsprechung des EuGH und den Stellungnahmen in der Literatur ist deshalb zu schließen, daß das vom Gerichtshof sogenannte „Prinzip der Kohärenz einer Steuerregelung“ Ausdruck eines umfassenderen Grundsatzes ist. Dieser besagt, daß es ein zwingendes Erfordernis des Allgemeininteresses der Mitgliedstaaten gibt, ihre berechtigten Steueransprüche bei

---

1020 aaO.

1021 Unter dieser Prämisse könnte sogar die bei näherer Analyse vor allem wegen der Nichtberücksichtigung des Verzichtes auf die Rentenbesteuerung in Doppelbesteuerungsabkommen sowie wegen der ungeklärten Frage einer Besteuerung der Renten bei der Versicherung wenig überzeugende Enscheidung „*Bachmann*“ noch einen richtigen Kern enthalten. Denn zum Zeitpunkt der streitgegenständlichen Besteuerung war Herr Bachmann in Belgien ansässig und hätte empfangene Renten dort besteuern müssen. Daß diese Tatsache allerdings in Verbindung mit der Möglichkeit, daß er nach Ende seiner Tätigkeit wieder nach Deutschland zurückkehren und sich so der belgischen Steuer auf die Versicherungsleistungen entziehen könnte, zur Versagung der Abzugsmöglichkeit ausreicht, ist zu verneinen. Für einen solchen Fall sieht das niederländische Steuerrecht nach *Hinnekens/Schelpe*, EC Tax Review 1992, 58, 60 eine Wegzugsbesteuerung für den Fall des innereuropäischen Wegzugs von Steuerpflichtigen vor.

1022 Erstmals in der Entscheidung EuGH 14.11.1995 (*Svensson und Gustavsson*), Slg. 1995, I-3955, 3977 Rnr. 18 als solcher erwähnt. In den nachfolgenden Entscheidungen EuGH 27.06.1996 (*Asscher*), Slg. 1996, I-3089, 3128 f. Rnr. 58 sowie EuGH 16.07.1998 (*ICI*), Slg. 1998, I-4695, 4723 Rnr. 29 wurde diese Rechtsprechung bezüglich der Unmittelbarkeit bestätigt.

den Steuerpflichtigen durchzusetzen. Wenn ein Mitgliedstaat zunächst auf die Durchsetzung von Steueransprüchen verzichtet und diesen Verzicht unter den Vorbehalt einer späteren Geltendmachung stellt, so ist diese Entscheidung wegen der nationalen Steuerhoheit europarechtlich nicht zu beanstanden. Mitgliedstaatliche Maßnahmen, welche die Erfüllung der so „gestundeten" Steueransprüche durch die Begünstigten der Stundung sicherstellen sollen, dienen einem zwingenden Erfordernis des Allgemeininteresses. Mögliche Beschränkungen der Grundfreiheiten durch diese Maßnahmen können bei Erfüllung der sonstigen Voraussetzungen gerechtfertigt werden.

ee) Anwendung auf die Wegzugsbesteuerung

Ausgehend von diesen Überlegungen ist der Befund für die Wegzugsbesteuerung des § 12 Abs. 1 KStG eindeutig. Deren Motivation ist die Sicherung der Besteuerung von stillen Rücklagen, die unter deutscher Steuerhoheit gebildet wurden[1023]. Die gebildeten stillen Rücklagen unterliegen bei „normalem" Ablauf des Lebens und Sterbens der Kapitalgesellschaft der deutschen Besteuerung. Kommt es zu einer Realisierung der stillen Rücklagen im gewöhnlichen Geschäftsgang, so unterliegen die Gewinne der Körperschaftsteuer ebenso wie bei einer Realisierung der stillen Rücklagen im Zuge der Auflösung und Abwicklung der Gesellschaft. Die Durchsetzung des somit bestehenden deutschen Besteuerungsrechts soll durch die Wegzugsbesteuerung auch für den Fall gewährleistet werden, daß die Gesellschaft die deutsche Steuerhoheit verläßt. Die Wegzugsbesteuerung dient der Wahrung eines zwingenden Erfordernisses des Allgemeininteresses. Die Sicherstellung der Besteuerung der in einer Kapitalgesellschaft gebildeten stillen Rücklagen ist daher möglicher Rechtfertigungsgrund für Beschränkungen der Grundfreiheiten, hier speziell der Niederlassungsfreiheit[1024].

ff) Konsequente Verfolgung des Interesses auch an anderer Stelle?

Der EuGH hat in seiner Rechtsprechung die Forderung aufgestellt, daß sich die Mitgliedstaaten zur Rechtfertigung einer Beschränkung nur dann auf ein – grundsätzlich bestehendes – Allgemeininteresse berufen können, wenn sie dieses auch an anderer Stelle konsequent durchsetzen[1025]. In Verbindung mit der Tatsache, daß Deutschland über § 8b Abs. 2 KStG auf die Besteuerung von stil-

---

1023 Vgl. oben S. 220.

1024 *Farmer/Lyal*, EC Tax Law, S. 331 f. anerkennen dies unter Hinweis auf die in der Entscheidung *„Daily Mail"* geprüfte britische Steuerregelung.

1025 EuGH 12.03.1987 (*Kommission/Deutschland*), Slg. 1987, 1227, 1275 Rnr. 49 sowie EuGH 07.03.1989 (*Schumacher*), Slg. 1989, 617, 640 Rnr. 21. Ähnlich – allerdings im Rahmen der Geeignetheitsprüfung – EuGH 09.03.1999 (*Centros*), Slg. 1999, I-1459, 1495 Rnr. 35.

len Rücklagen verzichtet, die in Anteilen an ausländischen Kapitalgesellschaften gebildet wurden, könnte sich hier ein Einwand gegen die Berufung auf das Allgemeininteresse an der Besteuerung der stillen Rücklagen im Wegzugsfalle ergeben. Es ist allerdings zu beachten, daß die beiden genannten Entscheidungen des EuGH zur Warenverkehrsfreiheit nach Art. 28 EG ergangen sind[1026]. Zwar kann der Rechtsprechung des Gerichtshofes zu anderen Grundfreiheiten eine Bedeutung auch für die Niederlassungsfreiheit nicht abgesprochen werden[1027], doch ist gerade im Bereich der direkten Steuern außerdem zu beachten, daß der Gerichtshof hier zu Gunsten der Mitgliedstaaten einen weiteren Beurteilungsspielraum und Raum für politische Entscheidungen anerkennt[1028]. Die politische Entscheidung für einen Verzicht auf die Besteuerung der stillen Rücklagen im Falle des § 8b Abs. 2 KStG führt zudem nur in einem kleinen Teilbereich zu einer Nichtdurchsetzung von Steueransprüchen[1029]. Die Berufung auf ein Allgemeininteresse an der Besteuerung von unter der deutschen Steuerhoheit gebildeten stillen Rücklagen ist deshalb auch angesichts des Verzichtes in § 8b Abs. 2 KStG nicht verwehrt.

c) Geeignetheit der Wegzugsbesteuerung

Die mitgliedstaatliche Wegzugsbesteuerung müßte zur Wahrung dieses soeben beschriebenen Allgemeininteresses geeignet sein[1030]. Durch die Besteuerung der

---

1026 Es handelte sich im ersten Fall um eine Vertragsverletzungsklage gegen die Bundesrepublik Deutschland wegen des Reinheitsgebotes für Bier und im zweiten Fall um ein Vorabentscheidungsersuchen des Hessischen Finanzgerichtes wegen einer Weigerung der Zollbehörden, ein rezeptfreies Arzneimittel aus einem anderen Mitgliedstaat beziehen zu dürfen.

1027 Vgl. dazu oben S. 211, insbesondere Fn. 910. Insbesondere EuGH 09.03.1999 (*Centros*), Slg. 1999, I-1459, 1492 Rnr. 24 beruft sich auf die im Bereich der anderen Grundfreiheiten ergangenen Entscheidungen zur mißbräuchlichen Nutzung des Gemeinschaftsrechts.

1028 EuGH 28.01.1992 (*Bachmann*), Slg. 1992, I-249, 282 Rnr. 23. So auch *Farmer/Lyal*, EC Tax Law, S. 332.

1029 Selbst für den Fall, daß die ab dem Jahr 2002 vorgesehene vollständige Befreiung von Wertzuwächsen bei der Veräußerung von Gesellschaftsanteilen Gesetzeskraft erlangen sollte, ist der Grundsatz der Besteuerung stiller Rücklagen noch nicht so weitgehend außer Kraft gesetzt, daß er nicht mehr als rechtfertigendes Allgemeininteresse anzuerkennen wäre.

1030 EuGH 15.09.1994 (*Houtwipper*), Slg. 1994, I-4249, 4269 Rnr. 22 hat den Mitgliedstaaten im Rahmen der Rechtfertigungsprüfung nach Art. 36 EG (zur Bedeutung von Aussagen zum freien Warenverkehr auch bei der Niederlassungsfreiheit vgl. oben Fn. 910) einen weiten Ermessensspielraum bei der Auswahl der Mittel zur Abwehr einer Gefahr zugestanden, womit nur gänzlich untaugliche Mittel als ungeeignet anzusehen sein dürften. *Everling*, GS Knobbe-Keuk, 607, 622 plädiert denn auch für eine geringe Überprüfungsintensität beim Kriterium der Geeignetheit, um nicht politische Entschei-

Fortsetzung der Fußnote siehe folgende Seite

im Wegzugszeitpunkt gebildeten stillen Rücklagen setzt der Fiskus seinen Steueranspruch durch und wahrt somit das dargelegte Interesse an der Durchsetzung bestehender Steueransprüche. Die Wegzugsbesteuerung ist daher eine geeignete Maßnahme zur Wahrung des Allgemeininteresses.

d) Erforderlichkeit der Wegzugsbesteuerung

Die zur Durchsetzung des Allgemeininteresses an der Besteuerung der stillen Rücklagen geeignete Maßnahme einer Wegzugsbesteuerung müßte außerdem zu dessen Wahrung erforderlich sein. Dies ist dann nicht der Fall, wenn die Maßnahme über das hinausgeht, was zur Wahrung des zu schützenden Allgemeininteresses erforderlich ist[1031]. Dies beinhaltet neben der Frage, ob bezüglich des Allgemeininteresses bereits andere Maßnahmen getroffen wurden, auch die, ob eine andere Maßnahme, die eine geringere Beschränkungsintensität entfaltet, zur Wahrung des Allgemeininteresses ausreichend ist.

aa) Andere Maßnahmen bezüglich des Allgemeininteresses

Die Durchführung einer Besteuerung der stillen Rücklagen beim Wegzug der Kapitalgesellschaft aus Deutschland wäre jedenfalls dann nicht erforderlich, wenn das Interesse des Staates an der Durchsetzung seiner berechtigten Steueransprüche bereits durch andere Regelungen gewahrt wäre. In Betracht kommen europarechtliche Vorschriften sowie neben dem nationalen Steuerrecht auch die Doppelbesteuerungsabkommen.

(1) Europarechtliche Vorschriften

Europarechtliche Normen, die sich speziell mit der Sitzverlegung von Kapitalgesellschaften in steuerrechtlicher Hinsicht auseinandersetzen, existieren derzeit nicht. Insbesondere bringt auch die geplante vierzehnte Richtlinie auf dem Gebiet des Gesellschaftsrechts keine steuerrechtlichen Begleitregelungen. Die bereits verabschiedete steuerliche Fusionsrichtlinie[1032] enthält allenfalls Regelungen für verwandte Rechtsgebiete – wie die Verschmelzung von Gesellschaften – aber keine für die Sitzverlegung. Die Konzernsteuerrichtlinie[1033] enthält ebenfalls ausschließlich Regelungen für die von der Tochtergesellschaft an die Mut-

---

dungen der Mitgliedstaaten in vollem Umfang einer Überprüfung durch den Gerichtshof zu unterziehen.

1031 EuGH 15.05.1997 (*Futura*), Slg. 1997, I-2471, 2500 Rnr. 26.

1032 Vom 23.07.1990, ABl. EG 1990 L 225/1.

1033 „Mutter-Tochter-Richtlinie" vom 23.07.1990, ABl. EG 1990 L 225/6.

tergesellschaft fließenden Dividendenzahlungen[1034], nicht aber für eventuell in der Anteilsbewertung vorhandene stille Rücklagen. Eine die nationale Regelung ersetzende oder sperrende europarechtliche Regelung besteht somit nicht.

(2) Nationales Steuerrecht und Doppelbesteuerungsabkommen

Das nationale Steuerrecht und die Doppelbesteuerungsabkommen begrenzen den Anwendungsbereich der Wegzugsbesteuerung in mehrfacher Hinsicht. In dem Umfang, in dem nationale Regelungen über Steuerbefreiungen eingreifen und die Doppelbesteuerungsabkommen die Besteuerungsrechte anderen Staaten zuweisen, besteht keine Beschränkung durch die Wegzugsbesteuerung. Von der Wegzugsbesteuerung betroffen sind nach den obigen[1035] Ausführungen alle im inländischen Anlage- und Umlaufvermögen gebildeten stillen Rücklagen, alle passivischen stillen Rücklagen und die stillen Rücklagen in ausländischen Gesellschaftsanteilen, die – beispielsweise wegen Nichterreichen der Mindestbeteiligungsquote von 10 % – nicht unter die Befreiungsregelung des § 8b Abs. 2 KStG fallen. Insoweit besteht im nationalen Steuerrecht und den Doppelbesteuerungsabkommen keine Regelung, die eine von der Wegzugsbesteuerung explizit abweichende Rechtsfolge setzt.

Aus dem System der Doppelbesteuerungsabkommen zur Verteilung von Besteuerungsrechten könnte sich allerdings ergeben, daß in bestimmten Fällen eine Wegzugsbesteuerung nicht erforderlich ist, um das deutsche Interesse an der Besteuerung von zum Wegzugszeitpunkt bestehenden stillen Rücklagen zu wahren. Ein solcher Fall ist dann gegeben, wenn die Wegzugsbesteuerung zwar durch nationale Steuerbefreiungsregelungen und Doppelbesteuerungsabkommen nicht ausgeschlossen ist[1036], aber für ihre Durchführung keine Notwendigkeit besteht, weil die stillen Rücklagen auch *nach dem Wegzug* der Kapitalgesellschaft weiterhin der deutschen Besteuerung unterliegen.

1034 Vgl. Art. 1 der Konzernsteuerrichtlinie, der nur von „Gewinnausschüttungen" spricht.

1035 Vgl. oben S. 202.

1036 Vgl. oben S. 202.

(a) Stille Rücklagen in unbeweglichem Vermögen

Nach den Verteilungsregeln der Doppelbesteuerungsabkommen werden die laufenden Einkünfte aus unbeweglichem Vermögen in dem Land versteuert, in dem die Immobilie belegen ist[1037]. Art. 13 Abs. 1 OECD-MA[1038] erstreckt diesen Grundsatz auch auf Gewinne, die bei der Veräußerung dieses unbeweglichen Vermögens entstehen. Bei in Deutschland belegenem unbeweglichen Vermögen hatte also Deutschland das Recht zur Besteuerung der stillen Rücklagen und behält es auch nach Wegzug der Gesellschaft, weil die genannten Bestimmungen in den Doppelbesteuerungsabkommen nicht an die Ansässigkeit der Gesellschaft, sondern an die Belegenheit der Immobilie anknüpfen. Somit ändert sich durch den Wegzug der Gesellschaft aus Deutschland nichts an den deutschen Besteuerungsrechten hinsichtlich der in den unbeweglichen Vermögenswerten einer Gesellschaft bestehenden stillen Rücklagen. Die nunmehr ausländische Kapitalgesellschaft ist nach § 2 Nr. 1 KStG mit ihren inländischen Einkünften aus unbeweglichem Vermögen beschränkt körperschaftsteuerpflichtig. Die Wegzugsbesteuerung ist in diesen Fällen nicht erforderlich, um das Allgemeininteresse des deutschen Fiskus an der Durchsetzung seiner berechtigten Steueransprüche zu wahren. Sie stellt bei der Besteuerung von in Deutschland belegenem[1039] unbeweglichem Vermögen deshalb eine nicht zu rechtfertigende Beschränkung der Niederlassungsfreiheit des Art. 43 EG dar.

(b) Stille Rücklagen in Betriebsstättenvermögen

Der wahrscheinlich wichtigste Fall aus dieser Gruppe ist der Verbleib einer Betriebsstätte der weggezogenen Kapitalgesellschaft in Deutschland. Die nunmehr ausländische Kapitalgesellschaft ist mit den laufenden Einkünften aus dieser Betriebsstätte in Deutschland beschränkt steuerpflichtig[1040]. Ebenso wie die lau-

---

1037 Art. 6 Abs. 1 OECD-MA und DBA-Belgien, Dänemark, Finnland, Italien, Portugal, Schweden, Spanien sowie Art. 3 Abs. 1 DBA-Frankreich, Art. XIII Abs. 1 DBA-Griechenland, Art. XII Abs. 1 DBA-Großbritannien, Art. IX Abs. 1 DBA-Irland, Art. 4 Abs. 1 DBA-Luxemburg und Niederlande, Art. 3 Abs. 1 DBA-Österreich.

1038 Ebenso DBA-Belgien, Dänemark, Finnland, Italien, Portugal, Schweden, Spanien sowie Art. 3 Abs. 1 DBA-Frankreich, Art. XIII Abs. 1 DBA-Griechenland, Art. VIII Abs. 1 DBA-Großbritannien, Art. IX Abs. 1 DBA-Irland, Art. 4 Abs. 1 DBA-Luxemburg und Niederlande, Art. 3 Abs. 1 DBA-Österreich.

1039 Im Ausland belegenes unbewegliches Vermögen unterfällt aufgrund der DBA-Bestimmungen nicht der Wegzugsbesteuerung, vgl. dazu oben S. 202.

1040 Nach § 2 Nr. 1 KStG für die Betriebsstätteneinkünfte, die nach Art. 7 Abs. 1 Satz 2 OECD-MA in dem Land zu versteuern sind, in dem die Betriebsstätte belegen ist. Ebenso Art. 7 Abs. 1 Satz 2 DBA-Belgien, Dänemark, Finnland, Italien, Portugal, Schweden, Spanien sowie Art. 4 Abs. 1 Satz 2 DBA-Frankreich, Art. III Abs. 1 Satz 2 DBA-Griechenland, Großbritannien und Irland. Art. 5 Abs. 1 DBA-Niederlande und Luxem-

Fortsetzung der Fußnote siehe folgende Seite

fenden Einkünfte aus der Geschäftstätigkeit dieser Betriebsstätte werden nach Abs. 13 Abs. 2 OECD-MA[1041] auch die Gewinne aus der Veräußerung von beweglichem Betriebsvermögen der Betriebsstätte im Belegenheitsstaat der Betriebsstätte besteuert. Gewinne aus der Veräußerung von im Betriebsvermögen der Betriebsstätte befindlichem unbeweglichem Vermögen werden bereits entsprechend der obigen Regel in dem Staat besteuert, in dem die Immobilie liegt. Die vor dem Wegzug bestehenden Besteuerungsrechte des deutschen Fiskus an der Betriebsstätte bleiben ihm aufgrund der Doppelbesteuerungsabkommen auch nach dem Wegzug der Kapitalgesellschaft erhalten. In diesem Fall ist die Wegzugsbesteuerung ebenfalls nicht erforderlich, um das Allgemeininteresse des deutschen Fiskus an der Besteuerung der stillen Rücklagen zu wahren. Dieses wird durch die Doppelbesteuerungsabkommen gewahrt. Somit ist bei Verbleib einer Betriebsstätte in Deutschland die Besteuerung der in ihr bestehenden stillen Rücklagen beim Wegzug der Eigentümer-Kapitalgesellschaft eine nicht zu rechtfertigende Beschränkung der Niederlassungsfreiheit aus Art. 43 EG.

(c) Stille Rücklagen in ins Ausland verlegten Vermögenswerten

Anders ist die Situation bei Vermögenswerten, die nicht in einer Betriebstätte in Deutschland verbleiben, sondern im Zuge der Sitzverlegung ins Ausland verlagert werden. Zu denken ist hier beispielsweise an Büroeinrichtungen oder EDV-Anlagen der Verwaltung. Eine Besteuerung der in diesen Vermögenswerten bestehenden stillen Rücklagen würde nicht wegen der Sitzverlegung, sondern wegen des Transfers ins Ausland und damit wegen der Entfernung in Deutschland steuerverstrickter stiller Rücklagen aus der deutschen Steuerhoheit erfolgen. Die Aufdeckung und Besteuerung stiller Rücklagen ist in diesem Fall unumgänglich[1042].

---

burg sowie Art. 4 Abs. 1 DBA-Österreich verwenden vom OECD-MA abweichende Formulierungen mit demselben Ergebnis.

1041 Ebenso DBA-Belgien, Dänemark, Italien, Portugal, Schweden, Spanien sowie Art. 13 Abs. 3 DBA-Finnland, Art. 4 Abs. 4 iVm Abs. 1 Satz 2 DBA-Frankreich, Art. IX Abs. 2 iVm III Abs. 1 DBA-Griechenland, Art. VIII Abs. 2 Satz 1 DBA-Großbritannien, Art. X Abs. 2 DBA-Irland, Art. 5 Abs. 3 DBA-Luxemburg und Niederlande, Art. 4 Abs. 4 DBA-Österreich.

1042 Ein weiterer Besteuerungsaufschub etwa über den vom BMF in BStBl. I 1990, 72 f. eröffneten Weg (dazu sogleich unten S. 238) ist hier nicht möglich, da der passivische Ausgleichsposten bei der Durchführung der Wegzugsbesteuerung ebenfalls erfolgswirksam aufgelöst werden müßte.

(d) Andere stille Rücklagen

Von den stillen Rücklagen, die von der Wegzugsbesteuerung überhaupt betroffen sind[1043], verbleiben noch die in Anteilen an deutschen Gesellschaften, die in Anteilen an ausländischen Gesellschaften, die nicht unter die Befreiungsregelung des § 8b Abs. 2 KStG fallen sowie die passivischen stillen Rücklagen. Für Einkünfte aus diesen stillen Rücklagen treffen die Doppelbesteuerungsabkommen keine explizit abweichenden Regelungen, was zur Folge hat, daß sich das Besteuerungsrecht nach der Ansässigkeit des Eigentümers richtet[1044]. Die ihren Sitz aus Deutschland heraus verlegende Kapitalgesellschaft ist hier nicht mehr steuerlich ansässig, so daß der deutsche Fiskus insofern sein Besteuerungsrecht verliert. Für diese stillen Rücklagen besteht keine anderweitige Regelung, welche eine Wegzugsbesteuerung entbehrlich machen würde.

(e) Ergebnis

Die Wegzugsbesteuerung ist für in inländischen Grundstücken gebildete stille Rücklagen und für solche in Vermögenswerten, die nach der Sitzverlegung in einer inländischen Betriebsstätte verbleiben, nicht erforderlich. Das Interesse an der Besteuerung der stillen Rücklagen wird bereits durch die Verteilungsregeln der Doppelbesteuerungsabkommen gewahrt. Stille Rücklagen in im Verlauf der Sitzverlegung ins Ausland transferierten Vermögenswerten müssen aufgedeckt und besteuert werden. Für passivische stille Rücklagen, solche in Anteilen an inländischen Gesellschaften und solche in Anteilen an ausländischen Gesellschaften, die nicht unter § 8b Abs. 2 KStG fallen, ist die Erforderlichkeit der Wegzugsbesteuerung jedenfalls aufgrund anderer Regelungen nicht ausgeschlossen.

1043 Dazu S. 202.

1044 Es handelt sich um „normale“ Einkünfte im Sinne des Art. 7 Abs. 1 Satz 1 OECD-MA und DBA-Belgien, Dänemark, Finnland, Italien, Portugal, Schweden, Spanien sowie Art. 4 Abs. 1 Satz 1 DBA-Frankreich, Art. III Abs. 1 Satz 1 DBA-Griechenland, Art. III Abs. 1 Satz 1 DBA-Großbritannien, Art. III Abs. 1 Satz 1 DBA-Irland. Art. 5 Abs. 1 DBA-Luxemburg und DBA-Niederlande sowie Art. 4 Abs. 1 DBA-Österreich orientieren sich nicht am Musterabkommen (diese DBA wurden bereits 1958, 1959 bzw. 1954 abgeschlossen) und nehmen keine explizite Zuweisung der Besteuerung der Unternehmensgewinne vor. Allerdings wird in negativer Abgrenzung dem DBA-Staat, auf dessen Gebiet eine Gesellschaft mit „Wohnsitz“ im anderen DBA-Staat tätig wird, die Besteuerung nur dann zugewiesen, wenn und soweit sich die Tätigkeit als Betriebsstätte darstellt.

bb) Geht die Wegzugsbesteuerung über das zur Erreichung des Zieles erforderliche Maß hinaus?

Dennoch könnte die Wegzugsbesteuerung auch im verbleibenden Umfang eine nicht erforderliche Beschränkung der Niederlassungsfreiheit sein, wenn es andere, mildere Mittel gibt, die zur Erreichung des Zieles in gleicher Weise geeignet sind. Bei der Prüfung alternativer Möglichkeiten ist zu berücksichtigen, daß der deutsche Fiskus die Besteuerung von Wertzuwächsen in Vermögensgegenständen grundsätzlich bis zur Realisierung des Wertzuwachses durch Verwertungsakt aufschiebt. Der bis dahin nur vermutete Wertzuwachs wird dann definitiv, manifestiert sich in einem Mittelzufluß und kann besteuert werden. Die Besteuerung von Wertzuwächsen anläßlich der Verwirklichung eines Ersatzrealisierungstatbestandes ist dagegen grundsätzlich die Ausnahme[1045]. Aus dieser Grundsatzentscheidung heraus könnte man auch im Falle eines Wegzuges ohne tatsächliche Realisierung davon ausgehen, daß der Wegzug nicht als Ersatzrealisierungstatbestand angesehen wird, sondern die Besteuerung weiterhin bis zur tatsächlichen Realisierung aufgeschoben bleibt.

In seinem Schreiben vom 12.02.1990[1046] hat das Bundesministerium der Finanzen einen Weg zu einer solchen aufgeschobenen Gewinnrealisierung für den Fall einer Übertragung von Wirtschaftsgütern vom deutschen Stammhaus einer ausländischen Betriebsstätte auf diese gewiesen. Danach kommt es im Gegensatz zur Rechtsprechung des BFH in diesen Fällen nicht zwingend[1047] zu einer Besteuerung der im Bilanzansatz für diese Wirtschaftsgüter bestehenden stillen Rücklagen[1048]. Vielmehr wird durch die Einstellung eines passivischen Ausgleichspostens in die Bilanz des Stammhauses und dessen erfolgswirksame Auflösung im Falle einer Veräußerung des Wirtschaftsgutes die Besteuerung bis zu diesem Zeitpunkt aufgeschoben[1049]. Der passivische Ausgleichsposten in Hö-

---

1045 Zum gesamten Komplex und zum damit verbundenen Steuerstundungseffekt vgl. oben S. 52.

1046 BStBl. I 1990, 72 f.

1047 Es besteht ein Wahlrecht für den betroffenen Steuerpflichtigen, die Besteuerung der stillen Rücklagen sofort vorzunehmen oder bis zur Realisierung aufzuschieben.

1048 Der BFH geht mit seiner sogenannten „finalen Entnahmetheorie" davon aus, daß immer dann, wenn für den deutschen Fiskus durch einen Vorgang der Verlust eines Besteuerungssubstrates im Raume steht, eine Entnahme im Sinne des § 4 Abs. 1 EStG gegeben und die Differenz zwischen Buchwert und Teilwert in diesem Fall zu versteuern ist. Dazu BFHE 97, 342, 346 f.; 106, 198, 201 f.

1049 Dazu *Fischer/Warneke*, S. 295 ff. sowie *Kempka*, S. 118 f. Die letztgenannte Verfasserin schlägt allerdings ein anderes Verfahren vor, bei dem ein Gewinnausweis durch Bilanzierung des Wirtschaftsgutes mit dem tatsächlichen Wert erst gar nicht erfolgt. Vielmehr soll nach ihrer Ansicht die Übertragung vollständig zu Buchwerten geschehen und ein sogenannter „Merkposten" in einer Abgrenzungsbilanz den Mehrwert des übertragenen Wirtschaftsgutes bei Stammhaus und Betriebsstätte erfassen. Bei Realisierung

Fortsetzung der Fußnote siehe folgende Seite

he der Differenz zwischen dem Buchwert und dem aufgrund des Fremdvergleichspreises[1050] ermittelten tatsächlichen Wert des Wirtschaftsgutes neutralisiert die auf der Aktivseite vorgenommene und grundsätzlich erfolgswirksame Bilanzierung des Wirtschaftsgutes mit dem tatsächlichen Wert.

In Anlehnung an dieses Verfahren könnte man es als eine alternative Lösung ansehen, die zu besteuernden stillen Rücklagen in einer „Sitzverlegungsbilanz" der Kapitalgesellschaft aufzudecken[1051] und bei ihrer tatsächlichen Realisierung in Deutschland zu besteuern. Im Falle einer richtlinienkonformen Sitzverlegung aus Deutschland heraus ergibt sich aber eine wesentliche Abweichung zur Situation des Stammhauses, das Vermögenswerte auf eine ausländische Betriebsstätte überträgt. Das Stammhaus der ausländischen Betriebsstätte ist weiterhin in Deutschland unbeschränkt steuerpflichtig, als solches buchführungspflichtig und diese Buchführung unterliegt in vollem Umfang der deutschen Steuerüberwachung. Die wegziehende Kapitalgesellschaft scheidet durch die Sitzverlegung aus der unbeschränkten Körperschaftsteuerpflicht aus und ist zukünftig in Deutschland allenfalls beschränkt steuerpflichtig, wenn sie hier über eine Betriebsstätte oder unbewegliches Vermögen verfügt. Im Falle einer reinen Holdinggesellschaft besteht sogar, abgesehen von der Beteiligung an einer deutschen Gesellschaft, keinerlei Verbindung mehr nach Deutschland. Selbst bei Verbleib einer Betriebsstätte in Deutschland könnten die noch nicht realisierten stillen Rücklagen des nunmehr ausländischen Stammhauses nicht in der Betriebsstättenbilanz erfaßt werden, da es sich nicht um Vermögenswerte der Betriebsstätte handelt. Ein solches Verfahren würde zu einer Durchbrechung des Systems von beschränkter und unbeschränkter Steuerpflicht führen, da bei tatsächlicher Realisierung der stillen Reserven weder inländische Einkünfte im Sinne des § 2 Nr. 1 KStG vorlägen noch ein in Deutschland unbeschränkt körperschaftsteuerpflichtiges Steuersubjekt. Eine solche Durchbrechung ist im Hinblick auf den Gesamtzusammenhang der Steuerrechtsordnung kaum ein gangbarer Weg. Dem milderen Eingriff beim Steuerpflichtigen steht ein erheblicher Verwaltungs- und Überwachungsaufwand des Fiskus gegenüber, der ein solches Verfahren als nicht durchführbar erscheinen läßt. Dieses mildere Mittel ist deshalb nicht gleichermaßen wie die Wegzugsbesteuerung geeignet, die Besteuerung der stillen Rücklagen sicherzustellen.

---

der stillen Rücklagen kann dann anhand der Abgrenzungsbilanz deren Verteilung auf Stammhaus und Betriebsstätte vorgenommen werden.

1050 Nach BMF BStBl. I 1990, 72 der für die Ermittlung der stillen Rücklagen maßgebliche Wert.

1051 Die betroffenen Vermögenswerte müßten in der „Zuzugsbilanz" im neuen Ansässigkeitsstaat mit ihrem gemeinen Wert zum Zeitpunkt des Zuzuges angesetzt werden, da es ansonsten zu einer Verdoppelung der stillen Rücklagen käme, die schließlich zu einer doppelten Besteuerung im Wegzugs- und Zuzugsstaat führen würde.

Zudem ist zu befürchten, daß sich angesichts der mangelnden Verknüpfung zwischen der ausländischen Kapitalgesellschaft und der deutschen Steuerrechtsordnung Kontrolldefizite ergeben. Solche Kontrolldefizite im Europäischen Binnenmarkt sollen allerdings durch die sogenannte Amtshilferichtlinie[1052] und die zu ihrer Umsetzung ergangenen nationalen Regelungen[1053] vermieden werden. Der EuGH verweist die Mitgliedstaaten in seiner Rechtsprechung immer wieder auf die durch die Richtlinie geschaffenen Möglichkeiten zur gegenseitigen Information im Wege der Amtshilfe[1054]. Ob diese Mechanismen aber auch bei einer so losen Verbindung der ausländischen Gesellschaft zur deutschen Steuerrechtsordnung zu greifen vermögen, darf bezweifelt werden. Auch im Hinblick auf die entstehenden Kontrolldefizite ist der Besteuerungsaufschub bis zur tatsächlichen Realisierung der stillen Rücklagen daher abzulehnen.

Der Makel des Kontrolldefizits und vielleicht auch teilweise des Verwaltungsaufwandes könnte jedoch auf einem anderen Weg behoben werden. Der EuGH verweist in seiner Entscheidung zur Rechtssache „*Centros*“ den dänischen Staat auf die Möglichkeit, sich zur Sicherung öffentlicher Forderungen Sicherheiten von einer ausländischen Gesellschaft bestellen zu lassen, die in Dänemark über eine Zweigniederlassung tätig werden will[1055]. So könnte sich auch Deutschland als von der Sitzverlegung einer Kapitalgesellschaft betroffener Staat von der wegziehenden Gesellschaft Sicherheiten einräumen lassen, die den Steueranspruch aus einer späteren Realisierung der stillen Rücklagen abdecken. Auch bei dieser Lösung entstehen aber die soeben geschilderten Probleme hinsichtlich der Kontrolle des Realisierungszeitpunktes, der mit der Durchsetzbarkeit des Steueranspruches einhergeht. Aber man könnte annehmen, daß die nunmehr ausländische Gesellschaft in diesem Fall an einer Mitteilung des Verwertungsaktes und an dessen Nachweis eher interessiert sein dürfte, um den Steueranspruch endgültig abzurechnen und so die – in der Regel – kostenträchtige Pflicht zur Stellung von Sicherheiten zu beenden. Kann allerdings durch ein Verschweigen der Realisierung und die fortgesetzte Stellung von kostenträchtigen Sicherheiten die *noch kostenträchtigere* Besteuerung von stillen Rücklagen vermieden werden, dürfte der Anreiz zur Offenlegung der Realisierung schon wieder beträchtlich schwinden. Werden die Sicherheiten so hoch angesetzt, daß sie den Steueranspruch übersteigen, ist die Stellung von Sicherhei-

---

1052 Richtlinie 77/799/EWG des Rates vom 19. Dezember 1977 über die gegenseitige Amtshilfe zwischen den zuständigen Behörden der Mitgliedstaaten im Bereich der direkten Steuern, ABl. EG L 336/15)

1053 In Deutschland: Gesetz zur Durchführung der EG-Richtlinie über die gegenseitige Amtshilfe im Bereich der direkten Steuern und der Mehrwertsteuer (EG-AHG); (verspätet) in Kraft getreten am 25.12.1985.

1054 Jüngst EuGH 28.10.1999 (*Vestergaard*), EuZW 2000, 20, 22 Rnr. 26-28. Zudem bereits EuGH 11.08.1995 (*Wielockx*), Slg. 1995, I-2493, 2517 Rnr. 26; EuGH 15.05.1997 (*Futura*), Slg. 1997, I-2471, 2504 Rnr. 41.

1055 EuGH 09.03.1999 (*Centros*), Slg. 1999, I-1459, 1496 Rnr. 37.

ten aber sicher kein milderes Mittel gegenüber der Wegzugsbesteuerung. Deshalb ist auch diese Alternative abzulehnen. Andere mildere Maßnahmen zur Wahrung des verfolgten Allgemeininteresses sind nicht ersichtlich.

cc) Ergebnis

Die Wegzugsbesteuerung nach § 12 Abs. 1 KStG ist dann zur Wahrung des Allgemeininteresses erforderlich, wenn in Passivposten, in Anteilen an inländischen Gesellschaften oder in nicht unter die Steuerbefreiung des § 8b Abs. 2 KStG fallenden Anteilen an ausländischen Gesellschaften stille Rücklagen gebildet wurden. In den anderen dargestellten Fällen ist die Wegzugsbesteuerung eine nicht zur Wahrung des Allgemeininteresses erforderliche Beschränkung der Niederlassungsfreiheit. Dies betrifft stille Rücklagen in inländischem unbeweglichen Vermögen sowie stille Rücklagen, die in im Inland verbleibenden und zu einer Betriebsstätten gehörenden Vermögenswerten bestehen.

e) Angemessenheit

Auch wenn die Beschränkung der Niederlassungsfreiheit unter den genannten Einschränkungen ein geeignetes und erforderliches Mittel zur Wahrung eines anerkannten Allgemeininteresses ist, so könnte sie immer noch ein im Hinblick auf das verfolgte Ziel nicht angemessenes Mittel und als solches unverhältnismäßig im engeren Sinne sein. Diese Prüfung erfordert eine wertende Gegenüberstellung des verfolgten Interesses mit der zur Wahrung dieses Interesses beeinträchtigten Grundfreiheit unter Berücksichtigung des Maßes der Beeinträchtigung[1056]. In der vorliegenden Konstellation steht dem anerkannten Allgemeininteresse der Mitgliedstaaten an der Durchsetzung ihrer bestehenden Steueransprüche eine Beschränkung der Niederlassungsfreiheit durch eine finanzielle Belastung der Niederlassungswilligen gegenüber. Die Niederlassungsfreiheit ist – wie der EuGH in ständiger Rechtsprechung immer wieder betont – eine der grundlegenden Freiheiten der Gemeinschaft[1057] und als solche mit einem hohen Rang ausgestattet. Aber auch das Steuerinteresse der Mitgliedstaaten ist von ebenso hohem Rang, da das Steueraufkommen eine Grundvoraussetzung für das Funktionieren eines staatlichen Gemeinwesens darstellt. Daß die Erhaltung ge-

---

1056 Zuerst EuGH 13.13.1979 (*Hauer*), Slg. 1979, 3727, 3747 Rnr. 23 für eine Verordnung der Kommission; EuGH 06.07.1995 (*Mars*), Slg. 1995, I-1925, 1941 f. Rnr. 15 für eine Beschränkung des freien Warenverkehrs; *Ehlers/Lackhoff*, JZ 1996, 467, 468; *Müller-Graff*, in: G/T/E, Art. 30 EGV Rnr. 231 f. und Art. 36 EGV Rnr. 157 für den freien Warenverkehr; *Schwarze*, Europäisches Verwaltungsrecht, S. 836 f.; *Heinsohn*, S. 120 ff., insbesondere S. 125.

1057 EuGH 06.06.1996 (*Kommission/Italien*), Slg. 1996, I-2691, 2724 Rnr. 12; EuGH 27.09.1988 (*Dailiy Mail*), Slg. 1988, 5483, 5510 Rnr. 15.

genwärtiger und zukünftiger Einnahmen aus *laufender* Besteuerung hingegen kein rechtfertigendes Allgemeininteresse ist[1058], ändert an dieser Einschätzung für das Interesse an der Durchsetzung *bestehender* Steueransprüche nichts. Die aus der Durchsetzung dieses Interesses entstehenden Beschränkungen sind, soweit sie nicht bereits in den vorstehenden Ausführungen als nicht erforderlich und damit europarechtswidrig erkannt wurden, zwar belastend, aber eben nicht übermäßig belastend. Dies mag für einige Gesellschaften eher zutreffend sein als für andere. Insbesondere reine Holdinggesellschaften, deren Tätigkeit naturgemäß ausschließlich oder doch überwiegend im Halten von Anteilen an anderen inländischen Gesellschaften besteht, sind von einer im Wesentlichen auf die in diesen Anteilen bestehenden stillen Rücklagen beschränkten Wegzugsbesteuerung stärker betroffen als gewerblich tätige Gesellschaften, die stille Rücklagen vor allem im Anlagevermögen gebildet haben. Diese sind von den erforderlichen Beschränkungen kaum betroffen, sofern nicht mit der Sitzverlegung auch Vermögensgegenstände ins Ausland transferiert werden. Aber auch in den Fällen der Holdinggesellschaften ist die Beschränkung der Niederlassungsfreiheit im Hinblick auf die Rangstellung des Steuerinteresses der Mitgliedstaaten grundsätzlich angemessen. Sollte die Wegzugsbesteuerung ausnahmsweise im konkreten Einzelfall die Grenze zur Unangemessenheit hin überschreiten, müßte von der Finanzverwaltung beispielsweise eine zeitlich gestaffelte Zahlung der geschuldeten Steuerbeträge akzeptiert und so die unangemessene Belastung verhindert werden. Die Wegzugsbesteuerung des § 12 Abs. 1 KStG ist bei der Besteuerung von stillen Rücklagen in Passivposten, in Anteilen an inländischen Gesellschaften oder in nicht unter die Steuerbefreiung des § 8b Abs. 2 KStG fallenden Anteilen an ausländischen Gesellschaften daher auch verhältnismäßig im engeren Sinne.

5. Ergebnis

Die Besteuerung der stillen Rücklagen beim Wegzug einer Kapitalgesellschaft aus Deutschland ist eine Beschränkung der Niederlassungsfreiheit, die als solche teilweise durch das Interesse des Staates an der Durchsetzung seiner bestehenden Steueransprüche gerechtfertigt werden kann. Diese Rechtfertigung greift nur in den Fällen, in denen durch den Wegzug tatsächlich der Verlust des Besteuerungsrechts bewirkt wird. Dies ist bei passivischen stillen Rücklagen, bei stillen Rücklagen in Anteilen an inländischen Gesellschaften und bei stillen Rücklagen in Anteilen an ausländischen Gesellschaften, die nicht unter § 8b Abs. 2 KStG fallen, der Fall. Bei stillen Rücklagen in unbeweglichem Vermögen sowie in beweglichem Vermögen, das im Zuge der Sitzverlegung nicht ebenfalls verlagert wird, sondern in einer Betriebsstätte zurückbleibt, ist hingegen die Weg-

---

[1058] EuGH 16.07.1998 (*ICI*), Slg. 1998, I-4695, 4723 Rnr. 28.

zugsbesteuerung zur Wahrung des Allgemeininteresses nicht erforderlich, da zu erhaltende Steueransprüche auch nach der Sitzverlegung weiterhin bestehen. Sie ist in diesen letztgenannten Fällen eine nicht zu rechtfertigende und daher europarechtswidrige Beschränkung.

VII. Konsequenzen für das deutsche Steuerrecht

Die festgestellte teilweise Unvereinbarkeit des deutschen Steuerrechts mit Europäischem Recht muß im nationalen Recht berücksichtigt werden. Die deutsche Steuerverwaltung muß bei der Besteuerung von Kapitalgesellschaften, die nach dem in der vierzehnten Richtlinie vorgesehenen Verfahren ihren Sitz ins EU-Ausland verlegt haben, § 12 Abs. 1 KStG entweder europarechtskonform auslegen oder – falls dies nicht möglich sein sollte – unangewendet lassen[1059]. Mit dieser Einschätzung gewinnt die oben[1060] erwähnte, von einigen Autoren nachhaltig vertretene teleologische Reduktion des § 12 Abs. 1 KStG auf die Fälle, in denen tatsächlich ein Verlust der Besteuerungsrechte droht, an Bedeutung. Diese wäre eine – europarechtlich gebotene – Möglichkeit, der Garantie der Niederlassungsfreiheit im nationalen Steuerrecht Geltung zu verschaffen und so zu verhindern, daß die Wahrnehmung der neuen Möglichkeiten, die durch die geplante vierzehnte Richtlinie in das mitgliedstaatliche Recht eingeführt werden, an steuerrechtlichen Hindernissen scheitert.

Allerdings muß an dieser Stelle die Frage erlaubt sein, ob sich das zuständige Entscheidungsgremium einer Kapitalgesellschaft, das sich mit dem Gedanken einer Sitzverlegung trägt, auf ein derartiges Risiko einlassen wird und sollte. Die teleologische Reduktion des § 12 Abs. 1 KStG wird bisher „nur" von Stimmen in der Literatur gefordert, während sie hingegen von der Finanzverwaltung nahestehenden Autoren abgelehnt wird[1061]. Falls dieses Meinungsbild den tatsächlichen Gegebenheiten entspräche, würde die Finanzverwaltung zunächst eine Wegzugsbesteuerung durchführen, die dann im Wege des (vermutlich erfolglosen) Einspruches sowie im finanzgerichtlichen Verfahren überprüft werden könnte. Einschließlich einer möglichen Vorlage des Finanzgerichtes oder des Bundesfinanzhofes an den EuGH zeichnet sich für dieses Verfahren ein zeitlicher Korridor von mehreren Jahren bis zu einer endgültigen Klärung ab. Innerhalb dieser Zeit besteht ein ständiger Unsicherheitsfaktor bei der Vornahme richtlinienkonformer Sitzverlegungen darin, daß jedenfalls zunächst erhebliche Steuerforderungen des Fiskus zu erfüllen wären. Diese Unsicherheit würde eine Nutzung der Möglichkeiten zur Sitzverlegung sicherlich äußerst unattraktiv machen und die Unternehmen weiterhin zur Flucht in die Nutzung der sekundä-

---

1059 *Oppermann*, Europarecht, Rnr. 633; *Streinz*, Europarecht, Rnr. 349.

1060 S. 81 Fn. 331.

1061 *Dötsch*, in: ders./Eversberg/Jost/Witt, KStG, § 12 Rnr. 16a; *ders.*, DB 1989, 2296, 2303.

ren Niederlassungsfreiheit veranlassen. Die teleologische Reduktion des § 12 Abs. 1 KStG ist daher für die Praxis kein gangbarer Weg zur steuerrechtlichen Flankierung der vierzehnten Richtlinie auf dem Gebiet des Gesellschaftsrechts. Es bedarf vielmehr einer gesetzlichen Regelung.

VIII. Alternativen

Im Hinblick auf die europäische Dimension des Problemes der Wegzugsbesteuerung liegt es nahe, dieses auch auf europäischer Ebene zu lösen. Da die Wegzugsbesteuerung keine rein deutsche Spezialität ist[1062], sind die sitzverlegungsberechtigten Kapitalgesellschaften in den anderen Mitgliedstaaten der Europäischen Gemeinschaft gleichermaßen betroffen und als solche an einer Lösung interessiert. Hierbei kommt eine Richtlinie in Betracht, die als flankierende Maßnahme zur gesellschaftsrechtlichen Richtlinie die steuerrechtlichen Aspekte der Sitzverlegung regelt und den Mitgliedstaaten Vorgaben für eine europarechtskonforme Ausgestaltung ihrer nationalen Steuerrechsordnungen macht.

Grundsätzlich bestehen zwei Möglichkeiten zur steuerrechtlichen Regelung der Sitzverlegung. Die eine schreibt den ermittelten status quo fest, wonach bei Verlust bestehender Steueransprüche die Durchführung einer Wegzugsbesteuerung zulässig ist. Bei Wahl dieser grundsätzlichen Möglichkeit wäre dann noch zu klären, ob die zur Durchführung der Wegzugsbesteuerung berechtigenden Fallkonstellationen für die Mitgliedstaaten in der steuerlichen Sitzverlegungsrichtlinie festgeschrieben werden oder ob lediglich generalklauselhaft auf die Durchsetzung bestehender Steueransprüche der Mitgliedstaaten verwiesen wird. Im Interesse einer möglichst eindeutigen Regelung und in Anbetracht der geringen Bereitschaft eines jeden Fiskus, einen Steueranspruch in die Kategorie „nicht bestehend" einzuordnen, sollte einer Kodifizierung der Einzeltatbestände der Vorrang gegeben werden. Damit wäre eine primärrechtskonforme Lösung erreicht, die auch die bestehende Regelungshoheit der Mitgliedstaaten im steuerlichen Bereich ausreichend berücksichtigt. Allerdings kommt es in diesem Fall zu dem Ergebnis, daß der Wegzug einer Holdinggesellschaft, die ausschließlich Anteile an Gesellschaften in anderen Mitgliedstaaten hält, ohne Besteuerung möglich ist. Hingegen kommt es beim Wegzug einer Holdinggesellschaft, die Anteile an ausschließlich inländischen Gesellschaften hält, zu einer Wegzugsbesteuerung.

Die andere Lösung besteht in einem grundsätzlichen Verzicht der Mitgliedstaaten auf eine Besteuerung der stillen Rücklagen aus Anlaß des Wegzuges einer Kapitalgesellschaft in einen anderen Mitgliedstaat der Europäischen Gemeinschaft unter Nutzung der von der vierzehnten Richtlinie vorgegebenen Möglichkeiten. Ein solch „radikaler Schritt" würde eine noch größere Freiheit

---

[1062] Vgl. oben S. 203 Fn. 867.

bei der Sitzverlegung mit sich bringen, die dann gänzlich ohne steuerrechtliche Hürden vor sich gehen könnte. Ein Verzicht auf die Besteuerung der stillen Rücklagen in Gesellschaftsanteilen durch den bisher dazu berechtigten Staat findet sich zwar auch in Art. 8 Abs. 1 der Fusionsrichtlinie[1063], die Situation ist allerdings mit der bei der Sitzverlegung nicht vergleichbar. Denn im Falle des Anteilstausches erwirbt der Anteile Einbringende im Gegenzug für diesen Vorgang Anteile an der übernehmenden Gesellschaft, in denen dann wiederum die stillen Rücklagen vorhanden und steuerlich erfaßbar sind[1064].

Den Mitgliedstaaten bliebe bei der grenzüberschreitenden Sitzverlegung im Hinblick auf den Verlust an bestehenden Steueransprüchen nur die Hoffnung, diesen durch den Zuzug stiller Rücklagen aus den anderen Mitgliedstaaten der Europäischen Gemeinschaft zu kompensieren. Ein solches Verfahren würde naturgemäß den Standortwettbewerb innerhalb der Gemeinschaft anheizen, da die Mitgliedstaaten mit dem für Unternehmen attraktivsten Steuersystem[1065] die Gewinner wären. Verlierer wären hingegen die Hochsteuerländer[1066], deren Unternehmen ihr steuerliches Heil in der Flucht suchen könnten. Die sich aus einer Konkurrenz der Mitgliedstaaten bei der Körperschaftsbesteuerung ergebenden Konsequenzen müssen jedoch nicht unbedingt negativer Art sein. Vielleicht wäre unter dem Druck des Marktes der Steuerrechtsordnungen die Bereitschaft zu einer durchdringenden und grundlegenden Reform des Steuersystemes eher gegeben. In diesem Zusammenhang könnte auch die lange schon angedachte, aber bisher nicht weit gediehene, europäische Angleichung der Körperschaftsbesteuerung[1067] eine wesentliche Rolle spielen und vielleicht doch noch durchgeführt werden. Eine solche grundlegende Reform müßte aber mindestens zeitgleich mit einer Umsetzung der vierzehnten Richtlinie in nationales Recht geschehen, denn einmal ins Ausland verzogene Kapitalgesellschaften dürften kaum zurückzuholen sein.

1063 Richtlinie vom 23.07.1990, ABl. EG 1990 L 225/1.

1064 Deutschland hat von dieser grundsätzlich bestehenden Möglichkeit bei Körperschaftsteuersubjekten, die Anteile tauschen, keinen Gebrauch gemacht, da § 8b Abs. 2 KStG gerade einen Verzicht auf die Besteuerung der stillen Rücklagen in Anteilen an ausländischen (hier den durch Tausch erworbenen) Gesellschaftsanteilen vorsieht.

1065 Internationale Unternehmen haben die Niederlande als das steuerlich attraktivste Land in Europa ausgemacht und siedeln dort vor allem ihre Holdinggesellschaften an. Vgl. dazu den Artikel „Das beste System in Europa" in *Süddeutsche Zeitung* Nr. 74 vom 30.03.1999, S. 27.

1066 Dazu gehört auch Deutschland, das nach einer Studie der KPMG einen Unternehmenssteuersatz von 64,4 % aufweist (zitiert nach *Süddeutsche Zeitung* Nr. 62 vom 16.03.1999, S. 21).

1067 Zum Harmonisierungsbedarf wurde von der Europäischen Kommission eine Expertenkommission, die sogenannte „Ruding-Kommission", beauftragt. Diese hat 1992 ihren Bericht mit weitreichenden Harmonisierungsvorschlägen vorgelegt (*Commission*, Report, S. 193 ff.). Zu diesem Bericht vgl. *Jacobs*, S. 228 ff.; *Brinkmann*, S. 38-45, *Brinkmann/Riecker*, Int'l Lawyer 27 (1993), 1061-1073 sowie oben S. 100 f.

Wegen des Einstimmigkeitserfordernisses im Rat bei Verabschiedung einer steuerlichen Richtlinie[1068] erscheint die hier favorisierte Verzichtslösung nahezu undenkbar. Sie ist dennoch auf dem Weg zu einem Gemeinsamen Markt ein wichtiger und richtiger Schritt und deshalb unbedingt gegenüber allen anderen Lösungen zu bevorzugen. Kommt die Politik in diesen Fragen nicht zu geeigneten und sinnvollen Lösungen, könnte dies eines Tages der EuGH übernehmen[1069], falls eine in ihrer Niederlassungsfreiheit beschränkte Gesellschaft die Vorlage beim EuGH durchsetzen kann. Die Entscheidung in der Rechtssache „*Centros*" hat auf kollisions- und gesellschaftsrechtlichem Gebiet zwar keine Revolution ausgelöst, sie kann aber als eine Warnung an die Mitgliedstaaten verstanden werden[1070]. Vielleicht war es die letzte Warnung. Denn wie lange der EuGH noch bereit ist, den kollisions- und gesellschaftsrechtlichen status quo zu akzeptieren, und wie er heute oder nach Erlaß einer vierzehnten gesellschaftsrechtlichen Richtlinie auf eine – die steuerrechtliche Problematik der Sitzverlegung betreffende –Vorlagefrage reagieren würde, ist ungewiß[1071]. Möglicherweise könnte der EuGH eigene Lösungen suchen und finden[1072].

1068 Die Rechtssetzungskompetenz ergibt sich bei den direkten Steuern nur aus Art. 94 EG.

1069 So generell auch *Jacobs*, S. 228.

1070 *Zimmer*, ZHR 164 (2000), 23, 42 spricht von einer „letzten Schonfrist" für die Mitgliedstaaten, bevor der EuGH sich mit der primären Niederlassungsfreiheit befassen könnte.

1071 Die kollisions- und gesellschaftsrechtliche Komponente scheint nun vor einer Klärung durch den EuGH zu stehen. Der VII. Zivilsenat des BGH hat am 30.03.2000 das Verfahren VII ZR 370/98 ausgesetzt und dem EuGH zur Vorabentscheidung vorgelegt (Vgl. den Artikel „Europarichter müssen Streit um Briefkastenfirmen entscheiden" in *Frankfurter Allgemeine Zeitung* Nr. 83 vom 07.04.2000, S. 22). Dort geht es um die Rechtsfähigkeit einer niederländischen Gesellschaft, die ihren Verwaltungssitz nach Deutschland verlegt hatte. Der Sachverhalt ist ausführlich in der vorgehenden Entscheidung des OLG Düsseldorf JZ 2000, 203 dargestellt. *Ebke*, JZ 2000, 203 geht in seiner Anmerkung zur Entscheidung des OLG davon aus, daß diese in Verbindung mit der Entscheidung des EuGH Kollisionsrechtsgeschichte schreiben könnte. Er weist aaO., S. 205 aber auch darauf hin, daß die Entscheidung des EuGH offen sei.

1072 In diesem Sinne äußert sich auch *Neye*, EWiR Art. 52 EGV 1/99, 259, 260. Nach *Saß*, DB 2000, 176, 177 gehen derzeit Impulse für die Steuerentwicklung in der EU hauptsächlich von der Rechtsprechung des EuGH aus. Auf die von der Entscheidung „*Saint Gobain*" ausgehenden Wirkungen für die DBA-Praxis weist *Heydt*, EuZW 2000, 33 hin. *Saß*, DB 1999, 2381, 2383 weist auf mögliche gravierende Folgen der beim EuGH anstehenden Entscheidungen in den Vorlageverfahren „*Metallgesellschaft*" und „*Hoechst*" hin.

Gerade in jüngster Zeit waren einige Bereiche des deutschen Steuerrechts[1073] und auch das Steuerrecht anderer Mitgliedstaaten[1074] von der Rechtsprechung des EuGH „betroffen". Daß in den vom EuGH gefundenen Lösungen der Wunsch nach einer ungeschmälerten Erhaltung des einzelstaatlichen Steueraufkommens hinter den nach einer möglichst weitgehenden Wirkung des Europäischen Rechts zurücktritt, darf niemanden wundern.

1073 EuGH 26.10.1999 (*Eurowings*), DB 1999, 2246, 2247 f. Rnr. 40-46 erklärte die Hinzurechnungsbestimmungen in §§ 8 Nr. 7 Satz 2, 12 Abs. 2 Satz 2 GewStG für unvereinbar mit Art. 49 EG; EuGH 21.09.1999 (*Saint Gobain*), EuZW 2000, 16, 19 f. Rnr. 43-62 erklärte den Ausschluß von Betriebsstätten ausländischer Gesellschaften von deutschen Steuervergünstigungen für unvereinbar mit Art. 43 EG.

1074 Regelungen des schwedischen Steuerrechts betraf EuGH 18.11.1999 (*X AB und Y AB*), EWS 2000, 23, 25 f. Rnr. 28-31 und Regelungen des dänischen Steuerrechts EuGH 28.10.1999 (*Vestergaard*), EuZW 2000, 20, 22 Rnr. 21-29.

Zusammenfassung

Das deutsche Kollisions- und Sachrecht verhindert derzeit die einzelne oder gemeinsame Verlegung des Verwaltungs- und Satzungssitzes deutscher Kapitalgesellschaften ins Ausland. Ebenso wird der identitätswahrende Zuzug von ausländischen Kapitalgesellschaften nach Deutschland verhindert. Im Steuerrecht besteht in Form der Wegzugsbesteuerung nach § 12 Abs. 1 KStG eine Regelung, die dazu geeignet ist, die Sitzverlegung aus Deutschland heraus sehr unattraktiv zu machen. Aufgrund der kollisions- und gesellschaftsrechtlichen Beschränkungen hat diese Norm derzeit jedoch kaum einen Anwendungsbereich. Die Besteuerung der in einer Kapitalgesellschaft gebildeten stillen Rücklagen wird vielmehr im Wege der Liquidationsbesteuerung erreicht, die wiederum wegen der gesellschaftsrechtlich notwendigen Auflösung und Abwicklung der wegzugswilligen oder weggezogenen Kapitalgesellschaft durchgeführt wird. Die Verlegung des tatsächlichen Verwaltungssitzes oder des Satzungssitzes ins Ausland oder nach Deutschland ist daher derzeit de facto kein Thema für die Unternehmenspraxis.

Auf europarechtlicher Ebene hat die Untersuchung gezeigt, daß die die Voraussetzungen des Art. 48 Abs. 1 EG erfüllenden Gesellschaften innerhalb der Europäischen Gemeinschaft grundsätzlich das Recht haben, ihren tatsächlichen Verwaltungssitz sowie ihren Satzungssitz von einem Mitgliedstaat in einen anderen zu verlegen. Dies ergibt sich aus der Niederlassungsfreiheit des Art. 43 EG. Dennoch ist ihnen nach der Rechtsprechung des Europäischen Gerichtshofes „beim derzeitigen Stand des Gemeinschaftsrechts“[1075] die Berufung auf dieses Recht nicht gestattet. An diesem Befund hat sich in der Rechtsprechung des EuGH seit der Entscheidung in der Rechtssache „*Daily Mail*“ nichts geändert. Auch die Entscheidung in der Rechtssache „*Centros*“ hat keinen Durchbruch für die primäre Niederlassungsfreiheit der Gesellschaften gebracht. Die gegenteiligen Äußerungen in der Literatur und Rechtsprechung verkennen zumeist, daß der EuGH in der Entscheidung „*Centros*“ einen Fall der sekundären Niederlassungsfreiheit angenommen hat und zudem beide beteiligten Staaten der Gründungstheorie folgen.

Die Kommission hat den derzeitigen Rechtsstand bei der primären Niederlassungsfreiheit der Gesellschaften als unbefriedigend erkannt. Sie hat 1997 einen Vorentwurf für einen Richtlinienvorschlag für eine vierzehnte gesellschaftsrechtliche Richtlinie vorgelegt. Die geplante Richtlinie soll die grenzüberschreitende Sitzverlegung ermöglichen. Dazu geht sie nicht den Weg einer Angleichung oder Vereinheitlichung der Kollisionsrechte, sondern fordert von den Mitgliedstaaten die Implementierung von Mechanismen in die nationalen Sachrechte, die eine Sitzverlegung ermöglichen. Da die nationalen Kollisionsrechte

---

[1075] EuGH 27.09.1988 (*Daily Mail*), Slg. 1988, 5483, 5512 Rnr. 25.

weitgehend unangetastet bleiben, ist es jedenfalls bei Beteiligung eines der Sitztheorie folgenden Mitgliedstaates erforderlich, daß der Satzungssitz und der Verwaltungssitz gemeinsam verlegt werden. Die geplante Richtlinie führt im Rahmen der durch nationale Interessen gezogenen Grenzen die Möglichkeit zur identitätswahrenden, aber formwechselnden Sitzverlegung in die nationalen Gesellschaftsrechte ein. Damit gewährt sie den in ihren Anwendungsbereich fallenden Kapitalgesellschaften erstmals die Möglichkeit, sich durch Sitzverlegung und Formwechsel in eine andere Rechtsordnung zu begeben. Das aufwendige Verfahren ist Ausdruck der derzeit noch nicht zu vernachlässigenden Unterschiede in den nationalen Kollisions- und Gesellschaftsrechten.

Im deutschen Steuerrecht entsteht durch die Einführung der Möglichkeit zur identitätswahrenden, form- und rechtswechselnden Sitzverlegung ein Anwendungsbereich für die Wegzugsbesteuerung nach § 12 Abs. 1 KStG. Diese Wegzugsbesteuerung stellt eine Beschränkung der Niederlassungsfreiheit der Kapitalgesellschaften dar, da eine Besteuerung der stillen Rücklagen im Wegzugszeitpunkt eine Sitzverlegung wegen der erheblichen finanziellen Belastungen verhindern könnte. Diese Beschränkung ist jedoch zu rechtfertigen, wenn sie einem anerkannten Allgemeininteresse dient und zu dessen Wahrung geeignet, erforderlich und angemessen ist. Als anerkanntes Allgemeininteresse kommt im Falle der Wegzugsbesteuerung das vom EuGH sogenannte „Prinzip der Kohärenz einer Steuerrechtsordnung“ in Betracht. Dahinter steht der Grundsatz, daß die Mitgliedstaaten der Europäischen Gemeinschaft zur Durchsetzung ihrer bestehenden Steueransprüche berechtigt sind, auch wenn diese vorübergehend gestundet wurden. Dieses Allgemeininteresse rechtfertigt die Wegzugsbesteuerung in den Fällen, in denen dem deutschen Fiskus aufgrund des Wegzuges die auf die stillen Rücklagen gestundeten Steueransprüche verloren gehen. Der Verlust tritt bei stillen Rücklagen in Vermögenswerten, die auch nach dem Wegzug der deutschen Besteuerung unterliegen, nicht ein. Dabei handelt es sich um das Vermögen von in Deutschland verbleibenden Betriebsstätten der ausländischen Gesellschaft sowie um inländisches unbewegliches Vermögen. Die Wegzugsbesteuerung ist zulässig bei stillen Rücklagen in Anteilen an inländischen Gesellschaften, in nicht unter die Befreiungsregelung des § 8b Abs. 2 KStG fallenden ausländischen Gesellschaftsanteilen und bei passivischen stillen Rücklagen.

Eine Berücksichtigung dieses Befundes könnte durch eine teleologische Reduktion des § 12 Abs. 1 KStG erfolgen, die in der Literatur schon seit langem gefordert wird. Eine solche Lösung widerspricht jedoch dem Bedürfnis der Praxis nach verläßlichen Grundlagen für unternehmerische Entscheidungen mit erheblicher Tragweite[1076], da eine Bestätigung dieser Sichtweise von der Finanz-

---

[1076] Gegen eine richterrechtliche Lösung der gesamten Sitzverlegungsproblematik auch *Lüderitz*, in: Soergel, Anhang zu Art. 10 EGBGB Rnr. 50.

verwaltung oder der Finanzrechtsprechung bisher nicht erfolgt ist und zumindest bei der Finanzverwaltung auch nicht zu erwarten ist.

Aus diesem Grund und wegen der nicht auf Deutschland beschränkten Problematik ist eine steuerliche Begleitrichtlinie der Europäischen Gemeinschaft die richtige Lösung. In dieser Richtlinie sollten die Mitgliestaaten im Interesse einer möglichst ungehinderten Ausübung der Niederlassungsfreiheit auf die Besteuerung stiller Rücklagen bei der richtlinienkonformen Sitzverlegung verzichten. Dies birgt zwar einerseits die Gefahr des Wegzuges stiller Rücklagen in andere Mitgliedstaaten, aber andererseits auch die Chance, daß stille Rücklagen aus anderen Mitgliedstaaten zuziehen. Dann wäre Raum für einen Wettbewerb der (Steuer-)Systeme[1077], der das kränkliche deutsche Steuersystem einem Anpassungsdruck aussetzen und auf diesem Wege hoffentlich heilsam wirken könnte.

1077 Vgl. zum Wettbewerb der Systeme die Kommission in ihrem Dokument SEK (90) 601 endg., BR-Drs. 360/1990, S. 11 Nr. 32.

Anhang

Vorschlag für eine Vierzehnte Richtlinie des Europäischen Parlaments und des Rates über die Verlegung des Sitzes einer Gesellschaft in einen anderen Mitgliedstaat mit Wechsel des für die Gesellschaft anwendbaren Rechts

Das Europäische Parlament und der Rat der Europäischen Union

- gestützt auf den Vertrag zur Gründung der Europäischen Gemeinschaft, insbesondere auf Art. 54, auf Vorschlag der Kommission, nach Stellungnahme des Wirtschafts- und Sozialausschusses, gemäß dem Verfahren des Art. 189b EGV in Erwägung nachstehender Gründe:

Nach dem Subsidiaritäts- und Verhältnismäßigkeitsprinzip gemäß Art. 3b EGV können die Ziele der in Betracht gezogenen Maßnahmen, das heißt die Ermöglichung der Sitzverlegung unbeschadet der in den Mitgliedstaaten unterschiedlichen Anknüpfungspunkte für das jeweils anzuwendende innerstaatliche Recht, auf Ebene der Mitgliedstaaten allein nicht ausreichend erreicht werden. Die Mitgliedstaaten sind nicht in der Lage, den betreffenden Vorgang in allen Aspekten zu regeln, da dieser Vorgang eine Größenordnung aufweist, die über die Grenzen eines Landes hinausgeht. Die Ziele können daher nur auf Gemeinschaftsebene erreicht werden.

Gemäß Art. 58 EGV sind die nach den Rechtsvorschriften eines Mitgliedstaats gegründeten Gesellschaften, die ihren satzungsmäßigen Sitz, ihre Hauptverwaltung oder ihre Hauptniederlassung innerhalb der Gemeinschaft haben, für die Anwendung der das Niederlassungsrecht betreffenden Vertragsbestimmungen den natürlichen Personen gleichzustellen, die Angehörige der Mitgliedstaaten sind.

Nach dem gegenwärtigen Stand des Gemeinschaftsrechts stehen einer solchen Gleichstellung die beträchtlichen Unterschiede zwischen den einzelstaatlichen Rechtsvorschriften der Mitgliedstaaten, insbesondere hinsichtlich der Anknüpfungspunkte für das auf die Gesellschaften jeweils anzuwendende Recht, entgegen.

Die Rechtsordnungen der Mitgliedstaaten sehen keine Rechtsformen vor, die den Fortbestand der Rechtspersönlichkeit einer Gesellschaft bei der Verlegung ihres Sitzes in einen anderen Mitgliedstaat der Gemeinschaft zuließen.

Die Verlegung des Sitzes einer Gesellschaft in einen anderen Mitgliedstaat ist eine Form der Ausübung des Niederlassungsrechts, die das Gemeinschaftsrecht konkret ermöglichen muß.

Der Umstand, daß nach Art. 220 EGV die Mitgliedstaaten Verhandlungen einleiten können, um die Beibehaltung der Rechtspersönlichkeit von Gesellschaften bei Verlegung ihres Sitzes von einem Staat in einen anderen sicherzustellen, steht einer Regelung dieser Frage im Wege einer Richtlinie nicht entgegen.

Das Gemeinschaftsrecht hat gemäß Art. 54 EGV gleichwertige Bestimmungen zum Schutz der Interessen von Gesellschaftern und Dritten zu gewährleisten, die von der Verlegung des Gesellschaftssitzes in einen anderen Mitgliedstaat und dem damit einhergehenden Wechsel des auf die Gesellschaft anwendbaren Rechts berührt werden.

Die Richtlinie 68/151/EWG des Rates verlangt eine Offenlegung der wichtigsten Beschlüsse, die von den Organen der Kapitalgesellschaften gefaßt werden. Diese Offenlegungspflicht sollte auch für den in dieser Richtlinie geltenden Vorgang der Sitzverlegung gelten, der auch andere Gesellschaftsformen betrifft

- haben folgende Richtlinie erlassen:

Artikel 1
Diese Richtlinie regelt die Verlegung des satzungsmäßigen oder tatsächlichen Sitzes von nach dem Recht eines Mitgliedstaats gegründeten Gesellschaften, die ihren satzungsmäßigen Sitz oder ihre Hauptverwaltung innerhalb der Gemeinschaft haben, in einen anderen Mitgliedstaat.

Artikel 2
Im Sinne dieser Richtlinie bedeuten
a) „satzungsmäßiger Sitz" der Ort, an dem die Gesellschaft eingetragen ist;
b) „tatsächlicher Sitz" der Ort, an dem die Gesellschaft ihre Hauptverwaltung hat und an dem sie eingetragen ist.

Artikel 3
Die Mitgliedstaaten treffen alle erforderlichen Maßnahmen, damit der satzungsmäßige oder tatsächliche Sitz einer Gesellschaft in einen anderen Mitgliedstaat verlegt werden kann. Die Sitzverlegung hat weder die Auflösung der Gesellschaft zur Folge noch die Gründung einer neuen juristischen Person; sie bewirkt allerdings mit Eintragung des neuen Sitzes im Gesellschaftsregister gemäß Art. 10 einen Wechsel des auf die Gesellschaft anwendbaren Rechts.

Artikel 4
(1) Das Leitungs- oder Verwaltungsorgan erstellt einen Verlegungsplan, der nach Absatz 2 unbeschadet der im Mitgliedstaat des künftigen Sitzes zusätzlich vorgesehenen Publizitätspflichten offengelegt wird. Der Verlegungsplan enthält folgende Angaben:
a) den für die Gesellschaft vorgesehenen Sitz;
b) die für die Gesellschaft vorgeschlagene Satzung und gegebenenfalls die neue Firma;
c) die Form der Arbeitnehmermitbestimmung, sofern die Arbeitnehmer vor der Sitzverlegung bereits in den Organen der Gesellschaft vertreten waren;
d) den für die Verlegung vorgesehenen Zeitplan.
(2) Der Verlegungsplan wird nach den in den Rechtsvorschriften des Wegzugsmitgliedstaats vorgesehenen Modalitäten nach Maßgabe der Richtlinie 68/151/EWG (Abl Nr. L 65 v. 14.3.1968, S. 8) des Rates, insbesondere der Art. 2 und 3, offengelegt.

Artikel 5
(1) Das Leitungs- oder Verwaltungsorgan erstellt einen Bericht, in dem die rechtlichen und wirtschaftlichen Aspekte der Verlegung erläutert und begründet und die Auswirkungen der Verlegung für die Gesellschafter sowie für die Arbeitnehmer dargelegt werden.
(2) Die Gesellschafter, Gläubiger und Vertreter der Arbeitnehmer der Gesellschaft haben bis zur Hauptversammlung, die über die Verlegung befinden soll, mindestens einen Monat lang das Recht, am Sitz der Gesellschaft den Verlegungsplan und den Bericht nach Absatz 1 einzusehen und auf Antrag kostenlos Abschriften dieser Unterlagen zu erhalten.

Artikel 6
(1) Der Beschluß über die Verlegung kann erst zwei Monate nach Bekanntmachung des Verlegungsplans gefaßt werden.
(2) Der Beschluß über die Verlegung wird von der Hauptversammlung mit einer Mehrheit von mindestens zwei Dritteln der abgegebenen Stimmen gefaßt, sofern das auf die Gesellschaft anwendbare Recht nicht eine größere Mehrheit vorschreibt oder zuläßt.
(3) Die Mitgliedstaaten können allerdings vorsehen, daß die einfache Mehrheit der in Absatz 2 bezeichneten Stimmen ausreicht, wenn mindestens die Hälfte des gezeichneten Kapitals vertreten ist.
(4) Satzungsänderungen müssen nach den in den Rechtsvorschriften des Zuzugsstaats vorgesehenen Modalitäten gemäß der Richtlinie 68/151/EWG des Rates offengelegt werden.

Artikel 7
Die Mitgliedstaaten können in bezug auf Gesellschaften, die ihrem Recht unterliegen, Vorschriften erlassen, die einen angemessenen Schutz der Minderheitsgesellschafter, die sich gegen die Verlegung ausgesprochen haben, gewährleisten.

Artikel 8
(1) Die Gläubiger und sonstigen Forderungsberechtigten, deren Forderungen gegenüber der Gesellschaft, die eine Verlegung ihres Sitzes beabsichtigt, vor der Bekanntmachung des Verlegungsplans entstanden sind, können verlangen, daß die Gesellschaft eine angemessene Sicherheit zu ihren Gunsten leistet. Die Ausübung dieses Rechts bestimmt sich nach dem auf die Gesellschaft vor der Verlegung ihres Sitzes anwendbaren Recht.
(2) Die Mitgliedstaaten können Absatz 1 auch auf die vor dem Zeitpunkt der Sitzverlegung gemäß Art. 11 entstandenen Schulden der Gesellschaft gegenüber öffentlichen Einrichtungen anwenden.

Artikel 9
In dem Mitgliedstaat, in dem sich der Sitz der Gesellschaft vor dessen Verlegung befindet, erteilt das zuständige Gericht, der Notar oder eine andere zuständige Behörde eine Bescheinigung, aus der unwiderlegbar hervorgeht, daß die der Verlegung vorausgehenden Handlungen und Formalitäten abgeschlossen sind.

Artikel 10
Der neue Sitz kann erst nach Vorlage der Bescheinigung nach Artikel 9 und

nach Erbringung des Nachweises, daß die Eintragungsformalitäten im neuen Sitzstaat erfüllt sind, eingetragen werden.

Artikel 11
(1) Die Sitzverlegung sowie die sich daraus ergebende Satzungsänderung werden zu dem Zeitpunkt wirksam, zu dem die Gesellschaft gemäß Art. 10 in das Register des neuen Sitzes eingetragen wird.
(2) Die Mitgliedstaaten können die Eintragung einer Gesellschaft nach Artikel 10 verweigern, wenn sich deren Hauptverwaltung nicht im Mitgliedstaat des neuen Sitzes befindet.
(3) Die Eintragung der Gesellschaft im Register des früheren Sitzes kann erst dann gelöscht werden, wenn nachgewiesen wird, daß die Gesellschaft im Register des neuen Sitzes eingetragen ist.
(4) Die neue Eintragung und die Löschung der früheren Eintragung werden in jedem beteiligten Mitgliedstaat nach den in den Rechtsvorschriften dieser Länder nach Maßgabe der Richtlinie 68/151/EWG des Rates vorgesehenen Modalitäten offengelegt.

Artikel 12
Mit Bekanntgabe der neuen Eintragung der Gesellschaft ist der neue Sitz Dritten gegenüber wirksam. Solange die Löschung der Eintragung im Register des früheren Sitzes nicht bekanntgemacht worden ist, können sich Dritte weiterhin auf den alten Sitz berufen, es sei denn, die Gesellschaft weist nach, daß den Dritten der neue Sitz bekannt war.

Artikel 13
Eine Gesellschaft, die sich in Auflösung oder Liquidation befindet oder gegen die ein Verfahren wegen Zahlungsunfähigkeit oder Zahlungseinstellung oder ein ähnliches Verfahren eingeleitet worden ist, kann ihren Sitz nach Maßgabe dieser Richtlinie nicht verlegen.

Artikel 14
(1) Die Mitgliedstaaten setzen die erforderlichen Rechts- und Verwaltungsvorschriften in Kraft, um dieser Richtlinie vor dem 1. Januar 2000 nachzukommen. Sie setzen die Kommission unverzüglich davon in Kenntnis.
(2) Wenn die Mitgliedstaaten diese Vorschriften erlassen, nehmen sie in den Vorschriften selbst oder durch einen Hinweis bei der amtlichen Veröffentlichung auf diese Richtlinie Bezug. Die Mitgliedstaaten regeln die Einzelheiten der Bezugnahme.
(3) Die Mitgliedstaaten teilen der Kommission den Wortlaut der wichtigsten innerstaatlichen Rechtsvorschriften mit, die sie auf dem unter diese Richtlinie fallenden Gebiet erlassen.

Artikel 15
Jeder Mitgliedstaat benennt das zuständige Register im Sinne des Art. 9. Er setzt die Kommission und die übrigen Mitgliedstaaten davon in Kenntnis.

Artikel 16
Diese Richtlinie ist an die Mitgliedstaaten gerichtet.

Literaturverzeichnis

Audinet, Jacques: Le droit d'établissement dans la Communauté Economique Européenne, in: Journal du Droit International, Band 86 (1959), S. 982 ff. (zitiert als: *Audinet*, JdDI 86 (1959), 982)

Ax, Rolf; Große, Thomas; Cämmerer, Johannes: Abgabenordnung und Finanzgerichtsordnung, 14. Auflage, Stuttgart 1995 (zitiert als: *Ax/Große/Cämmerer*, AO/FGO)

Bärmann, Johannes: Europäische Integration im Gesellschaftsrecht, Köln 1970 (zitiert als: *Bärmann*)

von Bar, Christian: Internationales Privatrecht, Erster Band: Allgemeine Lehren, München 1987 (zitiert als: *von Bar*, IPR I), Zweiter Band: Besonderer Teil, München 1991 (zitiert als: *von Bar*, IPR II)

Baranowski, Karl-Heinz: Die Kapitalgesellschaft im Spektrum des internationalen Steuerrechts, in : *Burmester, Gabriele; Endres, Dieter (Hrsg.)*: Außensteuerrecht, Doppelbesteuerungsabkommen und EU-Recht im Spannungsverhältnis – Festschrift für Helmut Debatin zum 70. Geburtstag, München 1997, S. 1 ff. (zitiert als: *Baranowski*, FS Debatin)

Baumbach, Adolf; Hopt, Klaus J.: Handelsgesetzbuch, Kommentar, 29. Auflage, München 1995 (zitiert als: *Baumbach/Hopt*, HGB)

ders. / Hueck, Alfred: GmbH-Gesetz, Kommentar, 16. Auflage, München 1996 (zitiert als: *Bearbeiter*, in: Baumbach/Hueck, GmbHG)

Bechtel, Wolfram: Umzug von Kapitalgesellschaften unter der Sitztheorie, Frankfurt 1999 (zitiert als: *Bechtel*)

Behrens, Peter: Das Internationale Gesellschaftsrecht nach dem Centros-Urteil des EuGH, in: Praxis des Internationalen Privat- und Verfahrensrechts 1999, S. 323 ff. (zitiert als: *Behrens*, IPrax 1999)

ders.: Gesellschaften sollen Niederlassungsberechtigte gleichen Rechts werden, in: Europäische Zeitschrift für Wirtschaftsrecht 1998, S. 353 (zitiert als: *Behrens*, EuZW 1998)

ders. (Hrsg.): Die Gesellschaft mit beschränkter Haftung im internationalen und europäischen Recht, 2. Auflage, Berlin/New York 1997 (zitiert als: *Bearbeiter*, in: Behrens, GmbH)

ders.: Krisensymptome in der Gesellschaftsrechtsangleichung, in: *Immenga, Ulrich; Möschel, Wernhard; Reuter, Dieter (Hrsg.)*: Festschrift für Ernst-Joachim Mestmäcker zum siebzigsten Geburtstag, Baden-Baden 1996, S. 831 ff. (zitiert als: *Behrens*, FS Mestmäcker)

ders.: Die Umstrukturierung von Unternehmen durch Sitzverlegung oder Fusion über die Grenze im Licht der Niederlassungsfreiheit im Europäischen Binnenmarkt (Art. 52 und 58 EWGV), in: Zeitschrift für Unternehmens- und Gesellschaftsrecht 1994, S. 1 ff. (zitiert als: *Behrens*, ZGR 1994) *ders.*: Artt. 52 und 58 EWGV und die Sitzverlegung und Fusion von Gesellschaften über die Grenze, in: Rechtsfragen der grenzüberschreitenden Umstrukturierung von Unternehmen im Binnenmarkt, Referate im Rahmen des 3. Bonner Europa-Symposions, Bonn 1993, S. 3 ff. (zitiert als: *Behrens*, 3. Bonner Europa-Symposion)

ders.: Anmerkung zu BayObLG vom 07.05.1992 in der Sache 3 Z BR 14/92, in: Europäische Zeitschrift für Wirtschaftsrecht 1992, S. 550 f. (zitiert als: *Behrens*, EuZW 1992)

ders.: Sind Gesellschaften Niederlassungsberechtigte minderen Rechts?, in: Europäische Zeitschrift für Wirtschaftsrecht 1991, S. 97 (zitiert als: *Behrens*, EuZW 1991)

ders.: Die grenzüberschreitende Sitzverlegung von Gesellschaften in der EWG, in: Praxis des Internationalen Privat- und Verfahrensrechts 1989, S. 354 ff. (zitiert als: *Behrens*, IPrax 1989)

ders.: Niederlassungsfreiheit und Internationales Gesellschaftsrecht, in: Rabels Zeitschrift für ausländisches und internationales Privatrecht, Band 52 (1988), S. 498 ff. (zitiert als: *Behrens*, RabelsZ 52 (1988))

ders.: Identitätswahrende Sitzverlegung einer Kapitalgesellschaft von Luxemburg in die Bundesrepublik Deutschland, in: Recht der Internationalen Wirtschaft 1986, S. 590 ff. (zitiert als: *Behrens*, RIW 1986)

Beisse, Heinrich: Gewinnrealisierung – Ein systematischer Überblick über Rechtsgrundlagen, Grundtatbestände und grundsätzliche Streitfragen, in: Gewinnrealisierung im Steuerrecht, Tagungsband der Deutschen Steuerjuristischen Gesellschaft, Köln 1981, S. 13 ff. (zitiert als: *Beisse*, in: Gewinnrealisierung im Steuerrecht)

Beitzke, Günther: Juristische Personen im Internationalprivatrecht und Fremdenrecht, München 1938 (zitiert als: *Beitzke*, Juristische Personen)

ders.: Anerkennung und Sitzverlegung von Gesellschaften und juristischen Personen im EWG-Bereich, in: Zeitschrift für das gesamte Handelsrecht und Wirtschaftsrecht, Band 127, 1965, S. 1 ff. (zitiert als: *Beitzke*, ZHR 127 (1965))

Bellstedt, Christoph: Europäisches Gesellschafts- und Steuerrecht nach 1992, in: Recht der internationalen Wirtschaft 1988, S. 883 ff. (zitiert als: *Bellstedt*, RIW 1988)

Berg, Hans-Georg: Die GmbH im Strudel der Sitztheorie?, in: GmbH-Rundschau 1997, S. 1136 ff. (zitiert als: *Berg*, GmbHR 1997)

Berlin, Dominique: Jurisprudence fiscale européenne, in: Revue trimestruelle de droit européen 1992, S. 289 ff. (zitiert als: *Berlin*, RTDE 1992)

Bippus, Birgit: Personengesellschaften und Strukturänderungen, Konstanz 1998 (zitiert als: *Bippus*, Strukturänderungen)

Birkenfeld, Wolfram: Der Einfluß des Gemeinschaftsrechts auf die Rechtsverwirklichung im Steuerrecht, in: Steuer und Wirtschaft 1998, S. 55 ff. (zitiert als: *Birkenfeld*, StuW 1998)

Bleckmann, Albert: Europarecht, 6. Auflage, Köln u. a. 1997 (zitiert als: *Bleckmann*, Europarecht)

ders.: Zur Dogmatik des Niederlassungsrechts im EWG-Vertrag, in: Wirtschaft und Verwaltung 1987, S. 119 ff. (zitiert als: *Bleckmann*, WiVerw 1987)

Blümich, Walter (Begr.): Einkommensteuergesetz, Körperschaftsteuergesetz, Gewerbesteuergesetz, München, Stand: 60. Ergänzungslieferung Oktober 1998 (zitiert als: *Bearbeiter*, in: Blümich)

Bogler, Anja: Gesellschafts- und Gesellschafterhaftung bei Auseinanderfallen von Gründungs- und Sitzstaat, in: Der Betrieb 1991, S. 848 ff. (zitiert als: *Bogler*, DB 1991)

Borries, Reimer von: Anmerkung zu EuGH 15.05.1997 (*Futura*), Slg. 1995, I-2471 ff., in: Europäische Zeitschrift für Wirtschaftsrecht 1997, S. 446 ff. (zitiert als: *Borries*, EuZW 1997)

Brinkmann, Jan: Der Einfluß des Europäischen Rechts auf die Unternehmensbesteuerung, Baden-Baden 1996 (zitiert als: *Brinkmann*)

ders.; Riecker, Andreas: European Company Taxation: The Ruding Committee Report Gives Harmonization Efforts a New Impetus, in: The International Lawyer Band 27 (1993), S. 1061 ff. (zitiert als: *Brinkmann/Riecker*, Int'l Lawyer 27 (1993))

Brödermann, Eckart; Iversen, Holger: Europäisches Gemeinschaftsrecht und Internationales Privatrecht, Tübingen 1994 (zitiert als: *Bearbeiter*, in: Brödermann/Iversen)

Buck, Petra: Subsidiaritätsprinzip und Europäisierung des Gesellschaftsrechts, in: *Hrbek, Rudolf (Hrsg.)*: Das Subsidiaritätsprinzip in der Europäischen Union – Bedeutung und Wirkung für ausgewählte Politikbereiche, Baden-Baden 1995, S. 73 ff. (zitiert als: *Buck*, in: Hrbek)

Bühler, Ottmar (Begr.); Paulick, Heinz; Freericks, Wolfgang: Einkommensteuer / Körperschaftsteuer – Handkommentar, München, Stand: Veranlagung 1982 (zitiert als: *Bearbeiter*, in: Bühler)

Bungert, Hartwin: Konsequenzen der Centros-Entscheidung des EuGH für die Sitzanknüpfung des deutschen internationalen Gesellschaftsrecht, in: Der Betrieb 1999, S. 1841 ff. (zitiert als: *Bungert*, DB 1999)

ders.: Prozeßkostensicherheitsleistung ausländischer Kapitalgesellschaften und die Diskriminierungsverbote des EWG-Vertrages, in: Europäisches Wirtschafts- und Steuerrecht 1993, S. 315 ff. (zitiert als: *Bungert*, EWS 1993)

Buyer, Christoph: Die „Repatriierung" ausländischer beschränkt steuerpflichtiger Kapitalgesellschaften durch Sitzverlegung ins Inland, in: Der Betrieb 1990, S. 1682 ff. (zitiert als: *Buyer*, DB 1990)

Calliess, Christian: Subsidiaritäts- und Solidaritätsprinzip in der Europäischen Union, Baden-Baden 1996 (zitiert als: *Calliess*) *ders.*: Der Schlüsselbegriff der „ausschließlichen Zuständigkeit" im Subsidiaritätsprinzip des Art. 3b II EGV, in: Europäische Zeitschrift für Wirtschaftsrecht 1995, S. 693 ff. (zitiert als: *Calliess*, EuZW 1995)

ders./Ruffert, Matthias (Hrsg.): Kommentar zu EU-Vertrag und EG-Vertrag, Neuwied/Kriftel 1999 (zitiert als: *Bearbeiter*, in: Calliess/Ruffert)

Cascante, José Christian: Anmerkung zu EuGH 09.03.1999 (*Centros*), in: Recht der Internationalen Wirtschaft 1999, S. 450 f. (zitiert als: *Cascante*, RIW 1999)

Cattelaens, Heiner; Gottstein, Siegfried; Stegmüller, Hubert; Zenthöfer, Wolfgang: Körperschaftsteuer, 11. Auflage, Stuttgart 1995 (zitiert als: *Cattelaens/Gottstein/Stegmüller/Zenthöfer*, KöSt)

Classen, Claus Dieter: Auf dem Weg zu einer einheitlichen Dogmatik der EG-Grundfreiheiten?, in: Europäisches Wirtschafts- und Steuerrecht 1995, S. 97 ff. (zitiert als: *Classen*, EWS 1995)

Commission of the European Communities (Hrsg.): Report of the Committee of independent Experts on Company Taxation, Luxemburg 1992 (zitiert als: *Commission*, Report)

Cordes, Albrecht: Die Gesellschaft bürgerlichen Rechts auf dem Weg zur juristischen Person?, in: Juristenzeitung 1998, S. 545 ff. (zitiert als: *Cordes*, JZ 1998)

Crezelius, Georg: Jahresabschlußpublizität bei deutscher Kapitalgesellschaft, in: Zeitschrift für Unternehmens- und Gesellschaftsrecht 1999, S. 252 ff. (zitiert als: *Crezelius*, ZGR 1999)

Dassesse, Marc: The Bachmann Case: A Major Setback for the Single Market in Financial Services, in: Butterworth's Journal of International Banking and Financial Law 1992, S. 257 ff. (zitiert als: *Dassesse*, BJ 1992)

Dauses, Manfred: Handbuch des EU-Wirtschaftsrechts; Stand: 6. Ergänzungslieferung Dezember 1997, München 1993 (zitiert als: *Bearbeiter*, in: Dauses, Handbuch EU-Wirtschaftsrecht)

Dautzenberg, Norbert: Anmerkung zu EuGH 09.03.1999 (*Centros*), in: Finanz-Rundschau 1999, S. 451 ff. (zitiert als: *Dautzenberg*, FR 1999)

Debatin, Helmut: Die grenzüberschreitende Sitzverlegung von Kapitalgesellschaften, in: GmbH-Rundschau 1994, S. 164 ff. (zitiert als: *Debatin*, GmbHR 1994)

ders.; Wassermeyer, Franz (Hrsg.): Doppelbesteuerung – Kommentar zu allen deutschen Doppelbesteuerungsabkommen, München, Stand: Juli 1998 (zitiert als: *Bearbeiter*, in: Debatin/Wassermeyer)

Dötsch, Ewald; Eversberg, Horst; Jost, Werner F.; Witt, Georg: Die Körperschaftsteuer – Kommentar zum KStG, Stuttgart, Stand: April 1998 (zitiert als: *Bearbeiter*, in: Dötsch/Eversberg/Jost/Witt, KStG)

Dötsch, Ewald: Körperschaftsteuerliche Behandlung der Verlegung des Sitzes bzw. der Geschäftsleitung einer Kapitalgesellschaft über die Grenze, in: Der Betrieb 1989, S. 2296 ff. (zitiert als: *Dötsch*, DB 1989)

Drobnig, Ulrich:Gemeinschaftsrecht und Internationales Gesellschaftsrecht, in: von Bar, Christian (Hrsg.), Europäisches Gemeinschaftsrecht und Internationales Privatrecht, Köln u. a. 1991, S. 185 - 206 (zitiert als: *Drobnig*, in: Europäisches Gemeinschaftsrecht und Internationales Privatrecht, S. 185)

ders.: Kritische Bemerkungen zum Vorentwurf eines EWG-Übereinkommens über die Anerkennung von Gesellschaften, in: Zeitschrift für das gesamte Handelsrecht und Wirtschaftsrecht Band 129 (1967), S. 93 ff. (zitiert als: *Drobnig*, ZHR 129 (1967))

Ebenroth, Carsten Thomas; Auer, Thomas: Die Vereinbarkeit der Sitztheorie mit europäischem Recht, in: GmbH-Rundschau 1994, S. 16 ff. (zitiert als: *Ebenroth/Auer*, GmbHR 1994)

dies.: Grenzüberschreitende Verlagerung von unternehmerischen Leitungsfunktionen im Zivil- und Steuerrecht, in: Recht der internationalen Wirtschaft – Beilage Nr. 1/1992 (zitiert als: *Ebenroth/Auer*, RIW-Beilage 1/1992)

Ebenroth, Carsten Thomas; Eyles, Uwe: Die innereuropäische Verlegung des Gesellschaftssitzes als Ausfluß der Niederlassungsfreiheit?, in: Der Betrieb 1989, S. 363 ff. (Teil 1) und S. 413 ff (Teil 2) (zitiert als: *Ebenroth/Eyles*, DB 1989)

dies.: Die Beteiligung ausländischer Gesellschaften an einer inländischen Kommanditgesellschaft, in: Der Betrieb – Beilage Nr. 2/1988 (zitiert als: *Ebenroth/Eyles*, DB-Beilage 2/1988)

Ebenroth, Carsten Thomas; Sura, Achim: Transnationale Unternehmen und die deutsche Mitbestimmung, in: Zeitschrift für das gesamte Handelsrecht und Wirtschaftsrecht, Band 140 (1980), S. 610 ff. (zitiert als: *Ebenroth/Sura*, ZHR 140 (1980))

Ebenroth, Carsten Thomas; Wilken, Oliver: Entwicklungstendenzen im deutschen Internationalen Gesellschaftsrecht, Teil 1, in: Juristenzeitung 1991, S. 1014 ff. (zitiert als: *Ebenroth/Wilken*, JZ 1991)

Eberhartinger, Michael: Konvergenz und Neustrukturierung der Grundfreiheiten, in: Europäisches Wirtschafts- und Steuerrecht 1997, S. 43 ff. (zitiert als: *Eberhartinger*, EWS 1997)

Ebke, Werner F.: Anmerkung zu OLG Düsseldorf, Urteil vom 10.09.1998 – 5 U 1/98, in: Juristenzeitung 2000, S. 203 ff. (zitiert als: *Ebke*, JZ 2000)

ders.: Das Schicksal der Sitztheorie nach dem Centros-Urteil des EuGH, in: Juristenzeitung 1999, S. 656 ff. (zitiert als: *Ebke*, JZ 1999)

ders.: Der Euro – ein Glücksfall für Europa!, in: Europäisches Wirtschafts- und Steuerrecht 1999, Heft 2, S. I (zitiert als: *Ebke*, EWS 1999, Heft 2)

ders.: Unternehmensrecht und Binnenmarkt – E pluribus unum?, in: Rabels Zeitschrift für ausländisches und internationales Privatrecht, Band 62 (1998), S. 196 ff. (zitiert als: *Ebke*, RabelsZ 62 (1998)) *ders.*: Company Law and the European Union: Centralized versus Decentralized lawmaking, in: The International Lawyer, Band 31 (1997), S. 961 ff. (zitiert als: *Ebke*, Int'l Lawyer 31 (1997))

ders.: Die „ausländische Kapitalgesellschaft und Co. KG" und das europäische Gemeinschaftsrecht, in: Zeitschrift für Unternehmens- und Gesellschaftsrecht 1987, S. 245 ff. (zitiert als: *Ebke*, ZGR 1987)

ders.: Les techniques contentieuses d'application du droit des Communautés européennes, in: Revue trimestruelle de droit européen 1986, S. 209 ff. (zitiert als: *Ebke*, RTDE 1986)

Ehlers, Dirk; Lackhoff, Klaus: Anmerkung zu EuGH 30.11.1995 (*Gebhard*), in: Juristenzeitung 1996, S. 467 ff. (zitiert als: *Ehlers/Lackhoff*, JZ 1996)

Eidenmüller, Horst; Rehm, Gerhard: Gesellschafts- und zivilrechtliche Folgeprobleme der Sitztheorie, in: Zeitschrift für Unternehmens- und Gesellschaftsrecht 1997, S. 89 ff. (zitiert als: *Eidenmüller/Rehm*, ZGR 1997)

Europäische Kommission: Programm der Kommission für 1996, in: Bulletin der Europäischen Union, Beilage 1/96 (zitiert als: *Kommission*, Bulletin der EU, Beilage 1/96)

dies.: Studie über die Verlegung des Sitzes einer Gesellschaft von einem Mitgliedstaat in einen anderen, Brüssel 1993 (zitiert als: *Kommission*, Studie)

dies.: Vorschlag für eine Vierzehnte Richtlinie des Europäischen Parlaments und des Rates über die Verlegung des Sitzes einer Gesellschaft in einen anderen Mitgliedstaat mit Wechsel des für die Gesellschaft anwendbaren Rechts, in: Zeitschrift für Wirtschaftsrecht und Insolvenzpraxis 1997, S. 1721 ff. (zitiert als: *Kommission*, ZIP 1997, 1721)

Everling, Ulrich: Subsidiaritätsprinzip und „ausschließliches" Gemeinschaftsrecht – ein „faux problème" der Verfassungsauslegung, in: *Burmeister, Joachim (Hrsg.)*: Verfassungsstaatlichkeit – Festschrift für Klaus Stern zum 65. Geburtstag, München 1997, S. 1227 ff. (zitiert als: *Everling*, FS Stern)

ders.: Das Niederlassungsrecht in der EG als Beschränkungsverbot, in: *Schön, Wolfgang (Hrsg.)*: Gedächtnisschrift für Brigitte Knobbe-Keuk, Köln 1997, S. 609 ff. (zitiert als: *Everling*, GS Knobbe-Keuk)

ders.: Das Niederlassungsrecht in der Europäischen Gemeinschaft, in: Der Betrieb 1990, S. 1853 ff. (zitiert als: *Everling*, DB 1990, 1853)

ders.: Vertragsverhandlungen 1957 und Vertragspraxis 1987 – dargestellt an den Kapiteln Niederlassungsrecht und Dienstleistungen des EWG-Vertrages –, in: *Mestmäcker, Ernst-Joachim (Hrsg.)*: Eine Ordnungspolitik für Europa – Festschrift für Hans von der Groeben zu seinem 80. Geburtstag, Baden-Baden 1987, S. 111 ff. (zitiert als: *Everling*, FS von der Groeben)

ders.: Das Niederlassungsrecht im Gemeinsamen Markt, Berlin u. a. 1963 (zitiert als: *Everling*, Niederlassungsrecht)

Eyles, Uwe: Das Niederlassungsrecht der Kapitalgesellschaften in der Europäischen Gemeinschaft, Baden – Baden 1990 (zitiert als: *Eyles*, Niederlassungsrecht)

Farmer, Paul; Lyal, Richard: EC Tax Law, Oxford 1994 (zitiert als: *Farmer/Lyal*, EC Tax Law)

Fischer, Hans Georg: Europarecht, 2. Auflage, München 1997 (zitiert als: *Fischer*, Europarecht)

Fischer, Lutz; Warneke, Perygrin: Internationale Betriebswirtschaftliche Steuerlehre, 4. Auflage, Bielefeld 1998 (zitiert als: *Fischer/Warneke*)

Förster, Guido; Dautzenberg, Norbert: Verdoppelung stiller Rücklagen bei grenzüberschreitenden Einbringungen, in: Der Betrieb 1993, S. 645 ff.. (zitiert als: *Förster/Dautzenberg*, DB 1993)

Fosselard, Denis: Observations: L'obstacle fiscal a la réalisation du marché intérieur, in: Cahiers de Droit Européen 1993, 472 ff. (zitiert als: *Fosselard*, CdDE 1993)

Freitag, Robert: Der Wettbewerb der Rechtsordnungen im Internationalen Gesellschaftsrecht, in: Europäische Zeitschrift für Wirtschaftsrecht 1999, S. 267 ff. (zitiert als: *Freitag*, EuZW 1999)

Frotscher, Gerrit; Maas, Ernst: Körperschaftsteuergesetz – Umwandlungssteuergesetz, Praxiskommentar, Stand: 52. Ergänzungslieferung Dezember 1997 (zitiert als: *Bearbeiter*, in: Frotscher/Maas, KStG bzw. UmwStG)

Geiger, Rudolf: EG-Vertrag, Kommentar zu dem Vertrag zur Gründung der Europäischen Gemeinschaft, 2. Auflage, München 1995 (zitiert als: *Geiger*, EG-Vertrag)

Geßler, Ernst; Hefermehl, Wolfgang; Eckardt, Ulrich; Kropff, Bruno: Aktiengesetz, Kommentar, Band I: §§ 1-75 AktG, München 1973 ff. (zitiert als: *Bearbeiter*, in: Geßler/Hefermehl/Eckardt/Kropff, AktG)

Geyrhalter, Volker: Niederlassungsfreiheit contra Sitztheorie – Good Bye „Daily Mail"?, in: Europäisches Wirtschafts- und Steuerrecht 1999, S. 201 ff. (zitiert als: *Geyrhalter*, EWS 1999)

Göttsche, Max: Das Centros-Urteil des EuGH und seine Auswirkungen, in: Deutsches Steurrecht 1999, S. 1403 ff. (zitiert als: *Göttsche*, DStR 1999)

Görk, Stefan: Das EuGH-Urteil in Sachen „Centros" vom 9. März 1999: Kein Freibrief für Briefkastengesellschaften, in: GmbH-Rundschau 1999, S. 793 ff. (zitiert als: *Görk*, GmbHR 1999)

Goffin, Léon: Liberté d'établissement et égalité de traitement ou un avocat peut-il „s'établir" sans être inscrit à l'ordre professionnel?, in: Cahiers de Droit Europeen 1996, S. 723 (*Goffin*, CdDE 1996)

Grabitz, Eberhard; Hilf, Meinhard: Kommentar zur Europäischen Union, Stand: 12. Ergänzungslieferung Mai 1998 (zitiert als: *Bearbeiter*, in: Grabitz/Hilf, EUV/EGV)

Grams, Hartmut A.: Zur Gesetzgebung der Europäischen Union – eine vergleichende Strukturanalyse aus staatsorganisatorischer Sicht, Neuwied/Kriftel 1998 (zitiert als: *Grams*)

Grasmann, Günther: System des internationalen Gesellschaftsrechts, Herne/Berlin 1970 (zitiert als: *Grasmann*)

von der Groeben, Hans; Thiesing, Jochen; Ehlermann, Claus-Dieter (Hrsg.): Kommentar zum EU- / EG-Vertrag; Band 1: Artikel A-F EUV, Artikel 1-84 EGV, 5. Auflage 1997; Band 4: Artikel 137-209a EGV, 5. Auflage 1997; Band 5: Artikel 210-248 EGV, Artikel H-S EUV, 5. Auflage 1997; Annex, 5. Auflage 1999; Baden-Baden (zitiert als: *Bearbeiter*, in: G/T/E)

Groh, Manfred: Anschaffungskosten aus Sacheinlagen, in: Finanz-Rundschau 1990, S. 528 ff. (zitiert als: *Groh*, FR 1990)

Groß, Wolfgang: Deutsches Gesellschaftsrecht in Europa, in: Europäische Zeitschrift für Wirtschaftsrecht 1994, S. 395 ff. (zitiert als: *Groß*, EuZW 1994)

Großfeld, Bernhard: Bilanzrecht, 3. Auflage, Heidelberg 1997 (zitiert als: *Großfeld*, Bilanzrecht)

ders.: Internationales und Europäisches Unternehmensrecht, 2. Auflage, Heidelberg 1995 (zitiert als: *Großfeld*, Unternehmensrecht)

ders.: Einige Grundfragen des Internationalen Unternehmensrechts, Opladen 1987 (zitiert als: *Großfeld*, Grundfragen des Internationalen Unternehmensrechts)

ders.: Die „ausländische juristische Person & Co. KG“, in: Praxis des Internationalen Privat- und Verfahrensrechts 1986, S. 351 ff. (zitiert als: *Großfeld*, IPrax 1986)

ders.: Die Entwicklung der Anerkennungstheorien im Internationalen Gesellschaftsrecht, in: *Hefermehl, Wolfgang; Gmür, Rudolf (Hrsg.)*: Festschrift für Harry Westermann zum 65. Geburtstag, Karlsruhe 1974, S. 199 ff (zitiert als: *Großfeld*, FS Westermann)

ders. / Erlinghagen, Susanne: Internationales Unternehmensrecht und deutsche unternehmerische Mitbestimmung, in: Juristenzeitung 1993, S. 217 ff. (zitiert als: *Großfeld/Erlinghagen*, JZ 1993)

ders. / König, Thomas: Das Internationale Gesellschaftsrecht in der Europäischen Gemeinschaft, in: Recht der Internationalen Wirtschaft 1992, S. 433 ff. (zitiert als: *Großfeld/König*, RIW 1992)

ders. / Jasper, Dieter: Identitätswahrende Sitzverlegung und Fusion von Kapitalgesellschaften in die Bundesrepublik Deutschland, in: Rabels Zeitschrift für ausländisches und internationales Privatrecht, Band 53 (1989), S. 52 ff. (zitiert als: *Großfeld/Jasper*, RabelsZ 53 (1989)) *ders. / Luttermann, Claus*: Anmerkung zu EuGH 27.09.1988 (*Daily Mail*), in: Juristenzeitung 1989, S. 386 f. (zitiert als: *Großfeld/Luttermann*, JZ 1989)

ders. / Piersbergen, Dorothee: Internationales Gesellschaftsrecht in der Diskussion, in: *Immenga, Ulrich; Möschel, Wernhard; Reuter, Dieter (Hrsg.)*: Festschrift für Ernst-Joachim Mestmäcker zum siebzigsten Geburtstag, Baden-Baden 1996, S. 881 ff. (zitiert als: *Großfeld/Piersbergen*, FS Mestmäcker)

Großmann, Klaus: Doppelt ansässige Kapitalgesellschaften im internationalen Steuerrecht – insbesondere im Verhältnis Deutschland – USA, München 1995 (zitiert als: *Großmann*)

Grothe, Helmut: Die ausländische Kapitalgesellschaft & Co., Köln u. a. 1989 (zitiert als: *Grothe*, Kapitalgesellschaft)

Grünwald, Alfons: Europäisches Gesellschaftsrecht, Wien 1999 (zitiert als: *Grünwald*, Europäisches Gesellschaftsrecht)

Habersack, Mathias: Europäisches Gesellschaftsrecht, München 1999 (zitiert als: *Habersack*)

Hachenburg, Max: Gesetz betreffend die Gesellschaften mit beschränkter Haftung (GmbHG), Großkommentar, Erster Band: Allgemeine Einleitung, §§ 1-34, 8. Auflage, Berlin/New York 1992 (zitiert als: *Bearbeiter*, in: Hachenburg, GmbHG)

Hailbronner, Kay; Klein, Eckart; Magiera, Siegfried; Müller-Graff, Christian: Handkommentar zum Vertrag über die Europäische Union (EUV/EGV), Köln u. a. 1991 ff., Stand: 6. Ergänzungslieferung Juni 1997 (zitiert als: *Bearbeiter*, in: HandKomm, EUV/EGV)

Hausmann, Rainer: Doppelter Sitz von Kapitalgesellschaften nach deutschem Gesellschaftsrecht und internationalem Privatrecht, in: ders.; van Raad, Kees; Raupach, Arndt; Veelken, Winfried (Hrsg.): Steuergestaltung durch doppelt ansässige Kapitalgesellschaften?, München 1988, S. 13 ff. (zitiert als: *Hausmann*)

Heinrich, Michael: Die ausländische juristische Person & Co. KG, Frankfurt 1996 (zitiert als: *Heinrich*)

Heinsohn, Stephanie: Der öffentlichrechtliche Grundsatz der Verhältnismäßigkeit, Diss. Münster 1997 (zitiert als: *Heinsohn*)

Heinze, Meinhard: Arbeitsrechtliche Probleme bei der grenzüberschreitenden Sitzverlegung in der Europäischen Gemeinschaft, in: Zeitschrift für Unternehmens- und Gesellschaftsrecht 1999, S. 54 ff. (zitiert als: *Heinze*, ZGR 1999)

Henkel, Udo: Subjektfähigkeit grenzüberschreitender Kapitalgesellschaften, in: Recht der internationalen Wirtschaft 1991, S. 565 ff. (zitiert als: *Henkel*, RIW 1991)

Herrmann, Carl; Heuer, Gerhard; Raupach, Arndt: Einkommensteuer- und Körperschaftsteuergesetz, Kommentar, 21. Auflage, Köln 1996, Stand: 198. Ergänzungslieferung Dezember 1998 (zitiert als: *Bearbeiter*, in: Herrmann/Heuer/Raupach EStG/KStG)

Herz, Harald: Die Einordnung grenzüberschreitender Kapitalgesellschaften in das geltende System der Einkommensbesteuerung von Gesellschaften, Berlin 1997 (zitiert als: *Herz*, Grenzüberschreitende Kapitalgesellschaften)

Hey, Friedrich E. F.: Stellung der US (Delaware) Limited Liability Company im internationalen Steuerrecht, in: *Burmester, Gabriele; Endres, Dieter (Hrsg.)*: Außensteuerrecht, Doppelbesteuerungsabkommen und EU-Recht im Spannungsverhältnis – Festschrift für Helmut Debatin zum 70. Geburtstag, München 1997, S. 121 ff. (zitiert als: *Hey*, FS Debatin)

Heydt, Volker: Das Verbot der Doppelbesteuerung – ein rechtsverbindlicher Bestandteil des Binnenmarktes, in: Europäische Zeitschrift für Wirtschaftsrecht 2000, S. 33 (zitiert als: *Heydt*, EuZW 2000)

Hinnekens, L.; Schelpe, D.: Annotation to Bachmann v. Belgium (C-204/90) and Commission v. Belgium (C-300/90), in: EC Tax Review 1992, S. 58 ff. (zitiert als: *Hinnekens/Schelpe*, EC Tax Review 1992)

Höfling, Barbara: Die Centros-Entscheidung des EuGH – auf dem Weg zu einer Überlagerungstheorie für Europa, in: Der Betrieb 1999, S. 1206 ff. (zitiert als: *Höfling*, DB 1999)

Hoffmann, Jochen: Neue Möglichkeiten zur identitätswahrenden Sitzverlegung in Europa?, in: Zeitschrift für das gesamte Handelsrecht und Wirtschaftsrecht, Band 164 (2000), S. 43 ff. (zitiert als: *Hoffmann*, ZHR 164 (2000))

ders.: Die Bildung der Aventis S. A. – ein Lehrstück des europäischen Gesellschaftsrechts, in: Neue Zeitschrift für Gesellschaftsrecht 1999, S. 1077 ff. (zitiert als: *Hoffmann*, NZG 1999)

Hohloch, Gerhard (Hrsg.): EU-Handbuch Gesellschaftsrecht, Herne/Berlin 1996, Stand: 1. Ergänzungslieferung Mai 1998 (zitiert als: *Bearbeiter*, in: Hohloch, EU-Handbuch Gesellschaftsrecht)

Hopt, Klaus J.; Wiedemann, Herbert: Aktiengesetz, Großkommentar, 2. Lieferung zur 4. Auflage: §§ 1-14 AktG, bearbeitet von *Oliver Brändel*, Berlin/New York 1992 (zitiert als: *Brändel*, in: GroßKomm AktG)

Huber, Peter M.: Recht der Europäischen Integration, München 1996 (zitiert als: *Huber*, Europäische Integration)

Hueck, Alfred: Das Recht der offenen Handelsgesellschaft, 4. Auflage, Berlin/New York 1971 (zitiert als: *Hueck*, oHG)

Hüffer, Uwe: Aktiengesetz, Kommentar, 4. Auflage, München 1999 (zitiert als: *Hüffer*, AktG)

Jacobs, Otto H. (Hrsg.): Internationale Unternehmensbesteuerung, 4. Auflage, München 1999 (zitiert als: *Jacobs*)

Jarass, Hans D.: Die Kompetenzverteilung zwischen der Europäischen Gemeinschaft und den Mitgliedstaaten, in: Archiv für öffentliches Recht, Band 121 (1996), S. 173 ff. (zitiert als: *Jarass*, AöR 121 (1996))

ders.: Elemente einer Dogmatik der Grundfreiheiten, in: Europarecht 1995, S. 202 ff. (zitiert als: *Jarass*, EuR 1995)

Kahl, Wolfgang: Möglichkeiten und Grenzen des Subsidiaritätsprinzips nach Art. 3b EG-Vertrag, in: Archiv für öffentliches Recht, Band 118 (1993), S. 414 ff. (zitiert als: *Kahl*, AöR 118 (1993))

Kapteyn, P. J. G.; VerLoren van Themaat, P.: Introduction to the Law of the European Communities, 3rd Edition, London u. a. 1998 (zitiert als: *Kapteyn/VerLoren van Themaat*)

Kegel, Gerhard: Es ist was faul im Staate Dänemark ..., in: Europäisches Wirtschafts- und Steuerrecht 1999, Heft 8, S. I (zitiert als: *Kegel*, EWS 1999, Heft 8)

ders.: Internationales Privatrecht, 7. Auflage, München 1995 (zitiert als: *Kegel*, IPR)

Keidel, Theodor; Kuntze, Joachim; Winkler, Karl: Freiwillige Gerichtsbarkeit, Teil A: Kommentar zum Gesetz über die Angelegenheiten der freiwilligen Gerichtsbarkeit, 13. Auflage, München 1992 (zitiert als: *Bearbeiter*, in: Keidel/Kuntze/Winkler, FGG)

Kempka, Bettina: Gewinnrealisierung bei der Überführung von Wirtschaftsgütern zwischen Stammhaus und Betriebsstätte – eine Analyse der systemkonformen steuerlichen Behandlung stiller Rücklagen, Frankfurt u. a. 1995 (zitiert als: *Kempka*)

Kieninger, Eva-Maria: Niederlassungsfreiheit als Rechtswahlfreiheit, in: Zeitschrift für Unternehmens- und Gesellschaftsrecht 1999, S. 724 ff. (zitiert als: *Kieninger*, ZGR 1999)

Kilian, Wolfgang: Europäisches Wirtschaftsrecht, München 1996 (zitiert als: *Kilian*, Europäisches Wirtschaftsrecht)

Kindler, Peter: Niederlassungsfreiheit für Scheinauslandsgesellschaften?, in: Neue Juristische Wochenschrift 1999, S. 1993 ff. (zitiert als: *Kindler*, NJW 1999)

Kirchhof, Paul; Söhn, Hartmut: Einkommensteuergesetz – Kommentar, Heidelberg, Stand: 85. Ergänzungslieferung Dezember 1998 (zitiert als: *Bearbeiter*, in: Kirchhof/Söhn, EStG)

Klein, Franz; Orlopp, Gerd: Abgabenordnung, 5. Auflage, München 1995 (zitiert als: *Klein/Orlopp*, AO)

Kleineidam, Hans-Jochen: Rechnungslegung bei Auslandsbeziehungen nach Handels- und Steuerrecht, Freiburg 1992 (zitiert als: *Kleineidam*)

Klinke, Ulrich: Europäisches Unternehmensrecht und EuGH, in: Zeitschrift für Unternehmens- und Gesellschaftsrecht 1998, S. 212 ff. (zitiert als: *Klinke*, ZGR 1998)

Kluge, Volker: Das deutsche Internationale Steuerrecht, 3. Auflage, München 1992 (zitiert als: *Kluge*)

Knobbe-Keuk, Brigitte: Restrictions on the Fundamental Freedoms Enshrined in the EC Treaty by Discriminatory Tax Provisions – Ban and Justification, in: EC Tax Review 1994, S. 74 ff. (zitiert als: *Knobbe-Keuk*, EC Tax Review 1994)

dies.: Bilanz- und Unternehmenssteuerrecht, 9. Auflage, Köln 1993 (zitiert als: *Knobbe-Keuk*, Steuerrecht)

dies.: Wegzug und Einbringung von Unternehmen zwischen Niederlassungsfreiheit, Fusionsrichtlinie und nationalem Steuerrecht, in: Der Betrieb 1991, S. 298 ff. (zitiert als: *Knobbe-Keuk*, DB 1991)

dies.: Europäische Entwicklungen im Gesellschafts- und Unternehmensrecht, in: Jahrbuch der Fachanwälte für Steuerrecht 1990/91, S. 69 ff. (zitiert als: *Knobbe-Keuk*, JbFfSt 1990/91)

dies.: Niederlassungsfreiheit: Diskriminierungs- oder Beschränkungsverbot?, in: Der Betrieb 1990, S. 2573 ff. (zitiert als: *Knobbe-Keuk*, DB 1990)

dies.: Umzug von Gesellschaften in Europa, in: Zeitschrift für das gesamte Handelsrecht und Wirtschaftsrecht, Band 154 (1990), S. 325 ff (zitiert als: *Knobbe-Keuk*, ZHR 154 (1990))

dies.: Der Wechsel von der beschränkten zur unbeschränkten Körperschaftsteuerpflicht und vice versa, in: Steuer und Wirtschaft 1990, S. 372 ff. (zitiert als: *Knobbe-Keuk*, StuW 1990)

Kösters, Friedrich: Rechtsträgerschaft und Haftung bei Kapitalgesellschaften ohne Verwaltungssitz im Gründungsstaat, in: Neue Zeitschrift für Gesellschaftsrecht 1998, S. 241 ff. (zitiert als: *Kösters*, NZG 1998)

Koppensteiner, Hans-Georg: Internationale Unternehmen im deutschen Gesellschaftsrecht, Frankfurt 1971 (zitiert als: *Koppensteiner*, Unternehmen)

Kreuzer, Karl F.: Grenzüberschreitende Restrukturierung von Gesellschaften im Gemeinsamen Markt, in: Europäische Zeitschrift für Wirtschaftsrecht 1994, S. 73 ff. (zitiert als: *Kreuzer*, EuZW 1994)

Kropff, Bruno: Aktiengesetz, Düsseldorf 1965 (zitiert als: *Kropff*, AktG 1965)

Kropholler, Jan: Internationales Privatrecht, 2. Auflage, Tübingen 1994 (zitiert als: *Kropholler*, IPR)

Kruse, Viola: Sitzverlegung von Kapitalgesellschaften innerhalb der EG, Köln u. a. 1997 (zitiert als: *Kruse*, Sitzverlegung)

Kübler, Friedrich: Gesellschaftsrecht, 5. Auflage, Tübingen 1998 (zitiert als: *Kübler*, Gesellschaftsrecht)

Kühn, Rolf; Hofmann, Ruth; Hofmann, Gerda: Abgabenordnung, Kommentar, 17. Auflage, Stuttgart 1995 (zitiert als: *Kühn/Hofmann*, AO)

Lambers, Hans-Jürgen: Subsidiarität in Europa – Allheilmittel oder juristische Leerformel?, in: Europarecht 1993, S. 229 ff. (zitiert als: *Lambers*, EuR 1993)

Lang, Joachim: Gewinnrealisierung – Rechtsgrundlagen, Grundtatbestände und Prinzipien im Rahmen des Betriebsvermögensvergleichs nach § 4 Abs. 1 EStG, in: Gewinnrealisierung im Steuerrecht, Tagungsband der Deutschen Steuerjuristischen Gesellschaft, Köln 1981, S. 45 ff. (zitiert als: *Lang*, in: Gewinnrealisierung im Steuerrecht)

Lang, Michael: Die Bindung der Doppelbesteuerungsabkommen an die Grundfreiheiten des EU-Rechts, in: *Gassner, Wolfgang; ders.; Lechner, Eduard*: Doppelbesteuerungsabkommen und EU-Recht, Wien 1996, S. 25 ff. (zitiert als: *Lang*, in: Gassner/ders./Lechner)

Lange, Knut Werner: Anmerkung zu EuGH 09.03.1999 (*Centros*), in: Deutsche Notar-Zeitschrift 1999, S. 599 ff. (zitiert als: *Lange*, DNotZ 1999)

Lecheler, Helmut: Das Subsidiaritätsprinzip, Berlin 1993 (zitiert als: *Lecheler*)

Leible, Stefan: Anmerkung zu EuGH 09.03.1999 (*Centros*), in: Neue Zeitschrift für Gesellschaftsrecht 1999, S. 300 ff. (zitiert als: *Leible*, NZG 1999)

Lenaerts, Koen; van Ypersele, Patrick: Le principe de subsidiarité et son contexte: étude de l'article 3b du traité CE, in: Cahiers de Droit Européen, Band 30 (1994), S. 3 ff. (zitiert als: *Lenaerts/van Ypersele*, CdDE 30 (1994))

Lenz, Carl Otto (Hrsg.): EG-Vertrag, Kommentar, 2. Auflage, Köln u. a. 1999 (zitiert als: *Bearbeiter*, in: Lenz, EG-Vertrag)

Lever, Jeremy: Anmerkung zu Case 81/87, *The Queen* v. *H.M. Treasury ex parte Daily Mail and General Trust PLC* (Judgment of 27 September 1988 [1988] 3 CMLR 713, in: Common Market Law Review 1989, S. 327 ff. (zitiert als: *Lever*, CMLR 1989)

Lutter, Marcus: Europäisches Unternehmensrecht, 4. Auflage, Berlin/New York 1996 (zitiert als: *Lutter*, Unternehmensrecht)

ders.: Die Angleichung des Gesellschaftsrechts nach dem EWG-Vertrag, in: Neue Juristische Wochenschrift 1966, S. 273 ff. (zitiert als: *Lutter*, NJW 1966)

Luttermann, Claus: Die „mangelhafte" Umsetzung europäischer Richtlinien, in: Europäische Zeitschrift für Wirtschaftsrecht 1998, S. 264 ff. (zitiert als: *Luttermann*, EuZW 1998)

Maestripieri, Cesare: La libre circulation des personnes et des services dans la CEE, Bruxelles 1970 (zitiert als: *Maestripieri*)

Marchetti, Piergaetano: Die neuere italienische Gesetzgebung auf dem Gebiet des Gesellschaftsrechts, in: Zeitschrift für Unternehmens- und Gesellschaftsrecht 1992, S. 545 ff. (zitiert als: *Marchetti*, ZGR 1992)

di Marco, Giuseppe: Der Vorschlag der Kommission für eine 14. Richtlinie – Stand und Perspektiven, in: Zeitschrift für Unternehmens- und Gesellschaftsrecht 1999, S. 3 ff. (zitiert als: *di Marco*, ZGR 1999)

Medicus, Dieter: Schuldrecht II – Besonderer Teil, 8. Auflage, München 1997 (zitiert als: *Medicus*, Schuldrecht II)

Meilicke, Wienand: Anmerkung zu EuGH 09.03.1999 (*Centros*), in: Der Betrieb 1999, S. 627 f. (zitiert als: *Meilicke*, DB 1999)

ders.: Sitztheorie und EWG-Vertrag nach Handels- und Steuerrecht, in: Recht der Internationalen Wirtschaft 1990, S. 449 ff. (zitiert als: *Meilicke*, RIW 1990)

Merkt, Hanno: Das Europäische Gesellschaftsrecht und die Idee des „Wettbewerbs der Gesetzgeber“, in: Rabels Zeitschrift für ausländisches und internationales Privatrecht, Band 59 (1995), S. 545 ff. (zitiert als: *Merkt*, RabelsZ 59 (1995))

Merten, Detlef (Hrsg.): Die Subsidiarität Europas, 2. Auflage, Berlin 1994 (zitiert als: *Merten*)

Meyer, Oliver: Die Besteuerung grenzüberschreitender Verschmelzungen, Berlin 1995 (zitiert als: *Meyer*, Besteuerung)

Mössner, Jörg Manfred (Hrsg.): Steuerrecht international tätiger Unternehmen, 2. Auflage, Köln 1998 (zitiert als: *Bearbeiter*, in: Mössner, Steuerrecht international tätiger Unternehmen)

Müller, Hans-Friedrich: Haftung bei ausländischen Kapitalgesellschaften mit Inlandssitz, in: Zeitschrift für Wirtschaftsrecht 1997, S. 1049 ff. (zitiert als: *Müller*, ZIP 1997)

Müller-Graff, Peter-Christian: Binnenmarktauftrag und Subsidiaritätsprinzip, in: Zeitschrift für das gesamte Handelsrecht und Wirtschaftsrecht, Band 159 (1995), S. 34 ff. (zitiert als: *Müller-Graff*, ZHR 159 (1995))

ders.: Europäisches Gemeinschaftsrecht und Privatrecht, in: Neue Juristische Wochenschrift 1993, S. 13 ff. (zitiert als: *Müller-Graff*, NJW 1993)

ders.: Gemeinsames Privatrecht in der Europäischen Gemeinschaft: Ebenen und gemeinschaftsprivatrechtliche Grundfragen, in: *Baur, Jürgen F. (Hrsg.)*: Europarecht, Energierecht, Wirtschaftsrecht – Festschrift für Bodo Börner zum 70. Geburtstag, Köln u. a. 1992, S. 303 ff. (zitiert als: *Müller-Graff*, FS Börner)

Neye, Hans-Werner: Kurzkommentar zu EuGH 09.03.1999 (*Centros*), in: Entscheidungssammlung zum Wirtschaftsrecht, Art. 52 EGV 1/99, S. 259 f. (zitiert als: *Neye*, EWiR Art. 52 EGV 1/99)

ders.: Die Vorstellungen der Bundesregierung zum Vorschlag einer 14. Richtlinie, in: Zeitschrift für Unternehmens- und Gesellschaftsrecht 1999, S. 13 ff. (zitiert als: *Neye*, ZGR 1999)

ders.: Größere Mobilität für Unternehmen in Europa, in: GmbH-Rundschau 1997, S. R 181 (zitiert als: *Neye*, GmbHR 1997)

Nussbaum, Arthur: Deutsches Internationales Privatrecht, Tübingen 1932 (zitiert als: *Nussbaum*, IPR)

Oppermann, Thomas: Europarecht, 2. Auflage, München 1999 (zitiert als: *Oppermann*, Europarecht)

Palandt, Otto (Begr.): Bürgerliches Gesetzbuch, Kommentar, 57. Auflage, München 1998 (zitiert als: *Bearbeiter*, in: Palandt, BGB)

Pennington, Robert R.: Vereinigtes Königreich, in: Jura Europae – Gesellschaftsrecht, München, Stand: 24. Ergänzungslieferung Oktober 1994 (zitiert als: *Pennington*, in: Jura Europae – Gesellschaftsrecht, Vereinigtes Königreich)

Pipkorn, Jörn: Das Subsidiaritätsprinzip im Vertrag über die Europäische Union – rechtliche Bedeutung und gerichtliche Überprüfbarkeit, in: Europäische Zeitschrift für Wirtschaftsrecht 1992, S. 697 ff. (zitiert als: *Pipkorn*, EuZW 1992)

Priester, Hans Joachim: EU-Sitzverlegung – Verfahrensablauf, in: Zeitschrift für Unternehmens- und Gesellschaftsrecht 1999, S. 37 ff. (zitiert als: *Priester*, ZGR 1999)

Raape, Leo: Internationales Privatrecht, 3. Auflage, Berlin/Frankfurt 1950 (zitiert als: *Raape*, IPR)

Rahm, Rolf: Das internationale Gesellschaftsrecht Italiens, Diss. Münster 1990 (zitiert als: *Rahm*)

Raiser, Thomas: Gesamthand und juristische Person im Licht des neuen Umwandlungsrechts, in: Archiv für die civilistische Praxis, Band 194 (1994), S. 495 ff. (zitiert als: *T. Raiser*, AcP 194 (1994))

ders.: Recht der Kapitalgesellschaften, 2. Auflage, München 1992 (zitiert als: *T. Raiser*, Kapitalgesellschaften)

Rebmann, Kurt; Säcker, Franz Jürgen; Rixecker, Roland (Hrsg.): Münchner Kommentar zum Bürgerlichen Gesetzbuch, Band 5: Schuldrecht, Besonderer Teil III (§§ 705 – 853), 3. Auflage, München 1997; Band 11: Internationales Handels- und Gesellschaftsrecht, Einführungsgesetz zum Bürgerlichen Gesetzbuche (Art. 50 – 237), 3. Auflage, München 1999 (zitiert als: *Bearbeiter*, in: MüKo); Band 7: Einführungsgesetz zum BGB, Internationales Privatrecht, 2. Auflage, München 1990 (zitiert als: *Bearbeiter*, in: MüKo^2)

Reher, Tim: Gesellschaftsrecht in gemeinsamen Märkten, Baden-Baden 1997 (zitiert als: *Reher*, Gesellschaftsrecht)

Reithmann, Christoph; Martiny, Dieter (Hrsg.): Internationales Vertragsrecht, 5. Auflage, Köln 1996 (zitiert als: *Bearbeiter*, in: Reithmann/Martiny)

Risse, Jörg: Anmerkung zu EuGH 09.03.1999 (*Centros*), in: Monatsschrift für Deutsches Recht 1999, S. 752 ff. (zitiert als: *Risse*, MDR 1999)

Roth, Günter: Gründungstheorie – ist der Damm gebrochen?, in: Zeitschrift für Wirtschaftsrecht 1999, S. 861 ff. (zitiert als: *Roth*, ZIP 1999)

Roth, Wulf Henning: Freier Warenverkehr nach „Keck“, in: *Hübner, Ulrich; Ebke, Werner F. (Hrsg.)*: Festschrift für Bernhard Großfeld zum 65. Geburtstag, Köln 1999, S. 929 ff. (zitiert als: *Roth*, FS Großfeld)

ders.: Die Niederlassungsfreiheit zwischen Beschränkungs- und Diskriminierungsverbot, in: *Schön, Wolfgang (Hrsg.)*: Gedächtnisschrift für Brigitte Knobbe-Keuk, Köln 1997, S. 729 ff. (zitiert als: *Roth*, GS-Knobbe-Keuk)

ders.: Annotation to Case C-484/93, Svensson, Gustavsson v. Ministre du logement et de l'urbanisme, Judgment of 14 November 1995, [1995] ECR I-3955, in: Common Market Law Review 1996, S. 569 ff. (zitiert als: *Roth*, CMLR 1996)

ders.: Grundlagen des gemeinsamen europäischen Versicherungsmarktes, in: Rabels Zeitschrift für ausländisches und internationales Privatrecht Band 54 (1990), S. 63 ff. (zitiert als: *Roth*, RabelsZ 54 (1990))

Rowedder, Heinz; u. a.: Gesetz betreffend die Gesellschaften mit beschränkter Haftung (GmbHG), Kommentar, 3. Auflage, München 1997 (zitiert als: *Bearbeiter*, in: Rowedder, GmbHG)

Sack, Rolf: Auswirkungen der Art. 52, 58 EWGV auf das internationale Gesellschaftsrecht – EuGH, NJW 1989, 2186, in: Juristische Schulung 1990, S. 352 ff. (zitiert als: *Sack*, JuS 1990)

Sandrock, Otto: Centros: ein Etappensieg für die Überlagerungstheorie, in: Betriebs-Berater 1999, S. 1337 ff. (zitiert als: *Sandrock*, BB 1999)

ders.: Sitztheorie, Überlagerungstheorie und der EWG-Vertrag: Wasser, Öl und Feuer, in: Recht der Internationalen Wirtschaft 1989, S. 505 ff. (zitiert als: *Sandrock*, RIW 1989)

ders.: Die Konkretisierung der Überlagerungstheorie in einigen zentralen Einzelfragen, in: *ders. (Hrsg.)*: Festschrift für Günther Beitzke zum 70. Geburtstag, S. 669 ff. (zitiert als: *Sandrock*, FS Beitzke)

ders. / Austmann, Stefan: Das Internationale Gesellschaftsrecht nach der Daily Mail-Entscheidung des Europäischen Gerichtshofes: Quo vadis? in: Recht der Internationalen Wirtschaft 1989, S. 249 ff. (zitiert als: *Sandrock/Austmann*, RIW 1989)

Saß, Gert: Einfluß der Dienstleistungsfreiheit in der EU auf die direkten Steuern, in: Der Betrieb 2000, S. 176 ff. (zitiert als: *Saß*, DB 2000)

ders.: Verbotene Steuerdiskriminierungen inländischer Betriebsstätten aufgrund der Niederlassungsfreiheit in der EU, in: Der Betrieb 1999, S. 2381 ff. (zitiert als: *Saß*, DB 1999)

ders.: Einfluß der EuGH-Rechtsprechung auf die direkten Steuern und Schadensersatzfolgen, in: *Burmester, Gabriele; Endres, Dieter (Hrsg.)*: Außensteuerrecht, Doppelbesteuerungsabkommen und EU-Recht im Spannungsverhältnis – Festschrift für Helmut Debatin zum 70. Geburtstag, München 1997, S. 381 ff. (zitiert als: *Saß*, FS Debatin)

Schaumburg, Harald: Internationales Steuerrecht, 2. Auflage, Köln 1998 (zitiert als: *Schaumburg*, Internationales Steuerrecht)

ders.: Grenzüberschreitende Umwandlungen, in: GmbH-Rundschau 1996, S. 501 ff. (Teil I) und S. 585 ff. (Teil II) (zitiert als: *Schaumburg*, GmbHR 1996)

Scherer, Thomas B.: Doppelbesteuerung und Europäisches Gemeinschaftsrecht, München 1995 (zitiert als: *Scherer*)

Schima, Bernhard: Das Subsidiaritätsprinzip im Europäischen Gemeinschaftsrecht, Wien 1994 (zitiert als: *Schima*)

Schlenker, Anette: Gestaltungsmodelle einer identitätswahrenden Sitzverlegung von Kapitalgesellschaften über die Grenze, Konstanz 1998 (zitiert als: *Schlenker*)

Schmidt, Karsten: Personengesellschaft und Grundstücksrecht, in: Zeitschrift für Wirtschaftsrecht (ZIP) 1998, S. 2 ff (zitiert als: *K. Schmidt*, ZIP 1998)

ders.: Sitzverlegungsrichtlinie, Freizügigkeit und Gesellschaftsrechtspraxis – Grundlagen, in: Zeitschrift für Unternehmens- und Gesellschaftsrecht 1999, S. 20 ff. (zitiert als: *K. Schmidt*, ZGR 1999)

ders.: Gesellschaftsrecht, 3. Auflage, Köln u. a. 1997 (zitiert als: *K. Schmidt*, Gesellschaftsrecht)

Schmidt, Ludwig (Hrsg.): Einkommensteuergesetz – Kommentar, 18. Auflage, München 1999 (zitiert als: *Bearbeiter*, in: Schmidt, EStG)

Schnichels, Dominik: Reichweite der Niederlassungsfreiheit, Baden-Baden 1995 (zitiert als: *Schnichels*, Niederlassungsfreiheit)

Schöberle, Horst; Hofmeister, Ferdinand: Körperschaftsteuergesetz, Kommentar, Stand: 8. Ergänzungslieferung März 1998 (zitiert als: *Bearbeiter*, in: Schöberle/Hofmeister, KStG)

Schön, Wolfgang: Anmerkung zu EuGH 04.12.1997 (*Daihatsu*), in: Juristenzeitung 1998, S. 194 f. (zitiert als: *Schön*, JZ 1998)

ders.: Mindestharmonisierung im Europäischen Gesellschaftsrecht, in: Zeitschrift für das gesamte Handelsrecht und Wirtschaftsrecht, Band 160 (1996), S. 221 ff. (zitiert als: *Schön*, ZHR 160 (1996))

ders.: Gesellschaftsrecht nach Maastricht, in: Zeitschrift für Unternehmens- und Gesellschaftsrecht 1995, S. 1 ff. (zitiert als: *Schön*, ZGR 1995)

Scholz, Franz (Begr.): Kommentar zum GmbH-Gesetz, I. Band: §§ 1-44, Anhang Konzernrecht, 8. Auflage, Köln 1993 (zitiert als: *Bearbeiter*, in: Scholz, GmbHG)

Schümann, Matthias: Die Vereinbarkeit der Sitztheorie mit dem europäischen Recht, in: Europäische Zeitschrift für Wirtschaftsrecht 1994, S. 269 ff. (zitiert als: *Schümann*, EuZW 1994)

Schwarze, Jürgen: Europäisches Verwaltungsrecht, Band II, 1. Auflage, Baden-Baden 1988 (zitiert als: *Schwarze*, Europäisches Verwaltungsrecht)

Schweitzer, Michael; Hummer, Waldemar: Europarecht, 5. Auflage, Neuwied u. a. 1996 (zitiert als: *Schweitzer/Hummer*, Europarecht)

Sedemund, Jochim; Hausmann, Friedrich: Kommentar zu EuGH 09.03.1999 (*Centros*), in: Betriebsberater 1999, S. 810 f. (zitiert als: *Sedemund/Hausmann*, BB 1999)

von der Seipen, Christoph: Zur Bestimmung des effektiven Verwaltungssitzes im internationalen Gesellschaftsrecht, 1in: Praxis des Internationalen Privat- und Verfahrensrechts 1986, S. 91 ff. (zitiert als: *von der Seipen*, IPrax 1986)

Smit, Hans; Herzog, Peter: The Law of the European Economic Community, Commentary, Stand: 31.10.1996, New York (zitiert als: *Bearbeiter*, in: Smit/Herzog, Law of the EEC)

Soergel, Hans Theodor; Siebert, Wolfgang: Kommentar zum Bürgerlichen Gesetzbuch mit Einführungsgesetz und Nebengesetzen, Band 10: Einführungsgesetz, 12. Auflage, 1996 (zitiert als: *Bearbeiter*, in: Soergel)

Sonnenberger, Hans Jürgen; Großerichter, Helge: Konfliktlinien zwischen internationalem Gesellschaftsrecht und Niederlassungsfreiheit, in: Recht der Internationalen Wirtschaft 1999, S. 721 ff. (zitiert als: *Sonnenberger/Großerichter*, RIW 1999)

Statzowski, Thomas: Das Prinzip der Gewinnverwirklichung durch Steuerentstrickung im deutschen Steuerrecht – de lege lata und de lege ferenda, Berlin 1986 (zitiert als: *Statzowski*)

Staudinger, Julius von (Begr.): Kommentar zum Bürgerlichen Gesetzbuch mit Einführungsgesetz und Nebengesetzen
Erstes Buch: Allgemeiner Teil, §§ 134 – 163, bearbeitet von *Reinhard Bork, Jürgen Kohler, Herbert Roth, Rolf Sack*, 13. Bearbeitung, Berlin 1996 (zitiert als: *Bearbeiter*, in: Staudinger, BGB)
Internationales Gesellschaftsrecht, bearbeitet von *Bernhard* Großfeld, Bearbeitung 1998, Berlin 1998 (zitiert als: *Großfeld*, in: Staudinger, IntGesR)

Steichen, Alain: Der Gleichheitssatz im Europäischen Steuerrecht, in: *Burmester, Gabriele; Endres, Dieter (Hrsg.)*: Außensteuerrecht, Doppelbesteuerungsabkommen und EU-Recht im Spannungsverhältnis – Festschrift für Helmut Debatin zum 70. Geburtstag, München 1997, S. 417 ff. (zitiert als: *Steichen*, FS Debatin)

Steindorff, Ernst: Reichweite der Niederlassungsfreiheit, in: Europarecht 1988, S. 19 ff. (zitiert als: *Steindorff*, EuR 1988)

Steinhauer, Bettina: Die Auslegung, Kontrolle und Durchsetzung mitgliedstaatlicher Pflichten im Recht des Internationalen Währungsfonds und der Europäischen Gemeinschaft, Berlin 1997 (zitiert als: *Steinhauer*)

Steiniger, Wolfgang; Jacobsen, Christen Boye: Dänemark, in: Jura Europae – Gesellschaftsrecht, München, Stand: 24. Ergänzungslieferung Oktober 1994 (zitiert als: *Steiniger/Jacobsen*, in: Jura Europae – Gesellschaftsrecht, Dänemark)

Streck, Michael: Körperschaftsteuergesetz mit Nebengesetzen, 5. Auflage, München 1997 (zitiert als: *Streck*, KStG)

Streinz, Rudolf: Anmerkung zu EuGH 09.03.1999 (*Centros*), in: Juristische Schulung 1999, S. 810 ff. (zitiert als: *Streinz*, JuS 1999)

ders.: Europarecht, 4. Auflage, Heidelberg 1999 (zitiert als: *Streinz*, Europarecht)

Terlau, Matthias: Das Internationale Privatrecht der Gesellschaft bürgerlichen Rechts, Berlin 1999 (zitiert als: *Terlau*)

van Thiel, Servaas: Daily Mail Case – Tax Planning and the European Right of Establishment, in: European Taxation 1988, S. 357 ff. (zitiert als: *van Thiel*, ET 1988)

Timm, Wolfram: Die Rechtsfähigkeit der Gesellschaft bürgerlichen Rechts und ihre Haftungsverfassung, in: Neue Juristische Wochenschrift 1995, S. 3209 ff. (zitiert als: *Timm*, NJW 1995)

Timmermans, Christian W. A.: Die europäische Rechtsangleichung im Gesellschaftsrecht, Rabels Zeitschrift für ausländisches und internationales Privatrecht, Band 48 (1984), S. 1 ff. (zitiert als: *Timmermans*, RabelsZ 48 (1984))

Tipke, Klaus: Rechtfertigung des Themas – Ziel der Tagung, in: Gewinnrealisierung im Steuerrecht, Tagungsband der Deutschen Steuerjuristischen Gesellschaft, Köln 1981, S. 1 ff. (zitiert als: *Tipke*, in: Gewinnrealisierung im Steuerrecht)

ders.; Lang, Joachim: Steuerrecht, 16. Auflage, Köln 1998 (zitiert als: *Tipke/Lang*)

Thiel, Jochen: Die grenzüberschreitende Umstrukturierung von Kapitalgesellschaften im Ertragsteuerrecht, in: GmbH-Rundschau 1994, S. 277 ff. (zitiert als: *Thiel*, GmbHR 1994)

Thömmes, Ottmar: Tatbestandsmäßigkeit und Rechtfertigung steuerlicher Diskriminierungen nach EG-Recht, in: *Schön, Wolfgang (Hrsg.)*: Gedächtnisschrift für Brigitte Knobbe-Keuk, Köln 1997, S. 795 ff. (zitiert als: *Thömmes*, GS Knobbe-Keuk)

Thönnes, Otmar: Identitätswahrende Sitzverlegung von Gesellschaften in Europa, in: Der Betrieb 1993, S. 1021 ff. (zitiert als: *Thönnes*, DB 1993)

Thomas, Heinz; Putzo, Hans: Zivilprozeßordnung, 21. Auflage, München 1998

Troike-Strambaci, Hannelore; Helffrich-Mariani, Elisabeth G.: Vocabolario italiano-tedesco del diritto e dell'economia / Wörterbuch des italienisch-deutschen Privat- und Wirtschaftsrechts, Band 2: italiano-tedesco / italienisch-deutsch, München/Milano 1985 (zitiert als: *Troike-Strambaci/Helffrich-Mariani*)

Ulmer, Peter: Schutzinstrumente gegen die Gefahren aus der Geschäftstätigkeit inländischer Zweigniederlassungen von Kapitalgesellschaften mit fiktivem Auslandssitz, in: Juristenzeitung 1999, S. 662 ff. (zitiert als: *Ulmer*, JZ 1999)

Vogel, Klaus: Doppelbesteuerungsabkommen der Bundesrepublik Deutschland auf dem Gebiet der Steuern vom Einkommen und Vermögen – Kommentar auf der Grundlage der Musterabkommen; 3. Auflage, München 1996 (zitiert als: *Vogel*, DBA)

Voß, Reimer: Europäisches und nationales Steuerrecht, in: Steuer und Wirtschaft 1993, S. 155 ff. (zitiert als: *Voß*, StuW 1993)

Wassermeyer, Franz; Piltz, Detlev J. (Hrsg.): Flick/Wassermeyer/Baumhoff - Kommentar zum Außensteuerrecht, 6. Auflage, Stand: 44. Ergänzungslieferung August 1999 (zitiert als: *Bearbeiter*, in: Flick/Wassermeyer/Baumhoff, AStR)

Wassermeyer, Franz: Vermeidung der Doppelbesteuerung im Europäischen Binnenmarkt, in: *Lehner, Moris (Hrsg.)*: Steuerrecht im Europäischen Binnenmarkt, Köln 1996, S. 151 ff. (zitiert als: *Wassermeyer*, in: Lehner, Steuerrecht im Europäischen Binnenmarkt)

Werlauff, Erik: Ausländische Gesellschaft für inländische Aktivität, in: Zeitschrift für Wirtschaftsrecht 1999, S. 867 ff. (zitiert als: *Werlauff*, ZIP 1999)

Wiedemann, Herbert: Gesellschaftsrecht, Band I: Grundlagen, München 1980 (zitiert als: *Wiedemann*, Gesellschaftsrecht I)

Wiesner, Peter M.: Die Europa-AG und der Sündenbock, in: GmbH-Rundschau 1999, S. R 301 f. (zitiert als: *Wiesner*, GmbHR 1999)

ders.: Überblick über den Stand des Europäischen Unternehmensrechts, in: Europäische Zeitschrift für Wirtschaftsrecht 1998, S. 619 ff. (zitiert als: *Wiesner*, EuZW 1998)

ders.: Stand des Europäischen Unternehmensrechts, in: Europäische Zeitschrift für Wirtschaftsrecht 1994, S. 588 ff. (zitiert als: *Wiesner*, EuZW 1994)

Wohlfahrt, Ernst; Everling, Ulrich; Glaesner, Hans Joachim; Sprung, Rudolf: Die Europäische Wirtschaftsgemeinschaft, Kommentar zum Vertrag; Berlin/Frankfurt 1960 (zitiert als: *Bearbeiter*, in: Wohlfahrt/Everling/Glaesner/Sprung, EWG)

Wuermeling, Joachim: Kooperatives Gemeinschaftsrecht, Kehl u. a. 1988 (zitiert als: *Wuermeling)*

Wolff, Martin: Das Internationale Privatrecht Deutschlands, 3. Auflage, Berlin/Göttingen/Heidelberg 1954 (zitiert als: *Wolff*, IPR)

Wymeersch, Eddy: Die Sitzverlegung nach belgischem Recht, in: Zeitschrift für Unternehmens- und Gesellschaftsrecht 1999, S. 126 ff. (zitiert als: *Wymeersch*, ZGR 1999)

Zimmer, Daniel: Mysterium Centros, in: Zeitschrift für das gesamte Handelsrecht und Wirtschaftsrecht, Band 164 (2000), S. 23 ff. (zitiert als: *Zimmer*, ZHR 164 (2000))

ders.: Internationales Gesellschaftsrecht, Heidelberg 1996 (zitiert als: *Zimmer*, Internationales Gesellschaftsrecht)

Zisowski, Frank: Grenzüberschreitender Umzug von Kapitalgesellschaften, Heidelberg 1994 (zitiert als: *Zisowski*)

Zöller, Richard (Begr.): Zivilprozeßordnung, 21. Auflage, Köln 1999 (zitiert als: *Bearbeiter*, in: Zöller, ZPO)

Zöllner, Wolfgang (Hrsg.): Kölner Kommentar zum Aktiengesetz, Band 1: §§ 1-75 AktG, 2. Auflage, Köln u. a. 1988 (zitiert als: *Bearbeiter*, in: Kölner Kommentar zum AktG)

Peter Lang · Europäischer Verlag der Wissenschaften

Peter Hilpold

Die EU im GATT/WTO-System

Aspekte einer Beziehung „sui generis"
2., durchgesehene Auflage

Frankfurt/M., Berlin, Bern, Bruxelles, New York, Oxford, Wien, 2000. 394 S.
Europäische Hochschulschriften: Reihe 2, Rechtswissenschaft. Bd. 2559
ISBN 3-631-36755-4 br. DM 98.–*

Die Beziehungen zwischen der Europäischen Gemeinschaft und der Welthandelsorganisation WTO werfen zahlreiche rechtliche Fragestellungen auf, die in dieser Arbeit analysiert werden. Aus der Perspektive des GATT/WTO-Systems stellt sich die Europäische Gemeinschaft als eine regionale Präferenzzone nach Art. XXIV des Allgemeinen Abkommens dar. Das Verhältnis zwischen Regionalismus und Multilateralismus ist im Verfassungssystem der Welthandelsorganisation aber nach wie vor ungeklärt. Aus der Perspektive der Europäischen Gemeinschaft handelt es sich bei der WTO um eine Freihandelsordnung, die auf eine weitere Öffnung des Binnenmarktes nach außen ausgelegt ist. Der Verfassungskompromiß, auf welchem die Europäische Gemeinschaft ruht, beinhaltet jedoch zahlreiche protektionistische Elemente im Außenhandelsbereich. Konflikte auf der Völkerrechtsebene sind damit geradezu vorprogrammiert (Stichwort Bananen-Problematik). Breiter Raum wird der Aufteilung der außenhandelspolitischen Vertretungsbefugnis zwischen Gemeinschaft und Mitgliedschaften infolge des Gutachtens 1/94 sowie der Frage der unmittelbaren Anwendbarkeit des GATT/WTO-Rechts gewidmet. Dabei wird geprüft, inwieweit das WTO-Recht nunmehr eine unmittelbare Anwendung voraussetzt bzw. ob alternative Ansätze (beispielsweise eine völkerrechtskonforme Auslegung) vergleichbare Ergebnisse liefern können. Besonderes Augenmerk wird dem Reziprozitätsprinzip sowie dem Transparenzgrundsatz gewidmet.

Frankfurt/M · Berlin · Bern · Bruxelles · New York · Oxford · Wien
Auslieferung: Verlag Peter Lang AG
Jupiterstr. 15, CH-3000 Bern 15
Telefax (004131) 9402131
*inklusive Mehrwertsteuer
Preisänderungen vorbehalten